Von den Anfängen der Drogengesetzgebung bis zum Betäubungsmittelgesetz vom 1.1.1972

Europäische Hochschulschriften
Publications Universitaires Européennes
European University Studies

Reihe II
Rechtswissenschaft

Série II Series II
Droit
Law

Bd./Vol. 4329

PETER LANG
Frankfurt am Main · Berlin · Bern · Bruxelles · New York · Oxford · Wien

Jan Wriedt

Von den Anfängen der Drogengesetzgebung bis zum Betäubungsmittelgesetz vom 1.1.1972

PETER LANG
Europäischer Verlag der Wissenschaften

Bibliografische Information Der Deutschen Bibliothek
Die Deutsche Bibliothek verzeichnet diese Publikation in der Deutschen Nationalbibliografie; detaillierte bibliografische Daten sind im Internet über <http://dnb.ddb.de> abrufbar.

Zugl.: Kiel, Univ., Diss., 2005

D 8
ISSN 0531-7312
ISBN 3-631-54314-X

www.peterlang.de

Inhaltsverzeichnis

Abkürzungsverzeichnis 11
Vorwort 13

Einleitung 15

A. Betäubungsmittel und ihre Geschichte 15
I. Opium 15
1. Herkunft und Ausbreitung 15
2. Gewinnung und Verwendung 16
a. Gewinnung 16
b. Verwendung 16
II. Morphin/ Morphium 19
1. Herkunft und Ausbreitung 19
2. Gewinnung und Wirkung 19
3. Verwendung 20
III. Heroin 20
1. Herstellung 21
2. Wissenschaftliche Erkenntnisse 21
IV. Kokain 21
1. Herkunft und Ausbreitung 21
2. Gewinnung, Wirkung und Verwendungsmöglichkeiten 22
V. Cannabis 23
1. Herkunft und Ausbreitung 23
2. Gewinnung und Verwendung 24
VI. Synthetische Betäubungsmittel 25
B. Erkenntnisse über die Sucht und deren Ausbreitung 26
I. Ältere Quellen 27
II. Die Entdeckung der Sucht 27
C. Zusammenfassung 28

1. Teil: Nationale und internationale Entwicklung bis 1920 31

A. Die nationale Entwicklung bis zum Ersten Weltkrieg 31
I. Preußische Gesetzgebung 31
II. Die Kaiserlichen Verordnungen 34
1. Vorgeschichte 34
2. Die Kaiserliche Verordnung vom 25.3.1872 36
a. Entstehung 36
b. Inhalt der Kaiserlichen Verordnung 38
c. Folgen der Kaiserlichen Verordnung 39

3. Die Kaiserliche Verordnung von 1875 40
4. Die Kaiserlichen Verordnungen von 1883 bis 1897 41
5. Rezeptpflicht und Erwerb vom Großhandel 41
6. Die Kaiserliche Verordnung von 1901 44
7. Die Kaiserliche Verordnung von 1911 45
8. Rechtsprechung zu den Verordnungen 47
9. Zusammenfassung 47
B. Internationale Entwicklung 49
I. Internationale Opiumkonferenz von Schanghai 1909 49
1. Vorgeschichte 49
2. Teilnehmer der Konferenz 50
3. Ziele und Beschlüsse 51
4. Haltung des Deutschen Reiches 53
5. Zusammenfassung 55
II. Internationale Opiumkonferenz in Den Haag 55
1. Vorgeschichte 55
2. Teilnehmer 56
3. Absichten und Haltung einzelner Länder 56
4. Ziele und Beschlüsse 57
5. Zusammenfassung 59
III. 2. und 3. Haager Konferenz 60
C. Der Erste Weltkrieg 61
I. Die Verordnung vom 31.7.1914 61
II. Verordnungen des Bundesrates vom 22.3.1917 62
III. Verordnungen vom 15.12.1918 und 20.7.1920 65
IV. Zusammenfassung 67
D. Resümee 68

2. Teil: Das Gesetz zur Ausführung des Haager Abkommens 71

A. Vorgeschichte 71
B. Inhalt und Begründung 72
C. Vergleich mit Haager Abkommen 75
D. Entwicklung der Gesetzgebung in der Folgezeit 76
I. Ausführungsbestimmungen 76
II. Kaiserliche Verordnung und Bundesratsbeschlüsse 78
III. Änderung des Gesetzes und Folgen 79
IV. Rechtsprechung 82
V. Sonstige Entwicklungen bis 1929 83

3. Teil: Das Opiumgesetz vom 1.1.1930 89

A. Die Genfer Abkommen von 1925 89
I. Vorgeschichte 89
II. Das erste Genfer Abkommen vom 11.2.1925 91
1. Ziel und Teilnehmer 91
2. Beschlüsse 91
III. Das zweite Genfer Abkommen vom 19.2.1925 92
1. Teilnehmer, Beratungsprogramm, Ziele des Reiches 92
2. Beschlüsse und deren Entstehung 95
a. Erstes Kapitel 95
b. Zweites Kapitel 96
c. Drittes Kapitel 97
d. Viertes Kapitel 97
e. Fünftes Kapitel 98
f. Sechstes Kapitel 98
g. Siebtes Kapitel 99
3. Protokoll und Schlussakte 100
4. Unterzeichnung des Deutschen Reiches 100
IV. Zusammenfassung 101
B. Das Opiumgesetz 102
I. Vorgeschichte 103
1. Folgen des Genfer Abkommens 103
2. Ratifizierung des Genfer Abkommens 103
3. Zeitlicher Verlauf der Entstehung des Gesetzes 105
II. Inhalt und Begründung 106
III. Folgen des Opiumgesetzes 109
1. Verordnungen aufgrund des Opiumgesetzes 109
2. Praktische Auswirkungen 112
3. Änderung des zweiten Genfer Abkommens 114
4. Änderung des Opiumgesetzes und der Verordnungen 117
5. Weitere Verordnungen 119
6. Rechtsprechung 121
7. Verkehr mit Betäubungsmitteln bis zum Weltkrieg 123
C. Zusammenfassung 3. Teil 124

4. Teil: Die Entstehung des Betäubungsmittelgesetzes 1972 127

A. Gesetzgebung nach dem Zweiten Weltkrieg 127
I. Internationale Entwicklung 127
1. Protokoll vom 11.12.1946 (Lake Success) 127
2. Protokoll vom 19.11.1948 (Paris) 128
II. Errichtung des Bundesgesundheitsamtes 129
III. Verordnungen vom 16.6.1953 und vom 8.10.1956 130

IV. Protokoll vom 23.6.1953 (New York) 132
V. Ratifikation der Protokolle von 1946, 1948, 1953 136
VI. Rechtsprechung nach dem Zweiten Weltkrieg 138
VII. Situation des Drogenhandels und des Drogenkonsums 140
B. Weitere gesetzliche Entwicklungen vor Erlass des BtMG 144
I. Verordnungen vom 26.9.1960 144
1. Betäubungsmittel-Gleichstellungsverordnung 145
2. Verschreibungs- und Abgabeverordnung 146
3. Verordnung über Ein-, Aus- und Durchfuhr 147
4. Verordnung über Befreiung von Bezugsscheinpflicht 147
5. Betäubungsmittel-Umlageverordnung 147
II. Single Convention vom 30.6.1961 148
1. Vorgeschichte 148
2. Inhalt des Abkommens 151
3. Behandlung des Abkommens durch die Bundesrepublik 155
III. Verordnungen vom 25.10.1961 155
1. Betäubungsmittel-Gleichstellungsverordnung 156
2. Verschreibungs- und Abgabeverordnung 156
IV. Verordnungen vom 24.4.1963 156
C. Das Betäubungsmittelgesetz vom 1.1.1972 158
I. Konsum und illegaler Handel 158
II. Weitere Änderungen von Verordnungen 167
III. Rechtsprechung 164
IV. Zeitlicher Verlauf der Entstehung des Gesetzes 167
V. Inhalt und Begründung des Gesetzes 172
1. Verwaltungsrechtlicher Teil 172
a. Überschrift und Einleitungsworte 172
b. Änderungen des § 1 (erfasste Drogen) 174
c. Änderungen des § 2 (Aufsicht) 176
d. Änderungen des § 3 (Erlaubnis) 180
e. Änderungen des § 4 (Bezugsscheine) 182
f. Änderungen des § 5 (Lagerbuch und Auskünfte) 184
g. Änderungen des §§ 6, 7 und 8 184
h. Änderungen des § 9 (Rauchopium, Cannabisharz) 185
i. Einführung des § 10 (Verwaltungsgebühren etc.) 185
2. Strafrechtlicher Teil 186
a. Änderung des § 10 Abs. 1 a.F (Vergehen) 186
b. Änderungen des § 10 Absatz 2, 3 a.F. (Versuch, Fahrlässigkeit) 195
c. Einführung des neuen Absatzes 4 (besonders schwere Fälle) 196
d. Einführung des neuen Absatz 5 (Eigenverbrauch) 215

e. Absatz 6 220
f. Einführung des § 10 a 220
g. Einführung des § 10 b (Ordnungswidrigkeiten) 222
h. Streichung der §§ 11, 12 a.F. 230
3. Änderungen des JGG 230
4. Cannabisproblematik 232
5. Zusammenfassung 235
VI. Kritik 236

Zusammenfassung 247

Literaturverzeichnis 255
Archivalienverzeichnis 259

Abkürzungsverzeichnis

Abs.: Absatz
a. F.: alte Fassung
AJIL: American Journal Of International Law
AO: Abgabenordnung
Art.: Artikel
BArch.: Bundesarchiv (mit R gekennzeichnete Akten stammen aus dem Berliner Bestand, die mit B bezeichneten Akten aus dem Koblenzer Bestand)
BGA: Bundesgesundheitsamt
BGBl.: Bundesgesetzblatt
BGH: Bundesgerichtshof
BGHSt: Bundesgerichtshof, Entscheidungen in Strafsachen (Band und Seite)
BM: Bundesministerium
BMI: Bundesministerium des Inneren
BMJ: Bundesjustizministerium
BMJFG: Bundesministerium für Jugend, Familie und Gesundheit
BR-Drucks.: Drucksachen des Bundesrates
BT: Bundestag
BT-Drucks.: Drucksachen des Bundesrates
BVerfG: Bundesverfassungsgericht
BVerfGE: Entscheidungssammlung des Bundesverfassungsgerichts
BVerfGG: Bundesverfassungsgerichtsgesetz
d. h.: das heißt
EPIL:
GG: Grundgesetz
GStA PK: Geheimes Staatsarchiv preußischer Kulturbesitz
GVG: Gerichtsverfassungsgesetz
i.d.F.: in der Fassung
Insbes.: Insbesondere
JGG: Jugendgerichtsgesetz
JW: Juristische Wochenschrift
JZ: Juristenzeitung
MDR: Monatszeitschrift des Deutschen Rechts
n. F.: neue Fassung
NJW: Neue Juristische Wochenschrift
o.Ä.: oder Ähnliches
OWiG: Gesetz über Ordnungswidrigkeiten
Pharm. Z.: Pharmazeutische Zeitung
Pol. Arch.: Politisches Archiv des Auswärtigen Amtes
RGA: Reichsgesundheitsamt
RGBl.: Reichsgesetzblatt

RGewO: Reichsgewerbeordnung
RGSt: Reichsgericht - Rechtsprechung in Strafsachen (Band und Seite)
RIM: Reichsinnenministerium
s.o.: siehe oben
Sten. Ber.: Stenographische Berichte des Reichstages (bis 1945) bzw. des Bundestages
Sten. Ber. (BR): Stenographische Berichte des Bundesrates
StPO: Strafprozessordnung
u. a.: unter anderem
u. Ä.: und Ähnliche
u. U.: unter Umständen
WHO: Weltgesundheitsorganisation (World Health Organization)
ZRP: Zeitschrift für Rechtspolitik
z. T.: zum Teil

Vorwort

Die Betäubungsmittel blicken auf eine lange Vergangenheit zurück. Einige heute verbotene Drogen wie Cannabis oder Opium sind bereits seit Jahrtausenden bekannt. Sie waren bis ins 20. Jahrhundert hinein in der Medizin nicht hinweg zu denken. Lange Zeit stand der medizinische Anwendungsbereich der Betäubungsmittel/ Drogen im Vordergrund.

Beeinflusst durch äußere Umstände wie z. B. Kriege, während denen in den Lazaretten Verwundete mit Morphium behandelt und daran gewöhnt wurden, breitete sich seit Mitte des 19. Jahrhunderts der Missbrauch von Betäubungsmitteln immer weiter aus. Seitdem ist der Missbrauch ein Problem, welches die gesamte Welt erfasst hat und bis heute nicht wirksam bekämpft werden konnte. Grund genug, um zu fragen, wie auf dieses sich ab Mitte der 1960er Jahre heftig ausbreitende Problem reagiert wurde.

Das erste deutsche Gesetz, welches sich mit Betäubungsmitteln befasste, wurde bereits im 18. Jahrhundert in Preußen erlassen. Dieses und die Anfang des 19. Jahrhunderts erlassenen Preußischen Reglements den Debit der Arzneiwaren betreffend sowie die Kaiserlichen Verordnungen des Deutschen Reiches waren allerdings nicht mehr als gewerberechtliche Regelungen. Als erstes widmete sich ein Beschluss des Bundesrates von 1891 dem Missbrauch, welcher für die damals bekannten Drogen eine Rezeptpflicht einführte. Die Gesetzgebung, wie wir sie heute kennen, hatte ihren Anfang 1917. Mit den in diesem Jahr erlassenen Verordnungen wurde zum einen der Handel mit Betäubungsmitteln unter staatliche Aufsicht gestellt, zum anderen enthielt diese Verordnung Strafvorschriften.

Bis zu diesem Zeitpunkt wurde die deutsche Gesetzgebung nicht durch internationale Vereinbarungen beeinflusst. Dies änderte sich nach dem Ersten Weltkrieg. 1921 trat das erste wirkliche Betäubungsmittelgesetz in Kraft, damals noch als Ausführungsgesetz zum Haager Opiumabkommen von 1912 bezeichnet. Ab diesem Zeitpunkt wurde die deutsche Betäubungsmittelgesetzgebung neben der Entwicklung in Deutschland von internationalen Abkommen geprägt. 1929 wurde dann das Opiumgesetz erlassen, welches über 40 Jahre nahezu unverändert Bestand hatte. Die meisten Änderungen dieses Gesetzes betrafen den sachlichen Anwendungsbereich, also die erfassten Stoffe, deren Zahl bis 1971 auf über 60 anstieg.

Im Zuge der Drogenwelle, welche Mitte der 1960er Jahre begann, entstand dann die Art der Bekämpfung des Missbrauchs, welche wir heute noch kennen. Zum einen wurde die Bekämpfung des Drogenmissbrauchs nicht mehr nur auf den Erlass eines Gesetzes reduziert. Der Hebel sollte gerade durch Aufklärung bei Jugendlichen (aber auch bei deren Erziehern, also Eltern und Lehrern) angesetzt werden, welche die Gruppe waren, die von dieser Drogenwelle am meisten gefährdet waren. Zum anderen wurde das Opiumgesetz grundlegend überarbeitet. Die staatliche Kontrolle, die nach dem Ausführungsgesetz von 1921 bereits sehr umfangreich war und im Opiumgesetz weiter ausgedehnt worden war, wurde abermals (unter Einfluss von internationalen Abkommen) erweitert.

Bedeutender war jedoch die Überarbeitung der Strafvorschriften. Hiermit wurde der Grundstein für das heutige deutsche Betäubungsmittelstrafrecht gelegt. Die Unterscheidung zwischen Händlern und Konsumenten bei der Bestrafung wurde erstmals im Betäubungsmittelgesetz von 1972 vorgenommen. Auch die Möglichkeit, bei kleinen Mengen zum Eigengebrauch von Strafe abzusehen, stammt aus diesem Gesetz und wurde danach zu dem Grundsatz "Therapie statt Strafe" weiterentwickelt. Das Betäubungsmittelgesetz von 1972 schuf Grundsätze, welche das Betäubungsmittelstrafrecht bis heute bestimmen. Alle folgenden Gesetzesänderungen führten diese Grundsätze nur weiter aus.

Mit dem Betäubungsmittelgesetz von 1972 und den im Zuge der Entstehung dieses Gesetzes entwickelten außergesetzlichen Maßnahmen wurde der Grundstein für die heutige Bekämpfung der Betäubungsmittelkriminalität und des Drogenmissbrauchs gelegt. Neben der Darstellung der Entstehung der jeweiligen Gesetze, Verordnungen und internationalen Abkommen sowie der historischen Entwicklung der Drogenmissbrauchs und –handels ist weitestgehend auf die Einbeziehung sonstiger Darstellungen verzichtet worden, dies hätte den Rahmen der Untersuchungen gesprengt.

Ich bedanke mich herzlich bei meinem Doktorvater Herrn Prof. Dr. Werner Schubert, der mir immer mit Rat und Tat zur Seite stand, für seine umfangreiche Hilfe und Unterstützung bei der Erstellung der Arbeit. Zudem danke ich Frau Prof. Dr. Monika Frommel für die zügige Erstellung des Zweitgutachtens. Und natürlich danke ich allen, die mir bei der Erstellung dieser Arbeit in jeder Weise geholfen haben. Des Weiteren sei an dieser Stelle auch den Mitarbeitern des Bundesarchivs in Koblenz und Berlin sowie des Politischen Archivs des Auswärtigen Amtes und den Mitarbeitern des Geheimen Staatsarchivs in Berlin für ihre Hilfe gedankt.

Ganz besonders herzlich möchte ich mich bei meiner Mutter, meinem Bruder, meinen beiden Großmüttern und meiner Tante Elli bedanken, die mich in allen Lebenslagen mit allen Mitteln unterstützt haben und mir immer zur Seite standen. Ihnen ist diese Arbeit gewidmet.

Einleitung

Die Gesetzgebung bezüglich der Betäubungsmittel, die hier vorgestellt werden, hat ihren Anfang in Preußen im Jahr 1801, im Deutschen Reich im Jahr 1872. Fraglich ist, welche Erkenntnisse über die uns heute bekanntesten Drogen und über die Sucht danach zu dieser Zeit bestanden.

A. Betäubungsmittel und ihre Geschichte

Opium, dessen Alkaloid Morphium/ Morphin und das daraus hergestellte Heroin, sowie Kokain und Cannabis waren um 1900 die wichtigsten Betäubungsmittel/ Drogen. In der folgenden Zeit kamen die synthetischen Betäubungsmittel hinzu. Es ist ihre Herkunft, die Gewinnung und ihre Wirkung und Verwendung zu untersuchen.

I. Opium

Die Kenntnisse von der Existenz des Opiums und seinen Wirkungen reichen weit zurück.

1. Herkunft und Ausbreitung

Opium wird aus Schlafmohn gewonnen. Die Frage, wo dieser ursprünglich wuchs, kann nicht beantwortet werden. Es gibt Hinweise, dass er schon in der Steinzeit angebaut wurde. So wurden bei Ausgrabungen an den Schweizer Flachseen Mohnsamen und –kapseln gefunden, die aus dem 3. Jahrhundert v.Chr. stammen. Zwar ist nicht klar, ob dieser Mohn wegen des daraus produzierbaren Öls oder wegen seiner betäubenden Wirkung angebaut wurde. Bedenkt man aber, dass die betäubende Wirkung sehr leicht herauszufinden war, so liegt letzteres nahe. Die Hinweise auf die Existenz von Schlafmohn bzw. Opium werden deutlicher, je weiter man in der Zeit voranschreitet. Erstes Produktionsland war Ägypten. Von dort breitete sich der Mohn zunächst nach Kleinasien, Griechenland und Rom aus, wo sich die Abbilder des Mohns auch auf Münzen fanden. Auch in Indien fasste der Mohn Fuß. Von dort aus kam er mit den immer wieder stattfindenden Völkerwanderungen in die Steppen von Cis- und Transkaukasien. Der Weg nach Europa war frei. Einwanderer brachten den Mohn nach Nordamerika und Australien[1].

Die beiden bekanntesten Ereignisse im Zusammenhang mit Opium sind der 1. und 2. Opiumkrieg zwischen England und China im 19. Jahrhundert. Zwischen 1800 und 1820 ergingen in China mehrere Einfuhrverbote für Opium. England war zu dieser Zeit Kolonialmacht in Indien. Hier wurde Opium in großen Mengen produziert. England war Hauptimporteur von Opium in China. 1839 ließ der chinesische Kommandeur Lin tonnenweise zur Einfuhr nach China bestimmtes Opium der britischen Regierung vernichten. Daraufhin entbrannte

[1] Lewin, S. 53, 56; Seefelder, S.10

zunächst der erste Opiumkrieg (1840-1842), ein zweiter folgte (1856-1858). Als Ergebnis wurde Opium in China (wieder) legalisiert.

Mitte des 19. Jahrhunderts war der Schlafmohn/ das Opium also auf der ganzen Welt verbreitet. Hauptproduktionsländer waren Kleinasien, Mazedonien, Indien, China, Afghanistan und Persien. Das Opium aus China war zum größten Teil für den chinesischen Eigenverbrauch bestimmt, das aus Mazedonien, Kleinasien und Persien für Europa.

2. Gewinnung und Verwendung

Die Erkenntnisse über die Gewinnung und die Verwendung von Opium waren bereits weit fortgeschritten.

a. Gewinnung

Der Schlafmohn enthält in allen Teilen der Pflanze Milchsaftröhren. 1-3 Wochen nach Fallen der Blütenblätter werden in die noch unreifen Fruchtkapseln horizontale Schnitte gemacht. Der Milchsaft tritt aus und bräunt sich. Nach ein paar Stunden wird dieser Saft zu einer weichen Masse, dem Opium. Das Opium wird in Gefäßen oder Blättern gesammelt und dann zu Broten geformt. Diese werden verpackt und zur Sammelstelle gebracht[2]. Um das Opium zu rauchen, bedarf es einer Weiterbehandlung. Diese muss sehr langwierig sein, um qualitativ hochwertiges Rauchopium zu erhalten. Das kann bis zu drei Tage dauern[3]. Der Schlafmohn und damit das Opium hat in kälteren Gebieten (z.B. Nord- und Mitteleuropa) keine so starke narkotisierende Wirkung wie in wärmeren Gebieten. Opium ist hell- oder dunkelbraun, kann homogen oder körnig sein. Es riecht narkotisch und schmeckt bitter. Das wichtigste Alkaloid ist Morphin, welches noch eingehend betrachtet wird.

Zu beachten ist, dass die oben angeführte Art der Gewinnung so alt ist wie der Schlafmohn selbst[4].

b. Verwendung

Es gibt zwei Verwendungsmöglichkeiten für Opium. Zum einen die medizinische Anwendung, zum anderen der Konsum als Genuss-/Rauschmittel.

Die *medizinische Anwendung* von Opium bzw. opiumhaltigen Präparaten reicht weit zurück. In den Jahrhunderten vor Christi Geburt wurden Kinder mit opiumhaltigen Mitteln beruhigt, wenn sie unentwegt schrieen[5]. Nicht selten führte dies wegen zu starker Dosierung zum Tod des Kindes. Diese Anwendung fand auch Erwähnung im Papyrus Ebers, einem der ältesten Heilmittelrezeptbü-

---

[2] Hischmann, S. 19, auf den Seiten 18-20 eine genaueste Beschreibung der Produktion, die für diese Arbeit jedoch zu umfangreich wäre

[3] Hischmann, S.20

[4] Seefelder, S. 29

[5] Lewin, S. 55

cher der Welt. Im 4. Jahrhundert v. Chr. empfahl Hippokrates den Mohnsaft wegen seiner narkotischen und stopfenden Wirkung[6]. In den Jahren 100-50 v. Chr. gab es Diakodion, ein Hustenmittel, in den Schlafmohnkapseln enthalten waren. Besonders intensiv wurden die Forschungen bezüglich des Mohns in Griechenland betrieben. Mit Ausdehnung des Römischen Reiches nach Osten und damit nach Griechenland drangen die dort erworbenen Erkenntnisse nach Rom. Hier fasste der römische Arzt Galen sämtliche damals bekannten Wirkungen des Opiums zusammen. Demnach wirkt Opium beruhigend auf das Atemzentrum und den Darmbereich. Des Weiteren werde vorhandener Schmerz durch Beruhigung gelindert. Somit wusste man schon früh, dass Opium als Medikament (zusammen mit anderen Inhaltsstoffen) gegen Husten, bei Darmproblemen und als Schmerzmittel verwendbar ist. Des Weiteren wurde Opium wegen seiner insgesamt beruhigenden Wirkung als das Schlafmittel überhaupt verwendet[7]. Galen entwickelte Theriak, ein opiumhaltiges Medikament, welches bis in die Neuzeit Bedeutung hat[8]. Theriak war ein Sammelbegriff für Medikamente, die einen großen Anwendungsbereich hatten. Galen fügte einer alten griechischen Rezeptur Opium hinzu.

Nach Ende des Römischen Reiches beherrschte das Christentum die Geschichte. Eine der christlichen Lehren besagte, dass Schmerz und Krankheit als göttliche Fügung zu betrachten seien. Ginge man dagegen mit Medikamenten o.Ä. vor, so käme dies einer Gotteslästerung gleich. Dem Opium und dem Theriak war der Hauptanwendungsbereich genommen worden, es wurde in Europa bis zum Ende der Kreuzzüge nicht mehr verwendet[9]. Die Praxis der Narkose bei schweren Eingriffen war schon bekannt, und nach den Kreuzzügen wurde Opium hierzu verwendet. Ebenso wurde Opium zur Bekämpfung von Schmerzen wieder eingeführt. Auch die medizinische Literatur befasste sich wieder mit Opium und Theriak. Der hallische Chemiker Hoffmann (1660-1742) studierte die Gerichtsakten über die westfälischen Hexenprozesse und stieß so auf das Opium[10]. Später entwickelte er die so genannte "Hoffmannstropfen", welche 5% Opium enthielten. Eine entscheidende Wende bei der Verwendung von Opium als Medizin brachte jedoch Paracelsus (1493-1541). Seine Ideen führten weg von den unübersichtlichen Mixturen, wie auch Theriak eine war, mit ihren z. T. 60 Bestandteilen. Er entwickelte das Laudanum, dessen einziger wirkender Bestandteil Opium war[11]. Der Buchdruck verhalf der Verbreitung Paracelsus' Er-

---

6 Seefelder, S. 34

7 Seefelder, S. 49

8 Seefelder, S. 37

9 Seefelder, S. 55, 96

10 Im Zusammenhang mit Hexen spielte Opium eine janusköpfige Rolle; einerseits war es als Mittel der Hexen verschrien, andererseits wurde Theriak als Gegenmittel gegen Hexerei verabreicht; Seefelder, S. 110

11 Seefelder, S. 122

kenntnisse. Die Wirkung von Laudanum wird im verbreitetsten Apothekerbuch des 17. und 18. Jahrhunderts, dem „Phamacopoea medico-physica", als schmerzstillend, schlafbringend, beruhigend und durchfallmindernd beschrieben[12]. Der medizinische Verbrauch stieg ständig. Anfang des 19. Jahrhunderts war Opium in der Medizin so weit verbreitet und so hilfreich, dass Ärzte der Meinung waren, dass, gäbe es kein Opium, sie ihren Beruf nicht mehr ausüben könnten[13]. Opium schien unentbehrlich. Durch die Entdeckung von Morphin, einem Alkaloid des Opiums, trat dann der reine Opiumgebrauch in der Medizin Anfang bis Mitte des 19. Jahrhunderts etwas zurück.

Der *Konsum von Opium als Genuss- bzw. Rauschmittel* ist so alt wie die Nutzung zu medizinischen Zwecken. Dies ist u. a. darauf zurückzuführen, dass Opium neben der schmerzstillenden Kraft auch eine beruhigende, schlafbringende Wirkung hat. Dies war schon bei Homer bekannt. Homer selbst trank Nephentes, einen opiumhaltigen Vergessenstrank[14]. Nachdem das Opium durch die Griechen nach Rom gelangte, wuchs dort auch der Konsum. Als von Kaiser Severus Opium für den allgemeinen Verbrauch freigegeben war, stieg der Verbrauch noch stärker an. Dies führte soweit, dass es in das römische Reich importiert werden musste. Das Medikament Theriak wurde täglich eingenommen[15], was sicher nichts mit einer Krankheitsepidemie zu tun hatte. Opium wurde erst durch einen Erlass des Papstes im 5. Jahrhundert verboten[16], eine Folge der Vorherrschaft des Christentums. Mit der Rückkehr des Opiums in die Medizin nach Ende der Kreuzzüge kehrte auch der Konsum zurück. Er erlebte aber zunächst nicht den Aufschwung wie bei der medizinischen Anwendung. In der Drogenszene dieser Zeit, dem Hexenwesen, spielte Opium nur eine untergeordnete Rolle. Nachdem dann Paracelsus und andere Ärzte das Opium fast pur als Medizin verschrieben, stieg nicht nur der medizinische Gebrauch. Im 18. und 19. Jahrhundert verbreitete sich Opium als Entspannungsdroge besonders unter den Dichtern und Denkern. Aus dieser Zeit stammen viele Experimente, die in Form von Büchern bekannt wurden[17]. Dies schuf einen Anreiz zum Probieren. Opium wurde als Genussmittel angepriesen, als Freudenbringer dargestellt. Auch in der Arbeiterschaft wuchs der Konsum von Opium. Das Laudanum hatte die Rolle, die der Alkohol im 20. Jahrhundert hatte. Auch die Frauenarbeit führte zu vermehrtem Konsum, da Kinder mit Opium ruhig gestellt wurden, während die Eltern arbeiteten. Gerade bei Laudanum und anderen opiumhaltigen Medikamenten verwischte die Grenze zwischen der Anwendung als Heilmittel

---

[12] Seefelder, S. 125
[13] Seefelder, S. 126
[14] Lewin, S. 53
[15] Seefelder, S. 45
[16] Seefelder, S. 56
[17] vgl. Thomas deQuincey, Bekenntnisse eines englischen Opiumessers, 1821

und dem Gebrauch als Genussmittel[18]. Mitte des 19. Jahrhunderts hielt dann das Opiumrauchen Einzug in Europa. Es wurde in China als Folge eines Tabakverbotes entwickelt[19]. Das Opiumrauchen wurde gesellschaftlich anerkannt, es entstanden die so genannte „Opiumhöhlen".

Aufgrund der langen Geschichte des Schlafmohns und des Opiums waren die Erkenntnisse bereits Ende des 19. Jahrhunderts sehr weit fortgeschritten. Opium wirkt nach den Erkenntnissen dieser Zeit schmerzstillend, schlafbringend und beruhigend. Es hilft bei Darmproblemen und wurde als Mittel gegen Husten verwendet. Die Verwendungsmöglichkeiten sowohl in der Medizin als auch zu reinen Genusszwecken waren bekannt.

II. Morphin/ Morphium

Im 19. Jahrhundert wurde ein neues Betäubungsmittel entdeckt: Das Morphin/ Morphium.

1. Herkunft und Ausbreitung

Mit Beginn des Buchdrucks wuchs das Interesse an Botanik und an den Bestandteilen von Zaubermitteln und Medikamenten. Ende des 18. Jahrhunderts wurden Experimente mit jedweden Materialien durchgeführt und kritisch analysiert. Dies geschah auch mit Opium. Hierbei entdeckte Sertürner eigentlich schon 1806 das Morphin, was ihm selbst aber erst 1817 bewusst wurde[20]. Diese Entdeckung und die Erfindung der Injektionsspritze 1853 hatten nachhaltigen Einfluss auf die Medizin und die Drogen konsumierende Gesellschaft. Morphin konnte direkter und dosierter verwendet werden. So wurde Morphin/ Morphium seit dem Krim-Krieg (1853-1856) in jedem Krieg benutzt[21]. Seit 1827 gab es das frei erhältliche Medikament „Merck's Morphine". Morphin verdrängte schon bald Opium bzw. Laudanum und ähnliche opiumhaltige Medikamente.

2. Gewinnung und Wirkung

Morphin wird aus Opium gewonnen. Es ist ein Alkaloid des Opiums und macht ca. 25% der Alkaloide des Opiums aus. Das getrocknete Opium wird mehrmals mit geringen Mengen destilliertem Wasser heiß behandelt, bis es nicht mehr färbt. Die entstandene Flüssigkeit wird abgekühlt. Es entsteht ein trüber Extrakt. Diesem wird eine größere Menge Wasser zugeführt, wodurch eine durchsichtige Flüssigkeit entsteht, die mit Ammoniak angereichert wird. Es fallen kristalline

---

[18] Seefelder, S. 131

[19] Seefelder, S. 154

[20] Krömeke, S. 6; zu bemerken ist, dass dieses Alkaloid das erste Pflanzenalkaloid war, dass überhaupt entdeckt wurde

[21] Lewin, S. 78; Seefelder, S. 200

Körner ab, welche nach mehrmaligem Waschen das noch etwas unreine Morphin darstellen. Durch die Behandlung mit Schwefelsäure, Ammoniak und Alkohol kann es noch weiter gereinigt werden[22].

Morphin ist das Hauptalkaloid des Opiums und damit auch der Hauptwirkstoff. Es hat dieselben Wirkungen wie Opium. In der Hauptsache ist dem Morphin die schlafbringende und schmerzstillende Wirkung des Opiums zuzuschreiben[23].

3. Verwendung

Morphin wurde *in medizinischer Hinsicht* eingesetzt wie das Opium[24]. Der große Vorteil bestand jedoch darin, dass im Gegensatz zum Opium, bei dem der Morphingehalt nie richtig bestimmt werden konnte und somit die Dosierung ungenau war, genaueste Dosierungen möglich waren. Dies wurde durch die Erfindung der Injektionsspritze noch weiter verbessert. Das Morphin wurde direkt unter die Haut gespritzt, konnte somit auch gezielt eingesetzt werden. Morphin war ein in seiner Anwendung besser zu benutzendes Medikament als das pure Opium. Allerdings warnte schon Sertürner davor, Morphin in zu hohem Maße anzuwenden. Gestützt durch einen Selbstversuch sah er Morphin als gefährliches Gift an[25].

Das Morphin als *Genuss-/Rauschmittel* verdrängte den Konsum von Opiumpräparaten. Schon 1830 gab es die ersten Todesfälle, die auf Morphingenuss zurückzuführen sind[26]. Durch die massive Verwendung von Morphin in den Kriegen des 19. Jahrhunderts wuchs die Zahl der Süchtigen unter den Soldaten. Den Soldaten wurde in den Lazaretten beigebracht, wie man sich selbst Morphininjektionen setzt. Durch die Injektion direkt in die Blutbahn sowie die Reinheit des Morphins gegenüber dem Opium wirkte es wesentlich intensiver. Es gab keinen Umweg mehr über die Stoffwechselorgane, sondern gelangte direkt ins Gehirn, was die Wirkung wesentlich verstärkte.

III. Heroin

Angesichts der wachsenden Diskussion über den Ge- und Missbrauch von Opium und Morphium kamen Bestrebungen auf, Schmerzmittel zu finden, die den Schmerz ebenso wirksam bekämpften, daneben aber nicht süchtig machten. Bei diesen Bestrebungen wurde 1874 zum ersten Mal das Diacetylmorphin synthetisiert. Der deutsche Arzt Dr. Dreser stellte erstmals 1897 Diacetylmorphin chemisch her. 1898 brachten die Ebersfelder Farbenfabriken ein neues Medikament

---

[22] Serürner, Annalen der Physik, 25. Band, 1817, nachzulesen bei Krömeke, S.64 f.

[23] Sertürner, nachzulesen bei Krömeke, S. 70

[24] Seefelder, S. 199

[25] Krömeke, S. 69

[26] Lewin, S. 78

gegen Hustenreiz und gegen Morphinsucht auf den Markt. Man versprach sich soviel von diesem, dass man ihm einen heldenhaften Namen gab: Heroin[27].

1. Herstellung

Zur Herstellung von Heroin erhitzt man Morphin mit dem Anhydrid der Essigsäure und führt danach den chemischen Rest dieser Säure zweifach in das Morphinmolekül ein. Das Wandgerüst des Morphins wird dadurch nicht verändert[28]. Nach einer Folge von Reinigungsprozessen ist Heroin hergestellt[29].

2. Wissenschaftliche Erkenntnisse

Die wissenschaftlichen Erkenntnisse über Heroin waren 1900 schon ziemlich ausgereift. Heroin war in seiner Wirkung um einiges stärker als Opium und Morphium. Demzufolge durfte die verabreichte Dosis auch nicht höher sein als die des Morphiums. Es wurde, wie oben dargelegt, als Husten- und Schmerzmittel verwendet, aber auch gegen die Morphinsucht[30]. Heroin wird wie Morphin gespritzt. Allerdings war man sich sehr schnell bewusst, dass Heroin so wie Morphium missbraucht werden konnte.

IV. Kokain

Das Kokain ist ein Betäubungsmittel, das auf keine so lange Geschichte zurückblickt wie das Opium. Dies gilt allerdings nur für das Kokain selbst, nicht für die Pflanze, aus der es gewonnen wird: Die Koka.

1. Herkunft und Ausbreitung

Die überwiegend aus Südamerika und Java stammende Kokapflanze hat eine lange Geschichte. Schon zu der Zeit, als spanische Konquisitatoren Südamerika eroberten, war der Konsum von Kokablättern unter der einheimischen Bevölkerung weit verbreitet[31]. So versuchte das 2. Konzil in Lima schon Mitte des 16. Jahrhunderts, den Genuss durch Verordnungen zu verhindern. Da dies fehlschlug, wurde der Vertrieb staatlich monopolisiert, im 18. Jahrhundert aber wieder privatisiert[32]. Mitte des 18. Jahrhunderts kamen dann erste Kokapflanzen nach Europa. 1859 bekam der Chemiker Niemann eine Sendung Kokablätter, aus denen er 1860 als Erster weltweit Kokain isolierte, eine Folge des schon länger anhaltenden Aufschwungs der Aufschlüsselung von Heilmitteln und deren Wirkstoffen. Nach und nach stieg dieses Kokain zu einem Heilmittel auf und

---

[27] Körner, Einleitung, Rn. 79; Seefelder, S. 210; hero: griech. für heldenhaft, Held
[28] Seefelder, S. 210; so auch Körner, Anhang C 1, Rn. 55
[29] Körner, Einleitung, Rn. 79
[30] Eulenburg, Dt. med. Wochenschrift, Sonderabdruck zu Ausgabe Nr. 12/ 1899, s. BArch., R 1501/ 110389, S. 3, 4
[31] Wasicky, in: Grafe, S. 124; Mortimer, S.6
[32] Lewin, S. 105

wurde entsprechend verwendet. 1862 kam das Medikament „Merck's Cocaine" auf den Markt.

2. Gewinnung, Wirkung und Verwendungsmöglichkeiten

Die Kenntnisse über die *Gewinnung* waren schon relativ früh nach seiner Entdeckung weit fortgeschritten. Die Blätter der Kokapflanze werden frühestens eineinhalb Jahre nach der Pflanzung gepflückt. Die Ernte der Blätter erfolgt ab diesem Zeitpunkt dreimal im Jahr, wobei eine Pflanze bis zu 50 Jahre ertragfähig bleibt. Die Blätter werden auf Holzgestellen oder Trockenböden getrocknet. Nässe kann die Ernte verderben, da Aussehen, Geschmack und Alkaloidgehalt durch Nässeeinfluss verändert werden[33]. Die getrockneten Blätter werden mit Natriumkarbonatlösung befeuchtet und mit Petroleum oder Petroläther extrahiert. Der Hauptteil der Alkaloide wird mit Hilfe von Salzsäure ausgefällt. Aus der sauren Flüssigkeit wird der Rest der Alkaloide durch Ausfällen mit Alkali herausgeholt[34]. Für die Darstellung des Kokains ist die asiatische (Java, Madura) Koka um die Jahrhundertwende wichtiger als die südamerikanische Pflanze.

Die *Wirkung der Koka* ist schon altbekannt. Sie befreit den Menschen, der ihre Blätter kaut, von den Mühen des Alltags und lässt den Konsumenten materielle Genüsse imaginär erleben[35]. Alexander von Humboldt berichtete 1802, dass der Konsum von Kokablättern die Leistungsfähigkeit, insbesondere die Ausdauer steigerte[36]. Sie wirkten hungerstillend und wurden gegen Müdigkeit genommen[37]. Bei Versuchen, die nach Entdeckung des Kokains gemacht wurden, fand man folgendes heraus: Das Kokain beschleunigt den Puls, führt zu Herzklopfen und Schwindelgefühlen. Es werden Funken gesehen, es rauscht in den Ohren. Des Weiteren stellt sich ein Gefühl von mehr Kraft und der Drang zur Arbeit ein[38]. Es dämmt den Hunger und führt zu einem Wohlbehagen. Nach oraler Einnahme fühlt sich die Zunge pelzig an und es stellt sich eine Gefühllosigkeit der Zunge ein. Die Stelle, die mit Kokain behandelt wurde, wurde taub und unempfindlich[39]. Bei einer erhöhten Dosis fühlt sich der Konsument isoliert und neigt zu Kraftäußerungen, was auf Aggressivität schließen lässt. Danach stellt sich eine Art Erstarrung ein, man fühlt sich sehr wohl. Die Motivation zur Bewegung verschwindet, bis der Konsument einschläft[40].

Mit diesem Wissen wurde Kokain 1880 in die Augenheilkunde und damit in die *Medizin* eingeführt. Hierbei kamen zwei Wirkungen des Kokains sehr gele-

---

[33] Wasicky, in: Grafe, S. 156
[34] Wasicky, in: Grafe, S. 161; Mortimer, S.295,296
[35] Lewin, S. 109
[36] Lewin, S. 109
[37] Balick/Cox, S. 186
[38] Lewin, S. 110
[39] Mortimer, S. 295
[40] Lewin, S. 110

gen. Zum einen die Auswirkungen auf das Nervensystem des Patienten, welche zu einem Wohlbehagen und zu Halluzinationen u.ä. führen. Zum anderen – und noch viel wichtiger – war die betäubende Wirkung des Kokains der Medizin sehr hilfreich. Die Bedeutung des Kokains für die Lokalanästhesie wuchs rasch. Allerdings kam es zu Missgriffen im Zusammenhang mit der Verwendung des Kokains. Der Amerikaner Art Bentlen gab Morphinisten Kokain zur Entwöhnung, ein schlimmer Fehlgriff, denn so wurde aus einem Morphinisten ein Morphiokokainist. Statt von einer war er nun von zwei Drogen abhängig. Kokablätter wurden in der deutschen Medizin so gut wie gar nicht verwendet.

Als *Genussmittel* wurde die Koka schon sehr lange konsumiert. In Südamerika war sie das wichtigste Genussmittel der Indianer. Es wurden einzelne Blätter zerkaut und zu einem Ballen im Mund geformt. Mit einem Stab wurde etwas Kalk oder Asche von stark kalihaltigen Pflanzen in den Ballen getan. Dieser wurde dann ausgesaugt. Als Tagesdosis wurden zwischen 20 und 50 g der Blätter benötigt. Diese Verwendung war in Südamerika weit verbreitet. In Deutschland und Europa war der Kokagenuss als solcher nicht verbreitet. Nachdem jedoch das Kokain Einzug in die Welt der Medizin hielt, begann auch der Konsum zu Genusszwecken. Die mittlerweile erfundene Injektionsspritze half dabei. Man spritzte sich Kokain unter die Haut, um o.g. Wirkungen zu erzielen, insbesondere um eine Steigerung der Arbeitskraft zu erreichen und um Wohlbehagen zu erlangen. Das Kokainschnupfen war noch nicht verbreitet.

V. Cannabis

Cannabis ist das umstrittenste Betäubungsmittel unserer Zeit. Zu unterscheiden sind zwei Arten: Zunächst Cannabis sativae, der Riesenhanf, und Cannabis indicae, der indische Hanf.

1. Herkunft und Ausbreitung

Schon im 3. Jahrtausend v. Chr. wurde in China Hanf zur Fasergewinnung angebaut, die Nutzung zu anderen Zwecken liegt nahe. Nachbarn Chinas wie die Skyten oder die Mongolen brachten es nach Indien. Im 9. Jahrhundert v. Chr. wurde auch in Indien Hanf angebaut. Von nun an breitete sich Hanf über die ganze Welt aus. Im 5. Jahrhundert v. Chr. lernten die Griechen Hanf kennen und gaben ihm den Namen „Kannabis". Unter diesem Namen gaben sie es an die Römer weiter. Den Germanen war Cannabis bereits im 5. Jahrhundert v. Chr. ein Begriff, den Galliern im 3. Jahrhundert[41]. Schon zu dieser Zeit war Cannabis also in weiten Teilen der Welt bekannt und in Gebrauch. Mit Aufkommen der christlichen Lehren wurde Cannabis aus Europa verdrängt und hielt erst mit dem Ende der Kreuzzüge wieder Einzug. Für das 19. Jahrhunderts lässt sich sagen, dass Cannabis weltweit verbreitet war und vielfältig genutzt wurde. Er ließ sich überall anbauen.

---

[41] Brockhaus, Band 7, S. 321

2. Gewinnung und Verwendung

Die Kenntnisse über die Gewinnung von Cannabis bzw. Haschisch und Marihuana sowie über die verschiedenen Verwendungsmöglichkeiten waren schon weit fortgeschritten.

Wenn man bei Cannabis von *Gewinnung* spricht, so ist zunächst danach zu unterscheiden, was aus der Pflanze gewonnen werden soll. Cannabis kann der Gewinnung von Öl oder der Gewinnung von Fasern oder Papier dienen. Hier interessiert nur die Gewinnung von Haschisch und Marihuana. Haschisch wird aus dem Harz des Hanfes produziert. Die weiblichen Pflanzen produzieren in den Blüten viel Harz. Die harzreichen Teile wurden zwischen den Händen, an Teppichen o.ä. gerieben. Die Harzmasse wird dann gepresst und zu Platten, Kügelchen o.ä. verarbeitet. Marihuana dagegen besteht aus den gepflückten blühenden Spitzen der unbefruchteten weiblichen Pflanze[42].

Die *Verwendung* von Hanf bzw. Cannabis ist unterschiedlich. Aus Hanf bzw. aus seinen Samen lassen sich Produkte wie Papier, Fasern (Stoffe) und Öl gewinnen. Schon Anfang des 1. Jahrtausends v. Chr. bauten die Skyten am Kaspischen Meer und am Aralsee Hanf an, um u.a. aus den Samen Öl zu gewinnen. In China wurde sogar schon im 3. Jahrtausend v. Chr. Hanf angebaut, um Fasern herzustellen. Ebenso hat die Herstellung von Papier aus Hanf ihren Ursprung in China. Wie wichtig Hanf Ende des 19. Jahrhunderts war, zeigt folgendes Zahlenbeispiel: Ende des 19. Jahrhunderts wurden 75% des gesamten Weltpapiers aus Hanf produziert. Die Wichtigkeit dieses Rohstoffs für die Industrie steigerte sich im Verlauf des 1. Drittels des 20. Jahrhunderts sogar noch.

Auch die Verwendung von Cannabis zu *Heilzwecken* hat eine lange Geschichte. Da in China ca. 2800 v. Chr. bereits Hanf angebaut wurde, ist es durchaus realistisch, anzunehmen, dass dieser nicht nur zur Fasergewinnung benutzt wurde, der Mensch ist nun einmal neugierig und treibt Entwicklungen voran. Spätestens seit ca. 200 v. Chr., als der chinesische Arzt Hao To den Gebrauch als Analgetikum, also als Schmerzmittel beschrieb, wurde Cannabis als solches genutzt. Allerdings gibt es auch Hinweise, dass Cannabis in Indien schon 1000 v. Chr. als Heilmittel benutzt wurde. Galen beschrieb Cannabis als Mittel zur Stimulierung von Herzlichkeit und Lebhaftigkeit[43]. Die berauschende Wirkung von Cannabis blieb in der medizinischen Literatur weitgehend unbeachtet. Erst im 19. Jahrhundert wuchsen die Erkenntnisse über Cannabis[44]. Den Anfang und wohl auch die entscheidenden Schritte machte ein Aufsatz des Arztes O'Shaughnessy, welcher in Indien arbeitete. Dieser 1839 erschienene Artikel beschrieb die analgetische und beruhigende Wirkung von Cannabis. Der Hanf sei schmerzstillend, krampflösend und helfe bei Muskelspasmen. Bei einer Ü-

---

[42] Wasicky, in: Grafes Handbuch, S. 393

[43] Mikuriya, in: Burian/Eisenbach/Stangl, S. 87

[44] auch dies ist mit dem steigenden Interesse der Menschen an den Naturwissenschaften in Verbindung zu bringen

berdosis stellen sich psychische Effekte ein, die dem Delirium entsprechen[45]. Cannabis wurde dementsprechend genutzt. Auch in der Therapie kam es verstärkt zum Einsatz. Die Ergebnisse von O'Shaughnessy wurden 1860 von Dr. Fronmüller noch einmal konkretisiert und ergänzt. Cannabis wirke wie Opium, sei aber nicht so stark und habe nicht die negativen Nebenwirkungen wie z.B. Verstopfung. Es rege den Appetit an und führe nicht zu einer physischen Abhängigkeit[46]. Nachteilig wirkte sich aber aus, dass Cannabis nur sehr schwer wasserlöslich ist und somit nicht injiziert werden konnte. Cannabis war damit schlecht dosierbar, was auch mit der unterschiedlichen Qualität von Cannabisprodukten und damit zusammenhing, dass der wichtigste Wirkstoff (THC) noch gar nicht entdeckt war[47]. Auch die psychischen Wirkungen wurden bekannt. So wurde festgestellt, dass Cannabis zunächst stimuliert, dann werden höhere kortikale Zentren sediert. Reynolds verwendete 1890 Cannabis gegen Schmerzen, Migräne, Muskelspasmen und Schlafstörungen sowie zur Beruhigung. Auch gegen Asthma, Alkoholdelirien und Depressionen konnte es angewandt werden, dies war aber unsicher[48]. 1896 brachte der führende chemisch-pharmazeutische Fabrikant Merck die Medikamente „Cannabis" und „Cannabinon" auf den Markt. Zu beachten ist, dass Cannabis bei der medizinischen Verwendung hinter Morphin und Kokain zu dieser Zeit zurückblieb, was mit der gezielteren Anwendung und besseren Dosierung letzterer zusammenhing.

Auch die *Verwendung als Genuss-/ Rauschmittel* hat eine lange Tradition. Die ersten gesicherten Berichte über den Genuss als Rauschmittel stammen aus dem 8. und 7. Jahrhundert v. Chr. von den Skyten, welche die Samen neben der Ölgewinnung auch zum Berauschen benutzten[49]. Die Verwendung als Rauschmittel verbreitete sich genauso wie die Pflanze selbst: Da, wo Hanf war, gab es auch den Genuss und den Rausch. Ab dem 16. bzw. 17. Jahrhundert waren es vor allem Schriftsteller und Dichter, die selbst konsumierten und diesen Konsum popularisierten. Wie weit verbreitet dieser Konsum war, zeigt Folgendes: Laut Schätzungen gab es 1855 200 bis 300 Millionen Cannabiskonsumenten weltweit[50]. Beim Konsum als Genuss- bzw. Rauschmittel steht die beruhigende Wirkung im Vordergrund, die bei Steigerung der Dosis zum Delirium führte.

VI. Synthetische Betäubungsmittel

Auch die synthetischen, also chemisch hergestellten Betäubungsmittel blicken auf eine lange Geschichte zurück. Als Beispiele werden hier Amphetamin und Methamphetamin dargestellt.

---

[45] vgl. Mikuriya, in: Burian/ Eisenbach-Stangl, S.89
[46] vgl. Mikuriya, in: Burian/ Eisenbach-Stangl, S. 89, 90
[47] Beutz, S. 10
[48] vgl. Mikuriya, in: Burian/ Eisenbach-Stangl, S. 91
[49] Lewin, S. 150
[50] Hai/Rippchen, S. 22

Amphetamin gehört zu den so genannten Weckaminen. Weckamine sind Substanzen, die eine leistungssteigernde, anregende und aufputschende Wirkung haben. Sie sind chemische Abkömmlinge des Adrenalins und Ephedrins. Amphetamin wurde erstmals 1887 synthetisiert, die psychotropen Wirkungen fand man allerdings erst 1910 heraus. Es wurde mit der Absicht entwickelt, asthmatische Symptome zu lindern. Es kann durch Reduktion von Norephedrin mit Iod und rotem Phosphor oder durch Kondensation von 1-Phenyl-2-Propanon (Phenyla ceton) mit Ammoniak und anschließender Reduktion hergestellt[51]. Amphetamin wurde zunächst zur medizinischen Behandlung somatischer und neurologischer Erkrankungen wie z. B. Depressionen, Neurosen, Epilepsie, aber auch zur Bekämpfung der Drogensucht benutzt[52]. Amphetamine ersetzten in den 30er Jahren das Kokain als Aufputschmittel.

1919 gelang es dann einem japanischen Chemiker, Methamphetamin zu synthetisieren. Die Herstellung erfolgt durch Reduktion von Ephedrin mit Iod und rotem Phosphor oder durch Kondensation von 1-Phenyl-2-Propanon (Phenylaceton) mit Methylamin und anschließender Reduktion[53]. Auch das Methamphetamin ist eine dem Kokain in seinen Wirkungen verwandte Droge, welche euphorische und leistungssteigernde Effekte hat. Chronischer Gebrauch führt zu Nervosität, Reizbarkeit bis hin zur Aggressivität und Paranoia[54]. Nachdem Morphin, Heroin und Kokain dem Opiumgesetz unterstellt worden waren, versprach die Produktion von Aufputschmitteln Ersatz für die Gewinne, welche die Pharmaindustrie zuvor mit den eben erwähnten Betäubungsmitteln noch erzielen konnte. So wurde der Verkauf von Methamphetamin in Form des Medikaments Pervitin vorangetrieben. Dieses Medikament erregte im Zusammenhang mit dem Zweiten Weltkrieg Aufsehen, als es Soldaten der Wehrmacht, insbesondere den Kampfpiloten aufgrund staatlicher Verordnung verabreicht wurde. Allerdings wurde die Pervitin-Sucht zu einem gesellschaftlichen Problem, was auch Albert Speer bereits 1941 bemerkte[55]. Methamphetamin wurde nach dem Zweiten Weltkrieg unter dem Namen „Speed“ bekannt.

Bis 1970 wurden noch zahlreiche weitere synthetische Betäubungsmittel entwickelt.

B. Erkenntnisse über die Sucht und deren Ausbreitung

Fraglich ist, in wieweit Erkenntnisse über das Thema Sucht nach bzw. Abhängigkeit von diesen Betäubungsmitteln zum Zeitpunkt des Erlasses der jeweiligen Verordnungen vorhanden waren.

---

[51] vgl. http://de.wikipedia.org/wiki/Amphetamine
[52] Körner, Anhang C 1, Rn. 355
[53] vgl. http://de.wikipedia.org/wiki/Methamphetamin
[54] Körner, Anhang C 1, Rn. 368, 370
[55] Körner, Anhang C 1, Rn. 368

I. Ältere Quellen

Schon in der Odyssee gibt Homer Erfahrungen von chronischen Opiumkonsumenten wieder, die auf eine freudenbringende, kummerverscheuchende Wirkung hinweisen. Diese verführerische Kraft führte zu dem, was im 5. Jahrhundert v. Chr. von Diagoras als „Verführung zu immer neuer Verwendung" beschrieben wird mit der Folge, dass bei mehrfacher Anwendung die Sinne beraubt werden[56]: Sucht, Abhängigkeit. Galen entdeckte bei Kaiser Marc Aurel Schlaflosigkeit wegen des Entzugs von Opium, weswegen er es dann doch wieder nahm[57], also echte Abhängigkeit. Es tauchten auch Berichte auf, die einen Realitätsverlust bei ständigem Gebrauch von opiumhaltigen Medikamenten beschreiben[58]. Da Opium aber in der Medizin vermehrt angewandt wurde, wuchs die Medikamentenabhängigkeit an Stelle der reinen Opiumsucht. Die Einnahme von Opium und Cannabis war in diesem Zeitraum etwas Legales, etwas Gewöhnliches. Damit ist auch zu erklären, warum diese Quellen eines gemeinsam haben: Sie kennen die Sucht in ihrer eigentlichen Wortbedeutung nicht. Denn das Wort „Sucht" stammt nicht, wie zu vermuten ist, vom Verb „suchen" ab, sondern vom gotischen „siukan", was „krank sein" bedeutet[59]. Eine Gewohnheit wurde nicht als Krankheit begriffen.

II. Die Entdeckung der Sucht

Erst ab dem Ende des 16. Jahrhundert wurde dann Sucht als schwere Krankheit erkannt. Erste Berichte vermerkten, dass derjenige, der es gewohnt war, Opium zu nehmen, es auch täglich nehmen müsse. Andernfalls verzehre er sich selbst und er sterbe[60]. 1613 machte Purchas erstmals direkt auf die süchtigmachenden Eigenschaften aufmerksam. Laudanum, sowie die Sucht danach, verbreitete sich unter der regierenden Schicht in Europa. Dies hatte quasi Vorbildfunktion für die „mittleren" und „unteren" Bevölkerungsschichten, so dass das Laudanum/Opium dem Kaffee und Tee gleich stand, sowohl in Konsum als auch in der Akzeptanz. Es zeigt sich hier deutlich die Janusköpfigkeit des Opiums bzw. der Betäubungsmittel im Allgemeinen. Zum einen ist es mit seiner schmerzstillenden und beruhigenden Wirkung eine ideale und in dieser Zeit hochangesehene Medizin, zum anderen birgt es aber gerade wegen dieser Wirkungen die Gefahr der Gewöhnung und damit der Abhängigkeit. So wurde Theriak in der 2. Hälfte des 17. Jahrhunderts in Teilen Europas fast als Nahrungsmittel verwendet. Es gab Empfehlungen von medizinischen Fakultäten, nach jeder Mahlzeit Theriak zu nehmen[61].

---

[56] Sonnenfeld, S. 34
[57] Seefelder, S. 50, 51
[58] Seefelder, S. 110
[59] Scheerer, S. 10
[60] Scheerer, S.19
[61] Seefelder, S. 115, 129

Der erste wirklich ausführliche Bericht über Entzugserscheinungen stammt aus dem Jahre 1701. Dieser besagt, dass derjenige, der plötzlich mit dem Opiumkonsumieren aufhört, unter qualvollen Schmerzen leide und mit Depressionen rechnen müsse. Dies führe innerhalb von wenigen Tagen zum Tod, es sei denn, der Konsum werde fortgesetzt[62]. Die Sucht breitete sich immer weiter aus, es gab keine Hindernisse bei der Beschaffung, außerdem war Opium billig. Man entschuldigte diese Sucht mit Hinweisen auf gelehrte Vorgänger, welche diesen Konsum als relativ harmlos beschrieben. Hierzu tat der englische Schriftsteller de Quincey sein übriges, als er 1821 seine „Bekenntnisse eines Opiumessers" veröffentlichte. Dies war der erste wirkliche Bericht über eine ca. 50-jährige Abhängigkeit des Schriftstellers selbst[63].

Die Erkenntnis, dass Sucht eine Krankheit ist, war also Mitte des 19. Jahrhunderts endgültig gewonnen[64]. So fühlten sich Ärzte alarmiert, Maßnahmen zu ergreifen. Sie suchten nach Entzugsmethoden und Schmerzmitteln, die nicht abhängig machten, eine unendliche Suche, wobei Heroin die größte Enttäuschung war[65]. Durch die massive Verwendung von Morphin in den Kriegen des 19. Jahrhunderts wuchs die Zahl der Süchtigen unter den Soldaten und danach unter der Bevölkerung. Die Morphininjektion war einfach, das Morphin war uneingeschränkt verfügbar. Das schon durch Opium bestehende Suchtproblem wurde heftig verstärkt[66]. Die Janusköpfigkeit, auf der einen Seite gutes Schmerz- und Beruhigungsmittel, auf der anderen Seite gerade wegen dieser Wirkungen süchtig machend, waren in dieser Zeit bekannt.

Mitte des 19. Jahrhunderts wurde die Sucht nach Betäubungsmitteln also als schwere Krankheit begriffen. Die Wissenschaft suchte mit großem Tatendrang nach Gegenmitteln, allerdings mit wenig Erfolg.

C. Zusammenfassung

Zusammenfassend lässt sich sagen, dass Ende des 19. Jahrhunderts die Erkenntnisse über die genannten Betäubungsmittel und über die Sucht danach schon sehr weit fortgeschritten waren. Durch das steigende Interesse an der Aufschlüsselung von Pflanzen und Heilmitteln wurden neue, meist wesentlich stärkere Betäubungsmittel entdeckt sowie die Erkenntnisse über die Pflanzen und deren Wirkungen ausgeweitet. Allerdings ist zu sagen, dass bzgl. der Inhaltsstoffe noch nicht alles bekannt war, wie gerade bei Cannabis zu sehen ist.

---

[62] Scheerer, S.19
[63] Lewin, S. 61; Seefelder, S. 132-140
[64] Seefelder, S. 207/208
[65] Seefelder, S. 209
[66] Seefelder, S. 207

Die Sucht wurde zumindest aus wissenschaftlicher Sicht eindeutig als Problem, als schwere Krankheit begriffen, derer man Herr werden musste. Ob dies auch politisch der Fall war und ob entsprechend gehandelt wurde, wird der nächste Teil dieser Arbeit offen legen.

1. Teil: Nationale und internationale Entwicklung bis 1920

Ende des 19. Jahrhunderts waren die Erkenntnisse über die Wirkungen und Anwendungsmöglichkeiten der beschriebenen Betäubungsmittel, soweit sie schon entdeckt bzw. entwickelt waren, bereits weit fortgeschritten. Ebenso verhielt es sich mit den Kenntnissen über die Sucht. Es stellt sich die Frage, ob der Beginn der gesetzgeberischen Tätigkeit durch die vorhandenen Kenntnisse über die Betäubungsmittel und die Sucht nach diesen beeinflusst oder bedingt war, oder ob andere Intentionen bestanden.

A. Die nationale Entwicklung bis zum ersten Weltkrieg

Die ersten nationalen Gesetze, welche die Verbreitung einiger der vorgestellten Betäubungsmittel betrafen, ergingen in Preußen im Jahr 1801. Im Deutschen Reich erging die erste Verordnung diesbezüglich 1872.

I. Preußische Gesetzgebung

Bereits 1725 erging in Preußen ein Medizinaledikt, dessen Anwendungsbereich auch Betäubungsmittel erfasste[67]. Nach diesem Edikt war es den Drogisten und anderen Gewerbetreibenden erlaubt gewesen, Arzneimittel jeder Art (also auch die beschriebenen Betäubungsmittel, soweit diese schon entdeckt waren) in beliebigen Mengen zu verkaufen. Die Folge wiederum war, dass viele Personen Arzneimittel verkauften, die im Gegensatz zu den Apothekern keine entsprechende Ausbildung genossen hatten. Hierdurch litt die Qualität der Arzneimittel, was wiederum die Heilungsmöglichkeiten der Bevölkerung gefährdete. Um die dadurch gefährdete Gesundheit der Bevölkerung zu schützen, wurde daraufhin im Preußischen Allgemeinen Landrecht von 1794 in Teil II, Titel 8, Abschnitt 6, § 456 ein Apothekermonopol für Arzneimittel festgelegt[68]. Die Folge dieses Monopols war, dass andere Berufsstände, die vorher Arzneimittel verkaufen durften, dies nicht mehr konnten. Dies führte zu massiven Streitigkeiten zwischen Apothekern und den anderen Berufsständen. Deswegen wurde in der Preußischen revidierten Apothekerverordnung vom 11.10.1801[69] in § 13 ein besonderes Reglement angekündigt, welches festlegen sollte, welche rohen Arzneimittel auch von anderen Berufsständen verkauft werden dürfen. Aufgrund dieser Norm wurde am 19.1.1802 ein Reglement betreffend den Debit der Arzneiwaren erlassen[70]. Danach durften so genannte Materialisten und Drogisten nur die in einem Verzeichnis A aufgeführten Stoffe in jeder Menge verkaufen. Dieses Verzeichnis enthielt 126 Stoffe, u.a. Kakao, Olivenöl und Vanille. Es

---

[67] Hinweis bei Kronecker, DJZ 1902, 18; vgl. auch BArch., R 1501/ 110266

[68] Wortlaut: „Apotheker sind zur Zubereitung der Arzneymittel, ingleichen zum Verkauf derselben, und der Gifte, ausschließend berechtigt."

[69] GStA PK, I. HA, Rep. 77 Ministerium des Inneren, Tit. 2169, Nr. 7, S. 111 ff.

[70] GStA PK, I. HA, Rep. 77 Ministerium des Inneren, Tit. 2169, Nr. 7, S. 1

bestand keine Mengenbegrenzung für die genannten Stoffe, da diese auch ökonomisch und technisch genutzt werden konnten. Andere rohe Arzneimittel durften die genannten Personen erst ab einer Menge von einem Pfund verkaufen. Von dieser Regel gab es zwei Ausnahmen: Die in dem Verzeichnis B genannten rohen Arzneimittel durften ab einer Menge von einem halben Pfund von Drogisten und Materialisten verkauft werden. In diesem Verzeichnis fanden sich u.a. Rizinusöl und Opium. Die vom Verzeichnis C umfassten Arzneimittel, darunter Moschus und Zimtöl, durften diese Personen schon ab einer Menge von einer Unze[71] verkaufen. Alle in den Verzeichnissen nicht erfassten chemischen Medikamente und Präparate durften von Drogisten und Materialisten weder in kleinen noch in großen Mengen verkauft werden. Das Reglement ermächtigte die zuständigen Behörden dazu, die Lagerräume der genannten Personen zu besichtigen. Ein Verstoß gegen dieses Reglement konnte mit einer Geldstrafe von fünf bis zwanzig Talern geahndet werden.

Die Gründe für diese Verordnung wurden in der Einleitung selbst genannt. Danach diente sie wie schon die Norm des Allgemeinen Landrechts dazu, die Umstände, die durch ein Medizinaledikt von 1725 verursacht worden waren, zu regeln. Deswegen wurde mit der Verordnung von 1802 ein Monopol für den Kleinhandel mit Arzneimitteln geschaffen, da die Vermutung nahe lag, dass nur aus diesen kleinen Mengen Arzneimittel für den inneren und äußeren Gebrauch hergestellt wurden[72]. Das Reglement sollte demzufolge die Befugnisse von Apothekern auf der einen und Drogisten sowie Materialisten auf der anderen Seite genauer bestimmen und die Materialisten und Drogisten einer vernünftigen Medizinal- und Polizeiaufsicht unterstellen.

Die Verordnung von 1802 war neu für die genannten Berufsstände, im Gegensatz zu dem pauschalen Monopol des Allgemeinen Landrechts wurden hier einzelne Arzneimittel in gewissen Mengen freigegeben. Die Umsetzung dieser Verordnung war mangelhaft, weil Drogisten sich nicht sicher waren, ob sie das entsprechende Mittel verkaufen durften oder nicht[73]. Außerdem waren einzelne Gesetze und Verordnungen in dieser Zeit nicht sehr verbreitet, so dass die betroffenen Berufsstände von ihnen meist keine Kenntnis hatten[74]. Zudem fühlten sich die Drogisten und Materialisten durch die Verordnung benachteiligt und versuchten sich gegen diese zu wehren. Auch entwickelte sich der Arzneimarkt weiter. Aufgrund dieser Entwicklungen sah sich das Ministerium für geistliche, Unterrichts- und Medizinalangelegenheiten 30 Jahre nach Erlass des ersten Reglements dazu veranlasst, dieses zu überarbeiten. Es beauftragte eine Kommissi-

---

[71] 1 Unze = 32,6 g

[72] GStA PK, I. HA, Rep. 77 Ministerium des Inneren, Tit. 2169, Nr. 7, S. 99 (RS)

[73] Dies zeigen eine Vielzahl von Verfahren, die wegen Verstößen gegen das Reglement angestrengt wurden, vgl. GStA PK, I. HA, Rep. 77 Ministerium des Inneren, tit. 2169, Nr. 9

[74] Der erste Band der Preußischen Gesetzessammlung stammt aus dem Jahr 1806 und beinhaltete auch keine Zusammenfassung der bis dahin erlassenen Gesetze

on damit, zu untersuchen, inwiefern das Reglement zu ändern war. Die Kommission legte den Bericht über den momentanen Stand sowie einen Entwurf für ein neues Reglement den Debit mit Arzneiwaren betreffend vor. In dem Bericht stellte die Kommission klar, dass das Reglement geändert werden müsste. Das Prinzip der Monopolisierung des Arzneimittelkleinhandels wurde grundsätzlich für richtig befunden. Allerdings mussten einzelne Vorschriften sowie die drei Verzeichnisse den Verhältnissen angepasst werden[75]. Der Minister für geistliche, Unterrichts- und Medizinalangelegenheiten, der Innenminister und der Minister für Gewerbe und Finanzen brachten dem Entwurf keine Bedenken entgegen[76], am 16.9.1836 wurde das neue Reglement erlassen[77]

Dieses neue Reglement bestimmte, dass der Verkauf der in einem Verzeichnis A aufgeführten Arzneimittel nur Apothekern gestattet war, u.a. Opiumwasser. Das Verzeichnis A umfasste im Gegensatz zum ersten Reglement, welches nur natürliche Stoffe enthielt, die Arzneimittel, die schon vorher als chemische Medikamente und Präparate nur von Apothekern verkauft werden durften[78]. Der Handel mit den im Verzeichnis B aufgeführten Arzneiwaren war für Nichtapotheker ab einer Menge von einem Pfund freigegeben. In diesem waren die Arzneimittel aufgeführt, die in Fabriken hergestellt werden konnten[79]. Das Verzeichnis C enthielt die Arzneiwaren, mit denen Nichtapotheker nur ab zwei Lot[80] handeln durften, u.a. Opium und Morphin. Es waren die Stoffe genannt, die auch zu anderen als arzneilichen Zwecken benutzt werden konnten[81]. Das Verkaufsverbot für nicht aufgeführte Arzneien wurde entfernt. Im Gegensatz zum ersten Reglement waren die Verzeichnisse wesentlich umfangreicher. Allerdings durfte die in den Verzeichnissen B und C aufgeführten Arzneimittel nicht in pulverisiertem Zustand abgegeben werden. Der Handel mit kleineren Mengen war den Apothekern vorbehalten. Alle anderen Stoffe waren zum Handel freigegeben. Die Verzeichnisse sollten von Zeit zu Zeit einer Revision unterworfen werden und etwaigen geänderten Verhältnissen von den Ministerien angepasst werden. Es war auch die Möglichkeit vorgesehen, Nichtapotheker „in geeigneten Fällen" von diesen Beschränkungen zu befreien. Des Weiteren fand sich eine Bestimmung, die bei Zuwiderhandlung gegen diese Bekanntmachung eine Geldstrafe von fünf bis zwanzig Talern oder eine „verhältnismäßige, nach den Vorschriften des allgemeinen Strafrechts zu bestimmende Gefängnisstrafe" vorsah.

---

[75] GStA PK, I. HA, Rep. 77 Ministerium des Inneren, Tit. 2169, Nr. 7, S. 98 (RS)
[76] GStA PK, I. HA, Rep. 77 Ministerium des Inneren, Tit. 2169, Nr. 7, S. 140-142
[77] Preußische Gesetzessammlung 1837, S. 41
[78] GStA PK, I. HA, Rep. 77 Ministerium des Inneren, Tit. 2169, Nr. 7, S. 164
[79] GStA PK, I. HA, Rep. 77 Ministerium des Inneren, Tit. 2169, Nr. 7, S. 104 (RS)
[80] ein Lot entsprach 16, 3 Gramm
[81] GStA PK, I. HA, Rep. 77 Ministerium des Inneren, Tit. 2169, Nr. 7, S. 105

Von der Möglichkeit, die Verzeichnisse zu ändern, wurde am 29.7.1857[82] Gebrauch gemacht. Im Verzeichnis B, in welchem das Opium und das Morphin aufgeführt waren, wurde nun der indische Hanf aufgeführt. Im selben fanden sich auch wieder Opium und Morphin. Im Gegensatz zum Reglement von 1836 konnten diese nur ab einer Menge von einem Pfund von Nichtapothekern verkauft werden. Neu war, dass die Arzneien in den Verzeichnissen B und C nun auch im pulverisierten Zustand von Nichtapothekern in den dort genannten Mengen verkauft werden durften. Die Strafbestimmungen wurden für hinfällig erklärt, da mittlerweile das preußische Strafgesetzbuch in Kraft getreten war. Es galt fortan § 345 Nr. 2 des preußischen StGB, wonach derjenige, der ohne polizeiliche Erlaubnis Gift oder Arzneien, soweit deren Handel nicht durch besondere Verordnungen freigegeben war, zubereitete, verkaufte oder sonst an andere überließ, mit einer Geldbuße bis zu fünfzig Talern oder Gefängnis bis zu sechs Wochen bestraft wurde.

Zweck der Bekanntmachungen war also, dass nur Apotheker bestimmte Arzneien zubereiten und an das Publikum in den benötigten kleinen Mengen abgeben sollten. Deswegen sollte der Kleinhandel mit Arzneimitteln einem Apothekermonopol unterstellt werden. Dadurch sollte die Qualität und die Zuverlässigkeit dieser Arzneimittel für das Publikum gesichert werden[83]. Dieser Zweck konnte durch das Publikum aber selbst vereitelt werden, wenn es bei einem Gewerbetreibenden den entsprechenden Stoff in einer größeren Menge kaufte[84].

II. Die Kaiserlichen Verordnungen über den Verkehr mit Arzneimitteln

Die Kaiserlichen Verordnungen über den Verkehr mit Arzneimitteln bilden den Anfang der Gesetzgebung bezüglich der Betäubungsmittel im Deutschen Reich.

1. Vorgeschichte

Medizinisch waren die heilende Wirkung und Anwendungsmöglichkeiten der Betäubungsmittel ziemlich weit erforscht. Folgendes war bekannt: Opium, Morphin und Heroin wirkten schmerzstillend, schlafbringend und durchfallmindernd und wurden auch als Mittel gegen Husten angewendet. Kokain beschleunigte den Puls, führte aber zu Herzklopfen und Schwindelgefühlen. Es steigert die Ausdauerfähigkeit, dämmt den Hunger und führt zu Wohlbehagen. Kokain betäubt die Stelle, die mit ihm behandelt wird. Es wurde hauptsächlich in der Lokalanästhesie angewandt. Cannabis wirkt analgetisch und beruhigend. Es löst Krämpfe und hilft bei Muskelspasmen. In der Therapie wurde Cannabis verstärkt benutzt. Außerdem regt Cannabis den Appetit an. Die Anwendung von

[82] Preußische Gesetzessammlung 1857, S. 655
[83] BArch., R 1401/ 980, S. 14, RS
[84] BArch., R 1401/ 980, S. 14, RS

Cannabis in der Medizin stand hinter der Anwendung von Morphin und Kokain jedoch weit zurück. Die *Sucht* nach Betäubungsmitteln wurde in der Wissenschaft als schwere Krankheit angesehen, die neben Depressionen und starken Schmerzen auch zum Tod führen kann. Es waren sowohl die psychische als auch die physische Abhängigkeit bekannt. Die regelmäßige Einnahme führt zum Zwang, das Mittel immer wieder zu nehmen. Dies sind die grundsätzlich nötigen Symptome, um die Sucht auch als Krankheit zu begreifen.

Die Kaiserliche Verordnung betreffend den Verkehr mit Arzneimitteln vom 25.3.1872[85] war die erste Verordnung im Deutschen Reich, die sich mit der Materie der Betäubungsmittel befasste. Mit der Gründung des Norddeutschen Bundes 1866/1867 ging gemäß Art. 4 Nr. 15 der Verfassung die Zuständigkeit für die Gesetzgebung auf dem Gebiet des Medizinalwesens auf den Bund über. Ebenso war der Bund gem. Art. 4 Nr. 1 zuständig für die Gesetzgebung bezüglich des Gewerbes. 1868 machte man sich daran, eine Gewerbeordnung für den Bund zu entwerfen. Während der dritten Beratung des entsprechenden Entwurfs für eine Gewerbeordnung des Norddeutschen Bundes in der 45. Sitzung des Bundestages (25.5.1869)[86] beantragten die Abgeordneten Luck, Stephani und Runge, den § 6 des Entwurfs zu ergänzen. Er sollte den Zusatz enthalten, dass all diejenigen Apothekerwaren, welche keine eigentlichen Arzneimittel waren, sondern Präparate, die einer besonderen Vorbereitung nicht bedurften, durch Präsidialverordnung im Interesse des Publikums dem freien Verkehr zugeführt werden sollten. Da auch der Präsident des Bundeskanzleramtes Delbrück nichts gegen diesen Antrag einzuwenden hatte, wurde er mit großer Mehrheit angenommen[87]. Wenn somit für Apothekerwaren eine besondere Zubereitung erforderlich war, sollte dies durch ausgebildetes Fachpersonal, also von Apothekern erfolgen. Solange die Mittel nicht als Arznei zur Heilung von Krankheiten benutzt werden sollten, sollte es von jedem verkauft werden können. Demzufolge diente dieser Zusatz dem Schutz der Gesundheit des Menschen in dem Sinne, dass diese nicht durch falsch oder schlecht zubereitete Arzneimittel gefährdet wurde. Demnach sollte die Verordnung bestimmen, welche Apothekerwaren dem freien Verkehr überlassen werden sollten. Es war hier nicht die Rede davon, dass der Mensch vor den Gefahren etwaiger Betäubungsmittel bzw. der Sucht danach geschützt werden sollte.

Die Gewerbeordnung des Norddeutschen Bundes trat 1869 in Kraft und wurde, nachdem 1871 das Deutsche Reich gegründet wurde, durch das Reich übernommen. Der Zusatz zu § 6 wurde durch die Änderung der Reichsgewerbeordnung 1883[88] in den Absatz 2 verlagert.

---

[85] RGBl. 1872, S. 85

[86] Sten. Ber. 1869, Bd. 1, S. 1054

[87] Sten. Ber. 1869, Bd. 1, S. 1055

[88] RGBl. 1883, S. 177

2. Die Kaiserliche Verordnung vom 25.3.1872
Aufgehalten durch die Reichsgründung und den vorherigen Krieg erschien erst 3 Jahre nach Erlass der Gewerbeordnung des Norddeutschen Bundes die erste Kaiserliche Verordnung über den Verkehr mit Arzneimitteln.

a. Entstehung
Die Ermächtigungsgrundlage des § 6 der Gewerbeordnung enthielt den Auftrag, eine Verordnung zu erlassen, die bestimmen sollte, welche Apothekerwaren dem freien Verkehr zu überlassen waren. An den Beratungen für diese Verordnung am 31.5.1871 nahmen die technische Kommission für pharmazeutische Angelegenheiten, die wissenschaftliche Deputation für Medizinalwesen und die technische Deputation für Gewerbe teil[89].

Die technische Kommission für pharmazeutische Angelegenheiten äußerte sich in einem vom preußischen Minister für geistliches, Unterrichts- und Medizinalwesen im Vorfeld dieser Beratungen angeforderten Bericht auf die Frage, welche Apothekerwaren dem freien Verkehr zu überlassen sind, eher ausweichend[90]. Nach Meinung dieser Kommission ließ sich die Frage dann nicht beantworten, wenn mit Apothekerwaren die Substanzen gemeint waren, welche nur auf ärztliche Verordnung abgegeben werden durften. Eine indirekte Antwort sah zwei Verzeichnisse vor. Das erste sollte diejenigen Arzneiformen erfassen, die ein Apotheker selbst herzustellen verpflichtet war oder nur von anderen Apothekern ankaufen durfte. Diejenigen Drogen und chemischen Präparate, die der Apotheker sich zwar im Wege des Handels verschaffen musste, die aber ausschließlich oder zumindest überwiegend nur als Heilmittel zum medizinischen Gebrauch dienten, sollten von einer zweiten Liste erfasst werden. Die in diesen Listen aufgeführten Mittel sollten nur von Apothekern verkauft werden dürfen. Alle nicht erfassten Mittel und Zubereitungen sollten dem freien Verkehr überlassen werden[91].

Die technische Deputation für das Gewerbe (Preußisches Ministerium für Handel und Gewerbe) forderte in einem Gutachten daraufhin, das von der technischen Kommission für pharmazeutischen Angelegenheiten vorgeschlagene Verzeichnis A um ein Drittel zu kürzen, da die meisten der aufgeführten Mittel weniger in der Medizin als vielmehr zu anderen Zwecken genutzt wurden. Das vorgeschlagene Verzeichnis B sollte vollständig gestrichen werden[92]. Der Handelsminister vertrat die Ansicht, dass die Intention des Gesetzgebers bei Erlass der Gewerbeordnung darin bestanden habe, den Grundsatz des freien Warenverkehrs auch auf die Apothekerwaren zu erstrecken[93]. Des Weiteren schlug der

---

[89] BArch., R 1401/ 980, S. 37 f.
[90] BArch., R 1401/ 980, S. 7f.
[91] BArch., R 1401/ 980, S. 7
[92] BArch., R 1401/ 980, S. 44
[93] BArch., R 1401/ 980, S. 37

Minister noch vor, den Großhandel sowie die Nutzung zu wissenschaftlichen Zwecken freizugeben[94]. Dieser Gedanke wurde aber nicht weiter verfolgt.

Die wissenschaftliche Deputation für das Medizinalwesen (preußisches Ministerium für geistliche, Unterrichts- und Medizinalangelegenheiten) legte im Gegensatz zum Minister für Handel und Gewerbe § 6 der Gewerbeordnung in dem Sinne aus, dass nach dieser Norm der Verkauf von Apothekerwaren durch andere Gewerbetreibende nicht die Regel, sondern die Ausnahme darstellen sollte[95]. Die Verordnung sollte nicht den Schutz des Apothekergewerbes, sondern den Schutz des Publikums bezwecken. Demzufolge konnten nach Auffassung dieser Deputation bei Erlass der Verordnung nur solche Mittel dem freien Verkehr überlassen werden, bei denen der Verkauf durch andere unbedenklich war[96]. Bei der Erstellung der Verzeichnisse sollten jeweils die Verzeichnisse der Bekanntmachung von 1857 zugrunde gelegt werden, wobei simultan mit der neuen Verordnung die Schwächen beseitigt werden sollten, da der Zweck, dass nur Apotheker Arzneien zubereiten und abgeben sollten (womit die Qualität und die Zuverlässigkeit der Arzneimittel gesichert werden sollte) nicht erreicht wurde. Außerdem waren die Verzeichnisse B und C nicht mehr zeitgemäß. Die Formulierung für die beiden neuen Verzeichnisse sollte im Gegensatz zum Schlusssatz des § 6 so lauten, dass die erfassten Mittel als Apothekerwaren bezeichnet werden, die nicht dem freien Verkehr überlassen werden. Dies entsprach der Fassung der preußischen Reglements. Das Apothekergewerbe, das für die Volksgesundheit zuständig sei, sei nicht mit anderen Gewerbearten vergleichbar. Deshalb bedürfe das Apothekergewerbe einer Regelung in dem Sinne, dass die meisten Arzneimittel nur in Apotheken verkauft werden dürfen. Diese Meinung wurde auch von der Kommission für pharmazeutische Angelegenheiten sowie vom Reichskanzleramt geteilt[97]. Der Minister für Handel und Gewerbe konnte seine Auslegung des § 6 der Gewerbeordnung mithin nicht durchsetzen. Man einigte sich auf einen Entwurf, der dem Vorschlag der Kommission für pharmazeutische Angelegenheiten entsprach und der den preußischen Reglements folgte.

Das Reichskanzleramt schloss sich den Vorschlägen der Kommissionen in einer Stellungnahme vom 24.8.1871 im Wesentlichen an[98]. Allerdings merkte es auch an, dass der Wortlaut der vorgeschlagenen Verordnung dem des Schlusssatzes des § 6 widerspreche. Es hielt dies aber aufgrund der Tatsache, dass es sich eben nicht um ein gewöhnliches Gewerbe handelte, für notwendig[99]. Der

[94] BArch., R 1401/ 980, S. 82
[95] BArch., R 1401/ 980, S. 44, RS
[96] BArch., R 1401/ 980, S. 45
[97] BArch., R 1401/ 980, S. 37
[98] BArch., R 1401/ 980, S. 57
[99] BArch., R 1401/ 980, S. 57, RS
[100] RGBl. 1872, S. 85

Minister für Handel und Gewerbe versuchte in mehreren Schreiben an den Reichskanzler dagegen vergeblich, diesen davon zu überzeugen, dass gerade diese Auslegung des § 6 der Gewerbeordnung nicht dem Zweck des Gesetzes entsprach. Dieser blieb aber bei seiner Auffassung, so dass am 25.3.1872 die erste Kaiserliche Verordnung über den Verkehr mit Arzneimitteln veröffentlicht werden konnte[100].

b. Inhalt der Kaiserlichen Verordnung

Die Verordnung besagte zunächst in § 1, dass die im Verzeichnis A aufgeführten Präparate (z.B. gemischte Arzneibalsame, flüssige Arzneimischungen für den inneren und äußeren Gebrauch etc.) *zu Heilzwecken* nur in Apotheken verkauft werden durften. Gemäß § 2 durften die in einem Verzeichnis B aufgeführten Drogen und chemischen Präparate nur in Apotheken verkauft werden. In diesem Verzeichnis B fanden sich neben Chloroform, Koffein oder Rizinusöl der indische Hanf, Kodein, Morphin und Opium. Kokain und das noch nicht entdeckte Heroin waren nicht erfasst. Es gab keine Bestimmung, die entsprechend der preußischen Reglements den Verkauf von durch die Verordnung erfassten Mitteln ab einer gewissen Menge dem freien Verkehr überließ. Somit durften auch größere Mengen nur durch Apotheker an das Publikum abgegeben werden.

Die Verordnung beinhaltete keine Rechtsfolge für eine Zuwiderhandlung. Dies bedeutete aber nicht, dass ein Verstoß gegen die Verordnung nicht geahndet werden konnte. So besagte § 147 Nr. 1 RGewO, dass bei selbständigem Betrieb eines stehenden Gewerbes derjenige, der ohne eine Genehmigung oder abweichend von einer solchen ein Gewerbe ausübte, mit einer Geldstrafe oder (bei Unvermögen) mit Haft bestraft wird. Verkaufte also ein Lebensmittelhändler Opium, so handelte er entgegen seiner Genehmigung. Die Genehmigung zum Verkauf von Lebensmittel konnte den Verkauf von Opium nicht umfassen. Dieses Beispiel zeigt, dass die Rechtsfolge primär durch den Verstoß gegen die aus der Gewerbeordnung stammenden Pflichten (Ausübung des Gewerbes entsprechend der Genehmigung) ausgelöst wurde und nicht durch einen Verstoß gegen die Verordnung.

Wesentlich deutlicher waren § 367 Nr. 3 bzw. Nr. 5 StGB. Nr. 3 bestrafte denjenigen, der ohne Erlaubnis Arzneien, soweit deren Handel nicht freigegeben war, verkaufte etc., ebenso mit Geldstrafe bis 150 Mark oder Haft. Ein Lebensmittelverkäufer durfte dieser Verordnung entsprechend kein Morphin etc. verkaufen, die Erlaubnis zum Verkauf von Lebensmitteln konnte nicht den Verkauf von Morphin o. ä. beinhalten. Tat er dies doch, machte er sich strafbar, da Nr. 5 besagte, dass derjenige, der bei Ausübung der Befugnis zur Zubereitung und zum Feilhalten von Arzneien entgegen einer in Bezug auf Arzneien erlassenen Verordnung handelte, mit Geldstrafe bis zu 150 Mark oder mit Haft bestraft

[100] RGBl. 1872, S. 85

wird. Verkaufte also ein Lebensmittelhändler Kokain, so verstieß er gegen die Verordnung. Er machte sich gem. § 367 Nr. 5 StGB strafbar. Hier stand also der Verstoß gegen die Kaiserliche Verordnung im Vordergrund.

c. Folgen der Kaiserlichen Verordnung

Die Verordnung führte wie schon die preußische Bekanntmachung dazu, dass die Abgabe viele Arzneien und Heilmittel an den Endverbraucher einem Apothekermonopol unterstellt wurden. Dies geschah aber im Gegensatz zur preußischen Regelung nur, soweit sie der Heilung dienten und zu diesem Zweck angeboten und verkauft wurden. Neu war, dass es keine Mengenbegrenzung gab. Den Drogisten und anderen Gewerbetreibenden blieb nur der Verkauf von Mitteln des Verzeichnisses A, *soweit diese nicht als Heilmittel angeboten bzw. verkauft wurden.* Damit wurden die Apotheken von Konkurrenz durch Kurpfuscher und Geheimmittelvertreter befreit und die Gewinnaussichten einer Apotheke beträchtlich gesteigert. Der Arzneimarkt entwickelte sich von der Apotheke, welche die Arzneimittel anfertigte, hin zu einem gefächerten Wirtschaftszweig, zu dem der Großhandel, die Apotheke, die Detaildrogerie und andere profitierende Wirtschaftsbereiche gehörten[101].

Für den Berufsstand der Drogisten war diese Verordnung (wie schon die preußischen Bekanntmachungen für preußische Drogisten) existenzgefährdend, da ihnen durch die Formulierung des § 1 der Hauptteil ihres möglichen Warenangebots genommen wurde, zumal es auch keine Mengenbegrenzung mehr gab. Die Drogisten verkauften diese Mittel meist billiger und waren damit eine direkte Konkurrenz der Apotheken. Durch die Verordnung konnten die Drogisten die im Verzeichnis A genannten Zubereitungen nicht mehr *als Heilmittel* verkaufen oder auch nur anbieten. Dies hatte beträchtliche Einnahmeverluste zur Folge. Daraufhin bildeten sich die ersten Drogistenvereine, um gemeinsam ihre Interessen zu verfolgen. Diese Vereine/ Interessengemeinschaften reichten zahlreiche Petitionen zur Änderung bzw. zur Aufhebung der Kaiserlichen Verordnung ein, wobei diese sich zum einen darauf beriefen, dass die Verordnung nicht mit der Gewerbefreiheit und mit § 6 RGewO vereinbar sei[102]. Zum anderen wandten sie sich gegen das Argument, dass ein Monopol die Qualität der Arzneien sichere und somit der Volksgesundheit diene[103].

Für den *Verbraucher* hatte die Verordnung den Vorteil, dass die Mittel, die er zur Heilung von Krankheiten benötigte, von ausgebildetem Fachpersonal hergestellt und verkauft wurden. Die Verordnung führte also in dieser Hinsicht wie schon in Preußen zu einer Qualitätssicherung. Allerdings musste der Verbraucher danach unterscheiden, wofür er ein Mittel benötigte. Denn § 1 der Verordnung ordnete nur an, dass die Zubereitungen des Verzeichnisses A *als Heilmittel*

---

[101] Schraps, S.12

[102] BArch., R 101/ 30778, 2. Akte, S. 83

[103] BArch., R 101/ 30778, 2. Akte, S. 86 (RS)

lediglich in Apotheken angeboten und verkauft werden durften. War das Mittel nicht zur Heilung bestimmt, konnte man es sich u.U. günstiger bei einem Drogisten kaufen. Dies führte zu dem, was schon in Preußen in ähnlicher Weise üblich war: Man besorgte sich das Mittel, welches man als Heilmittel benötigte, zu einem anderen Zweck bei einem Drogisten. Waren es in Preußen noch die Mengen, wonach unterschieden werden musste, so war es bei der kaiserlichen Verordnung der Nutzungszweck. Also konnte mit dieser Verordnung der von ihr angestrebte Zweck, dass Arzneien nur von Apothekern hergestellt bzw. von diesen abgegeben werden sollten, um die Qualität der Medikamente zu sichern und dadurch die Volksgesundheit zu schützen, wiederum nicht vollständig erreicht werden. Zu beachten ist aber, dass diese Umgehung der Kaiserlichen Verordnung nicht bei den hier beschriebenen Drogen möglich war. Diese durften ohnehin nur in Apotheken verkauft werden.

3. Die Verordnung von 1875

Die zahlreichen Petitionen der Drogisten wurden in der Reichstagssitzung vom 2.4.1873 besprochen. Hierbei wurde ein weiteres Problem deutlich. Es war strittig, ob die Verordnung auch den Großhandel erfasste[104]. Preußen war der Ansicht, er sei nicht erfasst und erließ zur Bestätigung dessen eine eigene Verordnung, in welcher der Großhandel von derartigen Regelungen ausgenommen wurde. Die meisten anderen Bundesstaaten sahen dies aber anders. Diese Unklarheit sollte beseitigt werden. Es wurde ein Antrag angenommen, der die Reichsregierung ersuchte, das Verzeichnis A „im Interesse des freien Verkehrs mit gesundheitlich unbedenklichen Stoffen" abzuändern und das Apothekermonopol auf den Kleinverkehr mit dem Publikum zu beschränken[105]. Nach eingehenden Beratungen wurden diese Anträge angenommen. Am 4.1.1875 wurde dann die zweite Kaiserliche Verordnung erlassen[106], deren §§ 1 und 2 im Wesentlichen ihren Vorgängern entsprachen. Neu war allerdings § 3. Danach fanden §§ 1 und 2 nicht auf den Großhandel mit Arzneien Anwendung. Somit gab es in diesem Punkt eine Klarstellung. Es wurde der Gedanke aufgenommen, der bereits die preußischen Reglements beherrscht hatte (Apothekermonopol auf den Kleinhandel).

[104] Sten. Ber. 1873, Bd. 1, S. 184; dies merkte der Minister für Handel und Gewerbe schon bei den Beratungen zur VO 1872 an, s.o.
[105] Sten. Ber. 1873, Bd. 1, S. 187
[106] RGBl. 1875, S. 5

4. Die Verordnungen von 1883[107], 1890[108], 1894[109], 1895[110], 1897[111]

Eine Verordnung vom 3.1.1883 brachte eine unwesentliche Ergänzung des Verzeichnisses A der Verordnung von 1875. Mit der Verordnung vom 27.1.1890 wurde die Verordnung von 1875 aufgehoben. Die §§ 1 und 2 wurden geringfügig verändert übernommen, ebenso § 3. Im Verzeichnis B tauchte nun zum ersten Mal Kokain auf. An den Rechtsfolgen bei Zuwiderhandlung änderte sich nichts. Die Verordnungen von 1894, 1895 und 1897 betrafen Veränderungen der Verzeichnisse A und B, welche nicht die Rauschmittel betrafen.

5. Rezeptpflicht und Erwerb vom Großhandel

Zur *Rezeptpflicht* für die genannten Drogen sagten die Verordnungen bisher nichts. Auch die Reichsgesetzgebung hat sich dieser Materie zunächst nicht gewidmet. Demzufolge waren Länderregelungen bzgl. der Rezeptfreiheit/-pflicht möglich. Diese Möglichkeit wurde von allen Bundesstaaten genutzt, die Verordnungen erließen, welche die hier beschriebenen Drogen einer Rezeptpflicht unterstellten. Drogen waren also nicht frei erhältlich, der Erwerb war abhängig durch ein von einem Allgemein- oder Tierarzt ausgestelltes Rezept. Allerdings waren diese Landesverordnungen sehr unterschiedlich. Dies merkte der Direktor des deutschen Apothekervereins bereits 1879 an. Der IV. Ausschuss des Bundesrates (zuständig für Handel und Gewerbe) sah allerdings noch keine Notwendigkeit für eine einheitliche Regelung[112]. Doch war dies der Startschuss für die Untersuchungen über die Notwendigkeit einer einheitlichen Regelung. Das Kaiserliche Gesundheitsamt sprach sich dafür aus und arbeitete einen entsprechenden Entwurf aus, welcher zwar für Opium, Morphin und der indische Hanf, nicht aber für Kokain eine Rezeptpflicht vorsah[113]. Das Landesmedizinalkollegium von Preußen schlug die Aufnahme von Kokain und dessen Salzen vor, was dann auch geschah[114]. Der beschlossene Entwurf wurde dem Bundesrat vorgelegt, der ihn an den IV. Ausschuss überwies. Dieser hatte geringe Änderungsvorschläge, welche der Bundesrat annahm[115]. Am 2.7.1891 verabschiedete der Bundesrat Vorschriften („Beschluss"), durch welche die Abgabe stark wirkender Arzneien sowie die Beschaffenheit und die Beschriftung der Arzneigläser in den Apotheken geregelt wurden. Durch den Beschluss wurden die Bundesstaaten aufgefordert, gleichförmige Vorschriften zu erlassen[116]. Gemäß § 1 dieses Be-

---

[107] RGBl. 1883, S. 1
[108] RGBl. 1890, S. 9
[109] RGBl. 1895, S. 1
[110] RGBl. 1895, S. 455
[111] RGBl. 1897, S. 707
[112] Protokolle des Bundesrates 1879, § 617
[113] BArch., R 1501/ 110205, S. 69
[114] BArch., R 1501/ 110205, S. 279, 306 ff.
[115] Prot. des Bundesrates 1891, Drucksache Nr. 63
[116] Prot. des Bundesrates, § 410

schlusses durften die in dem angeschlossenen Verzeichnis aufgeführten Drogen und Präparate nur auf Rezept abgegeben werden[117]. Hierunter befanden sich Cannabisprodukte, Kokain, Morphin und Opium. § 2 sah vor, dass diejenigen Mittel, die durch die Kaiserliche Verordnung freigegeben waren, von diesem Beschluss nicht erfasst wurden. § 3 enthielt eine Rezeptpflicht für die wiederholte Abgabe von Morphin und Kokain, § 4 ordnete dies unter bestimmten Voraussetzungen auch für alle im Verzeichnis aufgeführten Präparate an. Die §§ 5 bis 10 enthielten Vorschriften über die Lagerung der erfassten Mittel und Stoffe. Eine Norm, welche eine Zuwiderhandlung sanktionierte, bestand nicht. Hierfür musste wieder auf § 367 StGB des Reiches zurückgegriffen werden. In dem Beschluss waren viele Mittel und Stoffe enthalten, die bei unsachgemäßer Anwendung die Gesundheit gefährden konnten. So gab es viele Vergiftungsfälle infolge Verwechslungen von äußerlich und innerlich anzuwendenden Arzneien. Das Volk sollte vor den Gefahren dieser Stoffe geschützt werden. Bei manchen Mitteln war es ausreichend, dass diese nur in Apotheken erhältlich waren. Andere wiederum waren so gefährlich, dass die ärztliche Verschreibung als zusätzliche Sicherung hinzutreten musste. Dies galt insbesondere für die bekannten Rauschmittel. Außerdem sollte durch diesen Beschluss des Bundesrates den Suchtgefahren des Missbrauchs entgegnet werden[118]. Der Beschluss beschränkte also die Abgabe gerade von Morphin und dessen Salzen sowie von Kokain deswegen so sehr, damit der Missbrauch verhindert werden konnte[119]. Aufgrund dieses Beschlusses ergingen nach Aufforderung durch den Reichskanzler in allen Bundesländern gleichlautende Verordnungen[120].

Am 13.5.1896 wurde dieser Beschluss geändert[121]. Morphin und Kokain konnten nur dann ohne erneutes ärztliches Rezept wiederholt abgegeben werden, wenn diese als Zusatz von anderen Zubereitungen die Menge von 0,03 g nicht überschritten. Des weiteren wurden die Vorschriften über die Lagerung um einen § 11 erweitert, welcher Arzneien, die zu Augenwässern, Einatmungen etc. dienen sollten, hinsichtlich der wiederholten Abgabe den Arzneien für den inneren Gebrauch, hinsichtlich der Abgabegefäße den Arzneien zum äußeren Gebrauch gleichstellte. Die Entdeckung des Heroins führte dann zu dem nächsten Beschluss vom 22.3.1898[122], durch den Heroin in die bisherigen Vorschriften eingegliedert wurde. Denjenigen Vorschriften, die sich mit Morphin und Kokain befassten, wurde Heroin zugefügt. Es war ohne erneutes Rezept frei zu

---

[117] Rezept wurde als "schriftliche, mit Datum und Unterschrift versehene Anweisung" legal definiert

[118] BArch., R 1501/ 110205, S. 314, 318

[119] BArch., R 1501/ 110381, S. 27, RS

[120] BArch., R 1501/ 110380, S. 24 (Aufforderung des Reichskanzlers), bis zum Ende der Akte alle Verordnungen der Bundesstaaten

[121] Prot. Bundesrat, 1896, § 293

[122] Prot. Bundesrat, 1898, § 202

beziehen, wenn es Bestandteil einer anderen Zubereitung war und die Menge nicht mehr als 0.015 g betrug. Somit waren alle wichtigen Drogen einer strengen Rezeptpflicht unterworfen. Man benötigte für jeden Erwerb dieser Drogen ein neues Rezept. Heroin wurde als noch gefährlicher als Morphin angesehen, weswegen die Bevölkerung davor zu schützen sei[123].

Die Kaiserliche Verordnung vom 25.3.1972 in der Fassung von 1897 regelte auch nicht den *Erwerb der aufgeführten Drogen vom Großhandel.* Außerdem waren durch diese Verordnung immer noch einige Arzneien und Gifte dem freien Verkehr überlassen. Aus diesen Gründen gab es in vielen Bundesstaaten Regelungen über den Handel mit Giften. Durch die uneinheitlichen Regelungen entstanden Unsicherheiten für den Handel. Demzufolge drängten auch Vertreter der Drogisten auf eine einheitliche Regelung. Der Reichskanzler verwies allerdings darauf, dass gemäß § 34 RGewO der Handel mit Giften Ländersache und deshalb eine einheitliche Regelung verfassungswidrig sei[124]. Demgegenüber sah die technische Kommission für pharmazeutische Angelegenheiten aufgrund der verschiedenen Gesetze (selbst Regierungsbezirke und einzelne Städte hatten eigene Verordnungen) die Notwendigkeit für eine einheitliche Regelung gegeben[125]. Hierzu legte der Direktor des Kaiserlichen Gesundheitsamtes am 1.3.1892 einen Entwurf zu einer entsprechenden Verordnung vor[126]. Nach einigen Änderungen ging dieser Entwurf an den Bundesrat, welcher ihn an den IV. Ausschuss überwies. Nachdem dieser einige Änderungen vornahm, ergingen am 29.11.1894 die Vorschriften des Bundesrates über den Handel mit Giften[127]. Nach dieser Verordnung waren alle die in der Anlage I aufgeführten Drogen, chemische Präparate und Zubereitungen „Gifte". Diese Anlage war in drei Abteilungen aufgeteilt. In Abteilung 2 dieser Anlage waren bis auf Heroin und Amphetamin alle damals bekannten und hier beschriebenen Drogen genannt. Neben genauen Vorschriften über die Aufbewahrung wurde die Abgabe der erfassten Gifte geregelt. Zunächst musste ein „Giftbuch" geführt werden, in welches sämtliche abgegebenen Mengen der Gifte einzutragen waren. Bedeutsam war § 12, welcher besagte, dass die erfassten Gifte nur an solche Personen abgegeben werden durften, die als zuverlässig bekannt waren und das Gift zu einem erlaubten Zweck benutzen wollten. Diese Beurteilung oblag der subjektiven Einschätzung des Abgebenden, also dem Großhändler. Hatte der Abgebende keine solche Kenntnis, durfte er Gift nur gegen einen Erlaubnisschein der örtlichen Polizeibehörde abgeben. Der Erwerber musste eine schriftliche Empfangsbescheinigung, den so genannten Giftschein vorlegen. Beachtlich aber war, dass die Vorlage dieses Giftscheins nicht erforderlich war, wenn Großhändler die

[123] BArch., R 1501/ 110389, S. 2
[124] Drogistenzeitung 1888, S. 529, 530
[125] BArch., R 1501/ 110313, Schriftstück I 6342
[126] BArch., R 1501/ 110313, Schriftstücke I A 1562, I A 4232
[127] Prot. Bundesrat, 1894,§ 532

Gifte an Wiederverkäufer, technische Gewerbetreibende oder an staatliche Einrichtungen abgaben. Die Abgabe in Apotheken wurde ausdrücklich von diesen Bestimmungen ausgenommen, für diese galt die Kaiserliche Verordnung von 1872 i.d.F. von 1897. Mit diesen für den Großhandel bestimmten Vorschriften wurde versucht, eine Kontrolle bei der Abgabe der von der Anlage erfassten Gifte einzuführen. Allerdings schloss die neue Verordnung Missstände nicht aus. Auf der einen Seite war der Großhandel daran interessiert, den Umsatz zu steigern. Dies wiederum konnte seine subjektive Einschätzung der Zuverlässigkeit des Erwerbers beeinträchtigen. Auf der anderen Seite konnte gerade mit den hier behandelten Drogen ein beträchtlicher Gewinn erzielt werden. Da die Abgabe in Apotheken nur unter Vorlage eines ärztlichen Rezeptes erfolgen durfte, waren auf diesem Weg große Mengen nicht zu beschaffen. Demzufolge wandte sich der Drogenhändler an Großhändler. Stellte sich der Erwerber dabei geschickt an und konnte seine (nicht vorhandene) Zuverlässigkeit vorspiegeln, so war der Erwerb großer Mengen Drogen ein Leichtes, da hierfür dann kein Erlaubnisschein nötig war. Somit konnte sich ein Drogenhändler große Mengen Drogen auf (zumindest im Arzneimittelrecht) erlaubtem Wege besorgen[128]. Dies war eine Lücke, die man offensichtlich nicht gesehen hatte.

6. Die kaiserliche Verordnung von 1901

Die Kaiserliche Verordnung vom 22.10.1901 brachte weitere wichtige Veränderungen.

Da die Drogisten mit den bisher ergangenen Verordnungen nicht einverstanden waren, wehrten sie sich weiterhin mit Petitionen. Am 13.6.1898 fand im Reichsgesundheitsamt eine Konferenz zur Feststellung des Wortlauts der neu zu erlassenden Verordnung statt. Zu dieser waren alle Beteiligten Behörden, Verbände etc. mit Ausnahme der Drogisten vertreten[129]. Ergebnis war ein Entwurf für eine neue Verordnung, in dem eine Legaldefinition für den bisher nicht einheitlich ausgelegten Begriff „Heilmittel" eingefügt wurde. Danach sollten Heilmittel Mittel zur *Beseitigung* von Krankheiten sein. Zum Teil wurden vor Einführung dieser Legaldefinition auch Mittel zur *Verhütung* von Krankheiten als Heilmittel angesehen. Man sah die Gefahr, dass eine Ausdehnung der Verordnung auf diese Mittel den Verkehr zu stark beschränkt[130].

Bedeutend war auch die Entdeckung des Heroins. Nach Anhörung der technischen Kommission für pharmazeutische Angelegenheiten[131] und der wissenschaftlichen Deputation für das Medizinalwesen[132] bezüglich der Gefahren für die Bevölkerung berichtete der preußische Minister für geistliche, Unterrichts-

---

[128] auf andere strafrechtliche Untersuchungen wird hier verzichtet
[129] Buchheister, S. 60
[130] Buchheister, S. 63
[131] BArch., R 1501/ 110389, S. 5
[132] BArch., R 1501/ 110389, S. 6, 7

und Medizinalangelegenheiten, dass Heroin dem freien Verkehr entzogen werden musste, um die Bevölkerung zu schützen[133]. Nach der Entdeckung des Heroins waren erste Berichte aufgetaucht, nach denen der (auch gewohnheitsmäßige) Gebrauch von Heroin zum Teil schon als Ersatz für Morphin benutzt wurde[134]. Deshalb wurde die Aufnahme in den Entwurf zu einer neuen Verordnung veranlasst[135].

Am 22.10.1901 wurde die Verordnung veröffentlicht[136]. In § 1 fand sich jetzt die erwähnte Legaldefinition für Heilmittel. Der § 1 wurde umgestellt und durch die neue Ziffer a ergänzt. Der Wortlaut von § 2 hatte sich geändert, hatte aber dieselben Folgen. Das Verzeichnis B enthielt nun das Heroin. Wiederum nahm § 3 den Großhandel aus dem Anwendungsbereich der Verordnung. Eine neue Regelung enthielt § 4, durch die der Reichskanzler ermächtigt wurde, weitere Stoffe, Zubereitungen und Gegenstände von dem Verkauf außerhalb von Apotheken auszuschließen.

Mit der Verordnung von 1901 waren erstmals alle fünf hier näher untersuchten natürlichen Betäubungsmittel vom Verzeichnis B erfasst und standen somit unter einem Apothekermonopol. Synthetische Betäubungsmittel waren nicht erfasst. Wiederum wurde der Großhandel von der Verordnung nicht erfasst. Weiterhin beinhaltete die Verordnung keine Rechtsfolge für eine Zuwiderhandlung. Sie befand sich zum einen in § 367 Nr. 3 und 5 StGB, zum anderen in § 147 RGewO.

7. Die kaiserliche Verordnung vom 31.3.1911[137]

Die Verordnung vom 31.3.1911 ist die letzte Änderung der kaiserlichen Verordnung vor dem ersten Weltkrieg. Zunächst machte der Reichskanzler viermal Gebrauch von der Ermächtigung des § 4 der Verordnung von 1901 und fügte den Verzeichnissen neue Mittel bzw. Präparate hinzu.

Zu beachten ist, dass zu dieser Zeit vermehrt Berichte über den Missbrauch von narkotischen Arzneimitteln bekannt wurden. Am 19.2.1910 reichten 32 Abgeordnete unter Führung des Abgeordneten von Treuenfels eine Resolution ein. Diese richtete sich an den Reichstag mit der Bitte, dieser wolle beschließen, den Reichskanzler zu ersuchen, einen Gesetzesentwurf vorzulegen, welcher dem Zweck dienen sollte, diesen Missbrauch zu verhindern. Als Grund wurde angeführt, dass über den so genannten Großhandel diese Arzneimittel in die Hände unbefugter Personen gelangten und damit die Verbreitung insbesondere von Morphinismus und Kokainismus unterstützt wurde[138].

---

[133] BArch., R 1501/ 110389, S. 2
[134] BArch., R 1501/ 110389, S. 9
[135] BArch., R 1501/ 110389, S. 9, RS
[136] RGBl. 1901, S. 380
[137] RGBl. 1911, S. 181
[138] Sten. Ber. Bd. 273 (1910), Drucksache Nr. 293

Diese Resolution wurde in der 48. Sitzung des Reichstages am 4.3.1910 diskutiert[139]. Der Abgeordnete Leonhart unterstütze die Resolution und stellte fest, dass sich die Süchtigen aller Mittel (z.B. Rezeptfälschung) bedienten, um an diese narkotischen Arzneimittel zu kommen. Aber auch Ärzte, Apotheker und Krankenschwestern zählten zu den Süchtigen. Bei letzteren sei eine Bekämpfung des Missbrauchs schwer möglich, da diese sich die Mittel leicht besorgen könnten. Bei allen anderen sei aber eine Verhinderung des Missbrauchs durch entsprechende gesetzliche Maßnahmen möglich.

Von Treuenfels bekräftigte seine Resolution damit, dass er über Einzelheiten über den illegalen Drogenhandel berichtete. Illegale Händler bezogen die entsprechenden narkotischen Arzneimittel vom Großhändler. Nach § 12 der Giftverordnung musste hierbei der Nachweis der Zuverlässigkeit des Erwerbers erbracht werden. Die Beurteilung dieses Nachweises oblag dem subjektiven Empfinden der betreffenden Großhändler. Eine stichhaltige Kontrolle dieses Nachweises war kaum möglich. Diesem Missstand, der sich durch die fehlende staatliche Kontrolle der Abgabe durch den Großhandel entwickelt hatte, sollte durch gesetzliche Regelungen unterbunden werden. Von Treuenfels stimmte mit Leonhart überein, dass durch die Verbreitung des Morphinismus unter Ärzten diesem ebenfalls Vorschub geleistet wurde. Morphinisten neigten dazu, dieses Mittel auch anderen anzupreisen. Dadurch verführten sie andere zum Missbrauch. Für morphinsüchtige Ärzte bedeutete dies, dass sie leichter entsprechende Rezepte ausstellten. Auch hier musste gehandelt werden. Insofern sei es nach Meinung von Treuenfels unumgänglich, gesetzlich auf diese Missstände zu reagieren. Grundsätzlich ging es ihm also darum, den illegalen Drogenhandel durch entsprechende Gesetze zu verhindern, wobei diese zunächst bei der Abgabe vom Großhandel an Zwischenhändler und bei der Ausstellung von Rezepten durch Ärzte ansetzen sollte.

Der Präsident des Kaiserlichen Gesundheitsamtes Bumm stellte in seiner Antwort fest, dass dem Gesundheitsamt bisher keine Missstände im Bereich des Großhandels und bei Ärzten bekannt geworden seien. Eine Revision der Kaiserlichen Verordnung von 1901 sei schon im Gange, wobei auch darüber diskutiert wurde, ob eine Änderung der Bestimmungen, welche den Großhandel betrafen, ratsam oder notwendig sei. Bumm hielt es aber für schwer möglich, alle Fälle des Missbrauchs zu unterbinden, da Süchtige sehr erfinderisch seien, sich die benötigten Mittel zu verschaffen.

Der Abgeordnete Burckhardt befürwortete eine Änderung der Kaiserlichen Verordnung in dem Sinne, dass der Großhandel Morphin, Kokain und andere narkotische Arzneimittel nur noch an Apotheken weitergeben darf. Die Resolu-

---

[139] Sten. Ber. Bd. 260 (1910), S. 1703 ff.

tion unter Führung des Abgeordneten von Treuenfels wurde mit großer Mehrheit angenommen.

Jedoch führte diese Resolution nicht unmittelbar zum gewünschten Ergebnis. Ausschlaggebend für die Neufassung war die Ermächtigung des § 4 der Verordnung, welche dem Reichskanzler die Möglichkeit gab, die Verzeichnisse zu erweitern. Laut § 6 Absatz 2 RGewO sollte die entsprechende Verordnung eine solche des Kaisers sein. Die Erweiterungsermächtigung wurde aber auf den Reichskanzler delegiert. Dies erklärte das Reichsgericht am 6.10.1910 für unzulässig[140]. Demzufolge erging 31.3.1911 die neue Verordnung, welche mit § 1 sofort den § 4 aufhob und mit § 2 dem Verzeichnis B fünf neue Stoffe hinzufügte, darunter Aspirin und Veronal, ein Barbiturat. Die Vorschriften über den Großhandel wurden nicht geändert, die Resolution wurde nicht beachtet.

8. Rechtsprechung zu den Kaiserlichen Verordnungen

Die Rechtsprechung zu den Kaiserlichen Verordnungen war mit Auslegungsfragen beschäftigt. Zunächst war unklar, ob von der Verordnung von 1875 auch Tierheilmittel erfasst waren. Dies wurde erst 20 Jahre später mit der Verordnung von 1895 dahin geklärt, dass gewisse Tierheilmittel „ausnahmsweise" außerhalb von Apotheken verkauft werden durften. Im Umkehrschluss hieß das, dass sonstige Tierheilmittel nicht überall verkauft werden durften[141]. Auch die Auslegung des Begriffs „Heilmittel" war bis zur Verordnung von 1901 unklar und wurde erst durch diese geklärt. Von den Gerichten unterschiedlich beantwortet wurde auch die Frage, welche Anforderungen an die subjektive Seite beim unerlaubten Verkauf außerhalb von Apotheken gem. § 1 zu stellen waren. Die Gerichte waren sich aber insoweit einig, dass sie die mit der Verordnung zusammenhängende Vorschrift § 367 RStGB eng auslegten, so dass es auf die Anforderungen an die subjektive Täterseite nicht ausschließlich ankam[142].

9. Zusammenfassung

Der Verordnungsgeber hat mit den behandelten Verordnungen zunächst nicht auf die zunehmende Diskussion um die Schädlichkeit von entsprechenden Arzneien (Drogen) bzw. auf die Kenntnis von der Sucht danach reagiert. Die Verordnungen betrafen die Missstände, die durch fachlich unzulängliche Zubereitungen der Arzneien durch unkundige Personen (wie z.B. Drogisten, denen meist die nötige Ausbildung fehlte) entstanden waren. Die Verordnungen schützten die Gesundheit der Bevölkerung in dem Sinne, dass diese qualitativ gute Arzneien beziehen konnte und somit bessere Heilungsmöglichkeiten hatte. Daneben führte die Verordnung zumindest faktisch zum Schutz des Arzneimittelgewerbes im Allgemeinen und des Apothekermonopols im Besonderen. Dies

---

140 Pharmazeutische Zeitung, 19.10.1910

141 Buchheister, S. 103

142 Urteil vom 13.12.1880 g. M. Rep. 3186/ 80; RGSt.3, 119 (122)

war aber wegen des Gesundheitsschutzes beabsichtigt, weswegen auch der Wortlaut der Verordnung nicht mit dem des § 6 der Gewerbeordnung übereinstimmte.

Der Weg, der mit der preußischen Gesetzgebung eingeschlagen worden war, wurde von diesen Verordnungen also zunächst weiterverfolgt. Sie benachteiligten zwangsläufig den Berufsstand der Drogisten, dem damit ein Großteil seiner Umsatzmöglichkeiten genommen wurde. Alles in allem war die Verordnung für die Materie, die sie betraf, noch nicht ausgereift, was gerade die Auslegungsschwierigkeiten zeigten.

Die Rezeptpflicht für die genannten Drogen wurde für das gesamte Reich 1891 eingeführt, wobei noch nicht alle Drogen erfasst waren. Diese Pflicht wurde eingeführt, um den immer weiter steigenden Missbrauch gerade von Morphin, Kokain und (fast schon präventiv) Heroin zu verhindern. Diese Beschlüsse (und ebenso die vorhergehenden Landesverordnungen) waren es also, die sich des Problems des Drogenmissbrauchs widmeten, nicht die Kaiserlichen Verordnungen über den Verkehr mit Arzneimitteln. Bis zum Ersten Weltkrieg änderte sich daran nichts, obwohl mittlerweile selbst im Reichstag über den stark ansteigenden Missbrauch narkotischer Arzneimittel diskutiert wurde. Es wurde sogar eine Resolution angenommen, die den Reichskanzler beauftragte, einen Gesetzesentwurf auszuarbeiten, der sich diesem Problem annimmt. Daraufhin geschah nichts.

Es lässt sich also feststellen, dass der Gesetzgeber mit den Beschlüssen des Bundesrates auf das Problem des Drogenmissbrauchs bzw. der Drogensucht reagiert wurde. Allerdings zeigte sich, dass diese Reaktion unzulänglich war, der Missbrauch und damit die Sucht breiteten sich immer weiter aus. Es gab also zu dieser Zeit ein Drogenproblem im Deutschen Reich, dem man auf dem Wege der Gesetzgebung keine wirksamen Maßnahmen entgegensetzte. Die Kaiserlichen Verordnungen hatten lediglich den Zweck, die Qualität der Arzneimittel zu steigern bzw. zu sichern. Dies versuchte man mit einem Apothekermonopol zu erreichen. Auch der Großhandel erfuhr durch die Gesetzgebung keine wesentlichen Einschränkungen. Sowohl die Kaiserlichen Verordnungen als auch die Vorschriften des Bundesrates betreffend die Abgabe stark wirkender Arzneimittel galten nicht für den Großhandel.

Nur die Vorschriften über den Handel mit Giften enthielten eine Regelung bzgl. des Erwerbes vom Großhändler. Danach durften die hier aufgeführten Drogen nur an Personen abgegeben werden, die als zuverlässig bekannt waren. Hierbei kam es aber auf die Einschätzung des Abgebenden an. Der Erwerb von großen Mengen war mit ein bisschen Geschick von eigentlich unbefugten und unzuverlässigen Personen möglich. Hier bestand eine bedeutende Lücke im Arzneimittel-/ Betäubungsmittelrecht.

B. Internationale Entwicklungen

International markierte die Internationale Opiumkonferenz von Schanghai 1909 den ersten Schritt der Bekämpfung des Drogenmissbrauchs.

I. Internationale Opiumkonferenz von Schanghai von 1909

Die internationale Opiumkonferenz fand vom 1.2. bis zum 26.2.1909 in Schanghai statt.

1. Vorgeschichte

Es bestanden zwei Initiativen, die zur Internationalen Opiumkonferenz führten, auf der einen Seite die amerikanische, auf der anderen Seite die britische. Beide Initiativen hingen mit der Entwicklung in China zusammen.

Anfang des 20. Jahrhunderts wurde durch die USA eine Anti-Opium-Bewegung in Gang gesetzt. Die Vereinigten Staaten versuchten, nachdem sie schon selbst schlechte Erfahrungen mit massivem Opiumgebrauch im eigenen Land gemacht hatten[143], bereits ab ca. 1860, Opium durch hohe Zölle etc. aus dem eigenen Land fernzuhalten[144]. Nachdem die USA 1901 die Philippinen eingenommen hatten, wurden sie auf das Opiumproblem bei der dortigen chinesischen Bevölkerung aufmerksam. Sie verboten den Gebrauch von Opium zu nichtmedizinischen Zwecken[145]. Aufgrund der Situation auf den Philippinen wurde 1904 die Philippinen-Opium-Kommission durch die USA gegründet. Diese Kommission untersuchte das Opiumproblem im gesamten Fernen Osten. Die Ergebnisse der Untersuchungen führten zur Prohibition des Opiums auf den Philippinen[146]. Wichtiger war jedoch der erste Report dieser Kommission von 1904, in welchem sie den Opiummissbrauch als nicht auf China und Indien begrenztes, sondern weltweites Problem bezeichnete, das nicht nur Großbritannien, Indien und China betraf[147]. Die amerikanische Initiative zielte also auf die Beseitigung des Missbrauchs von Opium, auf den sie durch die chinesische Bevölkerung aufmerksam geworden war[148].

China hatte Anfang des 20. Jahrhunderts versucht, dem Problem mit Gesetzen entgegenzutreten, da der Konsum mittlerweile unkontrollierbar auszuufern drohte. Wurde Opium Ende des 19. Jahrhunderts größtenteils noch aus Indien importiert (ca. 5000 T jährlich[149]), so wuchs nach der Jahrhundertwende die Eigenproduktion in China. 1906 wurden in China schon 35.000 T weitgehend für

---

[143] Noll, Encyclopaedia of Public International Law, Vol. 9, S. 107
[144] Hischmann, S. 66
[145] Seefelder, S. 214
[146] Wright, AJIL, Vol. 3, S. 670, Hischmann, S. 68
[147] Wright, AJIL, Vol. 3, S. 670; BArch., R 1501/ 110393, S. 11, RS
[148] BArch., R 1501/ 110393, S. 11
[149] Seefelder, S. 180

den einheimischen Markt produziert[150]. Dies hatte zur Folge, dass Großbritannien Opium nicht mehr im bisherigen Umfang aus Indien nach China exportieren konnte. Bedenkt man, welche beträchtlichen Gewinne sich aus diesem Export ergaben (dies war auch ein Grund für die beiden Opiumkriege gewesen), so konnte eine Konferenz über das Opiumproblem für Großbritannien auch von sehr hohem Interesse sein. Britische Berichte hatten den Opiumgebrauch eher verharmlost[151], was darauf schließen ließ, dass Großbritannien kein Interesse an der vollständigen Untersuchung des Opiumproblems hatte. Nachdem aber das Problem durch die USA zur Diskussion gebracht wurde, musste sich auch Großbritannien mit diesem befassen. Um aber weiter seine Interessen durchsetzen zu können, schien es ratsam, auf einer Konferenz seinen Standpunkt darzulegen und zu verteidigen.

Zu beachten ist aber, dass neben dem steigenden Konsum und der massiven Verbreitung von Opium besonders im Fernen Osten auch der stark angewachsene Konsum der Alkaloide und Derivate des Opiums weltweit (Morphin und Heroin) ein Grund für die Konferenz war[152]. Nach regen diplomatischen Verhandlungen einigten sich die Hauptinitiatoren auf eine Konferenz in Schanghai ab dem 01.02.1909.

2. Teilnehmer der Konferenz

Die Initiative ging zunächst von den beiden Ländern aus, die das größte Interesse an der Region hatten: Von den USA und von Großbritannien[153]. Man begrenzte den Kreis zunächst auf diejenigen Nationen, welche territoriale Interessen im Fernen Osten besaßen: Frankreich, die Niederlande, das Deutsche Reich, China und Japan. Doch schon während den diplomatischen Verhandlungen zur Vorbereitung dieser Konferenz wurde klar, dass diese Teilnehmer nicht ausreichen. Persien und die Türkei waren ebenso Produzenten von Opium, so dass es unumgänglich war, sie ebenfalls einzuladen[154]. Ebenso verhielt es sich mit Portugal. Hauptabnehmer wie Mexiko oder Kanada wurden ebenfalls eingeladen. Mithin nahmen an der Konferenz folgende Länder teil: USA, Großbritannien, China, Frankreich, Deutschland, die Niederlande, Japan, Persien, Portugal, Russland, Italien, Österreich-Ungarn und Siam. Die Türkei sandte keine Delegation nach Schanghai[155].

---

[150] Hischmann, S. 47
[151] Hischmann, S. 65, 66
[152] Noll, EPIL, Vol. 9 (1986), S. 107
[153] Seefelder, S. 214
[154] Wright, AJIL, Vol. 3, S. 672
[155] Wright, AJIL, Vol. 3 (1909), S. 666

3. Ziele und Beschlüsse

Die Konferenz fand in Shanghai vom 1.2. bis zum 26.2.1909 zu dem Thema „Durchführung von Maßnahmen zur Unterdrückung des Opiummissbrauchs in China"[156] statt. Das Programm, welches im Juli 1908 an die teilnehmenden Staaten versandt wurde, befasste sich mit dem „Weltproblem Opium" insofern, als das die Opiumfrage nicht als eine nur die orientalische Bevölkerung betreffende Frage behandelt werden sollte. Hierzu sollten die einzelnen Staaten Berichte über Handel und Sucht sowohl bei sich selbst als auch in deren Kolonien und Besitztümern im Fernen Osten abgeben[157]. Damit sollte der auf der Konferenz zu gründenden Internationalen Opiumkommission entsprechendes Material zur Verfügung gestellt werden. Ziel war es also grundsätzlich, den Missbrauch von Opium weltweit zu unterdrücken. Hierfür wurde dann auf dieser Konferenz die International Opium Commission[158] gegründet. Den Vorsitz übernahm der amerikanische Bischof Brent, der entsprechende Erfahrung aus seiner Zeit auf den Philippinen und seiner Rolle im Philippinen-Opium-Komitee aufweisen konnte. Probleme warfen die Interessenkonflikte zwischen den USA und Großbritannien sowie dem Großkunden China auf. Dies spiegelte sich in den neun gefassten Beschlüssen wieder. Bei diesen handelte es sich ausschließlich um Feststellungen, Empfehlungen und Wünsche. Vom reinen Wortlaut her enthielten diese Beschlüsse also keine verbindlichen Anweisungen an die teilnehmenden Nationen. Dies lässt darauf schließen, dass diese Beschlüsse das Ergebnis von Kompromissen waren, bei denen keine Partei wirklich zurückstecken wollte[159].

Die Resolutionen Nr. 4 und 9 wurden von den USA eingebracht[160]. *Beschluss Nr. 4* stellte fest, dass die teilnehmenden Nationen strenge Gesetze hatten, welche den Zweck verfolgten, die Einfuhr, Zubereitung und Schmuggel von Opium und seiner Alkaloide und Derivate zu verhindern. Es sei auch Pflicht, diese Gesetze bzw. Einfuhrverbote beim Export zu beachten. *Beschluss Nr. 9* war eine Empfehlung an die Teilnehmer, die schon bestehende Arzneimittelgesetzgebung auch in den besetzten Gebieten in China anzuwenden. Diese beiden Resolutionen stehen eindeutig für die Ziele der USA, welche schon auf den Philippinen verfolgt wurden: Die Prohibition von Opium. Doch sind hier bereits die ersten Kompromisse zu erkennen. Die Prohibition war nicht erwähnt. Bestehende Gesetze sollten beachtet werden und gegebenenfalls auf Territorien in China ausgeweitet werden.

Die Resolutionen Nr. 1 und 5 wurden von der britischen Delegation eingebracht. Allerdings zeigt sich auch hier der amerikanische Einfluss, denn die ur-

---

[156] Anselmino/Hamburger, S. 349
[157] Wright, AJIL, Vol. 3 (1909), S. 673
[158] im folgenden IOC genannt
[158] Wright, AJIL Vol. 3 (1909), S. 846
[159] Wright, AJIL Vol. 3 (1909), S. 846
[160] Wright, a. a. O.

sprünglichen britischen Resolutionen wurden durch die USA modifiziert. *Beschluss Nr. 1* enthielt eine Sympathiebekundung an China und dessen Bestreben, die Produktion und den Verbrauch von Opium in diesem Land zu unterdrücken. *Resolution Nr. 5* stellte die große Gefahr der mangelnden Beschränkungen bzgl. des Verkaufs etc. von Opium/ Morphin und der Morphinsucht fest und forderte (Wortlaut „wünscht") strenge Maßnahmen zur Kontrolle des Verkaufs. Diese Resolution richtete sich gegen den Missbrauch von Opium und seinen Abkömmlingen. Gleichzeitig sollten diese aber unter staatliche Kontrolle gestellt werden, was gerade für Großbritannien als Kolonialmacht in Indien wirtschaftlich nicht unbeachtlich war. Denn solange der Staat die Hand kontrollierend über den Handel etc. hielt, verdiente er daran. Mit dem Hauptproduzenten Indien als Kolonie war dies eine leicht verständliche britische Intention.

Die Beschlüsse Nr. 2, 3 und 6 waren Kompromisse zwischen den USA und Großbritannien. *Nr. 2* empfahl, die chinesische Regierung in ihrem Vorhaben insofern zu unterstützen, als dass die Regierungen angewiesen wurden, in ihrem Gebiet Maßnahmen zu ergreifen, die das Opiumrauchen unterdrücken sollten. *Nr. 3* stellte fest, dass die teilnehmenden Länder schon die Unterdrückung des Opiumgebrauchs zu nichtmedizinischen Zwecken erwogen hätten und bestehende Regeln zu verschärfen beabsichtigten. Die jeweiligen Gesetze sollten geprüft und mit Erfahrungen anderer Nationen verglichen werden. Es wurde also festgestellt, dass das Opiumproblem allseits bekannt ist, und dass der Gebrauch zu nichtmedizinischen Zwecken unterdrückt werden soll[161]. Die Beschränkung des Opiums auf den rein medizinischen Gebrauch wurde von Großbritannien zunächst abgelehnt[162], letztlich aber doch in die niemand bindende Resolution aufgenommen. Sowohl die USA als auch Großbritannien waren zufrieden gestellt. *Resolution Nr. 6* stellte fest, dass die Kommission größten Wert auf eine Untersuchung sowohl von Heilmitteln gegen die Opiumsucht als auch auf eine Untersuchung von den genauen Wirkungen des Opiums legt. Sie forderte, dass die Delegationen ihren Regierungen diese Untersuchungen empfahlen. Die USA und auch das Deutsche Reich wollten die wissenschaftliche und medizinische Seite umfassender berücksichtigt wissen. Dies scheiterte jedoch an dem Widerstand Großbritanniens, welches der Kommission die Fähigkeit absprach, eine solche Resolution nach Erweiterung der wissenschaftlichen Erkenntnisse zu verfassen. Es drängt sich auf, dass Großbritannien an Heilmitteln gegen Opium und die Sucht danach nicht interessiert war. Deutlicher zeigt sich die Intention der USA, den Missbrauch zu unterdrücken.

Die Resolutionen Nr. 7 und 8 schließlich wurden von China eingebracht. *Nr. 7* rief die Nationen, die Kolonialbesitz o.Ä. in China hatten, dazu auf, Opiumkneipen in ihren Gebieten zu schließen und somit dem Weg Chinas zu folgen und ihn zu unterstützen. Sie sollte nur eine Erinnerung daran sein, dass noch

---

[161] Wright, a. a. O.

[162] Report of the IOC, Vol. 1, S. 50

nicht alle Opiumhöhlen geschlossen worden waren. Es machte aber deutlich, dass man einheitlich gegen das Problem vorgehen wollte. *Nr. 8* empfahl eine Zusammenarbeit mit der chinesischen Regierung, um Maßnahmen gegen den Vertrieb von Heilmitteln gegen Opium zu ergreifen, welche selbst Opium oder seine Bestandteile enthielten. Diese Resolution trug dem Umstand Rechnung, dass in China opium-/morphinhaltige Anti-Opium-Mittel im Umlauf waren, und dies in hohem Maße. Opiumraucher, die diese Medikamente nahmen, blieben also süchtig, nur wussten sie zunächst davon nichts. Dem sollte entgegengetreten werden[163].

Es bleibt also festzuhalten, dass die Initiative der USA, den Opiumgebrauch zu unterbinden, in den Beschlüssen grundsätzlich ihren Niederschlag gefunden hatte. Der Weg der internationalen Opiumkommission war letztlich der amerikanische Weg. Allerdings ist zu berücksichtigen, dass Großbritanniens Handelsinteresse sehr stark war. Großbritannien konnte sich diese wirtschaftliche Macht nicht einschränken lassen. Mit Indien, einem Hauptproduzenten von Opium, als Kolonie verfügte man über sehr große Opiumvorräte. China war sich des Opiumproblems im eigenen Land bewusst und wollte auch offensichtlich dagegen vorgehen. Die Kollision gerade von amerikanischen und britischen Interessen führte zu Resolutionen, die auf Kompromissen beruhten sind und letztlich keine anweisende bzw. verpflichtende Wirkung besaßen. Die Beschlüsse waren deshalb nicht mehr als ein Leitfaden für die Unterbindung des Opiummissbrauchs.

4. Haltung des Deutschen Reiches

Das Deutsche Reich war durch den Generalkonsul von Canton, Dr. Walter Rösler, sowie durch seinen Assistenten Dr. Pernitzsch vertreten. Dr. Rösler gehörte dem Komitee an, welches die Statistiken, Tarife und Zölle bzgl. des Opiums untersuchen sollte[164]. Sie hatten den Auftrag, sich zunächst einmal grundsätzlich und vor allem gründlich über die Situation und die entsprechende Gesetzgebung in den teilnehmenden Ländern zu informieren. Es gab keinen Auftrag an die Delegation, sich in irgendeine Richtung an den Diskussionen zu beteiligen[165].

Das Deutsche Reich stimmte meist mit China und den USA[166], vertrat also grundsätzlich die gleiche Linie wie diese Staaten, nämlich den Missbrauch des Opiums zu nichtmedizinischen Zwecken zu verhindern. So schlug Rösler vor, dass die medizinischen Aspekte des Opiums untersucht werden sollten[167]. Ansonsten beteiligte sich die deutsche Delegation mit Anträgen zur Geschäftsordnung, wie z.B. den Vorschlag, etwaige Resolutionen erst in den Komitees zu

---

[163] Wright, AJIL, Vol. 3 (1909), S. 865, 866
[164] Report of the IOC, Vol. 1, List of Committees
[165] BArch., R 1501/ 110393, S. 6 (RS), 7 (RS)
[166] Report of the IOC, Vol. 1, S. 38, 57, 60, 73
[167] Report of the IOC, Vol. 1, S. 38

besprechen und erst dann in der gesamten Kommission, um unnötige Diskussionen zu vermeiden[168].

Der nach dem Programm für die Konferenz erforderliche Bericht über die Opiumsituation im Deutschen Reich enthielt Folgendes: Zunächst stellte Rösler klar, dass es im Deutschen Reich kein Opiumproblem gab. Im Vergleich zu China war dies auch der Fall, geht man einmal von den nackten Zahlen aus. 1906 importierte das Deutsche Reich laut dem Bericht 74,3 Tonnen Opium (was damals insgesamt 1,4 Millionen RM kostete)[169], China aber 35 000 Tonnen (ca. 660 Mio. RM)[170]. Das importierte Opium stammte größtenteils aus der Türkei. Exportiert wurden 1906 22, 2 Tonnen (=449 000 RM), wovon der Hauptteil für die USA bestimmt war[171]. Auch diese Zahlen stiegen seit 1901 und nach 1906 stetig an. Das Deutsche Reich war einer der Hauptlieferanten von Opiumalkaloiden in Ostasien[172]. Bedenkt man allerdings, dass nur ein Jahr später eine Resolution in den Reichstag eingebracht und von diesem angenommen wurde, nach welcher der Reichskanzler aufgefordert werden sollte, ein Gesetz gegen den Missbrauch von narkotischen Arzneimitteln auszuarbeiten, so war die Aussage Röslers nicht zutreffend. Denn dieser Missbrauch hatte sich wohl nicht innerhalb eines Jahres so entwickelt. Die Gesetzeslage im Deutschen Reich stellte Rösler entsprechend der Darstellung in dieser Arbeit dar. Die Einfuhr von Opium war zollfrei, der Verkauf und der Erwerb von Opium waren nicht besteuert. Für die deutsche Kolonie Kiaotschou berichtete er Folgendes: Der Anbau von Schlafmohn war verboten, der Import von bearbeitetem Opium ebenso. Der Import von rohem Opium und der Verkauf standen unter strikter staatlicher Kontrolle. 1906 wurden 8700 KG importiert[173].

Aus dem Verhalten der deutschen Delegierten lässt sich der Schluss ziehen, dass das Deutsche Reich grundsätzlich keine große Rolle bei dieser Konferenz spielte, obwohl es mit seiner pharmazeutischen Industrie bereits einer der Hauptproduzenten von Alkaloiden war. Dies hing damit zusammen, dass die Konferenz von den USA, Großbritannien und China dominiert wurde und dass das Opiumproblem gerade diese drei Nationen betraf. Die deutschen Delegierten beteiligten sich nur spärlich und hielten sich bei den Abstimmungen über die Resolutionen immer an die Nationen, welche dass Opiumproblem bekämpfen wollten. Dies entsprach auch der Anweisung der Regierung, sich zunächst einmal zu informieren und sich nicht allzu sehr zu engagieren.

---

[168] Report of the IOC, Vol. 1, S 43

[169] was immerhin mehr als das Doppelte als im Jahr 1901 war; s. Report of the IOC, Vol. 2, S. 158

[170] Hischmann, S. 47

[171] Report of the IOC, Vol. 2, S. 159

[172] BArch., R 1501/ 110393, S. 46

[173] Report of the IOC, Vol. 1, S. 22

5. Zusammenfassung

Die Internationale Opiumkonferenz von Schanghai war der erste internationale Schritt zur Bekämpfung des Opiumproblems. Zum ersten Mal saßen (fast) alle Produzenten und alle Hauptabnehmer an einem Tisch, um dem Problem des Missbrauchs von Opium und seinen Derivativen und Alkaloiden Herr zu werden. Die Resolutionen waren Kompromisse. Dies war auf den ersten Blick ein unbefriedigendes Ergebnis. Allerdings nur auf den ersten. Denn schon 1910 äußerte sich Hamilton Wright, amerikanischer Delegierter in Schanghai, folgendermaßen: „...Wenn wir nicht so sehr auf einen friedlichen Verlauf hingearbeitet hätten, so hätte die Kommission in einem Majoritäts- und einem Minoritätsbericht geendet, die Sache wäre in Vergessenheit geraten..."[174]. Dieser Satz erläutert die Bedeutung dieser Konferenz. Ohne sie hätte der Kampf gegen den Missbrauch von Opium international wohl erst sehr viel später begonnen. Außerdem wäre die IOC ebenso erst später gegründet worden. Insofern waren diese Beschlüsse von großer Bedeutung, obwohl sie keine bindende Wirkung hatten. Alle betroffenen Nationen haben diese unterzeichnet und waren somit offiziell am Kampf gegen das Opiumproblem beteiligt, was bei einem Minoritätsbericht nicht der Fall gewesen wäre.

II. Internationale Konferenz von Den Haag 1912

Vom Dezember 1911 bis Januar 1912 fand in Den Haag die zweite internationale Opiumkonferenz statt.

1. Vorgeschichte

Wiederum waren es die Vereinigten Staaten, welche die Initiative ergriffen und eine weitere Konferenz anregten. Bereits am 1.9.1909, also ein knappes halbes Jahr nach der Konferenz in Schanghai, sandte die amerikanische Regierung mit einer Zusammenfassung der Ergebnisse dieser Konferenz ein Programmentwurf, welcher auf den gefassten Beschlüssen basierte. Dieser Entwurf sollte als Diskussionsgrundlage für eine nach Vorstellungen der USA in Kürze stattfindende Konferenz in Den Haag dienen[175]. Das Programm umfasste vierzehn Punkte, die sich mit der Überwachung der Herstellung und der Unterdrückung des Missbrauchs von Opium beschäftigten. Die englische Regierung versprach sich von einer solchen Konferenz wenig Erfolg und wollte zunächst eine Stellungnahme der indischen Regierung abwarten und sich dann zu einer entsprechenden Konferenz äußern[176]. Großbritannien erklärte sich dann nach längerer Diskussion zur Teilnahme bereit. Die Konferenz wurde auf den Dezember 1911 gelegt, als Tagungsort wurde Den Haag gewählt.

---

[174] Hischmann, S. 83
[175] BArch., R 1501/ 110393, S. 54 ff.
[176] BArch., R 1501/ 110393, S. 90

2. Teilnehmer

An der Konferenz nahmen die Opiumproduzenten China, Persien, Portugal und Indien (durch die Kolonialmacht Großbritannien vertreten) teil. Für die Gruppe der Alkaloidproduzenten standen das Deutsche Reich, Großbritannien, die USA und Frankreich. Die teilnehmenden Länder Italien, Japan, die Niederlande, die Fürstentümer der Reußen und Siam gehörten zu den Staaten, die als reine Verbraucher anzusehen waren. Das Deutsche Reich wurde durch den außerordentlichen Gesandten in Den Haag von Müller, den geheimen Oberregierungsrat Delbrück, den Legationsrat Grunenwald, den Direktor des Kaiserlichen Gesundheitsamtes Kerp und den kaiserlichen Konsul in Kanton Rößler vertreten. Damit stellte das Deutsche Reich die größte Delegation in Den Haag.

3. Absichten und Haltungen einzelner Länder

Die Absichten der *Vereinigten Staaten von Amerika* waren dieselben wie auf der Konferenz von Schanghai. Sie strebten die Unterdrückung des Missbrauchs von Opium und dessen Alkaloiden an. Hierzu zählte auch die Unterdrückung des massiven Anbaus von Schlafmohn.

Letzteres Anliegen stand im Widerspruch zu den Interessen *Großbritanniens*. Als Kolonialmacht Indiens kontrollierte der Staat eines der größten Anbaugebiete des Schlafmohns und war damit einer der Hauptproduzenten des Opiums. Dies garantierte Großbritannien hohe Einnahmen aus dem Opiumhandel, welches sich diese Einnahmequelle nicht nehmen lassen wollte. Demzufolge bestand zum Zeitpunkt des Zusammentritts der Konferenz nicht die Absicht, sich durch Beschlüsse der Konferenz binden zu lassen. So wurden die Delegierten angewiesen, keinem Beschluss zuzustimmen, der den inneren Verkehr mit und den Verbrauch von Opium in Indien oder einer anderen britischen Besitzung berührt und dessen Regelung der dortigen Gesetzgebung entziehen sollte. Außerdem wurde die Tagesordnung auf Wunsch der englischen Regierung dahingehend entscheidend erweitert, dass auch Morphin und Kokain in die Vereinbarungen mit einbezogen werden sollten[177]. Dieser Vorschlag wurde von allen Teilnehmern angenommen.

Gerade diese Erweiterung der Tagesordnung betraf die Interessen des *Deutschen Reiches*, da die deutsche pharmazeutische Industrie der Hauptproduzent der genannten Alkaloide war. Schon am Programmentwurf der Vereinigten Staaten war bemängelt worden, dass das Programm über das hinausgehe, was man für erreichbar hielt[178]. Insbesondere das Vorhaben, die Ausfuhr von Opium und den Handel mit diesem und dessen Abkömmlingen und Zubereitungen zu regeln, betraf die Interessen des Deutschen Reiches. Hierbei würden nach Meinung des Reichsgesundheitsamtes wichtige gesundheitliche und wirtschaftliche Interessen berührt. Demzufolge könnte einer Regelung nur dann zugestimmt

---

[177] Landmann, S. 34; Nestler, in: Kreuzer, § 11, Rn. 18

[178] BArch., R 1501/ 110393, S. 104

werden, wenn die Möglichkeit des freien Bezugs der für chemische und pharmazeutische Zwecke erforderlichen Mengen nur unwesentlich geändert würde[179]. Die Interessen der deutschen Pharmaindustrie und der Großhändler schienen der Reichsregierung so wichtig, dass deren Vertreter nach Meinung des Präsidenten des Kaiserlichen Gesundheitsamtes vor der Konferenz angehört werden sollten. Deren Ansichten sollten in die Weisungen der Delegierten mit einfließen[180]. Das Deutsche Reich hatte zwar grundsätzlich Interesse an einer Lösung des Opiumproblems. Man hielt dieses aber nicht durch eine einzelne Konferenz für lösbar. Wichtiger war, dass die Markt führende pharmazeutische Industrie keine wesentlichen Einschränkungen hinnehmen musste. Die britische Erweiterung der Tagesordnung lief diesem Interesse zuwider.

4. Ziele und Beschlüsse

Das Abkommen[181] enthielt zunächst eine Aufstellung der von der Konferenz beschlossenen *Wünsche und Ziele*. Der Weg, der auf der Konferenz von Schanghai eingeschlagen worden war, sollte fortgeführt werden. Man war entschlossen, den Missbrauch von Opium, Morphin, Kokain sowie aller neuen Zubereitungen und Abkömmlinge dieser Drogen, die als ebenso gefährlich eingestuft wurden, zu unterdrücken. Es wurde anerkannt, dass eine internationale Zusammenarbeit auf diesem Gebiet notwendig war.

Das *Abkommen* gliederte sich in sechs Kapitel. Das *erste Kapitel* befasste sich mit dem Rohopium. Nach der vorangestellten Definition war darunter der aus den Kapseln des Schlafmohns gewonnene, freiwillig geronnene Milchsaft, der nur die für seine Verpackung und seinen Versand erforderliche Behandlung erfahren hatte, zu verstehen. Die Vertragsmächte sollten zur wirksamen Überwachung der Erzeugung und des Vertriebs entsprechende Gesetze und Verordnungen erlassen. Des Weiteren sollten die Örtlichkeiten, über welche die Ein- und Ausfuhr von Rohopium gestattet war, beschränkt werden. Außerdem sollte die Ausfuhr in Länder, welche die Einfuhr verboten haben, verhindert werden. Die Ausfuhr nach Ländern, welche die Einfuhr beschränkten, sollte überwacht werden. Ebenso sollte der Versand per Post durch Kennzeichnung von Sendungen, die mehr als 5 kg Rohopium enthielten, überwacht werden. Die Ein- und Ausfuhr sollte nur durch dazu ermächtigte Personen durchgeführt werden.

Kapitel II betraf das zubereitete Opium, welches als Erzeugnis des Rohopiums definiert wurde, das durch eine Reihe bestimmter Verfahren (z.B. Auflösen, Eindampfen) gewonnen wird, um das Rohopium in ein zum Genuss geeignetes Extrakt umzuwandeln. Hierunter fiel auch das Rauchopium. Es sollten entsprechende Gesetze erlassen werden, um die Herstellung, den Vertrieb und die Ver-

---

[179] BArch., R 1501/ 110393, S. 111, RS
[180] BArch., R 1501/ 110393, S. 111, RS
[181] RGBl. 1921 I, S. 18

wendung zu unterdrücken. Ebenso sollte die Ein- und die Ausfuhr verboten werden. War ein Staat dazu nicht sofort in der Lage, sollte dieser die Maßnahmen treffen, die schon für den Verkehr mit Rohopium zu treffen waren.

Das *dritte Kapitel* behandelte Opium für medizinische Zwecke sowie Morphin, Heroin und Kokain. Diese wurden vorab definiert. Es sollten Gesetze oder Verordnungen erlassen werden, welche die Herstellung, den Vertrieb und die Verwendung dieser Betäubungsmittel auf den medizinischen und gesetzmäßigen Gebrauch beschränken sollten. Zudem sollten alle Personen, die an der Herstellung und dem Verkehr mit diesen beteiligt sind, sowie die entsprechenden Örtlichkeiten und der Handel selbst überwacht werden. Dazu war die Herstellung auf besonders ermächtigte Örtlichkeiten zu beschränken. Die Herstellung und der Verkehr mit diesen Drogen sollten erlaubnisabhängig gemacht werden. Zur besseren Überwachung sollte eine Pflicht zur Führung eines entsprechenden Buches eingeführt werden. Die Vertragsmächte sollten Maßregeln treffen, durch welche die Abgabe an nicht ermächtigte Personen verhindert werden konnte. Die Einfuhr sollte auf besonders ermächtigten Personen beschränkt werden. Die Ausfuhr sollte nur an solche Personen stattfinden, welche von dem entsprechenden Staat zur Einfuhr ermächtigt waren, über welche die Vertragsmächte von Zeit zu Zeit entsprechende Listen untereinander austauschen sollten. Bereits bestehende oder noch zu erlassende Gesetze und Verordnungen sollten sich künftig auch auf Opium für medizinische Zwecke, alle pharmazeutischen Zubereitungen mit mehr als 0,2% Morphingehalt oder mehr als 0,1% Kokaingehalt, Heroin und jeden neuen Abkömmling des Morphins, des Kokains und jedes andere Alkaloid des Opiums erstrecken.

Kapitel IV befasste sich mit dem Opiumproblem in China. Der Schmuggel mit den von diesem Abkommen erfassten Stoffen sollte dort verhindert werden. Hierzu sollten die chinesische Regierung und die mit China vertraglich verbundenen Staaten entsprechende Gesetze erlassen. Das Opiumrauchen sollte eingeschränkt und überwacht werden. Die in Art. 14 (Kapitel III) genannten Maßnahmen sollten ebenso von der chinesischen Regierung wie auch von mit China vertraglich verbundenen Staaten für China getroffen werden.

Gemäß *Kapitel V* war von den Vertragsmächten zu prüfen, ob Gesetze erlassen werden konnten, die den gesetzwidrigen Besitz der erfassten Drogen und Zubereitungen unter Strafe stellen. Außerdem sollten die Vertragsmächte untereinander den Wortlaut der entsprechenden Gesetze und Statistiken bezüglich des Handels mit den erfassten Stoffen, Zubereitungen und Salzen mitteilen.

In den Schlussbestimmungen des *Kapitels VI* wurde festgestellt, dass diesem Abkommen jeder beitreten kann, der nicht auf der Konferenz vertreten war. Dazu sollten 34 weitere Staaten aufgefordert werden, das Abkommen und das Protokoll zu unterzeichnen. Die niederländische Regierung sollte alle Staaten auffordern, das Abkommen zu ratifizieren, nachdem alle 34 aufgeforderten Mächte das Abkommen unterzeichnet haben. Sollten bis zum 31.12.1912 noch nicht alle aufgeforderten Staaten unterzeichnet haben, sollte gem. Art. 23 Abs. 2 von den Staaten, die es unterzeichnet haben, über eine Ratifikation beraten werden. Das Abkommen sollte drei Monate nach Eingang der letzten Ratifikationsurkunde in Kraft treten. Die in diesem geforderten Gesetze und Verordnungen sollten spätestens sechs Monate nach Inkrafttreten des Abkommens ausgearbeitet sein. Am Ende befand sich die Möglichkeit, das Abkommen unter Beachtung etwaiger Förmlichkeiten zu kündigen.

Das Deutsche Reich unterzeichnete das Abkommen ohne Vorbehalt am 23.1.1912 durch von Müller, Delbrück und Grunenwald.

5. Zusammenfassung

Die Konferenz lieferte nicht das Ergebnis, welches von den Initiatoren (USA) angestrebt wurde, denn das Ziel, die Produktion des Rohopiums zu beschränken und teilweise zu unterdrücken, wurde nicht erreicht. Das Ergebnis der Konferenz war zwar ein wesentlicher Schritt nach vorn. Bei einer entsprechenden Umsetzung hätten sie eine wirksame Kontrolle des internationalen Verkehrs mit Opium etc. eingeleitet und dem Missbrauch entgegengewirkt. Allerdings war die Aussicht gering, dass das Abkommen durch die maßgebenden Staaten ratifiziert würde. Denn in Art. 23 hieß es, dass die Regierung der Niederlande alle Staaten dann zur Ratifikation auffordern würde, nachdem „alle Mächte für sich (...) das Abkommen (...) gezeichnet haben". Hierzu zählten auch die Staaten, die nicht an der Konferenz teilgenommen hatten, aber nach Art. 22 aufgefordert wurden, das Abkommen zu unterzeichnen. Unter diesen Staaten waren auch Erzeugerländer wie Bolivien und Peru (Koka). Dass diese Länder das Abkommen unterzeichnen würden, war ausgeschlossen. Demzufolge war schon bei Unterzeichnung abzusehen, dass die niederländische Regierung nicht dazu kommen würde, die Staaten zu einer Ratifikation aufzufordern. Mit diesem Art. 23 wurde also ein Schlupfloch geschaffen, mit dem die Verbindlichkeit von vorn herein ausgeschlossen wurde.

Dies kam Großbritannien und dem Deutschen Reich entgegen. Die britische Regierung hatte eine entsprechende Konferenz von Anfang an abgelehnt das Interesse der Konferenz auf die fabrikmäßig hergestellten Betäubungsmittel gelenkt und entfernte die Diskussion vom eigentlichen Problem, der Produktion des Rohopiums. Es war absehbar, dass sich das Deutsche Reich zum Schutz seiner Pharmaindustrie gegen eine zu starke Einschränkung durch ein Abkommen wehren würde. So war es die deutsche Delegation, die einen solchen Passus vorschlug[182]. Man wollte zwar den Opiummissbrauch bekämpfen, aber nicht auf Kosten der Pharmaindustrie. Deshalb hatte es den Vorschlag abgelehnt, die Zahl der Ein- und Ausfuhrhäfen für Opium zu begrenzen. Begründet wurde dies damit, dass dies bei den lang gezogenen Grenzen und dem dichten Eisenbahnnetz

182 Wissler, S. 186

nicht möglich wäre[183]. Das Deutsche Reich war ferner dafür verantwortlich, dass der Markierungszwang für Pakete, die Opium enthielten, erst ab einer Menge von 5 KG einsetzte (vgl. Art. 4 des Abkommens). Damit wurde eine Kontrolle des Postverkehrs mit Rohopium wesentlich erschwert. Das Deutsche Reich war es schließlich, welches dafür sorgte, dass der Wortlaut in den entscheidenden Bestimmungen nicht zu sehr bindend war („...werden bemüht sein...", vgl. Art. 10, 12 13; „...unter Berücksichtigung der besonderen Verhältnisse...", vgl. Art. 2, 6, 12)[184].

Konnte das Abkommen von Schanghai noch als bedeutender Anfang des Kampfes gegen den Missbrauch von Opium bezeichnet werden, so wurden die dort genannten Ziele durch die Haager Opiumkonvention nicht erreicht. Es wurde ein Abkommen angestrebt, das weltweit Geltung haben sollte. Das Ergebnis wurde diesem Ziel zunächst nicht gerecht. Auch die Absicht der Vereinigten Staaten, auf dieser Konferenz das Opiumproblem zu lösen, wurde zunichte gemacht.

III. Zweite und Dritte Haager Konferenz

Bis zum 31.12.1912 hatten noch nicht alle aufgeforderten Staaten ihren Beitritt zu dem 1912 geschlossenen Haager Abkommen erklärt. Demzufolge fand vom 1. bis zum 9.7.1913 die entsprechend Art. 23 Abs. 2 erforderliche Konferenz der Teilnehmer der ersten Konferenz statt. Sie diente der Klärung der Frage, ob die Signatarstaaten bereit waren, das Abkommen trotzdem zu ratifizieren. Dies wurde vom Deutschen Reich abgelehnt, weil eine zu große Anzahl von Staaten den Beitritt verweigert hätte. Großbritannien lehnte eine Ratifikation ab, weil Staaten, die das Abkommen nicht unterzeichnet hatten, eigene Industrien aufbauten konnten und somit den Sinn der Konvention zunichte machten[185]. Der Nichtbeitritt Perus würde -so die Auffassung Großbritanniens- eine wirksame Bekämpfung des Kokainmissbrauchs ausschließen[186]. So war das Ergebnis dieser Konferenz sehr dürftig. Zum einen konnten von nun an die Ratifikationen in Den Haag niedergelegt werden. Die Staaten, die den Beitritt abgelehnt hatten, sollten nochmals zum Beitritt aufgefordert werden. Sollten bis zum 31.12.1913 nicht alle aufgeforderten Staaten den Beitritt erklärt haben, sollte eine weitere Konferenz stattfinden, die sich mit der Ratifikation befassen sollte[187].

Da in der Zwischenzeit nicht alle Staaten der Konvention beigetreten waren, fand vom 15. bis zum 25.6.1914 die dritte Haager Konferenz statt. Im Gegensatz zur zweiten Konferenz waren nun aber Peru und Bolivien beigetreten. Daraufhin erklärte Großbritannien seine Bereitschaft zur Ratifikation. Das Deutsche Reich

---

[183] Landmann, S. 35
[184] Landmann, S. 35
[185] Wissler, S. 190
[186] Landmann, S. 39, 40
[187] Engl. Parlamentsdrucksache, Cd. 7276, Msc. No. 2 (1914), S. 16, 17

war dazu immer noch nicht bereit. Da das Abkommen nicht international in Kraft gesetzt werden konnte, beschränkte sich die Konferenz darauf, das Abkommen zwischen den Staaten, die es ratifiziert hatten, in Kraft zu setzen, wenn bis zum 31.12.1914 noch nicht alle Signatarmächte die Konvention ratifizierten[188]. Der Eingang der Ratifikationsurkunden wurde aber durch den Ersten Weltkrieg verzögert, so dass bis zum 31.12.1914 das Abkommen noch nicht in Kraft getreten war.

C. Der erste Weltkrieg

Das Deutsche Reich wartete in der Zeit nach dem dritten Haager Abkommen weiterhin ab, ob alle beteiligten Staaten dieses ratifizierten. Eine vorzeitige Ratifikation kam nicht in Betracht. Man hätte also keine der von der Konvention aufgestellten Forderungen umsetzen müssen.

I. Verordnung vom 31.7.1914[189]

Im Zuge der Spannungen unmittelbar vor Beginn des ersten Weltkrieges erging am 31.7.1914 eine Verordnung betreffend das Verbot der Ausfuhr und Durchfuhr von Verband- und Arzneimitteln sowie von ärztlichen Instrumenten und Geräten[190]. § 1 enthielt das entsprechende Verbot. § 2 war eine Ermächtigungsgrundlage für den Reichskanzler, ein Verzeichnis der entsprechenden medizinischen Gegenstände zu veröffentlichen. Unter den Arzneimitteln, welche weder aus- noch durchgeführt werden durften, befanden sich von den in dieser Arbeit näher betrachteten Drogen Opiumpulver sowie Morphin und dessen Salze. Zu dieser Zeit waren im Deutschen Reich ca. 25 Tonnen Opium vorhanden. Mit dieser Menge konnten insgesamt 6,25 Mio. Menschen mit Morphin und zusätzlich 25 Millionen Menschen auf einmal mit Opiumpulver versorgt werden[191]. Somit war diese Verordnung eine Maßnahme, die entsprechenden Mittel im Krieg verfügbar zu haben und damit die Volksgesundheit davor zu schützen, dass die Heilungschancen durch Arzneimittelknappheit geschmälert wurden.

So positiv diese Intention für die Volksgesundheit war, so negativ wirkte sie sich auf den Großhandel aus. Die deutsche Pharmaindustrie war zu diesem Zeitpunkt Markt führend bei der Herstellung von Arzneimitteln. Da die Ausfuhr nun verboten war, konnten deutsche Firmen nicht mehr liefern und deshalb auch etwaige Außenstände nicht mehr einbringen[192]. Folge war, dass sich Firmen wie z.B. C.F. Boehringer & Söhne um die Aufhebung dieser Verordnung bemühten. Sie führten aus, dass ausreichende Vorräte vorhanden seien, um das Heer und

[188] Engl. Parlamentsdrucksache, Cd. 7813, Msc. No. 4 (1915), S. 16
[189] RGBl. 1914 I, S. 268
[190] BArch., R 86/ 1615, Bd. 1, Schriftstück I 2169
[191] BArch., R 86/ 1615, Bd. 1, Schriftstück I 2456
[192] BArch., R 86/ 1615, Bd. 1, Schriftstück I 2298

die Bevölkerung zu versorgen[193]. Außerdem könnte die Verordnung auch zur Folge haben, dass die Staaten, die keine eigene Pharmaindustrie besaßen und deswegen hauptsächlich von der deutschen abhängig waren, eine eigene aufbauten[194]. Das Verbot reduzierte die Gewinne beträchtlich, die bisher aus dem Export von Arzneimitteln wie Morphin oder Kokain erzielt worden waren. Die Aufhebungsbegehren blieben jedoch ohne Erfolg.

II. Verordnungen des Bundesrates vom 22.3.1917[195]

Im Verlauf des Krieges wurden auch die Listen umfangreicher, die von der Verordnung vom 31.7.1914 betroffen waren. Bis auf Cannabis waren alle hier vorgestellten Drogen erfasst. Diese Verordnung und die darauf folgenden Bekanntmachungen[196] führten zu einer Verknappung der entsprechenden Arzneimittel. Das hatte wiederum zur Folge, dass die Preise stiegen, eine Folge des so genannten Kettenhandels und anderen unlauteren Machenschaften des Großhandels[197]. Personen, die vorher nichts mit den erfassten Arzneien zu tun hatten, kauften diese in der Hoffnung auf Preissteigerungen an. Dies wurde durch die beschriebene Lücke im Betäubungsmittelrecht erleichtert, nach der mit etwas Geschick die erfassten Drogen vom Großhandel erworben werden konnten[198]. Durch die Verordnungen sollten unzuverlässige Personen vom Arzneimittelhandel ferngehalten werden. Arzneien sollten nur von Apothekern an das Publikum abgegeben werden[199].

Das Reichsinnenministerium stellte im November 1916 aufgrund eines Berichts des Geheimen Obermedizinalrates Krohne[200] und anderer Mitteilungen fest, dass die Anwendung von Morphin und ähnlichen Betäubungsmitteln in Krankenhäusern und Lazaretten, sowie die verbotswidrige Abgabe von Morphin usw. in Drogenhandlungen und anderen Geschäften einen bedenklichen Umfang angenommen hatte. Als Beispiel für diese Missstände und auch die Karriere eines Drogensüchtigen in dieser Zeit diente folgender Fall: Ein schwer verletzter Soldat erhielt im Lazarett über sieben Monate täglich Morphin in nicht geringer Dosis injiziert. Auch auf sein Bitten hin wurde die Dosis nicht gesenkt. Ein junger Assistenzarzt gab dem Patienten in der Meinung, ihm etwas Gutes zu tun, sogar höhere Dosen, als der Arzt angeordnet hatte. Selbst das Einspritzen wurde ihm beigebracht. Nach Entlassung aus dem Krankenhaus lernte der Soldat einen Drogisten kennen, der ihm Trivalin (ein Morphinpräparat) in jeder Menge lie-

---

[193] BArch., R 86/ 1615, Bd. 1, Schriftstück I 2497, S.2
[194] BArch., R 86/ 1615, Bd. 1, Schriftstück I 2497, S. 3
[195] RGBl. 1917, 256 und 270
[196] BArch., R 86/ 1615, Bd. 2, Schriftstücke I 2965, 707, 1032
[197] Pharm. Z. v. 7.4.1917
[198] s. S. 51
[199] BArch., R 86/ 1615, Bd. 4, Schriftstück I 2889
[200] BArch., R 1501/ 110393, S. 196 f.

fern konnte. Nachdem dies mit dem Soldaten sechs Wochen gut gegangen war, wurde der Drogist eingezogen. Als der Nachschub ausblieb, litt der Soldat an Tobsuchtsanfällen, Bewusstseinsstörungen und großer Herzschwäche, so dass er eine Entziehungskur machen musste[201]. Gegen solche Missstände sollte mit erhöhter Überwachung der entsprechenden Geschäfte und mit Aufklärung und entsprechenden Anordnungen an die Ärzte und das Pflegepersonal vorgegangen werden[202]. Dieser Auffassung schloss sich auch das Kaiserliche Gesundheitsamt an[203].

Diese Umstände veranlassten den Bundesrat dazu, am 22.3.1917 aufgrund von § 3 des Gesetzes über die Ermächtigung des Bundesrates zu wirtschaftlichen Maßnahmen usw.[204] zwei Verordnungen zu erlassen. In der ersten Verordnung[205] wurde bestimmt, dass Opium und seine Alkaloide und Derivative sowie Kokain außerhalb des Großhandels nur in Apotheken und nur als Heilmittel abgegeben werden durften. Der Großhandel wiederum durfte die erfassten Drogen nur an Apotheken und Personen abgeben, denen der Erwerb durch die zuständige Landeszentralbehörde oder einer von dieser bestimmten anderen Behörde gestattet war. Für eine Zuwiderhandlung wurde eine Freiheitsstrafe von einem Jahr oder eine Geldstrafe von 10000 Mark angedroht. Mit dieser Verordnung wurde die vor dem Ersten Weltkrieg gegebene Lücke geschlossen, die sich in der Giftverordnung vom 29.11.1894[206] fand. Nunmehr wurde der Erwerb vom Großhändler staatlich kontrolliert. Es kam nicht mehr auf die erwähnte subjektive Einschätzung der Zuverlässigkeit des Erwerbers durch den Verkäufer an. Maßgebend war vielmehr die Einschätzung der zuständigen Behörden. Damit waren die gesetzlichen Grundlagen dafür geschaffen, entsprechenden Personen den Erwerb zu untersagen.

In der zweiten Verordnung[207] wurde festgelegt, dass zum Verkauf von Arzneien eine Erlaubnis erforderlich war bzw. unter welchen Umständen eine solche Erlaubnis nicht nötig war (z.B. Abgabe an Verbraucher in Apotheken). Die Verordnung enthielt eine Strafandrohung für den Handel ohne Erlaubnis, welche ebenso hoch war wie die der ersten Verordnung. Allerdings galt diese Androhung auch für den Fall, dass Preise durch Kettenhandel bzw. unlautere Machenschaften gesteigert wurden. Des Weiteren wurden gewisse Verhaltensregeln für Ankündigungen etc. in periodischen Druckschriften aufgestellt, bei deren Zuwiderhandlung die gleiche Strafe vorgeschrieben war.

---

[201] BArch., R 1501/ 110393, S. 196, 197
[202] BArch., R 1501/ 110393, S. 195
[203] BArch., R 1501/ 110393, S. 201 ff.
[204] RGBl. 1914, S. 327
[205] RGBl. 1917, S. 256; die Begründung enthielt die oben angeführten Gründe, vgl. BArch., R 1501/ 110393, S. 225, RS
[206] Protokolle des Bundesrates, 1894, § 532
[207] RGBl. 1917, S. 270

Das Kaiserliche Gesundheitsamt sah vor allem durch die zweite Verordnung vom 22.3.1917 das Problem der steigenden Preise gelöst[208]. Allerdings wurde diese Verordnung von den einzelnen Bundesstaaten zunächst nicht einheitlich ausgelegt, wodurch dem Arzneimittelverkehr Hindernisse bereitet wurden[209]. Auch die Frage, ob der Handel zwischen Großfabrikanten von diesen Verordnungen betroffen war, wurde nicht einheitlich beantwortet. Die Fabrikanten sahen diesen als nicht erfasst an. Das Kaiserliche Gesundheitsamt sowie der Reichskanzler und der Reichsinnenminister teilten diese Meinung jedoch nicht[210]. Der Zweck der Verordnung war die Unterdrückung jedes ungesetzlichen Handels. Der Großhandel sollte ohne Ausnahme von den beiden Verordnungen erfasst werden. Somit bedurfte der Großhandel in jedem Fall eine Erlaubnis zum Handel mit den entsprechenden Betäubungsmitteln.

Wären diese Bestimmungen eingehalten worden, hätte die Bevölkerung Morphin etc. nur auf Vorlage eines von einem Arzt ausgestellten Rezeptes und nur aus der Apotheke als Heilmittel erlangen können. Der Erwerb zu nichtmedizinischen Zwecken wäre nicht mehr möglich gewesen. Allerdings kam es nicht zu dem erstrebten Rückgang des Morphinismus. Ärzte benutzten Morphin etc. immer noch in hohem Maße, was auch durch den Krieg bedingt war. Angeblich zur Heilung und Bekämpfung des Morphinismus dienende Präparate enthielten selbst Morphin[211].

Als Folge dieser Verordnungen stieg der Schmuggel von Betäubungsmitteln an. In Russland z.B., wo die Preisspanne zwischen dem deutschen Markt und dem russischen sehr hoch war, war der Bedarf an Kokain, Kodein und Morphin sehr hoch. Da die Betäubungsmittel leicht zu transportieren waren (z.B. im Handgepäck oder als Feldpostpakete), blühte der verbotene Handel nach Russland auf[212]. Damit einher gingen bei der pharmazeutischen Industrie vermehrt Bestellungen von diesen Betäubungsmittel ein[213]. Der Präsident des Kaiserlichen Gesundheitsamtes führte das auf die nachlässige Befolgung der Verordnungen insbesondere bei der Erteilung der für den Erwerb der Betäubungsmittel erforderlichen Erlaubnis zurück[214].

Aufgrund dieser Entwicklung wurde vom Reichskanzler gefordert, die Bezugsmöglichkeiten von Morphin und Kokain noch weiter einzuschränken. Hier-

[208] BArch., R 86/ 1615, Bd. 4, Schriftstück I 3274
[209] BArch., R 86/ 1615, Bd. 5, Schriftstück I 3675; vgl. Aufstellung in R 1501/ 110394, S. 13-15
[210] BArch., R 1501/ 110393, S. 241 und 244; 110394, S. 118-121
[211] BArch., R 1501/ 110394, S. 128
[212] BArch., R 86/ 1615, Bd. 5, Schriftstück I 2959
[213] s. Fn. 212, Schreiben von E. Merck in der Anlage
[214] BArch., R 86/ 1615, Bd. 5, Schriftstück I 2584, Schreiben an Staatssekretär des Inneren vom 18.9.1918
[215] BArch., R 1501/ 110394, S. 132, 133

zu wurde vorgeschlagen, die strenge Einhaltung der Bundesratsverordnungen zu überwachen; Apotheker sollten angewiesen werden, bei Morphinersatzmitteln zu prüfen, ob diese Morphin, Kokain etc. enthielten. Die Anwendung durch Ärzte sollte auf unumgänglich notwendige Zeiträume beschränkt werden. Das Überlassen von Betäubungsmitteln an den Patienten zum selbständigen Einspritzen sollte nur nach strengster Prüfung erfolgen[215].

Aber auch folgendes Problem musste gelöst werden. Das Deutsche Reich bezog während des Krieges vermehrt Opium aus Bulgarien. Dieses besaß einen größeren Morphingehalt als persisches oder türkisches Opium. Allerdings wurde dieser Bezug durch die Kriegsgeschehnisse auf dem Balkan behindert, so dass Opium aus Bulgarien kaum noch erhältlich war. Aufgrund dieser Lage mussten die nationalen Bestände aufgelistet werden und die erforderlichen Mengen vom nationalen Markt bezogen werden. Im Oktober 1918 waren im Deutschen Reich ca. 17 100 kg Opium, 920 kg Morphin und 215 kg Kodein vorhanden. Von diesen Mengen wurden 7 000 kg Opium, 800 kg Morphin und 100 kg Kodein für das Heer benötigt. Diese Mengen sollten bei entsprechenden Firmen beschlagnahmt werden. Für eine solche Beschlagnahme lieferte die Bundesratsverordnung aber keine Handhabe.

III. Verordnungen vom 15.12.1918 und vom 20.7.1920

Um den beschriebenen Missständen zu begegnen, einigten sich das Reichsinnenministerium, das Kaiserliche Gesundheitsamt, das Reichsmarineamt, das Reichswirtschaftsamt, das Kriegsministerium und das Ministerium für Handel und Gewerbe auf einer Besprechung vom 18.10.1918 auf Folgendes: Die Bundesregierungen sollte gefragt werden, welchen Firmen eine Handelserlaubnis erteilt worden war. Die nicht für das Heer benötigten Bestände sollten von einer Zentralstelle an die Apotheken verteilt werden. Hierfür war die Handelsgesellschaft deutscher Apotheker (HAGEDA) vorgesehen. Dies sollte im Wege einer neuen Bundesratsverordnung geregelt werden[216]. Daraufhin erließ das Reichsamt für die wirtschaftliche Demobilmachung am 15.12.1918 aufgrund des Erlasses des Rates der Volksbeauftragten über die Errichtung des Reichsamtes für die wirtschaftliche Demobilmachung[217] sowie aufgrund der Verordnung über den Erlass von Strafbestimmungen durch das Demobilmachungsamt[218] die *Verordnung über den Verkehr mit Opium*[219]. § 1 sah eine Meldepflicht für Opium und dessen Alkaloiden bei dem Vertrauensmann für Opiumverteilung bei der

---

[216] BArch., R 1501/ 110394, S. 139ff.
[217] RGBl. 1918, S. 1304
[218] RGBl. 1918, S. 1339
[219] RGBl. 1918, S. 1447

Kriegs-Chemikalien-AG vor[220]. Diese Pflicht galt nicht für staatliche Stellen. Der Handel mit diesen Stoffen war gemäß § 2 erlaubnispflichtig, soweit diese Stoffe nicht als Heilmittel in Apotheken abgegeben wurden. Der Verkauf war gemäß § 3 nur an solche Personen gestattet, welche eine Erlaubnis zum Erwerb hatten. § 4 führte eine Pflicht zur Führung eines Lagerbuches für die Personen ein, welche die genannten Gegenstände in Besitz hatten. Für die Abgabe an Apotheken bedurfte es nach § 5 eines Bezugsscheins, der von dem Vertrauensmann für Opiumverteilung bei der Kriegs-Chemikalien-AG ausgestellt wurde. Wer diesen Bestimmungen zuwider handelte, musste laut § 6 mit einer Gefängnisstrafe bis zu sechs Monaten oder mit einer Geldstrafe bis zu zehntausend Mark rechnen[221].

In dieser Zeit kamen vermehrt Berichte über einen ansteigenden Kokainmissbrauch auf. So berichtete das Reichsgesundheitsamt dem Reichsinnenministerium, dass der Kokainmissbrauch zu einem Volkslaster zu werden drohe. Grund hierfür war auch der illegale Handel und damit der erleichterte (weil „rezeptfreie") Bezug von Kokain. Der Schleichhandel wurde öffentlich betrieben, wobei Gewinne von ca. 4,20 RM pro Gramm möglich waren. Besonders in Berlin verbreitete sich neuerdings das Schnupfen von Kokain. Hierbei spielte der herrschende Mangel an Alkohol eine Rolle, da das „menschliche Berauschungsbedürfnis" befriedigt werden müsse[222]. Das Reichsgesundheitsamt hielt weitere Untersuchungen hinsichtlich etwaiger Vergnügungsstätten, an denen man sich zum Kokainkonsum traf, und des Schleichhandels erforderlich[223]. Diese Untersuchungen waren noch nicht beendet, als am 24.11.1919 eine Sitzung betreffend Bewirtschaftung von Kokain stattfand[224].

An dieser Sitzung nahmen Vertreter des Reichswirtschafts-, Reichsinnen-, Reichswehr-, Reichswohlfahrtsministeriums, des Reichsgesundheitsamtes, des Polizeipräsidiums von Berlin, der HAGEDA sowie der Opiumkommissar teil. Hier wurde übereinstimmend festgestellt, dass das Kokain nicht zum Spekulationsobjekt werden durfte und hierdurch die Gefahr der Förderung des Kokainismus Vorschub geleistet werden konnte. Die vom Reichsgesundheitsamt angestrengten Untersuchungen über den Kokainmissbrauch ergaben, dass es keine entsprechenden Vergnügungsstätten gab. Ein Anstieg des Kokainmissbrauchs wurde nicht festgestellt. Daraufhin teilte das Reichsgesundheitsamt mit, es sehe keine Veranlassung, schärfere Regelungen für den Umgang mit Kokain zu erlassen, als schon bestanden (Verordnungen des Bundesrates vom 22.3.1917). Al-

---

[220] z. B. bei Opiumpulver ab insgesamt 1 kg, Morphium 1 kg, Kodein sowie andere Opiumalkaloide 1 kg

[221] BArch., R 1501/ 110395, S. 17

[222] So Professor Straub (Uni Freiburg i. Br.) in einem Artikel in der Frankfurter Zeitung vom 25.7.1919, auf den sich das kaiserliche Gesundheitsamt bezieht

[223] BArch., R 1501/ 110395, S. 40, RS

[224] BArch., R 1501/ 110395, S. 106 ff.

lerdings wollte das Reichsgesundheitsamt die Entwicklung grundsätzlich weiter beobachten[225].

Auf einer Sitzung betreffend die Einrichtung einer Kontrolle über den Verkehr mit Kokain am 17.5.1920, an der das Reichsgesundheitsamt und Vertreter der Industrie teilnahmen, wurde festgestellt, dass wieder ausreichend Kokain zur Verfügung stand. Nach Meinung der Vertreter des Reichsgesundheitsamtes müsste deshalb nunmehr die Bekämpfung des Missbrauchs im Mittelpunkt stehen. Die Verteilung des im Inland benötigten Kokains sollte durch eine Stelle erfolgen. Die an der Sitzung teilnehmenden Vertreter der Industrie baten daraufhin darum, eine Verordnung zu erlassen, die der Verordnung über den Verkehr mit Opium entsprach. Dies wurde zugesagt[226]. Am 20.7.1920 wurde die Verordnung erlassen[227], die nahezu deckungsgleich mit der Verordnung vom 15.12.1918 war.

IV. Zusammenfassung

Obwohl das Deutsche Reich das Haager Abkommen nicht ratifiziert hatte, ergingen mehrere Verordnungen, Opium und andere Betäubungsmittel betreffend. Neben der durch die Bundesratsverordnung von 1896 eingeführten Rezeptpflicht für die hier beschriebenen Betäubungsmittel und der durch die Kaiserliche Verordnung vom 22.10.1901[228] geregelten Abgabe innerhalb der Apotheken wurden nun neue Aspekte sichtbar.

Durch die Verordnung von 1914 und den daraufhin erfolgten Bekanntmachungen war die Aus- und Durchfuhr von allen bisher genannten Stoffen mit Ausnahme von Cannabis verboten, nicht jedoch die Einfuhr. Die Bundesratsverordnungen von 1917 unterstellten den Arzneimittelhandel einer besonderen Erlaubnispflicht und ordneten an, dass Opium und dessen Alkaloide sowie Kokain nur innerhalb von Apotheken und nur als Heilmittel abgegeben werden durften. Die Lücke bzgl. der gesetzlichen Überwachung des Erwerbs vom Großhandel wurde geschlossen. Durch die Verordnung von 1918 und später durch die Verordnung von 1920 wurde der Verkehr mit Opium und dessen Alkaloiden sowie mit Kokain geregelt. Opiumvorräte mussten gemeldet werden. Der Handel (auch der Erwerb außerhalb von Apotheken) war erlaubnispflichtig. Es musste ein Lagerbuch geführt werden. Apotheker mussten bei Erwerb einen Bezugsschein vorlegen. Der Handel mit diesen Betäubungsmitteln wurde also größtenteils staatlich kontrolliert.

Vergleicht man dies mit den Forderungen des Haager Abkommens, so ist festzustellen, dass das Deutsche Reich trotz der nicht erfolgten Ratifizierung einige Teile desselben erfüllt hat. Die Verordnungen dienten zunächst der Siche-

---

225 BArch., R 1501/ 110395, S. 113 f.
226 BArch., R 1501/ 110395, S. 148
227 RGBl. 1920. S. 1464
228 in der Fassung vom 31.3.1911

rung des Bedarfs an Betäubungsmitteln während des ersten Weltkrieges und damit dem Schutz der Volksgesundheit. Die Verordnungen von 1917, 1918 und 1920 erhielten dann einen neuen, zusätzlichen Gesichtspunkt. Der durch den Krieg geförderte Morphin- und vor allem der wachsende Kokainmissbrauch sowie der ausufernde ungesetzliche Handel veranlassten dazu, diese Verordnungen zu erlassen. Ende des Ersten Weltkrieges war die Suchtbekämpfung endlich ein Schwerpunkt der Betäubungsmittelgesetzgebung. Insofern folgte man dem Grundgedanken des Haager Abkommens.

Allerdings waren einige Punkte des Abkommens noch nicht erfüllt. So wurde zwar der Handel, nicht aber die Erzeugung der Betäubungsmittel überwacht. Auch eine Beschränkung der Städte etc., über welche die Ein- und Ausfuhr erlaubt sein sollte, war nicht erfolgt. Die geforderte allmähliche Unterdrückung der Herstellung von Betäubungsmitteln fand ebenfalls nicht statt. Die deutsche Gesetzgebung beschäftigte sich auch nicht mit Rauchopium.

D. Resümee

Die deutsche Betäubungsmittelgesetzgebung wurde von der internationalen Entwicklung bis zum Ende des ersten Weltkrieges nicht beeinflusst. Sie zielte zunächst darauf ab, die Qualität der Arzneimittel zu sichern und unbefugte Personen von dem Verkehr mit diesen auszuschließen. Dies sollte der Volksgesundheit insofern zugute kommen, als dass durch qualitativ hochwertige Medikamente die Heilungschancen vergrößert wurden. Dazu wurde ein Monopol für Apotheker begründet. Außerdem wurde die Rezeptpflicht eingeführt. Diese sollte dem Missbrauch entgegenwirken.

Der Großhandel wurde von diesen Vorschriften ausgenommen. Nur die Giftverordnung des Bundesrates vom 29.11.1894 befasste sich mit dem Großhandel. Beim Erwerb von Drogen beim Großhandel war die subjektive Einschätzung der Zuverlässigkeit des Erwerbers durch den Händler maßgebend. Somit konnten im Deutschen Reich große Mengen von Morphin und Kokain sowie andere Mittel produziert und mit ein wenig Geschick von unbefugten Personen in großen Mengen erworben werden, da der Großhandel bis 1917 keiner einschränkenden Kontrolle seitens des Staates unterstand. Er musste nur ein Buch über die Abgabe entsprechender Drogen führen. Dies war für die Entwicklung der deutschen Pharmaindustrie von immenser Bedeutung. Bis zum ersten Weltkrieg entwickelte sich diese zum Marktführer bei der Herstellung und dem Vertrieb von Opiumalkaloiden, Kokain etc.[229] Der Schutz der deutschen Pharmaindustrie war letztlich der Hauptgrund dafür, das Inkrafttreten zu verhindern und die Ratifizierung des Haager Abkommens zu verweigern.

Die Suchtbekämpfung spielte bis zum ersten Weltkrieg nur eine geringe Rolle, lediglich die Bundesratsbeschlüsse über die Abgabe stark wirkender Arznei-

[229] Nestler, in: Kreuzer, § 11, Rn. 18

en widmeten sich diesem Thema durch Einführung der Rezeptpflicht. Erst als sich zunächst die hauptsächlich durch den Krieg bedingte Morphinsucht, später dann die Kokainsucht ausbreitete, verschob sich der Schwerpunkt der Gesetzgebung. Dieser lag zuerst bei der Qualitätssicherung, dann bei der Bestandssicherung und der Verfügbarkeit der Betäubungsmittel und verschob sich schließlich auf die Suchtbekämpfung. Die deutsche Gesetzgebung hat damit erst sehr spät angemessen auf das Suchtproblem reagiert, war es doch seit ca. 60 Jahren bekannt, dass die Sucht nach Betäubungsmitteln eine schwere, lebensgefährliche Krankheit ist.

International nahmen sich die Vereinigten Staaten als erste dem Problem des Missbrauchs von Opium an. Sie versuchten zunächst auf eigenem Staatsgebiet, dann auf den Philippinen die Opiumsucht zu bekämpfen. Die USA waren auch die Hauptinitiatoren der ersten internationalen Opiumkonferenz von Schanghai im Jahre 1909. Bei dieser Konferenz mussten die Interessen aller teilnehmenden Staaten (insbesondere England und China) berücksichtigt werden, so dass nur zu Kompromissen zustande kamen. Allerdings war der Anfang der internationalen Bekämpfung des Missbrauchs von Opium und anderen Betäubungsmitteln gemacht. Ebenfalls veranlasst durch die USA kam es 1912 zu der Haager Konferenz. Hier zeigte sich dann am deutlichsten, was das Deutsche Reich von der Bekämpfung des Missbrauchs hielt. Die deutsche Pharmaindustrie war dem Deutschen Reich so wichtig, dass es (in Zusammenarbeit mit Großbritannien) durch einen Passus verhinderte, dass dieses Abkommen in absehbarer Zeit ratifiziert werden musste. Zwar wollte man den Missbrauch bekämpfen, aber nicht auf Kosten der Pharmaindustrie. Somit war eine internationale Bekämpfung des Missbrauchs und der Sucht durch dieses Abkommen noch nicht möglich.

2. Teil: Das Gesetz zur Ausführung des Haager Abkommens vom 1.1.1921

Am 1.1.1921 trat das Gesetz zur Ausführung des internationalen Opiumabkommens vom 23.12.1912 in Kraft.

A. Vorgeschichte

Am 10.1.1920 trat der Versailler Vertrag in Kraft, mit dem der erste Weltkrieg für das Deutsche Reich beendet wurde. Artikel 295 dieses Vertrages enthielt im Absatz 1 die Bestimmung, dass diejenigen Staaten, die das Haager Abkommen noch nicht unterzeichnet oder nach Unterzeichnung noch nicht ratifiziert hatten, sich damit einverstanden erklärten, dieses in Kraft zu setzen und spätestens innerhalb der nächsten zwölf Monate nach Inkrafttreten des Versailler Vertrages die nötigen Gesetze zu erlassen. Absatz 2 besagte, dass für die Staaten, welche das Haager Abkommen noch nicht ratifiziert hätten, die Unterzeichnung des Versailler Vertrages einer solchen Ratifikation und der Unterzeichnung des Spezialabkommens von 1914 gleichkomme. Mit der Ratifikation und dem Inkrafttreten des Versailler Vertrages wurde also gleichzeitig das Haager Abkommen ratifiziert. Demzufolge mussten spätestens am 10.1.1921 die nötigen Gesetze erlassen werden. Zuständig für die Gesetzgebung auf dem Gebiet des Gesundheitswesens war gemäß Art. 7 Nr. 8 der Weimarer Reichsverfassung das Reich. Nachdem das Deutsche Reich einige Forderungen aus dem Haager Abkommen während des ersten Weltkrieges (jedoch nicht als Folge dieses Abkommens) erfüllt hatte, war es nun verpflichtet, auch den anderen Forderungen des Abkommens nachzukommen. Das Auswärtige Amt forderte daraufhin das Reichsinnenministerium auf, zu prüfen, welche vom Abkommen geforderten Vorschriften schon bestanden und welche noch erlassen werden müssten[230]. Das Innenministerium übersandte daraufhin einen Entwurf eines entsprechenden Gesetzes sowie eine Einladung zur Besprechung dieses Entwurfs an das Auswärtige Amt, das Reichswirtschafts-, Reichsjustiz-, Reichsfinanzministerium, an den preußischen Minister für Handel und Gewerbe und an den preußischen Minister für Volkswohlfahrt[231]. Nach dieser Besprechung und der dabei vorgenommenen Änderungen wurde der Entwurf dem Reichstag zur Beschlussfassung vorgelegt. In der 49. Sitzung des Reichstages am 17.12.1920 fanden die erforderlichen drei Beratungen ohne weitere Wortmeldungen im Reichstag statt[232]. Danach wurde das Gesetz angenommen[233]. Zuvor hatte schon der Reichsrat in der Sitzung vom 7.12.1920 dem Entwurf mit geringen Änderungen, die meist den Wortlaut betrafen[234], zugestimmt. Am 1.1.1921 trat dieses Gesetz in Kraft.

---

[230] BArch., R 1501/ 110395, S. 194, RS

[231] BArch., R 1501/ 110395, S. 296

[232] Es lagen bei diesen Beratungen keine Anträge auf Ausschussberatungen vor, so dass auch keine stattfanden.

[233] Sten. Ber., Bd. 346, S. 1762

[234] Protokolle des Reichsrates, 1920, § 1103, S. 1222; BArch., R 1501/ 110395, S. 440

B. Inhalt und Begründung

In der Begründung zu dem in den Reichstag eingebrachten und von diesem angenommenen Entwurf wurde zunächst festgestellt, dass die im Ersten Weltkrieg ergangenen Verordnungen den Zweck gehabt hätten, den Inlandsbedarf an diesen Betäubungsmittel sicherzustellen. Das neue Gesetz sollte hauptsächlich dem Zweck dienen, den Missbrauch von Morphin und Kokain zu unterbinden[235].

Das Gesetz zur Ausführung des Opiumabkommens von Den Haag stellte in § 1 die Ein- und Ausfuhr, die Herstellung und Verarbeitung sowie den Verkehr von Opium, Morphin, Kokain und Heroin und Zubereitungen, die mehr als zwei Promille Morphin oder mehr als ein Promille Kokain bzw. Heroin enthielten, unter die Aufsicht des Reichsgesundheitsamtes. Hierzu erhielt das Reichsgesundheitsamt die Befugnis, die entsprechenden Örtlichkeiten zu besichtigen und umfassend Auskunft zu erhalten. Die Aufsicht durch das Reichsgesundheitsamt entsprach der Begründung zu Folge dem Zweck, die Volksgesundheit zu schützen[236].

§ 2 enthielt eine generelle Erlaubnispflicht für den Umgang mit den vom Gesetz erfassten Betäubungsmitteln. Die Erlaubnispflicht betraf nicht mehr nur den Handel mit Betäubungsmitteln, sondern schloss auch die Herstellung, die Verarbeitung, die Ein- und Ausfuhr, den Erwerb und die Veräußerung mit ein. Der Empfang von Betäubungsmitteln war nur erlaubnispflichtig, wenn diesem ein Erwerb zugrunde lag. Die Erlaubnis sollte von den Landeszentralbehörden im Einvernehmen mit dem Reichsinnenministerium erteilt werden.

Hierbei allerdings war der Wortlaut unklar. Nach diesem lag die Auslegung nahe, dass ein Anspruch auf Erteilung der Erlaubnis bestand, sobald keine Bedenken erhoben wurden. Allerdings konnte dieser Paragraph auch so ausgelegt werden, dass die Erteilung eine Ermessensentscheidung der zuständigen Behörden sein sollte. Entscheidend bei der Auslegung war Absatz 3. Dieser besagte, dass eine Erlaubnis versagt werden konnte, wenn gesundheitliche Bedenken oder persönliche Gründe vorlagen, die der Erteilung entgegenstanden. Teils wurde gesagt, dass auch dann, wenn keine entsprechenden Bedenken vorlagen, die Erlaubniserteilung Ermessenssache der zuständigen Behörde sei[237]. Absatz 3 sei hierbei nur eine Richtlinie für die zuständige Behörde. Man konnte den Paragraphen aber auch so lesen und den Absatz 3 so auslegen, dass nur die Versagung an sich eine Ermessensentscheidung war. Lagen dann gesundheitliche Bedenken oder persönliche Gründe vor, die gegen eine Erteilung sprachen, stand es im Ermessen der Behörde, die Erlaubnis zu versagen, sie konnte sie aber auch trotz dieser erteilen. Lagen dagegen keine Bedenken vor, so musste die Erlaubnis erteilt werden.

---

[235] Sten. Ber. Bd. 365, Drucksache Nr. 1128, S. 5

[236] Sten. Ber. Bd. 365, Drucksache Nr. 1128, S. 5

[237] Stenglein, S. 920, Anm. 14

§ 2 erfasste auch wissenschaftliche Institute und Personen, die diese Stoffe zu Forschungszwecken benötigten[238]. Eine Ausnahme bestand für die Abgabe dieser Mittel zu Heilzwecken aufgrund eines Rezeptes durch Apotheker, da die Erlaubnis in diesen Fällen durch die Konzessionserteilung der Apotheken ersetzt wurde. Der schon vorher herrschende Gedanke, dass die Abgabe in Apotheken an den Endverbraucher von einer Erlaubnispflicht befreit war, wurde also auch hier aufgegriffen. Voraussetzung war aber, dass die Stoffe als Heilmittel abgegeben wurden. Bei den Beratungen dieses Entwurfes wurde festgestellt, dass der Wortlaut des Entwurfs des Reichsinnenministers missverständlich war. Nach diesem war die Auslegung möglich, dass Apotheken neben der erlaubnisfreien Abgabe an den Verbraucher die erfassten Betäubungsmittel ein- und ausführen sowie fabrikmäßig herstellen konnten, ohne dafür eine Erlaubnis zu benötigen[239]. Es sollte klargestellt werden, dass ein Apotheker nur für den Fall keine Erlaubnis benötigte, dass er die erfassten Betäubungsmittel als Heilmittel an den Verbraucher abgab[240]. Diese Änderung wurde im endgültigen Entwurf mit aufgenommen.

Nach § 3 war die Abgabe der erfassten Stoffe an Personen, die eine Erlaubnis gemäß § 2 besaßen, sowie an Apotheker nur unter Vorlage eines entsprechenden Bezugsscheins zulässig. Diese Bezugsscheine wurden von der neu geschaffenen Opiumstelle, welche der Aufsicht des Reichsgesundheitsamtes unterstand, auf Antrag ausgestellt. Die Ein- und Ausfuhr unterstand dieser Pflicht nicht, da ausländische Lieferanten nicht an die inländische Bezugsscheinpflicht gebunden werden konnten[241]. An dessen Stelle trat eine vorherige Anmeldung sowie ein Nachweis der erfolgten Ein- bzw. Ausfuhr.

Während der Besprechungen zu diesem Paragraphen hatte der Vertreter des Preußischen Ministeriums für Volkswohlfahrt beantragt, Apotheken aus dieser Vorschrift ganz herauszunehmen, da eine ausreichende Kontrolle durch den Rezeptzwang gegeben sei[242]. Die Vertreter des Reichsgesundheitsamtes erwiderten darauf, dass auch hier eine Kontrolle des Mengenverbrauchs notwendig sei, da ein „erhärteter Verdacht" bestehe, dass auch in Apotheken gelegentlich unerlaubter Verkehr mit Betäubungsmitteln betrieben würde. Dieser würde durch diese Pflicht jedenfalls erschwert. Apotheker und andere Ministerien hatten nichts gegen eine Ausdehnung auf die Apotheken einzuwenden[243]. Somit wurden diese in den § 3 aufgenommen, soweit es um deren Erwerb ging.

Die schon in den früheren Verordnungen enthaltene Pflicht zur genauen Führung eines Lagerbuches wurde in dem § 4 übernommen. Allerdings enthielt Ab-

[238] Sten. Ber. Bd. 365, Drucksache Nr. 1128, S. 6
[239] BArch., R 1501/ 110395, S. 298
[240] BArch., R 1501/ 110395, S. 314
[241] Sten. Ber. Bd. 365, Drucksache Nr. 1128, S. 6
[242] BArch., R 1501/ 110395, S. 314, RS
[243] BArch., R 1501/ 110395, S. 314, RS

satz 2 eine Ermächtigung für den Reichsrat, diese Bestimmung durch Verordnung auch auf die vom Absatz 1 nicht erfassten Apotheken auszudehnen, die bisher nicht erfasst waren, weil hier die Abgabe in kleinsten Mengen erfolgte und die Eintragungen wegen der den Apotheken obliegenden Verpflichtung zur Rückgabe der ärztlichen Anweisungen nicht nachgeprüft werden konnten[244].

§ 5 beschränkte die Ein- und Ausfuhr auf vom Reichsinnenminister zu bestimmende Orte. Gemäß Absatz 2 durfte die Ausfuhr in Staaten, die dem Haager Abkommen beigetreten waren, nur unter Beachtung der in dem Land bestehenden Gesetze erfolgen. Diese Vorschrift entsprach dem Grundgedanken des Haager Abkommens, die Gesetze der Vertragsstaaten zu achten. § 6 enthielt eine Erweiterungsermächtigung für neue Abkömmlinge des Morphins und des Kokains sowie deren Salzen, soweit diese die gleichen schädlichen Wirkungen hatten.

§ 7 verbot die Ein- und Ausfuhr sowie die Herstellung und jegliches Inverkehrbringen von zubereitetem Opium. An der Herstellung von zubereitetem Opium bestand zu dieser Zeit im Deutschen Reich kein Interesse, da es medizinisch entbehrlich war. Mit dieser Bestimmung sollte es entsprechend dem Vorgehen anderer Länder völlig verboten werden, ebenso Ein-, Ausfuhr und jegliches Inverkehrbringen[245]. In den Vorbesprechungen war erörtert worden, ob auch die Aufbewahrung, also der bloße Besitz erfasst werden sollte. Aufgrund dieser Beratungen wurde der wesentlich weitere, auch den Handel erfassende Begriff „Inverkehrbringen" gewählt, da es sonst Schwierigkeiten mit der Bestrafung des gesetzwidrigen Besitzes geben würde[246].

§ 8 enthielt die Strafbestimmung für Verstöße gegen die §§ 2, 3, 4, 5 und 7 des Gesetzes, und sah eine Strafe von bis zu sechs Monaten Haft und/ oder mit Geldstrafe bis zu zehntausend Mark vor. Der (erlaubnisfreie) Besitz und der Konsum wurden nicht erfasst. Absatz 1 Nr. 1 enthielt dabei aber eine Unstimmigkeit. Der nach § 2 verbotene erlaubnislose Handel mit den erfassten Stoffen war nicht in allen Formen gem. § 8 Abs. 1 Nr. 1 strafbar. So konnten dem Wortlaut nach z. B. Vermittler etwaiger Geschäfte nicht bestraft werden.

Gemäß Absatz 2 konnte daneben auch die Einziehung der Gegenstände gefordert werden. Dabei spielte es keine Rolle, wem diese gehörten. Hervorzuheben ist, dass der Versuch nicht strafbar war. Damit stand man vor dem Problem, dass z.B. ein im Inland aufgedeckter (versuchter) Schmuggel ins Ausland nicht bestraft werden konnte.

Aufgrund der aus dem Versailler Vertrag resultierenden kurzen Frist von zwölf Monaten für den Erlass des Gesetzes bedurfte das Gesetz Übergangsbestimmungen für die erste Zeit nach dem Inkrafttreten, damit man sich auf das neue Gesetz einstellen konnte. Die Nachkontrolle der bisher aufgrund der Ver-

---

[244] Sten. Ber. Bd. 365, Drucksache Nr. 1128, S. 6, 7
[245] Sten. Ber. Bd. 365, Drucksache Nr. 1128, S. 7
[246] BArch., R 1501/ 110395, S. 315

ordnungen von 1917 erteilten Genehmigungen erforderte mehr Zeit, als bis zum Inkrafttreten noch blieb. Deswegen mussten die erteilten Genehmigungen noch eine Zeit ihre Geltung behalten und die Herstellung, die bisher keiner Erlaubnis bedurfte, musste noch eine Zeit erlaubnisfrei sein, bis die Firmen sich die entsprechende Erlaubnis beschaffen konnten[247]. So bestimmte § 10 neben dem Außerkrafttreten der Verordnung über den Verkehr mit Opium und anderen Betäubungsmitteln von 20.7.1920[248], dass die aufgrund dieser Verordnung erteilten Genehmigungen bis zum 31.3.1921 ihre Geltung behalten. Die bisher erlaubnisfreie Herstellung der in § 1 Abs. 1 genannten Stoffe und Zubereitungen war ab dem 31.3.1921 nicht mehr erlaubnisfrei.

Zu beachten ist, dass dieses Gesetz nicht den Rezeptzwang regelte. Dieser war immer noch in den aufgrund der Bundesratsbeschlüsse vom 2.7.1891 ergangenen landesrechtlichen Vorschriften über die Abgabe stark wirkender Arzneimittel erfasst. Mit der Frage, ob ein nach § 2 erlaubtes Geschäft vorlag, hatte dieser Rezeptzwang nichts zu tun. Denn eine Abgabe aufgrund eines Rezeptes war nach dem Gesetz nur dann erlaubnisabhängig, wenn das Mittel nicht als Heilmittel abgegeben wurde. Somit blieben die Landesverordnungen betreffend die Abgabe stark wirkender Arzneien in Kraft.

C. Vergleich mit Haager Abkommen

Das Gesetz zur Ausführung des Opiumabkommens vom 23.12.1912 setzte die Forderungen dieses Abkommens um. Nunmehr unterstand auch die Herstellung der genannten Stoffe und Zubereitungen unter staatlicher Aufsicht (des Reichsgesundheitsamtes), wie es von Artikel 9 gefordert wurde. Artikel 2 wurde durch § 5 und die gemäß diesem Paragraphen zu erlassende Bekanntmachung des Reichsministers des Inneren erfüllt. § 6 Abs. 2 des Gesetzes erfüllte die Anforderungen des Artikels 3. Artikel 4, 5, 11, 12 fanden in § 2 ihren Niederschlag. Auch das zubereitete Opium war mit § 7 erstmals erfasst. Damit wurden die Forderungen der Artikel 6 und 7 erfüllt. Auch die Frage der Bestrafung des gesetzwidrigen Besitzes der genannten Drogen (Art. 20) hatte der Gesetzgeber erwogen. Sie wurde dahingehend beantwortet, dass der reine Besitz nicht erlaubnispflichtig sein sollte. Es konnte also keinen gesetzwidrigen Besitz geben. Die schon in den Verordnungen enthaltene Pflicht zur Führung eines Lagerbuches und die Bezugsscheinpflicht für Erwerber behielt der Gesetzgeber bei.

Zu beachten ist, dass Artikel 9 des Haager Abkommens ein Gesetz oder eine Verordnung für das Apothekenwesen forderte, durch das die Herstellung, der Verkauf und die Verwendung von Morphin und dessen Salzen sowie Kokain auf den medizinischen Gebrauch beschränkt werden sollte. Die Kaiserliche Verord-

[247] Sten. Ber. Bd. 365, Drucksache Nr. 1128, S. 7
[248] RGBl. 1920, S. 1464

nung von 1901[249] besagte, dass der Verkauf gewisser Zubereitungen als Heilmittel und der Verkauf gewisser chemischer Präparate (darunter Opium, Morphin, Heroin und Kokain) nur in Apotheken gestattet war. Durch die Verordnung des Bundesrates von 1917 war bestimmt worden, dass diese Stoffe nur als Heilmittel abgegeben werden durften. Somit war die Abgabe an den Verbraucher in Apotheken auf medizinische Zwecke beschränkt. Es gab also schon vor Ratifizierung dieses Abkommens eine entsprechende Regelung. Da die Verordnung nicht aufgehoben wurde, außerdem das ranghöhere Gesetz die von der Verordnung geregelte Materie nicht betraf, blieb die kaiserliche Verordnung neben dem Gesetz bestehen.

Für den Verkehr und die Herstellung der Betäubungsmittel galten also fortan das Gesetz zur Ausführung des internationalen Opiumabkommens von Den Haag und die Kaiserliche Verordnung von 1901. Daneben waren die landesrechtlichen Vorschriften über die Abgabe stark wirkender Arzneimittel maßgebend. Damit waren alle Forderungen des Haager Opiumabkommens erfüllt.

D. Entwicklung der Gesetzgebung in der Folgezeit

Nach Erlass des Gesetzes zur Ausführung des internationalen Opiumabkommens von Den Haag entwickelte sich die Betäubungsmittelgesetzgebung weiter.

I. Ausführungsbestimmungen

Zunächst erließ die Reichsregierung am 26.2.1921[250] gemäß § 9 des Gesetzes *Ausführungsbestimmungen*. Danach war als Konkretisierung des § 2 eine Erlaubnis zur Ein- und Ausfuhr sowie zur Herstellung, Verarbeitung und zum Handel mit den vom Gesetz erfassten Stoffen und Zubereitungen nur solchen Personen zu erteilen, die chemische Stoffe oder Arzneimittel herstellten oder mit ihnen Handel trieben. Als weitere Einschränkung durften diese Personen ihre Waren nicht an den Verbraucher direkt abgeben. Der Erwerb zu wissenschaftlichen Zwecken bedurfte ebenfalls der Erlaubnis. Die Erteilung der Erlaubnis war von der Vorbildung sowie der persönliche Zuverlässigkeit des Erwerbers und der Bedürfnisfrage abhängig. Die Erlaubnis sollte die Tatsachen, die für die Erteilung dieser maßgebend waren, sowie die entsprechenden Örtlichkeiten anführen. Apotheken waren von der Erlaubnispflicht befreit, soweit es sich um den Erwerb durch den Apotheker und die Abgabe an den Verbraucher aufgrund eines ärztlichen Rezepts handelte (Abschnitt I).

Der nach § 3 erforderliche Bezugsschein war nach Abschnitt II für jeden Erwerb im Inland erforderlich, mit Ausnahme des zu Heilzwecken erfolgenden Erwerbes durch den Verbraucher in Apotheken. Dieser Schein war bei der Opiumstelle zu beantragen. Die Opiumstelle befand sich bei der Reichsarbeitsge-

---

[249] in der Fassung vom 31.3.1911

[250] RGBl. 1921, S. 203

meinschaft Chemie und unterstand dem Reichsgesundheitsamt. Der Bezugsschein sollte an den Lieferanten gehen, der diesen aufzubewahren hatte. Für die Ein- und Ausfuhr war kein solcher Bezugsschein erforderlich, der entsprechende Antrag auf Ein- und Ausfuhr musste in einer zweiten Ausfertigung eingereicht werden. Bei der Entscheidung über diesen Antrag wirkte der Reichskommissar für Aus- und Einfuhrbewilligung in dem Sinne mit, dass er über den Antrag entschied und diese Entscheidung sowie den Antrag dem Reichsgesundheitsamt übergab. Die Einfuhr wurde durch das Zollamt dem Reichsgesundheitsamt bestätigt, ebenso die Ausfuhr.

Alle Personen, die eine Erlaubnis gemäß § 2 erhalten hatten, waren gemäß Abschnitt III dieser Bestimmungen verpflichtet, ein Lagerbuch zu führen. Apotheker waren von dieser Pflicht befreit, da sie keine Erlaubnis benötigten. Rohopium durfte nur noch über bestimmte Häfen und Grenzorte eingeführt werden (insgesamt waren es neun Orte). Die Ausfuhr von Rohopium über 5 kg wurde ebenso auf bestimmte Orte beschränkt. Dagegen war die Ausfuhr einer geringeren Menge als diese sowie die Ein- und Ausfuhr der anderen vom Gesetz erfassten Stoffe über alle Hauptgrenzzollämter zulässig (Abschnitt IV).

Problematisch erschien, dass die Bestimmung bezüglich der Ein- und Ausfuhrorte, nicht wie von § 5 gefordert vom Reichsinnenminister getroffen worden war. Sie wurden von der Reichsregierung (mit Zustimmung des Reichsrates) erlassen und verkündet. Da aber der Reichsinnenminister ein Teil der Reichsregierung ist und somit am Erlass der Ausführungsbestimmungen beteiligt war, widersprach dies nicht dem Gesetz.

Mit Verordnung des Reichsinnenministers vom 23.12.1923[251] geändert wurden die Ausführungsbestimmungen geändert und gleichzeitig das Verbot der Ausfuhr opiumhaltiger Alkaloide aufgehoben[252]. Grund hierfür war, dass die Außenhandelsstelle Chemie ihre Arbeit zum 15.11.1923 einstellte. Zwar sollte auch das Gesetz zur Ausführung des Haager Abkommens bald geändert werden, dies dauerte aber noch. Also bedurfte es einer Änderung der Ausführungsbestimmungen[253]. Danach hatte der Ein- bzw. Ausfuhrbewilligungsschein eine Gültigkeit von drei Monaten und war nicht übertragbar. Wurden entsprechende Stoffe aus dem Ausland in ein Zollausschlussgebiet oder in einen Freibezirk gebracht, so war dies als Einfuhr anzusehen. Der umgekehrte Fall (Verbringen vom Inland in Freibezirke) wurde jedoch nicht als Ausfuhr angesehen, ebenso die Abgabe an einen ausländischen Käufer im Inland (einschließlich der Zollausschlussgebiete und der Freibezirke). Die Überwachung der Ein- und Ausfuhr wurde insgesamt auf das Reichsgesundheitsamt übertragen. Die Kontrolle der Ein- und Ausfuhr zwischen dem Ausland und den Zollausschlüssen und Freibezirken sollte der Reichsinnenminister regeln, der dies im Einvernehmen mit dem

---

[251] RGBl. 1923 I, S. 1247
[252] Reichsanzeiger 1923, 220
[253] BArch., R 1501/ 110402, S. 236

Reichsfinanzminister und den entsprechenden Landesregierungen erledigen sollte.

Das Gesetz führte dazu, dass viele Firmen und Einzelpersonen eine Erlaubnis zum Verkehr mit Betäubungsmitteln beantragten. Allein im Jahr 1921 waren es über Tausend Anträge auf Erteilung dieser Erlaubnis[254]. Maßgebend bei der Beurteilung dieser Anträge war die Bedürfnisfrage gemäß Abschnitt I Abs. 1 der Ausführungsbestimmungen. Hierbei kam es hauptsächlich darauf an, ob der Antragsteller vorher schon mit Betäubungsmitteln gehandelt hatte oder nicht. Für den Großhandel war entscheidend, dass dieser die Betäubungsmittel nicht an den Verbraucher abgab. Fachfremden Firmen wurde die Erlaubnis grundsätzlich versagt. Die Tendenz der Erlaubniserteilungen sollte dem Reichsgesundheitsamt zufolge dahin gehen, den Handel mit Betäubungsmitteln einzuschränken[255].

Tierärzte setzten sich zunächst sowohl über die Erlaubnispflicht als auch über die Bezugsscheinpflicht hinweg[256]. Es wurde festgestellt, dass der Tierarzt die Mittel meist an die Tierhalter abgibt und diese das Mittel dann selbst verabreichten. Somit konnte ein Tierarzt nicht als Verbraucher angesehen werden. Demzufolge benötigte er gemäß Abschnitt I Abs. 1 bzw. Abschnitt II Abs. 1 der Ausführungsbestimmungen eine Erlaubnis und einen Bezugsschein zum Erwerb von Betäubungsmitteln[257].

II. Kaiserliche Verordnung und Bundesratsbeschlüsse

Die Kaiserliche Verordnung von 1911 blieb weiterhin in Kraft, wurde jedoch mehrfach geändert. Die Verzeichnisse A und B wurden mehrfach ergänzt. Mit der Ergänzung vom 9.12.1924[258] wurde ein § 2a eingeführt, durch den der Verkauf und das Feilhalten von Stoffen und Zubereitungen, die in einem neuen Verzeichnis C aufgeführt waren, untersagt. Die Unterabteilungen A und B dieses Verzeichnisses enthielten Heil- und Linderungsmittel, die zu anderen Zwecken als den bisher von der Verordnung geforderten benutzt wurden, insbesondere zur Vorbeugung oder zu Nährzwecken. Abteilung C enthielt weitere Mittel, z.B. gegen Trunksucht und Menstruationsprobleme. Am 27.3.1925[259] wurde die Verordnung um einen § 2b ergänzt. Dieser besagte, dass die Stoffe, die durch diese Verordnung dem freien Verkehr entzogen wurden, auch nicht von Krankenkassen, Genossenschaften, Vereinen oder ähnlichen Personengesamtheiten an ihre Mitglieder abgegeben werden durften.

---

[254] BArch., R 1501/ 110396 und 110397
[255] BArch., R 1501/ 110397, S. 42, 60
[256] BArch., R 1501/ 110396, S. 198
[257] BArch., R 1501/ 110397, S. 150
[258] RGBl. 1924 I, S. 772
[259] RGBl. 1925 I, S. 40

Die Beschlüsse des Bundesrates von 1891 wurden mehrmals durch den Reichsrat geändert. Hierdurch wurden die Verzeichnisse der Mittel erweitert, die nur auf Rezept erhältlich waren.

III. Änderung des Gesetzes von 1921 und Folgen

Das Gesetz zur Ausführung des internationalen Opiumabkommens wurde am 21.3.1924[260] geändert. Am 30.11.1920 waren anlässlich des Weltpostkongresses in Madrid Beschlüsse[261] gefasst worden, welche die Staaten dazu verpflichtete, den Postverkehr mit Betäubungsmitteln ins Ausland zu verbieten. Eine Ausnahme bestand Versand von Betäubungsmitteln zu medizinischen Zwecken versandt, soweit die beteiligten Staaten die Versendung unter diesen Umständen zuließen. Ferner hatte der Völkerbund, dem gemäß Artikel 23 Ziffer c der Völkerbundssatzung die Überwachung der Abmachungen betreffend den Handel mit Opium und anderen schädlichen Mitteln übertragen worden war, empfohlen, den Verkehr mit den im Gesetz erfassten Stoffen und Zubereitungen weiteren Einschränkungen zu unterwerfen. Außerdem gaben die bisher gewonnenen Erfahrungen Anlass dazu, weitere Änderungen des Gesetzes vorzunehmen[262]. Die Änderung wurde vom Reichstag am 10.3.1924 ohne Wortmeldungen beraten und beschlossen[263].

§ 1 Abs. 1 des Gesetzes und damit dessen Anwendungsbereich wurde durch Rohkokain, die Salze des Morphins, des Heroins und des Kokains sowie durch Zubereitungen, die mehr als 0,1 % Kokain enthalten, erweitert. Die Aufnahme von Rohkokain beruhte auf der Empfehlung des Völkerbundes[264]. § 2 erhielt einen neuen Absatz, durch welchen von der Reichsregierung mit Zustimmung des Reichsrates eine Verordnung erlassen werden konnte, die eine Überwachung der Abgabe von Betäubungsmitteln durch Apotheker und damit eine Überwachung der Verschreibungen ermöglichen sollte, aufgrund derer die genannten Stoffe abgegeben wurden. Dieser neue Absatz war eine Folge der Erfahrungen, die man mit missbräuchlicher ärztlicher Verschreibung und der unrechtmäßigen Abgabe durch Apotheker gemacht hatte[265]. § 3 wurde durch einen neuen Absatz ergänzt, nach dem die Reichsregierung mit Zustimmung des Reichsrates eine Verordnung erlassen konnte, welche die in § 1 erfassten Zubereitungen von der Bezugsschein- und Erlaubnispflicht ausnahm, soweit diese Zubereitungen keinen Anlass zu einem Missbrauch geben konnten.

---

[260] RGBl. 1924 I, S. 290
[261] RGBl. 1921, S. 1375
[262] Sten. Ber., Bd. 380, Drucksache Nr. 6567, S. 7892
[263] Sten. Ber., Bd. 361, S. 12697
[264] Sten. Ber., Bd. 380, Drucksache Nr. 6567, S. 7892
[265] Sten. Ber., Bd. 380, Drucksache Nr. 6567, S. 7892

Des Weiteren wurde die Strafandrohung des § 8 wesentlich erhöht, da der bisherige Strafrahmen sich als unzureichend erwiesen hatte[266]. Danach wurden die dort genannten Straftaten jetzt mit bis zu drei Jahren Haft und/ oder mit einer Geldstrafe bestraft. Nach Nr. 3 wurde nun auch ein Verstoß gegen § 9 i.V.m. den ergangenen Ausführungsbestimmungen bestraft, durch Nr. 4 der Versand von in § 1 Abs. 1 genannten Stoffen per Post ins Ausland. Letztere Änderung war eine Folge der Beschlüsse des Weltpostkongresses[267]. Absatz 2 stellte für die Nummern 1 bis 5 klar, dass auch der Versuch strafbar ist. Hiermit wurde eine Lücke des Gesetzes geschlossen, nach der z.B. ein im Inland aufgedeckter (versuchter) Schmuggel ins Ausland nicht bestraft werden konnte[268]. § 8 Absätze 1 und 2 sollten auch dann gelten, wenn Stoffe in den Verkehr gebracht wurden, die zwar als ein in § 1 Abs. 1 genannter Stoff bezeichnet wurden, aber gar nicht unter diese Norm fielen. Gemäß Absatz 5 sollten Ausländer, die gegen dieses Gesetz verstießen, aus dem Reichsgebiet verwiesen werden.

Der neu eingeführte § 8 a bestimmte, dass zur Deckung der Kosten, die sich aus der Durchführung des Gesetzes ergaben, eine Umlage auf die in § 1 Abs. 1 erfassten Stoffe und Zubereitungen durch das Reichsinnenministerium erhoben werden sollte. Diese Umlage betrug nach einer Verordnung vom 12.11.1924[269] 50 RM pro Kilogramm. Die in § 9 vorhandene Ermächtigung zum Erlass von Ausführungsbestimmungen wurde ergänzt. Für die zu erlassenden Ausführungsbestimmungen, welche die Zollausschlüsse und die Freihäfen betrafen, bedurfte es der Zustimmung der jeweiligen Landesregierung. Das so geänderte Gesetz trat am 1.4.1924 in Kraft.

Nach dieser Änderung erging zunächst am 1.5.1924 aufgrund des § 9 die *Verordnung über den Verkehr mit Betäubungsmitteln in den Zollausschlüssen von Hamburg und Cuxhaven*[270]. Danach sollten Betäubungsmittel, die in die Ausschlüsse eingingen oder schon vor Erlass dieser Verordnung eingegangen waren, dem Freihafenamt des jeweiligen Hafens angemeldet werden. Die Betäubungsmittel sollten in amtlichen Verschlussräumen gelagert werden. Bei der Beförderung innerhalb des Zollausschlusses musste immer ein Beamter des Freihafenamtes anwesend sein. Bei der Ausfuhr musste der Ausfuhrschein gemäß dieser Verordnung dem Amt ausgehändigt werden und nach Verladung der Sendung mit den entsprechenden Vermerken an das Reichsgesundheitsamt gesandt werden. Bei der Einfuhr über den Hafen sollte der Einfuhrschein kontrolliert und an die Grenzzollstelle weitergegeben werden.

---

[266] Sten. Ber., Bd. 380, Drucksache Nr. 6567, S. 7892
[267] Sten. Ber., Bd. 380, Drucksache Nr. 6567, S. 7892
[268] Sten. Ber., Bd. 380, Drucksache Nr. 6567, S. 7892
[269] Reichministerialbl. 1924, S. 380
[270] RGBl. 1924 I, S. 93

Des Weiteren wurden am 5.6.1924[271] neue *Ausführungsbestimmungen* gemäß § 9 erlassen. Die vormals in Abschnitt II vorgesehene Möglichkeit der Teillieferung wurde ausgeschlossen. Dies stieß auf Widerstand seitens des Handels, der in dieser Bestimmung eine untragbare Belastung sah. Die schriftlichen Anweisungen eines Arztes bezüglich der in § 1 des Gesetzes genannten Stoffe waren in den Apotheken drei Jahre lang aufzubewahren. Dies war die Folge des im Gesetz neu eingeführten § 2 Absatz 5, nachdem auch die Abgabe an den Verbraucher überwacht werden sollte. Diese Regelung stieß auf Widerstand bei den Apothekern, welche dies für undurchführbar hielten (wobei nicht gesagt wurde, warum dies undurchführbar war). Der Präsident des Reichsgesundheitsamtes sprach daraufhin die nicht unbegründete Vermutung aus, dass einige Apotheker den Bundesratsbeschluss über die Abgabe stark wirkender Arzneimittel nicht befolgten[272] und Drogen ohne Vorlage eines Rezeptes oder unter Vorlage eines gefälschten Rezeptes an Süchtige abgäben. Dies war jetzt nicht mehr möglich, da Apotheker neben der Buchführungspflicht nun auch noch die Rezepte aufbewahren mussten. Dies bedeutete eine stärkere Kontrolle der Abgabe in Apotheken, so dass Apotheker nunmehr stärker denn je fürchten mussten, mit dem Gesetz in Konflikt zu geraten.

Die Bestimmungen über den Antrag auf Einfuhr wurden in den dritten Abschnitt verlagert und konkretisiert, ebenso diejenigen für die Ausfuhr. Hierbei waren die Bestimmungen des Landes zu beachten, aus dem die Stoffe eingeführt bzw. in das die Stoffe ausgeführt werden sollten. Des Weiteren wurde eine neue Bestimmung geschaffen, nach der die Durchfuhr nur bei Vorlage eines Zollbegleitscheins und nur unter Zollverschluss durchzuführen war.

Mit diesen Ausführungsbestimmungen wurde die Durchführung des Gesetzes weiter gefördert mit dem Ziel, den Missbrauch von Morphin, Kokain etc. wirksamer zu bekämpfen[273]. Auch der Handel wurde weiteren Beschränkungen unterworfen. Aufgrund von Abschnitt IV Absatz 2 dieser Ausführungsbestimmungen ergingen immer wieder Bekanntmachungen des Reichsinnenministers, durch die das Verzeichnis der Länder erweitert wurde, welche die Einfuhr von Betäubungsmitteln nur unter der Bedingung einer besonderen Erlaubnis zuließen[274].

Gemäß dem neu eingeführten § 3 Abs. 2 des Gesetzes erging am 1.7.1924 eine *Verordnung des Reichsinnenministers über die Abgabe von Betäubungsmitteln*[275]. Danach wurden einige opium-, morphin- und kokainhaltige Zubereitungen von der Bezugsschein- und Erlaubnispflicht ausgenommen.

---

[271] RGBl. 1924 I, S. 638

[272] BArch., R 1501/ 110404, S. 168, RS

[273] BArch., R 1501/ 110404, S. 168 RS

[274] erstmals am 20.6.1924 (Reichsministerialbl. 1924, S. 215), letztmals am 12.1.1929 (Reichsministerialbl. 1929, S. 17)

[275] Reichministerialblatt 1924, S. 224

IV. Rechtsprechung

Das Reichsgesundheitsamt wies schon 1923 Gerichte, Staatsanwaltschaften und die Polizei an, jeden Fall, der mit Betäubungsmitteln zu tun hatte, zu melden. Daraufhin gingen einige Meldungen an das Reichsgesundheitsamt. So auch ein Fall, in dem zwei Personen zwei Kilo Kokain ohne Erlaubnis und ohne Bezugsschein gekauft und in den Freihafen Hamburg gebracht hatten. Sie wurden zu drei Monaten Haft und einer Geldstrafe von einer Millionen Reichsmark bzw. zu zwei Wochen Haft und einer Geldstrafe von 500 000 Reichsmark verurteilt[276].

Das Reichsgericht befasste sich mit Fragen der Auslegung des Gesetzes von 1921. Die Urteile verdeutlichten die immer noch bestehenden Missstände im Verkehr mit Betäubungsmitteln. Ein Strafurteil vom 5.10.1926[277] nahm sich einer Praxis an, welche unter Ärzten weit verbreitet war. Ein Arzt hatte innerhalb von fünf Monaten mehr als 3000 Rezepte über Kokain (insgesamt über 3000 Gramm, also ca. 20 Gramm am Tag) ausgestellt und diese an Kokainsüchtige abgegeben. Diese Rezepte wurden von den Abnehmern selbst benutzt oder verkauft. Dieser Sachverhalt betraf mehrere Fragen im Verhältnis Arzt, Apotheker und Verbraucher. Zum einen die Frage, ob diese Abgabe zu Genusszwecken in Apotheken zulässig war, wenn ein ärztliches Rezept vorlag. Zunächst stellte das Gericht fest, dass unter dem Gebrauch zu Heilzwecken nur die in ordnungsgemäßen Grenzen sich bewegende Anwendung zur Schmerzstillung sowie die *allmählich abnehmende* Verabreichung an Kokainsüchtige zur Vermeidung von Entzugserscheinungen zu verstehen war. Die *regelmäßige* Abgabe an Süchtige sei nicht erfasst. Gab der Apotheker aber Kokain zwar aufgrund eines ärztlichen Rezeptes, aber zu Genusszwecken an Süchtige ab, so war dies nach Auffassung des Gerichts nicht mehr erlaubnisfrei. Handelte der Apotheker wissentlich, so verstieß er gegen § 2 Abs. 4 und machte sich gemäß § 8 Abs. 1 Nr. 1 strafbar. Für den Arzt bedeuteten die Ausstellung und die Übergabe des Rezeptes, dass er eine Bedingung für die Abgabe des Kokains in der Apotheke setzte. Er brachte das Kokain mittels seines Rezeptes in den Verkehr, wobei der Apotheker entweder das Werkzeug des Arztes oder dessen Mittäter war. Damit machte sich der Arzt dann gemäß § 8 Abs. 1 Nr. 1 wegen unerlaubten Inverkehrbringens von Kokain strafbar, wenn er es Kokainsüchtigen nicht als Heilmittel verschrieb, sondern zur Befriedigung ihrer Sucht. Des Weiteren machte er sich wegen Beihilfe zum unerlaubten Erwerb strafbar. Ein Arzt musste also darauf achten, dass er Kokain nicht zu reinen Genusszwecken verschrieb.

In einem Urteil vom 8.5.1929[278] stellte sich die Frage, inwiefern Vermittlertätigkeiten, die ohne eine Erlaubnis stattfanden, strafbar waren. Der Angeklagte vermittelte einen Kaufvertrag zwischen zwei Firmen über eine bestimmte Men-

---

[276] BArch., R 1501/ 110401, S 558 ff. (Anweisung des RGA); R 1501/ 110402, S. 376 ff. (RG-Urteil)

[277] Urteil vom 5.10.1926 g. B. I 184/ 26; RGSt. 60, S. 365

[278] Urteil vom 8.5.1929 g. M. II 1158/ 28; RGSt. 63, 161

ge Opium. Hierbei wirkte er nicht daran mit, dass das Opium von der Türkei in die tatsächliche Verfügungsgewalt der erwerbenden Firma gelangte. Der Vermittler hatte die Ware nie in eigener Verfügungsgewalt. Die Firma, für die das Opium bestimmt war, besaß die Erlaubnis für die Einfuhr des Opiums. Das Gericht stellte fest, dass der Abschluss eines Kaufvertrages oder die Vermittlung eines solchen kein Inverkehrbringen im Sinne des Gesetzes darstellt. Unter diesen Umständen war also keine Erlaubnis im Sinne von § 2 des Gesetzes erforderlich. Eine Strafbarkeit nach § 8 war somit nicht gegeben.

Urteile aufgrund von Verstößen gegen das Gesetz von 1921 zur Ausführung des Haager Abkommens von 1912 waren in der Rechtsprechung während der Weimarer Republik nicht allzu häufig. Die Zahl der von den Gerichten im gesamten Deutschen Reich zu beurteilenden Sachverhalte schwankte zwischen 116 im Jahr 1922 und 349 im Jahr 1929[279]. Die Zahl der verurteilten Täter steigerte sich von 108 (1922) auf 279 im Jahr 1929, wobei dies nicht die höchste Zahl ist, denn 1925 hatte es 313 Urteile wegen (alleiniger) Verstößen gegen das Gesetz gegeben[280]. Unter den Verurteilten waren immer ein bis zwei Jugendliche. Die Gerichte sprachen bis 1924 hauptsächlich Geldstrafen aus, 1924 betrafen von 178 Urteilen 133 Geldstrafen und 44 Haftstrafen, von denen 13 zwischen drei Monaten und einem Jahr betrugen[281]. Von 1925 bis 1929 stieg die Zahl der Haftstrafen im Vergleich zu den Geldstrafen immer weiter an, fast die Hälfte der Urteile sprachen Haftstrafen aus[282]. In dieser Zeit wurden auch Haftstrafen von mehr als einem Jahr ausgesprochen 1925 10 Haftstrafen über einem Jahr, 1929 nur noch eine).

Anzumerken ist jedoch, dass diese Zahlen nur bedingt aussagekräftig waren. Die Strafandrohung des Gesetzes war nicht sonderlich hoch. Betäubungsmitteldelikte wurden meist in Tateinheit mit Delikten wie Urkundenfälschung (Rezeptfälschung) oder Betrug begangen. Diese Delikte hatten eine höhere Strafandrohung als das Gesetz zur Ausführung des Haager Opiumabkommens[283]. Demzufolge wurden solche tateinheitlich begangenen Betäubungsmitteldelikte in der Kriminalstatistik nicht mit aufgeführt.

V. Sonstige Entwicklungen bis 1929

Die durch § 1 des Gesetzes vorgesehene Aufsicht des Verkehrs mit Betäubungsmitteln wurde zunächst durch die der Reichsarbeitsgemeinschaft Chemie angegliederte Opiumstelle ausgeübt. Diese Aufsicht wurde dann entsprechend

---

[279] Kriminalstatistik, Bd. 309 (1922), S. 38, 39; Bd. 316 (1929), S. 60, 61

[280] Kriminalstatistik, Band 312 (1925), S. 86, 87

[281] Kriminalstatistik Band 311 (1924), S. 46, 47; in einem Fall wurde von der Bestrafung eines Jugendlichen abgesehen

[282] Kriminalstatistik Band 313 (1926), S. 114, 115

[283] Betrug gem. § 263 i. V. m. § 16 RStGB bis zu fünf Jahren; Urkundenfälschung gem. § 267 i. V. m. § 16 RStGB ebenso

dem Wunsch des Reichsinnenministeriums behördlich ausgestaltet und durch die Änderung der Ausführungsbestimmungen vom 23.12.1923 die Opiumstelle dem Reichsgesundheitsamt am 1.7.1924 angegliedert. Letzteres stellte alsbald fest, dass nach Stellenstreichungen zu wenig Personal für die Bearbeitung der Anträge auf Erlaubniserteilung und auf Erteilung von Bezugsscheinen vorhanden zur Verfügung gestanden hatte[284]. 1924 wurden durchschnittlich 400 Bezugsscheinanträge täglich gestellt. Diese Zahl stieg im November und Dezember 1924 auf 500. Die Erledigung der Anträge dauerte vom Eingang an vier Tage. Bei der großen Anzahl von Anträgen mehrten sich auch die fehlerhaft beschiedenen. Eine sachgerechte Arbeit der Opiumstelle war also nicht möglich. So konnten z.B. die Bestandsprüfungen der Firmen für das erste Halbjahr 1924 nicht vorgenommen werden, weil die Arbeitsrückstände so groß waren[285]. Die Zahl der erteilten Erlaubnisscheine belief sich seit Erlass des Gesetzes bis 1924 auf 3960[286].

Der Schmuggel konnte trotz der gesetzlichen Maßnahmen von 1921 nicht verhindert werden, es beteiligten sich jetzt nicht nur Personen, die sonst nichts mit der Materie zu tun hatten (Schleichhändler u.Ä.). Die deutsche pharmazeutische Industrie versuchte, sich auf die durch das Gesetz von 1921 veränderten Umstände einzustellen, da das Gesetz die chemische Industrie und den Handel mit Betäubungsmitteln stark beschränkte und damit deren Gewinn- und teilweise auch Existenzaussichten schmälerte. Um diese wieder zu verbessern, schlug die Industrie z. T. illegale Wege ein. So wurde ein massiver Schmuggel nach China, in die USA und nach Indien beobachtet, an dem auch deutsche Firmen beteiligt waren[287].

In den Jahren 1922 bis 1924 verstärkte sich die Ausfuhr von Betäubungsmitteln, was das Reichsinnenministerium als „medizinalpolizeilich nicht völlig einwandfrei” ansah[288]. Hierbei steigerte sich z.B. die Ausfuhr von Heroin von 907 Kg im Jahr 1921 auf 5084 KG im Jahr 1923[289]. Die Ausfuhr z.B. in die Schweiz oder nach Estland übertraf teilweise um ein Vielfaches die Menge, die zur Deckung des Bedarfs für die gesamte Bevölkerung der Länder nötig war. Diesen Ländern war das so genannte Zertifikatssystem unbekannt, also ein System, in dem Ein- und Ausfuhrscheine benötigt werden[290]. Es bestand also keine Einfuhrkontrolle, so dass diese auch nicht ab einer gewissen Menge gestoppt werden konnte. Die deutsche Firma Hoffmann führte noch in Deutschland wis-

284 BArch., R 86/ 2561, S. 91
285 BArch., R 86/ 2561, S. 102, RS
286 BArch., R 1501/ 110407, S. 490
287 BArch., R 1501/ 110401, S. 76, 336, 440
288 Pol. Arch., R 43384a, Abschrift zu III R 1148/25
289 Pol. Arch., R 43384a, a. a. O.
290 Pol. Arch., R 43384a, a. a. O.

sentlich Betäubungsmittel unter dieser falschen Bezeichnung aus[291]. Die Schweizer Firma Hoffmann, Laroche & Co. führte massiv Betäubungsmittel unter falscher Bezeichnung und unter Missachtung sämtlicher Gesetze und Abkommen in den Hamburger Freihafen ein und stellte es dem dortigen Schleichhandel zur Verfügung.

Der bekannteste Fall war der „Fall Boehringer & Söhne". Diese Gesellschaft lieferte 1923 unter anderem 560 Kg Heroin an die Firma Miyagawa in Kobe. Als die englische Regierung den Mitinhaber dieser Firma wegen Verstößen gegen die dortige Betäubungsmittelgesetzgebung in London verhaften ließ, stieß man auf die Geschäftsbeziehungen mit der Firma Boehringer. Aufgrund dieser Unterlagen ließ die englische Regierung das für Japan bestimmte und in den entsprechenden Papieren als „Chemikalie" bezeichnete Heroin im Hafen von Hongkong beschlagnahmen. Die englische pharmazeutische Industrie stand mit der deutschen in einem heftigen Konkurrenzkampf, der auch von den jeweiligen Regierungen unterstützt wurde. So wurde dieser Fall zu einem Politikum. Die Regierung Englands forderte einen Entzug der Konzession der Firma Boehringer & Söhne, da man bezüglich englischen Firma wegen „ähnlicher Verstöße" entsprechend gehandelt hatte. Sonst sei zu befürchten, dass der Handel sich von England nach Deutschland verlagern würde. Nachdem die deutsche Regierung keinen Verstoß gegen deutsche Gesetze festgestellt hatte, teilte die englische Regierung den Sachverhalt dem Völkerbund mit. Ebenso teilte sie mit, dass sie die Einfuhr von Betäubungsmitteln der Firma Boehringer & Söhne nach England verboten habe. Außerdem forderte sie über Völkerbund die deutsche Regierung auf, der Firma die Konzession für die Herstellung, den Handel und zur Ausfuhr von Betäubungsmitteln zu entziehen. Die deutsche Regierung unternahm man nichts[292]. Sie führte das Vorgehen der englischen Regierung darauf zurück, dass England seiner pharmazeutischen Industrie eine Vormachtstellung auf dem Weltmarkt verschaffen wollte.

Das Reichsgesundheitsamt war als Überwachungsstelle des Verkehrs mit Betäubungsmitteln durch diese Fälle in den (weder bestätigten noch entkräfteten) Verdacht geraten, den Schmuggel der Pharmaindustrie zu unterstützen[293]. Firmen, die das Gesetz genau befolgen wollten, wandten sich immer wieder an das Reichsgesundheitsamt mit der Frage, ob bestimmte Stoffe unter das Opiumgesetz fielen oder nicht.

Der Konsum bzw. Missbrauch von Betäubungsmitteln ließ sich auch nach Erlass des Gesetzes nicht einschränken oder gar unterbinden. Das Hauptziel des Opiumgesetzes und des Haager Abkommens, die Bekämpfung und Unterdrückung des Missbrauchs von Betäubungsmitteln, ließ sich nicht erreichen. Im

[291] BArch., R 1501/ 110432, S. 87 f.
[292] Zusammenfassung des Falles BArch., R 1501/ 110405, S. 337-350
[293] Pol. Arch.; R 43254, Welt am Abend vom 3.9.1928

Gegenteil stieg dieser weiter an, wie der Präsident des Reichsgesundheitsamtes Braun im März 1925 feststellte[294]. Der Hauptverband der Ortskrankenkassen stellte eine Zunahme von Rezeptfälschungen fest. Es wurden insbesondere Kassenrezepte gefälscht, so dass der Erwerb der Betäubungsmittel kostenfrei war[295]. Allein die offizielle Zahl der Morphinisten stieg von 1920 bis 1925 von ca. 1000 auf 1600[296], wobei die Dunkelziffer um einiges höher gewesen sein dürfte. Die offizielle Zahl stieg bis 1929 auf 1850[297]. Von 1919 bis 1927 starben jährlich durchschnittlich ca. 110 Personen, die morphinsüchtig waren. Auch der Konsum von Kokain zu nicht medizinischen Zwecken nahm während dieses Jahrzehnts zu und übertraf den Morphinkonsum bei weitem. Hierbei spielten sowohl der gesellschaftliche Umbruch als auch die Verarmung und Zermürbung des Volkes durch die Folgen des Ersten Weltkrieges eine große Rolle. Zudem war der Alkohol (schon damals die Volksdroge Nr. 1) in den ersten Jahren nach dem Krieg knapp.

Mit dem wirtschaftlichen Aufschwung in Deutschland kam die ländliche Bevölkerung in die Städte. Für diese waren die dort feilgehaltenen Drogen etwas Neues und Unbekanntes. Die verharmlosende Behandlung der Betäubungsmittel in der Tagespresse und den Unterhaltungszeitschriften tat hierbei ein übriges, ebenso die Behandlung in Filmen, in denen Betäubungsmittel als „mystisch und geheimnisvoll" dargestellt wurden. Hierdurch wurde nach Meinung des Reichsgesundheitsamtes die Neugierde geweckt. Allerdings regten diese Filme und Berichte auch dann zum Missbrauch an, wenn sie abschreckende Beispiele beschrieben. Außerdem wurden vermehrt Sensationsberichte über Gerichtsverhandlungen über Verstöße gegen das Opiumgesetz veröffentlicht[298]. So konnte sich die Sucht schnell ausbreiten. Eine Auswertung der im ersten Halbjahr 1928 gesammelten ärztlichen Rezepte ergab, dass auf 10000 Personen im Alter von über 20 Jahren ein Opiatabhängiger kam. Bei einer Bevölkerungszahl von 60 Millionen Menschen waren das insgesamt 6000 Opiatabhängige. 1 % aller Ärzte waren morphinsüchtig[299].

Auch der illegale Handel mit Drogen stellte sich mehr und mehr auf die durch das Gesetz geschaffene Lage ein. Straßenhändler trugen nun wenige Verkaufspäckchen (bei Kokain mit Mengen bis zu einem Gramm) bei sich. Bei einer größeren Bestellung wandte sich der Straßenhändler an einen Mittelsmann oder ging unter größten Vorsichtsmaßnahmen zu einem Versteck und holte die benötigte Menge. So konnte der Händler bei einer Durchsuchung durch die Polizei immer behaupten, dass die gefundenen Betäubungsmittel zum (nicht strafba-

---

[294] Pol. Arch., R 43230, Schriftstück III R 300 vom 16.3. 1925
[295] BArch., R 1501/ 110401, S. 468
[296] Sten. Ber., Bd. 435, Drucksache Nr. 936, S. 14
[297] Sten. Ber., Bd. 451, Drucksache Nr. 1224, S. 21
[298] BArch., R 1501/ 110418, S. 175, RS
[299] Sten. Ber., Bd. 451, Drucksache Nr. 1224, S. 22

ren) Eigengebrauch bestimmt waren. Dieser Handlungsablauf ist bis heute typisch für den Drogenhandel auf der Straße.

Die Straßenhändler erhielten ihre Ware von Grossisten, die ihrerseits wieder gute Beziehungen zu chemischen Fabriken, Apotheken etc. hatten und sich so größere Mengen beschaffen konnten[300]. Der verbotswidrige Handel und Schmuggel mit Betäubungsmitteln wurde von international organisierten Gesellschaften betrieben. Hierzu wurden offizielle Bestellungen von Firmen aufgegeben, die ihren angeblichen Sitz in Ländern hatten, in denen es kein Importzertifikatsystem gab. Für eine solche Bestellung musste man keine Einfuhrgenehmigung des Landes vorlegen (vgl. Abschnitt IV Absatz 2 der Ausführungsbestimmungen vom 5.6.1924). Das Reichsgesundheitsamt erteilte aufgrund einer derartigen Bestellung die Ausfuhrgenehmigung. Es konnte nicht wissen, dass die Bestellungen von Scheinfirmen stammten. Die Firmen, welche die bestellten Betäubungsmittel liefern sollten, wurden angewiesen, diese an eine besondere Transportfirma zu übergeben, welche dann alles weitere veranlassen sollte. Diese Firma führte die Waren dem Inlandszollamt vor. Hier wurden diese Waren abgefertigt (verplombt) und der Transportfirma wieder übergeben. Die Waren mussten dann an die Grenzzollämter zur Ausfuhr weitergegeben werden. Hier griff die Transportfirma in dem Sinne ein, dass sie die Betäubungsmittel vorher aus der Verpackung nahm und durch andere Stoffe ersetzte, damit das Gewicht beibehalten wurde (ohne den Zollverschluss zu verletzen). Die Betäubungsmittel gingen dann in den Fernen Osten und in die USA[301].

Der Konsum stieg also weiter an, ebenso der unerlaubte Handel mit Betäubungsmitteln.

Dieser Anstieg war auch Thema einer Besprechung, die am 19.12.1927 stattfand[302] und an der der Präsident des Reichsgesundheitsamtes Hamel, Vertreter der Charitè, der Fürsorgearzt von Berlin Joel, der Geheime Medizinalrat Kraus, Vertreter der Ärztekammer Berlin, des preußischen Ministeriums für Volkswohlfahrt, des deutschen Ärztevereinsbundes, des Polizeipräsidiums Berlin, des Reichsinnenministeriums, der Berliner Universität (Pharmakologie), des Verbandes der Ärzte Deutschlands, der deutschen medizinischen Wochenschrift und Oberregierungsrat Anselmino teilnahmen. Auf dieser Konferenz wurden die Missstände im Verkehr mit Betäubungsmitteln besprochen und gefordert, dass bei Gesetzen, die den Verkehr mit Betäubungsmitteln betreffen, der Faktor Sucht immer beachtet werden müsste. Die Sucht würde durch den unerlaubten Handel vorangetrieben. Dieser müsse unterbunden werden.

Da diese Gesetzgebung und die dadurch entstandene Praxis für deutsche Verhältnisse neu war, war die Umsetzung bzw. Ausführung dieses Gesetzes entsprechend nicht ausgereift. Innerhalb der Verwaltung bedurfte es einer Gewöh-

---

[300] Berliner Montagspost v. 27.10.1924 (vgl. BArch., R 1501/ 110406)
[301] Pol. Arch., R 43250, Abschrift I O 1296/ 27
[302] BArch., R 1501/ 110418, S 217 ff.

nungszeit, die erst mit der Angliederung der Opiumstelle an das Reichsgesundheitsamt langsam endete. Der erhoffte Erfolg bei der Bekämpfung des Missbrauchs und des Schmuggels blieb jedoch aus. Es zeigte sich also, dass sowohl die Haager Opiumkonvention als auch das daraufhin erlassene Gesetz nicht die Wirkungen hatten, die man sich von ihnen erhofft hatte, und den immer weiter steigenden Missbrauch nicht unterdrücken konnten. Das Haager Opiumabkommen war darauf ausgelegt, einen weiteren Anstieg des damals schon vorhandenen Missbrauchs im Deutschen Reich (wie auch in anderen Staaten) präventiv zu verhindern, der durch den Ersten Weltkrieg massiv anstieg. Durch das Gesetz von 1921 wurden nun die Forderungen aus dem Abkommen erfüllt. Da der Missbrauch sich aber so stark ausgebreitet hatte, war eine präventive Bekämpfung nicht mehr möglich. Es musste reagiert werden. Hierzu wäre aber eine ausführliche Ursachenforschung nötig gewesen. Hierbei hätte dann festgestellt werden können, dass die Missstände im Betäubungsmittelhandel breit gefächert waren[303] und der Missbrauch nicht allein durch staatliche Kontrolle bekämpft werden kann.

Im Gegensatz zum Missbrauch, welcher bereits seit Jahrhunderten bekannt war, entwickelte sich der unerlaubte Handel mit Betäubungsmitteln erst während des Ersten Weltkrieges. Hätte die staatliche Kontrolle bereits vor dem Ersten Weltkrieg eingesetzt, hätte sich dieser Handel nicht so entwickeln können. Die einfache Umsetzung der Forderungen aus dem Haager Abkommen reichte nach dem Weltkrieg auch nicht mehr aus, um illegalen Handel zu reduzieren. Im Hinblick auf die Bekämpfung des Missbrauchs und des illegalen Handels war die Verweigerung der Ratifikation durch das Deutsche Reich also ein Fehler.

---

303 Ärzte verschrieben Süchtigen die Betäubungsmittel schneller, u. a. deshalb, weil sie selbst süchtig nach diesen waren und "die Situation der Süchtigen nachvollziehen konnten"; Apotheker gaben Betäubungsmittel teilweise ohne Rezept ab oder überprüften die Rezepte nicht; Süchtigen wurde das Spritzen von Drogen beigebracht; der Großhandel beteiligte sich am Schmuggel von Betäubungsmitteln; Personen, die eigentlich nichts mit dem Handel von Betäubungsmitteln zu tun hatten, entdeckten diesen Geschäftszweig schon während des ersten Weltkrieges als Möglichkeit, beträchtliche Summen zu verdienen

3. Teil: Das Gesetz über den Verkehr mit Betäubungsmitteln (Opiumgesetz) vom 1.1.1930

Am 1.1.1930 trat dann als Folge des zweiten Genfer Abkommens das Gesetz über den Verkehr mit Betäubungsmitteln (Opiumgesetz) in Kraft.

A. Die Genfer Abkommen von 1925

1924 begannen in Genf zwei Konferenzen, die sich mit dem Missbrauch von Betäubungsmitteln befassten. Die erste Genfer Konferenz fand vom 3.11.1924 bis zum 11.2.1925 statt, die zweite vom 17.11.1924 bis zum 19.2.1925.

I. Vorgeschichte

Nachdem durch Artikel 23 c der Satzung des Völkerbundes diesem die Generalaufsicht über den Verkehr mit Opium und anderen gefährlichen Drogen anvertraut worden war, wurde 1921 das Opiumüberwachungskomitee gegründet. Dieses untersuchte zunächst die Befolgung und Erfolge des Haager Abkommens. Aus diesen Untersuchungen zog das Komitee den berechtigten Schluss, dass das Haager Abkommen mehrerer Ergänzungen bedurfte. So mussten Methoden entwickelt werden, damit eine effektive Überwachung der Ein- und Ausfuhr von Betäubungsmitteln stattfinden konnte. Außerdem sollte eine engere Zusammenarbeit zwischen den einzelnen Staaten sichergestellt werden, um den Schwarzhandel von Banden und Syndikaten zu unterdrücken. Das Komitee machte zunächst den Vorschlag, ein „Import-Zertifikat-System" in verschiedenen Staaten einzuführen und Übereinkommen zu treffen, durch die der Informationsaustausch zwischen den Regierungen der einzelnen Staaten ermöglicht werden sollte. Diese Vorschläge wurden dem Völkerbundsrat unterbreitet, welcher sie an seine Mitglieder weiterleitete, von denen die meisten diese annahmen.

Doch schon bald stellte das Komitee fest, dass das Einführen von entsprechenden Maschinen nicht ausreichte, um dem Schwarzhandel entgegenwirken zu können. Das Problem bestand darin, dass immer noch wesentlich mehr aus Opium herzustellende Drogen sowie andere Betäubungsmittel produziert wurden, als die Welt benötigte. Daraufhin wurde im Hinblick auf die Frage der Beschränkung der Herstellung der Drogen (Morphin, Heroin) untersucht, welche Menge dieser Drogen auf der Welt benötigt wurden. Aufgrund dieser Untersuchungen hielt es das Komitee für angebracht, dass eine Konferenz sich damit beschäftigten sollte, die Möglichkeit einer Produktionsbeschränkung dieser Drogen zu diskutieren.

Auch die USA hatten ähnliche Untersuchungen unternommen und waren zu ähnlichen Folgerungen gekommen. Sie wurden durch die enorme Ausbreitung der Sucht nach narkotischen Drogen im eigenen Land regelrecht zu diesen Untersuchungen gezwungen. Erstmals beteiligte sie sich im Frühjahr 1923 eine Delegation der USA am jährlichen Treffen des Komitees und stellte die „amerikanischen Prinzipien" auf. Nach diesen Prinzipien war der Gebrauch von Opiumprodukten zu anderen als medizinischen Zwecken Missbrauch und als solcher nicht rechtmäßig. Um diesem vorzubeugen, sei es notwendig, die Kontrolle über die Produktion des Rohopiums so auszuüben, dass ein Überschuss für den nicht medizinischen oder nicht wissenschaftlichen Gebrauch nicht mehr gegeben war. Somit gingen die Vorschläge der USA noch weiter als die des Komitees, beschränkte sich dieses noch auf die Herstellung der aus Opium zu gewinnenden Drogen.

Das Komitee befasste sich auf diesem jährlichen Treffen auch mit dem zweiten Kapitel des Haager Abkommens (zubereitetes Opium). Hierbei stellte es fest, dass auch dieser Teil des Abkommens nicht zufrieden stellend umgesetzt würde. Man kam zu dem Schluss, dass sich die Staaten, die ein Problem mit dem zubereiteten Opium hatten, treffen sollten, um über eine effektivere Umsetzung des zweiten Kapitels des Haager Abkommens zu diskutieren.

Das Komitee legte aufgrund der Beratungen eine Resolution vor, die sich mit der Beschränkung der Produktion von Opium und dessen Derivativen und Alkaloiden, der Einführung eines Zertifikatsystems sowie mit der Überarbeitung und Verbesserung des zweiten Kapitels des Haager Abkommens befasste. Sie enthielt die Aufforderung an den Rat des Völkerbundes, die Länder zu einer Konferenz einzuladen, die Morphin, Heroin und Kokain sowie deren Salze herstellten, außerdem diejenigen, die Rohopium produzierten oder Cocapflanzen anbauten, um diese auszuführen. Zudem sollten die Staaten eingeladen werden, in deren Gebieten zubereitetes Opium konsumiert wurde. Nachdem diese Resolution verfasst war, fragte der chinesische Vertreter in dem Komitee, ob die Situation in China, welche sich seit dem Haager Abkommen nicht gebessert habe, insbesondere in Bezug auf das Opiumrauchen bei einer solchen Konferenz gleich mit diskutiert werden sollte. Das Komitee stimmte mit dieser Ansicht überein. Daraufhin wurde eine zweite Resolution gefasst, in welcher der Rat aufgefordert wurde, eine spezielle Konferenz einzuberufen, um dieses Problem und entsprechende Gegenmaßnahmen zu besprechen[304].

Diese beiden Resolutionen wurden an den Rat des Völkerbundes weitergeleitet. Dieser beschloss im September 1923 die Einberufung von zwei Konferenzen. Die erste sollte sich mit dem Verkehr und Gebrauch von Opium im Fernen Osten beschäftigen. Die zweite Konferenz sollte sich mit einer Beschränkung der Herstellung und der Überwachung des Verkehrs der Rohmaterialien und den daraus herzustellenden Drogen befassen. Der Teilnehmerkreis der zweiten Konferenz wurde auf alle Mitglieder des Völkerbundes erstreckt. Der Rat berief die erste Konferenz für den 3.11.1924 in Genf ein, die zweite für den 17.11.1924 ebenfalls in Genf[305].

---

[304] League of Nations, S. 2-7
[305] League of Nations, S. 7 f.

II. Das erste Genfer Abkommen vom 11.2.1925

Die erste Konferenz fand vom 3.11.1924 bis zum 11.2.1925 zu dem Thema „Anwendung des zweiten Kapitels des Internationalen Opiumabkommens vom 23.1.1912 auf den Fernen Osten" in Genf statt.

1. Ziele und Teilnehmer

Zunächst sollte die gegenwärtige Situation in Bezug auf die Umsetzung des zweiten Kapitels des Haager Abkommens untersucht und beraten werden. Des Weiteren sollte beraten werden, welche Maßnahmen ergriffen werden könnten, um die Unterdrückung des Opiumrauchens effektiver durchzusetzen. Dazu sollte ein entsprechender Vertrag erarbeitet werden, welcher die zu ergreifenden Maßnahmen festhielt und der während der Konferenz unterzeichnet werden sollte. Außerdem sollte die Situation in China bezüglich der Produktion von Opium und deren Einfluss auf den Gebrauch in den benachbarten Gebieten sowie Maßnahmen zur Unterdrückung der ungesetzlichen Produktion und des Missbrauchs diskutiert werden. Die Ergebnisse dieser Untersuchungen sollten der chinesischen Regierung unterbreitet werden[306].

Entsprechend dem Programm wurden nur Länder eingeladen, die Gebiete im Fernen Osten besaßen. So nahmen neben China Frankreich, England, Indien, Japan, die Niederlande, Portugal und Siam an der Konferenz teil.

2. Beschlüsse

Die erste Konferenz endete nach 24 Zusammenkünften am 11.2.1925 mit der Unterzeichnung einer Übereinkunft, eines Protokolls und einer Schlussakte[307], die insgesamt für das Deutsche Reich wenig bedeutsam waren. Nachdem es im Versailler Vertrag auf seine Kolonien verzichtet hatte, besaß es keine Gebiete mehr im Fernen Osten.

Die *Übereinkunft* stellte die Ziele der Konferenz an den Anfang. Die teilnehmenden Staaten wollten die Herstellung und den Gebrauch von zubereitetem Opium sowohl in den Gebieten im Fernen Osten als auch insgesamt unterdrücken. Die Zunahme des Schmuggels in diesen Gebieten hatte dazu geführt, dass das zweite Kapitel des Haager Abkommens nicht umgesetzt werden konnte. Dementsprechend erklärte Artikel 1 des Abkommens, dass die Einfuhr, der Verkauf und der Vertrieb von Opium unter ein Staatsmonopol gestellt werden sollten. Artikel 2 untersagte den Verkauf an Minderjährige, diese durften gemäß Artikel 3 keine Opiumrauchstuben betreten. Aus Gebieten, in denen die Einfuhr erlaubt war, war die Ausfuhr gemäß Artikel 6 verboten. Der Missbrauch sollte nach Artikel 7 durch Aufklärung an Schulen etc. bekämpft werden. Der Schmuggel sollte unter gegenseitiger Mithilfe der den Vertrag schließenden Staaten bekämpft werden. Des weiteren sollten alle Opiumraucher, soweit mög-

---

306 League of Nations, S. 11, 12

307 Deutsches Handelsarchiv 1927, S. 575 ff.

lich, registriert werden und diese sowie andere Informationen gegenseitig ausgetauscht werden. Die Übereinkunft betraf nicht das medizinisch verwendete Opium und stellte fest, dass es nur für die Gebiete der teilnehmenden Staaten galt. Das *Protokoll* bezog sich darauf, dass nach den Beschlüssen der mittlerweile zeitgleich laufenden zweiten Konferenz gewisse Staaten zur Einführung einer wirksamen Kontrolle über Erzeugung, Vertrieb und Ausfuhr von rohem Opium verpflichtet werden sollten. Um dieses zu unterstützen, wurde in dem Protokoll eine Überwachung der unterzeichnenden Staaten durch eine zu diesem Zweck eingesetzte Kommission vereinbart. Der Gebrauch von zubereitetem Opium sollte innerhalb eines Zeitraumes von 15 Jahren vollständig in den entsprechenden Gebieten unterdrückt werden. In der *Schlussakte* wurde von allen Teilnehmern mit Ausnahme von China noch eine Entschließung angenommen. In dieser heißt es, man habe zwar zur Kenntnis genommen, dass in einigen Ländern das System der Genehmigungen zu einer Verminderung der Zahl der Opiumkonsumenten geführt habe, während in anderen Ländern der Schmuggel einen solchen Erfolg unmöglich mache. Demzufolge hing nach Auffassung der Teilnehmer die Möglichkeit der Einführung eines solchen Genehmigungssystems von dem vorhandenen Schmuggel ab. Als Folge dieser Überlegung wurde es den teilnehmenden und vertragsschließenden Staaten überlassen, ob sie dieses System in ihren Gebieten im Fernen Osten einführen.

III. Das zweite Genfer Abkommen vom 19.2.1925[308]

Die zweite Konferenz begann am 17.11.1924 und endete nach 38 Plenarsitzungen am 19.2.1925 mit der Unterzeichnung eines Abkommens, eines Protokolls und einer Schlussakte.

1. Teilnehmer, Beratungsprogramm, Ziele des Reiches

Zu dieser zweiten Konferenz wurden alle Mitglieder des Völkerbundes sowie die Nichtmitglieder USA und das Deutsche Reich eingeladen. Unter den Teilnehmern waren sechs Produzenten von rohem Opium (z.B. die Türkei, Indien und Persien), zwei Produzenten der Cocapflanze (Bolivien, Niederlande), sieben Produzenten von Morphin, Heroin und Kokain (u.a. das Deutsche Reich, England und die USA) und 27 Staaten, die als so genannte Konsumenten am Thema interessiert waren.

Der Völkerbund sandte den Staaten, die eingeladen wurden, Beratungsunterlagen, die Maßnahmen vorsahen, welche auf der Konferenz diskutiert werden sollten[309]. Nach Abschnitt I dieser Unterlagen sollten alle Länder einen „Vorschlag" bzgl. der Mengen von Opium etc. machen, die für medizinische und wissenschaftliche Zwecke im Inland eingeführt werden müssten. Die Einfuhr einer größeren als der vorgeschlagenen Menge sollte verboten werden. Ein stän-

[308] RGBl. 1929 II, S. 407
[309] BArch. R 1501/ 110404, S. 383 f.

diges Zentralkomitee sollte gebildet werden. Diesem sollten neben den Vorschlägen auch vierteljährliche Berichte über die in diesem Zeitraum ein- und ausgeführten Mengen übermittelt werden. Hatte ein Land keine Menge genannt bzw. eine Menge, die dem Komitee als zu hoch erschien, so sollte die Menge durch das Zentralkomitee festgesetzt werden. Abschnitt II enthielt Änderungsvorschläge bezüglich des Haager Abkommens. Abschnitt III enthielt Empfehlungen für weitere Maßnahmen der Regierungen. Danach war jeder Person, die unter der Gerichtsbarkeit eines teilnehmenden Staates stand, zu verbieten, in einem anderen Land die dort bestehenden Gesetze zu übertreten und bei einer Übertretung zu bestrafen. Der Transport von Sendungen durch Schiffe, welche die Flagge des jeweiligen Staates trugen, sollten durch diesen Staat verboten werden, wenn keine Ausfuhrerlaubnis vorliegt oder wenn ein anderer Bestimmungsort als auf dem Erlaubnisschein vermerkt ist.

Gemäß Art. 21 Abs. b des Haager Abkommens mussten dem Völkerbund statistische Angaben über den Handel mit den genannten Betäubungsmitteln übermittelt werden. Dies war das erste Mal im Jahr 1921 geschehen, seitdem aber nicht mehr, so dass diese für die anstehenden Konferenzen erstellt werden mussten. Nach Zusammenstellung der Zahlen für die Zeit bis 1923 wurde deutlich, dass die vom Reichsgesundheitsamt genehmigte Ausfuhr z.B. für Heroin von 907 kg im Jahr 1921 auf 5084 kg im Jahr 1923 gestiegen war. Hierdurch geriet zunächst das Reichsgesundheitsamt in Verdacht, den Schmuggel von Betäubungsmitteln zu ermöglichen, indem es bei der Überwachung nicht gemäß den bestehenden Gesetzen handelte und erheblich höhere Mengen genehmigte als benötigt wurden[310]. Im Hinblick auf die stark gestiegene Ausfuhr fand am 30.8.1924 im Reichsministerium des Inneren eine Besprechung über die Ausfuhr von Betäubungsmitteln statt, an der das Auswärtige Amt, das Reichsgesundheitsamt und das Reichsinnenministerium durch Vertreter teilnahmen. Hier wurde zunächst festgestellt, dass das Reichsgesundheitsamt keine rechtliche Handhabe dafür hatte, eine Genehmigung nur für eine bestimmte Menge auszustellen. Es hatte den Schein auszustellen, sobald er beantragt wurde.

Das Auswärtige Amt hielt die Mitteilung der Statistik deswegen für bedenklich, weil dadurch der schon bestehende Verdacht, dass das Deutsche Reich sich nicht an das Haager Abkommen halte, noch weiter verstärkt werden könnte[311]. Die für die Genfer Konferenz zu erwartenden scharfen Angriffe auf das Deutsche Reich sollten durch diese Statistiken nicht noch verstärkt werden[312]. Eine Korrektur zu Gunsten des Deutschen Reiches wurde einhellig abgelehnt. Man einigte sich darauf, der Kommission zunächst keine Statistiken vorzulegen mit der Begründung, man habe noch nicht alle Daten zusammenstellen können, da

---

[310] BArch., R 1501/ 110404, S. 43, RS
[311] BArch., R 1501/ 110404, S. 43, RS
[312] BArch., R 1501/ 110404, S. 229

die Lage in den besetzten Gebieten Schwierigkeiten bei der Erstellung mache[313]. Dies zeigt zunächst, dass das Deutsche Reich nach außen hin den Anschein verhindern wollte, sich nicht entsprechend des Haager Abkommens zu verhalten. Außenpolitisch hatte es durch den Krieg und den Versailler Vertrag keinen Einfluss mehr. Man wollte diese schwache Stellung nicht noch weiter abwerten.

Es ging aber nicht nur darum, eine weitere außenpolitische Schwächung zu verhindern. Im Gegenteil sollte die Stellung durch diese Konferenz verbessert werden. Hierzu wurde ein Vorschlag der USA und Großbritanniens aufgenommen, eine internationale Kontrollkommission zu gründen. Nach den Vorstellungen der USA sollte diese vom Völkerbund losgelöst sein. Die Briten dagegen strebten an, diese Kommission dem Völkerbund zu unterstellen. Das Reichsgesundheitsamt, das Reichsinnenministerium und das Auswärtige Amt waren der Meinung, dass die Haltung des Deutschen Reiches davon abhängen sollte, ob das Deutsche Reich demnächst als Mitglied im Völkerbundsrat aufgenommen wurde oder nicht[314]. Bei Aufnahme in den Rat sollte das Komitee vom Völkerbundsrat ernannt werden und das Deutsche Reich einen Sitz in diesem haben. Andernfalls wollte man eine vom Völkerbund unabhängige Kommission befürworten. Eine diesbezügliche Entscheidung sollte auf jeden Fall politisch getroffen werden. Es wurde darüber nachgedacht, eine Ratifizierung von der Zusicherung eines Sitzes im Komitee abhängig zu machen[315]. Würde man einen Sitz im Zentralkomitee bekommen, wäre man auf einem Gebiet vertreten, das zu dieser Zeit international und gerade beim Völkerbund eine bedeutende Rolle spielte. Die Konferenz war also für das Deutsche Reich eine Gelegenheit, um international wieder Fuß zu fassen, ein Vorhaben, welches vom damaligen Außenminister Stresemann als das wichtigste außenpolitische Ziel bezeichnet wurde.

Es bestand auf der Besprechung Einigkeit darüber, den Vorschlag, den jährlichen Bedarf durch Schätzungen zu ermitteln, auf der Konferenz abzulehnen. Man hielt das Importschein-System für ausreichend. Wenn eine Einschränkung des Opiumverbrauchs erreicht werden sollte, dann durch Bildung eines internationalen Syndikats der Morphinfabrikanten. Das Deutsche Reich wollte nicht für Vorschläge eintreten, welche die chemische Industrie verworfen hatte[316]. Ansonsten wurde dem Abschnitt 2 der Vorschläge zugestimmt[317].

Das Deutsche Reich war also bestrebt, durch diese Konferenz seine Machtstellung zu verbessern. Durch dieses Ziel mussten die Interessen der chemischen Industrie teilweise zurücktreten, wobei man die Stellung als einer der Hauptalkaloidproduzenten einbüßen wollte. Die Bekämpfung des Missbrauchs spielte

---

[313] BArch., R 1501/ 110404, S. 231
[314] BArch., R 1501/ 110404, S. 250 f. (RGA), 252 f. (RIM)
[315] BArch., R 1501/ 110404, S. 251
[316] BArch., R 1501/ 110406, S.6
[317] BArch., R 1501/ 110406, S. 7 und 211, 356
[319] BArch., R 1501/ 110404, S. 383 f.

für das Deutsche Reich bei dieser Konferenz angesichts der außenpolitischen Ziele eine größere Rolle als noch in Den Haag.

2. Beschlüsse und deren Entstehung

Das Opiumüberwachungskomitee hatte auf der 1924 stattfindenden sechsten Tagung einen Entwurf für eine Erweiterung des Haager Abkommens erarbeitet[318]. Dieser Entwurf sollte als Grundlage für die Arbeiten der zweiten Konferenz dienen. Während der Konferenz richtete sich das Hauptaugenmerk auf die Beschränkung der Opiumproduktion und die in dem Entwurf vorgesehene Schaffung eines Zentralkomitees. Es wurden sechs Unterkommissionen gebildet. Die Unterkommissionen A, B und C beschäftigten sich mit der Einschränkung der Fabrikation von Alkaloiden, der Produktion von Rohopium und von Kokablättern. Die Unterkommission D behandelte alle Fragen, die vom Standpunkt der Verbraucherstaaten aus beachtenswert waren. Die Kommission E beschäftigte sich mit dem internationalen Handel. In der Kommission F sollte die Frage beantwortet werden, bis zu welcher Grenze der für arzneiliche und wissenschaftliche Zwecke benötigte Bedarf von Rohopium und Kokablättern herabgesetzt werden konnte[319].

Die deutschen Delegierten enthielten sich bei Anträgen auf eine Beschränkung der Produktion, man war der Meinung, dass Deutschland dieses Thema nichts anging. Ebenso taten die Delegierten auf der Konferenz kund, dass Deutschland einen Sitz im Zentralkomitee beanspruche. Ansonsten verhielt man sich den Anweisungen entsprechend zurückhaltend[320].

In dem von den Staaten am 19.2.2925 geschlossenen Abkommen wurde zunächst festgestellt, dass das Haager Abkommen zwar gute Ergebnisse gezeigt habe, aber Schmuggel und Missbrauch immer noch betrieben wurden. Es wurde die vom Opiumkomitee erlangte Überzeugung ausgesprochen, dass durch die Einschränkung der Gewinnung und Herstellung der Missbrauch wirksam bekämpft werden kann.

a. Erstes Kapitel

Das erste Kapitel enthält Begriffsbestimmungen für alle dem Abkommen unterliegenden Drogen. Es waren zusätzlich neben den Kokablättern noch Rohkokain, Ecgonin und der indische Hanf aufgenommen. Als Rohkokain galten „alle aus den Kokablättern gewonnenen Erzeugnisse, die mittelbar oder unmittelbar zur Herstellung von Kokain dienen konnten". Ecgonin war zwar keine Droge, die süchtig machte. Es war aber ein Nebenprodukt bei der Herstellung von Kokain, weswegen es auch erfasst werden musste[321].

---

[319] Pharmazeutische Zeitung vom 21.1.1925, S. 81
[320] Pol. Arch. R 43230, Schriftstück III R 57
[321] League of Nations, S. 47

Die Aufnahme des indischen Hanfes war von dem Entwurf noch nicht in Betracht gezogen worden. In einer der ersten Sitzungen der Konferenz hatte der ägyptische Delegierte mit Unterstützung der türkischen und griechischen Delegationen beantragt, diesen in die Diskussionen mit einzubeziehen. Auch die britische Regierung hielt es für notwendig, diese u.a. von Indien aus geschmuggelte Droge in die Liste aufzunehmen. Das Opiumüberwachungskomitee hatte bereits eine Untersuchung bezüglich der Produktion, des Handels und des Gebrauchs von indischem Hanf begonnen. Man hielt den Harz der Pflanze für „die vielleicht gefährlichste aller narkotischen Drogen[322]. Erkenntnisse über eine so starke Verbreitung des Missbrauchs, wie man ihn von Morphin und Kokain kannte, gab es allerdings nicht. Ein gesondertes Komitee, das mit der Behandlung dieses Punktes beauftragt wurde, stellte fest, dass es nicht möglich sei, die Produktion zu beschränken. Die Pflanze werde auf verschiedene Weise industriell und privat genutzt, so dass er nicht unter dieselben Bestimmungen gefasst werden könnte, wie die anderen Drogen. Allerdings sollten die harzigen Spitzen, das Harz und die aus der Pflanze hergestellten Extrakte und Tinkturen reguliert sowie der internationale Handel kontrolliert und unter die gleichen Bedingungen gestellt werden wie die anderen Drogen. Somit wurde der indische Hanf in das Abkommen aufgenommen[323].

b. Zweites Kapitel

Das zweite Kapitel befasste sich mit der inländischen Kontrolle des Rohopiums und der Kokablätter. Es sprach die Verpflichtung für alle teilnehmenden Staaten aus, die für diese Kontrolle nötigen Gesetze zu erlassen. Die Orte, über welche die Ein- und Ausfuhr von Rohopium und Kokablättern gestattet sein sollte, sollten zahlenmäßig beschränkt werden. Dieses Kapitel entsprach mit Ausnahme der Kokablätter dem Kapitel I des Haager Abkommens. Der Entwurf sah vor, dass Kokablätter unter die gleiche Kontrolle gestellt werden sollte wie Rohopium[324]. Dies hätte bedeutet, dass auch die Gewinnung und der Vertrieb von Kokablättern kontrolliert worden wäre. Die für die Kokablätter zuständige Unterkommission C, in der zwei der drei bedeutendsten Produzenten der Kokablätter[325] vertreten waren, berichtete der Konferenz, dass eine Beschränkung der Produktion nicht praktikabel sei. Die Einführung von Ein- und Ausfuhrscheinen sei die einzige Maßnahme, die ergriffen werden konnte[326]. Also wurden die Kokablätter dem Rohopium nicht vollends gleichgestellt.

[322] League of Nations, S. 47
[323] League of Nations, S. 47/48
[324] BArch., R 1501/ 110404, S. 384, RS
[325] Bolivien und niederl. Ost-Indien
[326] League of Nations, S. 43

c. Drittes Kapitel

Kapitel 3 beschäftigte sich mit der inländischen Kontrolle der verarbeiteten Stoffe (z.B. Morphin, Rohkokain, Heroin und alle Zubereitungen des indischen Hanfs). Hierzu sollten Gesetze erlassen werden, durch die der gesamte Verkehr mit diesen Stoffen auf medizinische und wissenschaftliche Zwecke beschränkt wird. Diese Gesetze sollten auch eine Überwachung der Personen und Örtlichkeiten ermöglichen, die am Verkehr mit diesen Stoffen beteiligt waren. Dazu sollten die Herstellung auf ermächtigte Betriebe beschränkt, der Handel mit ihnen erlaubnisabhängig gemacht und die Pflicht zur Buchführung eingeführt werden. Die Abgabe an unbefugte Personen sollte verboten werden.

Artikel 8 sah eine Möglichkeit vor, Zubereitungen, die diese Stoffe enthielten, aus diesem Kapitel herauszunehmen, wenn sich diese als ungefährlich erwiesen. Stellte der Hygieneausschuss des Völkerbundes durch ein vom Ständigen Ausschuss des Internationalen Gesundheitsamtes eingeholtes Gutachten fest, dass solche Zubereitungen keine Sucht hervorriefen, sollte er dies dem Völkerbund mitteilen. Der Völkerbundsrat sollte daraufhin die vertragsschließenden Staaten davon in Kenntnis setzen, dass diese Zubereitung von den Bestimmungen des Abkommens ausgenommen wird. Artikel 10 enthielt die gleiche Möglichkeit zur Erweiterung der Liste der erfassten Stoffe. Dies war eine Ergänzung des Haager Abkommens, das in Art. 14 Ziffer d nur eine Möglichkeit zur Erweiterung vorgesehen hatte. Dieses Kapitel entsprach mit einigen wenigen Änderungen dem Kapitel III des Haager Abkommens. Zu beachten ist aber, dass der recht schwammige Wortlaut des Haager Abkommens („werden bemüht sein", „soweit es die besonderen Verhältnisse zulassen") vermieden wurde. Die Beschlüsse waren ohne Ausnahme bindend. Dies war auch so im Entwurf des Opiumüberwachungskomitees vorgesehen[327].

Das Deutsche Reich lehnte alle Vorschläge ab, die dem Office international d'Hygiène eine maßgebende Stellung einräumen wollten.

d. Viertes Kapitel

Kapitel vier befasste sich mit dem indischen Hanf. Die Ausfuhr des Harzes nach Ländern, in denen der Gebrauch verboten war, sollte untersagt werden. Wurde die Einfuhr gestattet, sollte die Ausfuhr nur unter Vorlage eines Einfuhrscheins erlaubt werden. In Art. 11 Abs. 2 wurde klargestellt, dass durch eine wirksame Kontrolle der unerlaubte internationale Handel verhindert werden sollte. Dies war aufgrund der geringen Kenntnisse über diese Droge eine präventive Maßnahme für den Fall, dass sich der indische Hanf als so gefährlich wie die anderen Drogen erweisen sollte.

---

[327] BArch., R 1501/ 110404, S. 385

e. Fünftes Kapitel

Kapitel 5 enthielt Anweisungen zur Kontrolle des internationalen Handels mit den erfassten Stoffen und Zubereitungen. Die Einfuhr sollte von einer Einfuhrgenehmigung abhängig gemacht werden, ebenso sollte die Ausfuhr geregelt werden. Vor Erteilung des Ausfuhrscheins musste der Einfuhrschein vorgelegt werden. Die teilnehmenden Staaten sollten ein als Anlage beigefügtes Muster eines Einfuhrscheines benutzen. Die Aufnahme dieses Musters ging auf die Initiative der deutschen Delegation in der Unterkommission E zurück[328]. Diese Maßnahmen sollten nach Meinung der Unterkommission F, welche für diese Bestimmung verantwortlich war, auch auf die Freihäfen und –bezirke ausgedehnt werden. Sendungen dieser Stoffe sollten direkt, ohne dass ein drittes Land zu durchquert wurde, vom einen in das andere Land gelangen, es sei denn, die Durchfuhr war ausdrücklich erlaubt. War letzteres der Fall, sollte das Land, durch das die Sendung ging, dafür Sorge tragen, dass die Sendung ordnungsgemäß an den Bestimmungsstaat weitergeleitet wurde.

War im Haager Abkommen noch eine Kontrolle des Handels durch Erteilung einer entsprechenden Erlaubnis vorgesehen, wurde nun (wie vorgesehen) das Import-Zertifikat-System eingeführt. Allerdings war dieser Teil des Abkommens unvollständig. Die Länder, die nicht an der Konferenz teilnahmen und auch kein Import-Zertifikat-System eingeführt hatten, waren von diesem Abschnitt nicht betroffen. Demzufolge konnte das Land, welches die Stoffe exportieren wollte, nicht die Vorlage einer Einfuhrgenehmigung verlangen. Im Entwurf des Opiumüberwachungskomitees war eine diesbezügliche Regelung in dem Sinne vorgesehen, dass eine Ausfuhr in ein solches Land nur dann genehmigt werden sollte, wenn es sich um vom Zentralkomitee festgesetzte Mengen für den medizinischen Gebrauch handelte und diese nicht überschritten wurden[329]. Die Unterkommission war der Meinung, dass das ausführende Land moralisch verpflichtet sei, die Ausfuhr von extrem hohen Mengen nach Ländern, die dazu neigten, ein entsprechendes System einzuführen und mit dem System internationaler Kontrolle kooperierten, zu verhindern. Ebenso musste auch die Ausfuhr nach Ländern, die als Zentren des Schmuggels anzusehen waren, verhindert werden. Dieser Wille sei auch in dem zu unterzeichnenden Abkommen verkörpert. Man hielt es somit nicht für nötig einen solchen Punkt mit aufzunehmen[330].

f. Sechstes Kapitel

Kapitel sechs sah die Bildung eines ständigen Zentralkomitees vor. Dieses sollte drei Monate nach Inkrafttreten dieses Abkommens vom Völkerbundsrat ernannt werden. Das Deutsche Reich und die Vereinigten Staaten wurden gesondert dazu eingeladen, an dieser Ernennung mitzuwirken. Die vorgesehenen acht Mit-

[328] Pol. Arch., R 43230, Anlage zum Schriftstück III R 165
[329] BArch., R 1501/ 110404, S. 386, RS
[330] Pol. Arch., R 43230, Anlage zum Schriftstück III R 57; League of Nations, S. 44

glieder sollten von ihren jeweiligen Regierungen unabhängig sein. Diesem Komitee sollten die teilnehmenden Staaten jährlich zum Ende des Jahres Schätzungen der Einfuhr zur Deckung medizinischen und wissenschaftlichen Inlandsbedarfs der Stoffe und Zubereitungen mitteilen, wobei diese Zahlen nicht bindend sein sollten. Es sollten zusätzlich Statistiken aufgestellt werden, die sich auf die Erzeugung, Herstellung, die Vorräte, den nichtstaatlichen Verbrauch (mit Ausnahme vom indischen Hanf) und die Beschlagnahme der genannten Stoffe/ Zubereitungen bezogen. Hierbei sollte der staatliche Bedarf gesondert aufgeführt werden, um den medizinischen und wissenschaftlichen Bedarf zu errechnen. Die Länder, in denen der Gebrauch von zubereitetem Opium noch gestattet war, sollten zusätzlich Statistiken über die Herstellung und den Verbrauch übermitteln. Beobachtete das Zentralkomitee, dass ein Staat einen dieser Stoffe im Übermaß anhäufte und „so zum Mittelpunkt eines unerlaubten Handels zu werden" drohte, sollte es berechtigt sein, dies zu untersuchen. Es konnte empfehlen, dass die Ausfuhr in dieses Land unterbunden werden soll. Die Staaten sollten das Komitee in dieser Arbeit mit Hinweisen unterstützen. Zu beachten ist, dass gemäß Artikel 26 des Abkommens diese Maßnahmen auch gegen Staaten angewandt werden konnten, die dieses Abkommen nicht unterzeichnet hatten. Insofern wurde die Lücke, die sich im fünften Kapitel ergeben hatte, geschlossen. Diese Maßnahmen waren schon im Entwurf in groben Zügen vorgesehen[331]. Sie wurden in den Verhandlungen während der Konferenz weiter konkretisiert.

Die deutschen Delegierten hatten auf eine Beschränkung der Kompetenz dieses Zentralkomitees hingearbeitet, deren Bildung nur zugestimmt werden sollte, wenn die Zusicherung vorlag, dass Deutschland in dem Komitee vertreten sein würde. Man wollte außerdem dahingehend wirken, dass die Berufung der Mitglieder nicht durch den Völkerbundsrat geschah. Auch die Bestimmung, welche die Lücke im fünften Kapitel schließen sollte, sollte von den deutschen Delegierten abgelehnt werden[332].

g. Siebtes Kapitel

Die vertragsschließenden Staaten verpflichteten sich, Gesetze zu erlassen, die Verstöße gegen dieses Abkommen unter Strafe stellten. Auch eine fehlerhafte Rechtsprechung sollte bestraft werden. Artikel 31 hob die Kapitel I, III und V des Haager Abkommens für die Staaten auf, die das neue Abkommen unterzeichneten. Bestanden Meinungsverschiedenheiten bezüglich der Auslegung oder der Ausführung des Abkommens, so konnten diese einem (Schieds-) Gericht des Völkerbundes vorgelegt werden. Konnten sie dort nicht geklärt werden, wurden sie auf Antrag dem Ständigen Internationalen Gerichtshof vorgelegt. Das Abkommen sollte, nachdem es von zehn Staaten ratifiziert wurde, 90 Tage nach Eingang der letzten dieser zehn Ratifikationsurkunden in Kraft treten. Für

[331] BArch., R 1501/ 110404, S. 383, RS, 384
[332] Pol. Arch., R 43230, Schriftstück III R 57

Staaten, die es erst nach dieser Frist ratifizierten, sollte es 90 Tage nach dieser Ratifikation in Kraft treten. In der Anlage befand sich das in Art. 13 Abs. 2 Satz 2 des Abkommens genannte Muster für einen Einfuhrschein, der von allen Staaten zu benutzen war.

3. Protokoll und Schlussakte

Das mit diesem Abkommen unterzeichnete Protokoll war eine Reaktion auf das Protokoll der ersten Konferenz. Es verpflichtete die Staaten, die es unterzeichneten, den Opiumschmuggel in den Gebieten zu verhindern, in denen der Gebrauch von zubereitetem Opium noch gestattet war.

Die Schlussakte fasste den Anlass und den Verlauf der Konferenz zusammen und nannte die teilnehmenden Staaten. Sie brachte die Hoffnung zum Ausdruck, dass die Staaten das Abkommen auch auf ihre Kolonien ausdehnten und die entsprechenden Gesetze erließen. Des Weiteren sollte Schiffen die Beförderung der vom Ankommen erfassten Stoffe ohne eine entsprechende Ausfuhrgenehmigung untersagt werden. Dies war schon im Entwurf erwähnt, sollte diesem zufolge aber Teil des Abkommen sein. Eine enge Zusammenarbeit der Staaten, die das Abkommen unterzeichneten, sowie der gegenseitige Austausch von Informationen wurden empfohlen. Das Protokoll enthielt ferner die Überlegung, ob es zweckmäßig wäre, eine Bürgschaft einzuführen, die von mit Betäubungsmitteln handelnden Kaufleuten zu hinterlegen war, und zwar als Sicherheit für den Fall, dass der Kaufmann unerlaubten Handel betrieb. Außerdem wurde der Völkerbundsrat gebeten, die Bildung einer Kommission zu erwägen, welche die Opium produzierenden Länder besuchen sollte, um mit diesen die Schwierigkeiten einer Beschränkung der Produktion zu besprechen. Hierüber sollte die Kommission dann ein Gutachten erstellen. Zudem sollte der Völkerbundsrat das Office international d'hygiene publique (die für die Erweiterung bzw. Einschränkung gemäß Artikel 8 und 10 zuständige Behörde) schon jetzt zu einer ersten Entscheidung bzgl. der Artikel 8 und 10 befragen.

4. Unterzeichnung des Deutschen Reiches

Da das Deutsche Reich während der Konferenz das Ziel verfolgte, seine außenpolitische Machtstellung zu erweitern, machte man die Zusammenstellung des Zentralkomitees zu einer politischen Entscheidung und stellte während der Konferenz die Forderung nach einer Aufnahme in diesem Komitee, was mit der Androhung der Nichtunterzeichnung des zu schließenden Abkommens bei Nichtaufnahme eines deutschen Vertreters in dieses Komitee untermauert wurde. Ein erster Erfolg dieser Drohung war die Aufnahme eines deutschen Vertreters in die Organisation, welche die Mitglieder des Zentralkomitees wählen sollte. Allerdings hatten die deutschen Delegierten erkannt, dass dies die Aufnahme in das Zentralkomitee nicht garantierte. Im Gegenteil sei dies nach Meinung des deutschen Delegierten Anselmino nur eine Maßnahme gewesen, Deutschland zu einer vorbehaltlosen Unterzeichnung zu bewegen. Allerdings sah er die Möglichkeit, deutsche Interessen zu vertreten, darin, dass die Mitglieder des Komitees nicht gewählt, sondern ernannt werden sollten.

Gleichwohl hielt Anselmino eine vorbehaltlose Unterzeichnung des Abkommens für nicht unbedenklich. Deutschland hätte, da die alphabetische Reihenfolge der Staaten maßgebend war, als erster oder zweiter Staat unterzeichnen müssen. Zu diesem Zeitpunkt war aber noch nicht ersichtlich, ob und in welcher Weise die anderen Staaten das Abkommen unterzeichneten. Er schlug deshalb dem Auswärtigen Amt zwei Alternativen vor: Man könnte das Abkommen zeichnen und dann dafür werben, dass ein deutscher Vertreter von mehreren Staaten auf die Wahlliste für das Zentralkomitee gesetzt wird. Man könnte das Abkommen aber auch unter dem Vorwand nicht unterzeichnen, dass die Vollmacht der Delegierten zwar die Teilnahme an den Verhandlungen, nicht aber die Unterzeichnung eines Abkommens deckte. Dann könnte eine spätere Unterzeichnung mit allen Vorbehalten erfolgen[333].

Das Auswärtige Amt, das Reichsinnenministerium und Vertreter der deutschen chemischen Industrie einigten sich auf eine Unterzeichnung unter dem Vorbehalt, dass ein deutscher Sachverständiger zum Mitglied des Zentralkomitees ernannt wird. Erst dann sollte das Abkommen für das Deutsche Reich bindend sein und die Ratifikation erfolgen[334]. Mit diesem Vorbehalt unterzeichnete der Delegierte von Eckardt am 21.2.1925 das Abkommen.

Mit der bedingten Unterzeichnung wollte die deutsche Regierung nicht nur die außenpolitische Machtstellung stärken. Die Pharmaindustrie und auch das Reichsgesundheitsamt waren der Meinung, dass die Konvention ein geschickt ausgeklügeltes System von Handelsspionage enthalte, deren Ergebnisse nur wenigen Staaten zugänglich gemacht werden sollten. Diese Staaten wiederum waren von der englischen Pharmaindustrie abhängig und standen nicht wie Deutschland im Wettbewerb mit dieser. Mit der bedingten Unterzeichnung sollte eine solche Spionage verhindert und die Interessen der deutschen Industrie gewahrt werden. Diese Absicht Deutschlands wurde intern als der wahre Grund für die Unterzeichnung mit Vorbehalt angeführt, der allerdings nach außen nie ausdrücklich genannt wurde[335].

IV. Zusammenfassung

Die Genfer Konferenzen waren nach dem Haager Abkommen von 1912 ein weiterer bedeutender Schritt zur internationalen Bekämpfung des Missbrauchs und des Schmuggels von Betäubungsmitteln. Da an diesen Konferenzen die wichtigsten Produzenten der Rohstoffe, die größten Hersteller der aus diesen zu pro-

---

[333] Pol. Arch., R 43230, Schriftstück III R 101; R 43230, Durchschlag betr. 2. Opiumkonferenz vom 2.2.1925

[334] Pol. Arch., R 43230, Anlage zum Schriftstück III R 230

[335] vgl. dazu Pol. Arch., R 43384 a, Schriftstück III R 86

duzierenden Stoffen sowie einige Verbraucher teilnahmen, konnten alle Aspekte des Problems betrachtet und diskutiert werden. Das Ergebnis war ein wirksames Programm zur Kontrolle der Herstellung der Rohstoffe und der daraus zu gewinnenden Stoffe sowie des Handels damit. Neu war die Beschränkung der Herstellung der Alkaloidproduktion. Die Bildung einer Überwachungsbehörde, der regelmäßig Berichte über den Verbrauch und den Bedarf eines Landes übermittelt werden sollten, war hierbei der wesentliche Punkt. Mit ihr war ein wirksames Instrument geschaffen, die Staaten bei der Einhaltung des Abkommens zu überwachen. Es konnten gegebenenfalls Sanktionen vorgeschlagen werden. Des Weiteren wurde das Haager Abkommen erweitert. So wurden Kokablätter, Ecgonin und der indische Hanf jetzt erfasst. Die Maßnahmen zur Überwachung des internationalen Handels wurden durch Einführung des Import-Zertifikat-Systems erweitert. Die Kontrolle der Ein- und Ausfuhr der in dem Abkommen genannten Betäubungsmittel war die bedeutenste Maßnahme dieses Abkommens.

Das Deutsche Reich benutzte die zweite Konferenz, um seine Stellung innerhalb Europas und der Welt zu verbessern. Zunächst wurde intern klargestellt, dass die Interessen der chemischen Industrie hinter den außenpolitischen Zielen des Deutschen Reiches zurückstehen müssen. Man wollte mit den teilnehmenden Staaten zusammenarbeiten. Dies sollte dazu dienen, sich keine Vorwürfe dergestalt machen zu lassen, man sei nicht an einer Lösung des Problems interessiert. Außerdem sah man es als zwingend notwendig an, in dem zu ernennenden Zentralkomitee vertreten zu sein. Die Bekämpfung des Missbrauchs und des Schmuggels war neben der Bekämpfung des Frauen-, Kinder- und Waffenhandels einer der Schwerpunkte der Arbeit des Völkerbundes. Wenn ein deutscher Sachverständiger für dieses Komitee ernannt worden wäre, hätte dies somit positive Auswirkungen auf den Einfluss Deutschlands auf die internationale Politik (zumindest in diesem Bereich) gehabt.

Da diese Forderung aber noch nicht erfüllt wurde, unterzeichnete die deutsche Delegation das Abkommen unter dem Vorbehalt, dass man das Abkommen als verbindlich erst dann akzeptiere und ratifiziere, wenn ein deutscher Sachverständiger zum Mitglied des Zentralkomitees ernannt wird. Somit war dieses Abkommen für das Deutsche Reich nach dieser Unterzeichnung nicht bindend und musste zunächst nicht ratifiziert werden.

B. Das Opiumgesetz

Das aufgrund des Genfer Abkommens zu erlassende Opiumgesetz trat am 1.1.1930 in kraft.

I. Vorgeschichte

Deutschland hatte das Genfer Abkommen mit dem Vorbehalt der Aufnahme eines deutschen Vertreters in das Zentralkomitee unterzeichnet. Erst dann sollte es für Deutschland bindend sein und ratifiziert werden.

1. Folgen des Genfer Abkommens

Dieses Abkommen spielte auf zwei Besprechungen am 26. und 27.3.1925 im Reichsgesundheitsamt, die sich mit dem Missbrauch, der Einfuhr und dem Inlandsverkehr von Betäubungsmitteln beschäftigten, ausdrücklich keine Rolle. Deutschland wollte erst ratifizieren, wenn ein deutscher Vertreter für das Zentralkomitee ernannt wurde. Somit war mit der Ratifizierung nicht vor Ablauf von sechs Monaten zu rechnen. Man brauchte sich also noch nicht mit der Umsetzung des Abkommens zu beschäftigen.

An der ersten Besprechung nahmen die zuständigen Behörden teil, an der zweiten die beteiligten Kreise von Handel und Industrie. Anlässlich dieser Besprechungen wünschte die deutsche pharmazeutische Industrie den Ausschluss des englischen Morphins von der Einfuhr nach Deutschland. Dieses war aufgrund der Bezugsquelle Indien wesentlich billiger als deutsches Morphin. Die deutsche Industrie hatte schon vor den Genfer Konferenzen beantragt, die durch Indien gegebene Sonderstellung Englands zu Fall zu bringen, was aber wegen der außenpolitischen Ziele auf dieser Konferenz abgelehnt wurde. Nun wurden auf dieser Besprechung von Vertretern der pharmazeutischen Industrie zwei Wege genannt, um sich gegen diese Konkurrenz zumindest im inländischen Verkehr behaupten zu können. Entweder konnte der Zollsatz bei der Einfuhr von 10,- RM auf 100,- RM erhöht werden oder ein Einfuhrverbot für englisches Morphin erlassen werden[336]. Das Auswärtige Amt war gegen ein Verbot. Wenn dieses aber unumgänglich sei, dann könne dieses nicht auf England beschränkt werden. Ein allgemeines Verbot sei angebrachter. Der Präsident des Reichsgesundheitsamtes war dagegen der Auffassung, dass keine Einfuhrbewilligungen mehr für englisches Morphin erteilt werden sollten und die Zahl der Firmen, die mit Betäubungsmitteln handeln dürfen, beschränkt werden sollte[337]. Nach dieser Beratung setzte das Reichswirtschaftsministerium englisches Morphin auf die Verbotsliste.

2. Ratifizierung des Genfer Abkommens

Gemäß Artikel 36 sollte das Abkommen 90 Tage nach dem Zeitpunkt in Kraft treten, an dem es von zehn Staaten ratifiziert wurde, darunter sieben Staaten, die gemäß Artikel 19 des Abkommens an der Ernennung des Zentralkomitees beteiligt waren.

---

[336] so schon auf einer Sitzung der Fachgruppe "Opium und Kokain", vgl. Pol. Arch., R 43231, Schriftstück III R 348

[337] Pol. Arch., R 43230, Anlage zu III R 300

Am 28.6.1928 hinterlegte Kanada als siebtes Mitglied des Ernennungsausschusses für das Zentralkomitee die Ratifikationsurkunde für das Genfer Abkommen. Nun lagen seitens der Mitglieder des Ausschusses fünf Ratifikationsurkunden und zwei Beitrittserklärungen vor. Die Beitrittserklärungen wurden nach gängiger Praxis genauso behandelt wie die Ratifikation selbst[338]. Somit waren die Voraussetzungen dafür gegeben, dass die Frist von 90 Tagen für das Inkrafttreten zu laufen beginnen konnte. Das Abkommen trat demnach am 26.9.1928 in Kraft. Dieses Datum hatte für Deutschland keine Auswirkungen, da zu dieser Zeit noch keine Aussicht auf die Aufnahme eines deutschen Vertreters in das Zentralkomitee bestand. Für den Fall, dass dies doch geschehen sollte, wurde als Vertreter Oberregierungsrat Anselmino bestimmt. Hierzu mussten die gemäß Artikel 19 Absatz 5 für die Aufnahme erforderlichen Maßnahmen getroffen werden. Anselmino wurde deshalb von seinen Aufgaben als Leiter des pharmazeutischen Laboratoriums und der Opiumabteilung des Reichsgesundheitsamtes und als Mitglied der beratenden Opiumkommission des Völkerbundes entbunden. Am 14.12.1928 wurde Anselmino als deutscher Vertreter in das Zentralkomitee gewählt. Damit war dem deutschen Vorbehalt Genüge getan, so dass nun die Ratifizierung des Abkommens in die Wege geleitet werden konnte.

Hierbei war zunächst fraglich, ob das anliegende Protokoll gesondert oder gar nicht ratifiziert werden müsse. Das Auswärtige Amt wies darauf hin, dass gemäß Ziffer 3 des Protokolls dieses zugleich mit dem Abkommen in Kraft tritt. Deutschland hatte dieses Protokoll unterzeichnet. Würde dieses nun nicht ratifiziert werden, würde sich die Ratifizierung des Abkommens verzögern, da man erst alle Signatarmächte benachrichtigen müsste und sich weitere formelle Schwierigkeiten ergeben würden. Demzufolge musste das Protokoll gleichzeitig mit dem Abkommen ratifiziert werden[339]. Das Auswärtige Amt forderte vom Reichsinnenministerium, die Ratifizierung bis zum März 1929 durchzuführen, und übermittelte diesem einen Entwurf eines Gesetzes über das internationale Opiumabkommen vom 19.2.1925 sowie eine Denkschrift zur Begründung dieses Gesetzes[340]. Nachdem in der ersten Beratung des Entwurfs im Reichstag dieser an den Ausschuss für Auswärtige Angelegenheiten zur Beratung übergeben wurde, äußerte dieser keine Bedenken gegen den Entwurf[341]. Die zweite und dritte Beratung im Reichstag am 15.6.1929[342] verlief ohne weitere Wortmeldung. Damit war das Gesetz über das internationale Opiumabkommen vom 19.2.1925 beschlossen. Es wurde am 26.6.1929 verkündet[343], am 15.8.1929 wurde die Ratifikationsurkunde in Genf hinterlegt.

---

[338] Pol. Arch., R 43252, Schriftstück III R 584/28
[339] Pol. Arch., R 43256, Schriftstück III R 52/29
[340] a. a. O., Anlagen 1 und 2
[341] Sten. Ber., Bd. 436, Drucksache Nr. 1071
[342] Sten. Ber., Bd. 425, S. 2493 (87. Sitzung)
[343] RGBl. 1929 II, S. 407

3. Zeitlicher Verlauf der Entstehung des Gesetzes

Die Beratungen über eine Neufassung des Gesetzes zur Ausführung des internationalen Opiumabkommens von Den Haag von 1912[344] begannen schon vor der Aufnahme Anselminos in das Zentralkomitee. Am 4.4.1928 fand eine Besprechung zu etwaigen Änderungen des Opiumgesetzes statt, an der das Reichsinnen-, das Reichswirtschaftsministerium und das Auswärtige Amt teilnahmen. Hier wurde zunächst diskutiert, ob das Gesetz nach Vorbild des Artikel 10 des Genfer Abkommens eine Ermächtigung der Regierung enthalten sollte, mit Zustimmung des Reichsrates gewisse Betäubungsmittel dem Opiumgesetz zu unterwerfen. Dies wurde bejaht[345].

Die Fachgruppe Opium und Kokain sprach sich in einem Schreiben an das Reichsinnenministerium bezüglich einer Neufassung des Gesetzes dafür aus, die Einfuhr von Betäubungsmitteln mit Ausnahme der Rohprodukte Opium, Kokablätter und Rohkokain zu verbieten. Dies sollte wie schon das Einfuhrverbot für englisches Morphin aus dem Jahr 1925 dazu dienen, den Konkurrenzkampf zumindest im Inland zu unterbinden und so die deutsche Betäubungsmittelindustrie zu schützen[346].

Am 1.6.1928 sandte der Reichsinnenminister den Entwurf für ein neues Opiumgesetz nebst Einladung zu einer kommissarischen Beratung dieses Entwurfs an das Auswärtige Amt, das Reichsgesundheitsamt, die Reichsminister für Finanzen, Wirtschaft und Justiz sowie an die preußischen Minister für Volkswohlfahrt, für Handel und Gewerbe und der Justiz[347]. Auf dieser Beratung sollte auch die von der Fachgruppe aufgeworfene Frage eines Einfuhrverbotes diskutiert werden. Dabei räumte das Reichsinnenministerium ein, dass eine lebensfähige deutsche Betäubungsmittelindustrie aufgrund eines „allgemeinen volksgesundheitlichen Interesses" aufrechterhalten werden müsse. Dem Entwurf wurden bei der Beratung mit Ausnahme der Strafbestimmungen keine sachlichen Einwendungen entgegengehalten. Alle beteiligten Ministerien lehnten ein Einfuhrverbot ab. Den nach dieser Beratung gefassten Entwurf, dem alle beteiligten Ministerien zugestimmt hatten, übermittelte der Reichsinnenminister am 17.9.1928 an den Reichsrat mit der Bitte, der Einbringung des Entwurfs in den Reichstag zuzustimmen[348].

Die Änderung des Opiumgesetzes wurde jedoch durch die Aufnahme des deutschen Vertreters in das Zentralkomitee aufgehalten. Nach dieser Aufnahme musste zunächst das Genfer Abkommen ratifiziert werden. Nach der vorrangigen Ratifizierung sollte der Entwurf des Reichsinnenministers auf das Abkom-

---

[344] i.d.F. vom 1.4.1924

[345] Pol. Arch., R 43250, Anlage zu Schriftstücken III R 278, 289/28

[346] Pol. Arch., R 43250, Anlage zu Schriftstück III R 484/28

[347] Pol. Arch., R 43250, Schriftstück III R 484/28

[348] Pol. Arch., R 43253, Schriftstück III R 765/28

men abgestimmt werden[349]. Am 21.10.1929 übersandte das Reichsinnenministerium dem Reichstag den überarbeiteten Entwurf eines Gesetzes über den Verkehr mit Betäubungsmitteln (Opiumgesetz)[350]. Daraufhin erging ein Änderungsantrag des Abgeordneten Dittmann und seiner Genossen, welcher sich auf die Übergangsbestimmungen des § 13 bezog[351]. Die Beratungen fanden am 27. und 28.11.1929 statt[352]. Hierbei wurde der Antrag Dittmanns angenommen. Am 28.11.1929 wurde das Gesetz mit großer Mehrheit beschlossen, am 10.12.1929 wurde es verkündet[353].

II. Inhalt und Begründung des Gesetzes

In dem am 10.12.1929 verkündeten Opiumgesetz fand sich zunächst in *§ 1* eine Aufstellung der Stoffe und Zubereitungen, auf die sich das Gesetz bezog. Im Vergleich zum Gesetz zur Ausführung des Haager Abkommens wurden Kokablätter, Ecgonin und der indische Hanf neu aufgeführt. In dem Entwurf des Reichsinnenministers vom 1.6.1928 war zunächst nur die Aufnahme der Kokablätter vorgesehen[354]. Nachdem das Genfer Abkommen ratifiziert worden war, mussten die beiden anderen Betäubungsmittel mit aufgenommen werden, obwohl die missbräuchliche Verwendung von indischem Hanf und seiner Produkte in Deutschland nicht bekannt war[355]. Absatz 2 enthielt die Möglichkeit, den Anwendungsbereich des Gesetzes durch eine Verordnung der Reichsregierung mit Zustimmung des Reichsrates zu erweitern. Der Begriff „Zubereitungen" wurde in Absatz 3 definiert. Gemäß Absatz 4 konnten ebenso gewisse Stoffe und Zubereitungen dem Anwendungsbereich wieder entzogen werden. Diese Bestimmung war im ersten Entwurf nicht vorgesehen. Zwar war durch das erste Opiumgesetz eine Möglichkeit vorgesehen, gewisse Stoffe und Zubereitungen, die keinen Anlass zum Missbrauch gaben, von der Erlaubnis- und Bezugsscheinpflicht auszunehmen. Durch Artikel 8 des Genfer Abkommens war aber der Gedanke vorgegeben, dass ungefährliche Stoffe und Zubereitungen von einer entsprechenden Gesetzgebung ausgenommen werden konnten. Das Opiumgesetz musste dem Rechnung tragen[356].

§ 2 stellte die Ein-, Durch- und Ausfuhr sowie die Gewinnung, Herstellung und Verarbeitung der Stoffe und Zubereitungen unter Aufsicht des Reichsgesundheitsamtes. Im Gegensatz zum Gesetz von 1921 waren nun auch die Durchfuhr der erfassten Stoffe und die Gewinnung von Rohopium und Kokablättern

---

[349] Pol. Arch., R 43257, Schriftstück III R 89/29
[350] Sten. Ber., Bd. 438, Drucksache 1386
[351] Sten. Ber., Bd. 438, Drucksache 1432
[352] Sten. Ber., Bd. 426, S. 3257, 3279/3280
[353] RGBl. 1929 I, S. 215
[354] Pol. Arch., R 43251, III R 484/28
[355] Sten. Ber., Bd. 438, Drucksache 1386, S. 7
[356] Sten. Ber., Bd. 438, Drucksache 1386, S. 7

unter staatliche Kontrolle gestellt. Die Gewinnung von Rohopium und Kokablättern gab es im Deutschen Reich zwar nicht, musste aber als Folge des Genfer Abkommens aufgenommen werden. Die Aufsichtsmaßnahmen blieben gleich. *§ 3* übernahm die Erlaubnispflicht des Gesetzes von 1921. Neuerdings waren die Gewinnung und die Abgabe erlaubnispflichtig. Die Erlaubnis war zu versagen, wenn kein Bedürfnis für die Erteilung bestand oder wenn persönliche Gründe des Antragstellers entgegenstanden. Die Erlaubnis konnte also im Gegensatz zum Gesetz von 1921 nicht mehr erteilt werden, wenn Versagungsgründe vorlagen[357]. Absatz 4 erweiterte die Ausnahmen von dieser Erlaubnispflicht auf behördlich genehmigte (tierärztliche) Hausapotheken und den Erwerb aufgrund ärztlicher Verschreibung. Es bestand ab sofort kein Anspruch mehr auf Erteilung der Erlaubnis. Damit war ein großes Problem des Gesetzes von 1921 beseitigt. Nach dem alten Wortlaut hatte das Reichsgesundheitsamt eine Erlaubnis erteilen müssen, sobald diese beantragt wurde und keine Bedenken gegen die Erteilung vorlagen[358]. Bezüglich dieses Paragraphen war erwogen worden, ob die Abgabe durch Ärzte und Apotheker nur auf solche Fälle beschränkt werden sollte, in denen die Stoffe als Heilmittel dienen sollten. Allerdings war nicht eindeutig, wie der Begriff „Heilmittel definiert werden sollte. Die Kaiserliche Verordnung vom 22.10.1901 definierte den Begriff als „Mittel zur Beseitigung oder Linderung von Krankheiten bei Menschen und Tieren". Diese Auslegung war aber zu für das Gesetz zu eng, da auch Mittel zur Vorbeugung von Krankheiten als Heilmittel einzustufen waren. In der Rechtsprechung war immer fraglich, ob die Abgabe von Morphin an einen Süchtigen der Abgabe als Heilmittel gleich steht. Zwar fand das Reichsgericht hierfür eine Lösung, indem es sagte, die Abgabe zu Heilzwecken stehe im Gegensatz zur Abgabe zu Genusszwecken[359]. Dieses Problem sollte das Opiumgesetz aber nicht lösen, es sollte aus Gründen der Rechtssicherheit in die zu erlassenden Ausführungsbestimmungen verlagert und dort geklärt werden[360].

§ 4 befasste sich mit der Bezugsscheinpflicht bezüglich der genannten Stoffe. Deren Erwerb, die Veräußerung und die Abgabe waren bezugsscheinpflichtig. Dabei wurden die gleichen Ausnahmen gemacht wie schon bei der Erlaubnispflicht. Im ersten Entwurf war nur vorgesehen, dass durch eine Verordnung der Reichsregierung die Überwachung durch das Reichsgesundheitsamt „auf andere Weise statt durch den Bezugsschein ausgeübt werden kann"[361]. Bemerkenswert war Absatz 3. Dieser bestimmte, dass die Opiumstelle die Ausstellung des Bezugsscheins versagen konnte, wenn der Verdacht bestand, dass die Stoffe und Zubereitungen entgegen den Bestimmungen dieses Gesetzes verwendet werden

[357] je nachdem, welcher Auslegung man folgte, s.o. S. 73
[358] Sten. Ber., Bd. 438, Drucksache 1386, S. 7; eine andere Auslegung war vertretbar, s. S. 97
[359] Urteil vom 5.10.1936 g. B. I 184/ 26; RGSt. 60, S. 365
[360] Sten. Ber., Bd. 438, Drucksache 1386, S. 8
[361] Pol. Arch., R 43251, III R 484/28, S. 2 des Entwurfes

sollten. Nach dem alten Gesetz musste der Bezugsschein ausgestellt werden, wenn er beantragt wurde, er konnte nicht versagt werden. Hierdurch war das Reichsgesundheitsamt mehrmals in Verdacht geraten, den Schmuggel von Betäubungsmitteln zu unterstützen. Absatz 4 enthielt eine Verordnungsermächtigung für die Reichsregierung. Damit konnte der Verkehr mit gewissen Zubereitungen auf andere Weise überwacht werden als durch die Bezugsscheinpflicht.

§ 5 enthielt die schon im Gesetz von 1921 vorhandene Pflicht zur Führung eines Lagerbuches. Allerdings wurde die Pflicht, auch den Bestand mit aufzuführen, entfernt, da dies zu praktischen Schwierigkeiten geführt hatte und dafür auch keine Notwendigkeit bestand[362]. Gemäß *§ 6* konnte die Reichsregierung (mit Zustimmung des Reichsrates) durch Verordnung die Bedingungen für die Ein-, Durch- und Ausfuhr regeln. In jedem Falle war die Genehmigung durch Erteilung eines entsprechenden Ein- oder Ausfuhrscheins zu beantragen. Hierbei konnte das Reichsgesundheitsamt die Erteilung eines Ausfuhrscheins versagen. Dies geschah zwar auch schon vorher, jedoch beinhaltete das alte Gesetz keine Rechtsgrundlage hierfür. Der Reichsinnenminister konnte die Orte, über welche die Ein-, Durch- und Ausfuhr zulässig war, beschränken. Die Überwachung der Durchfuhr war neu, sie wurde als Folge des Genfer Abkommens mit aufgenommen[363].

§ 7 war eine Ermächtigungsgrundlage zum Erlass einer Verordnung, welche die Ankündigung und Beschriftung von Zubereitungen der im § 1 Absatz 3 genannten Art regeln sollte. Diese Vorschrift war neu, damit sich Ärzte bei der Verschreibung von entsprechenden Zubereitungen Klarheit über deren Zusammensetzung und die Menge der enthaltenen Betäubungsmittel verschaffen konnten[364]. *§ 8* enthielt eine Ermächtigungsgrundlage zum Erlass einer Verordnung, welche die Abgabe innerhalb der Apotheken und die Verschreibung durch Ärzte beschränken konnte. Diese Ermächtigungsgrundlage war eine Reaktion auf den bisherigen § 2 Absatz 4, der die Abgabe in Apotheken als Heilmittel von der Erlaubnispflicht ausnahm. Dies hatte zu Unklarheiten geführt, die sich aus der schwierigen Auslegung des Begriffs „Heilmittel" ergaben. Die Begründung des ersten Entwurfs hielt es im Interesse der Rechtssicherheit für notwendig, den Begriff der Abgabe „als Heilmittel" aus dem Opiumgesetz herauszunehmen und in Ausführungsbestimmungen festzulegen. In diesen Ausführungsbestimmungen sollten dann gewisse Höchstmengen genannt werden, bis zu denen die Abgabe unbedenklich ist. Hierdurch sollten dem Arzt sowie den Gerichten zuverlässige Richtlinien für die Verschreibung bzw. Urteilsfindung gegeben werden[365].

---

[362] Sten. Ber., Bd. 438, Drucksache 1386, S. 9; der Bestand ergab sich aus den Eintragungen hinsichtlich Ein- und Verkauf

[363] Sten. Ber., Bd. 438, Drucksache 1386, S. 9

[364] Sten. Ber., Bd. 438, Drucksache 1386, S. 9

[365] Sten. Ber., Bd. 438, Drucksache 1386, S. 8

§ 9 ersetzte den § 7 a.F. und erweitert ihn auf das Harz und die gebräuchlichen Zubereitungen des indischen Hanfes.

§ 10 enthielt nun die Strafbestimmungen. Neu erfasst war die Täuschung der Opiumstelle zum Erlangen eines Bezugsscheins. Dieser Teil wurde schon im ersten Entwurf vom 17.9.1928 aufgrund einschlägiger Erfahrungen der Opiumstelle mit aufgenommen[366]. Ansonsten wurden die Ziffern, die sich mit Verstößen gegen die aufgrund dieses Gesetzes erlassenen Bestimmungen befassten, entsprechend den gesetzlichen Veränderungen erweitert. Die Strafandrohung wurde im Vergleich zum Gesetz von 1924 nicht geändert. Dies war erstaunlich, da der Schmuggel und auch der Missbrauch von Betäubungsmitteln nach Erlass des Gesetzes von 1921 (i.d.F. von 1924) nicht zurückgegangen war. Eine höhere Strafandrohung hätte wesentlich abschreckender gewirkt. Eine Erhöhung der Strafandrohung wurde jedoch bei keiner Besprechung und in keinem Entwurf angesprochen. Neu war, dass auch die fahrlässige Begehung der Ziffern 1-5, 7 und 8 unter Strafe gestellt wurde, wobei die Strafe bis zu einem Jahr Gefängnis oder eine Geldstrafe betrug. Im Falle der Ziffer 6 wurde eine Geldstrafe von 150 Reichsmark oder eine Haftstrafe angedroht.

§ 11 enthielt eine Bestimmung zur Deckung der Kosten, die sich aus dem Vollzug dieses Gesetzes ergeben. *§ 12* war eine Ermächtigungsgrundlage für den Erlass von Ausführungsbestimmungen. § 13 enthielt Übergangsbestimmungen.

III. Folgen des Opiumgesetzes

Das Opiumgesetz wirkte sich sowohl im Bereich der Gesetzgebung als auch im Bereich der Industrie und der Gesellschaft aus.

1. Verordnungen aufgrund des Opiumgesetzes

Bereits am 19.12.1929 erging gemäß § 1 Absatz 2 und § 12 OpiumG eine *Verordnung des Reichsinnenministers über Unterstellung weiterer Betäubungsmittel unter die Bestimmungen des Opiumgesetzes*[367]. Es wurden neue Opiumpräparate (Dicodid, Dilaudid, Eukodal, Paramorfan etc.) den in § 1 Absatz 1 genannten Stoffen gleichgestellt. Die zweite Verordnung dieser Art erging am 24.3.1931[368]. Mit ihr wurden das Acedicon und seine Salze den im Opiumgesetz genannten Stoffen gleichgestellt. Die dritte Verordnung dieser Art vom 8.7.1932 erweiterte den Anwendungsbereich des Opiumgesetzes auf Morphin-Amenoxyd[369].

[366] Sten. Ber., Bd. 438, Drucksache 1386, S. 12
[367] RGBl. 1929 I, S. 225
[368] RGBl. 1931 I, S. 76
[369] RGBl. 1932 I, S. 349

Am 20.12.1929 erging aufgrund des § 4 Absatz 4 OpiumG eine *Verordnung über den Fortfall der Bezugsscheinpflicht bei Betäubungsmitteln*[370]. Mit dieser wurde die Abgabe von mehreren Tropfen und Tabletten von der Bezugsscheinpflicht befreit. Diese Mittel durften aber nur an Personen abgegeben werden, die eine Erlaubnis gemäß § 3 des Opiumgesetzes vorlegen konnten. Die Hersteller mussten jeden Monat eine Aufstellung der abgegebenen Mengen der aufgeführten Mittel an die Opiumstelle senden. Diese Verordnung wurde am 21.9.1931[371] geändert. Danach war für den Erwerb, die Veräußerung und die Abgabe gewisser Morphin- und Kokainpräparate kein Bezugsschein gemäß § 4 des Opiumgesetzes mehr nötig. Die Veräußerung und die Abgabe dieser Zubereitungen an den Verbraucher waren ebenso dem Reichsgesundheitsamt (Opiumstelle) mitzuteilen, wobei dies auch geschehen musste, wenn nichts veräußert oder abgegeben wurde.

Am 1.4.1930 ergingen zwei weitere Verordnungen. Nach einer entsprechend § 12 erlassenen *Verordnung über die Zulassung zum Verkehr mit Betäubungsmitteln*[372] sollte die Erlaubnis zur Herstellung, Verarbeitung und zum gesamten Verkehr mit Betäubungsmitteln nur den Personen erteilt werden, die Arzneimittel herstellen, verarbeiten oder mit ihnen im Großen Handel betreiben. Der Anbau der Rohstoffe, aus denen Betäubungsmittel hergestellt werden, wurde nicht erfasst. Hierfür bestand kein Bedürfnis, weil diese abgesehen vom indischen Hanf in Deutschland nicht angebaut wurden[373]. Ausnahmsweise sollten Tierärzte und solche Personen, die sie nachweislich zu wissenschaftlichen Zwecken benutzen wollte, eine Erlaubnis erhalten (§ 1). Bei der Bearbeitung der eingehenden Anträge sollte immer auch die Zuverlässigkeit des Antragstellers überprüft werden (§ 3). Die Beaufsichtigung des Verkehrs und die Verringerung der Verwaltungsarbeiten des Reichsgesundheitsamtes machten eine Beschränkung der Zahl der Erlaubnisinhaber erforderlich. Deswegen sollte bei der Bedürfnisfrage ein schärferer Maßstab angesetzt werden als bisher. Die Erlaubnis konnte auf Art und Menge der jeweiligen Betäubungsmittel beschränkt werden. Vorher hatte das Fehlen einer solchen Möglichkeit Schwierigkeiten bereitet, die nun unterbunden werden sollten. Diese Beschränkung der Erlaubnis auf den notwendigen Umfang entsprach dem Zweck des Opiumgesetzes[374]. Die Erlaubnis war nicht übertragbar und konnte wieder eingezogen werden. Zuständig war die jeweilige oberste Landesbehörde. Die Verordnung ersetzte den Abschnitt I der Ausführungsbestimmungen vom 5.6.1924[375].

---

370 Reichsministerialbl. 1929, S. 688
371 RGBl. 1931 I, S. 513
372 RGBl. 1930 I, S. 113
373 Anselmino/ Hamburger, S. 86
374 Anselmino/ Hamburger, S. 92
375 RGBl. 1924 I, S. 638

Die zweite Verordnung vom 1.4.1930 regelte die *Einfuhr, Durchfuhr und Ausfuhr von Betäubungsmitteln*[376]. Ermächtigungsgrundlagen waren §§ 1 Absatz 4, 6 Absatz 1 und 12 des Opiumgesetzes. Für die *Einfuhr* war die Erteilung einer Erlaubnis mittels in Anlage I und II beigefügten Formblättern zu beantragen. Dabei konnten Einfuhrscheine nur für den unmittelbaren Bedarf beantragt werden. Damit wurde der Handel unterdrückt, der nur auf Gewinn aus war. Die *Durchfuhr* war nur dann erlaubt, wenn ein entsprechender Zollbegleitschein vorlag. Die Sendung musste unter Zollverschluss durchgeführt werden. Sendungen, die Betäubungsmittel enthielten, standen insoweit unter der Aufsicht der Zollbehörden. Die Umleitung in ein anderes als das Bestimmungsland war nur aufgrund eines Umleitungsscheins möglich, welcher vom Reichsgesundheitsamt ausgestellt werden musste. Die *Ausfuhr* stand grundsätzlich unter den gleichen Bedingungen wie die Einfuhr. Der Antrag war in diesem Fall umfangreicher (vgl. Formblätter in Anlagen IV bis VII), es musste auch eine Einfuhrgenehmigung des Bestimmungslandes vorliegen (sofern diese dort wegen des Genfer Abkommens notwendig war). Die zur Ausfuhr bestimmte Sendung war der jeweiligen Zollbehörde bzw. der Post zu übergeben, die damit die Überwachung der Sendung übernahmen. Die Sendungen waren mit der Zweitschrift des Ausfuhrscheins zu kennzeichnen. Aus dem Gewahrsam dieser Behörden durften sie nur mit Genehmigung des Reichsgesundheitsministeriums entfernt werden. Eine Ausnahmebestimmung bestand für die Stoffe und Zubereitungen, die gemäß Artikel 8 des Genfer Abkommens von diesem ausgenommen wurden. Diese Verordnung hob die Abschnitte III, IV, V und VII der Ausführungsbestimmungen vom 5.6.1924 auf. Für Hamburg und Cuxhaven blieb die Verordnung vom 1.5.1924[377] in Kraft. Sie diente der besseren Überwachung des Verkehrs mit Betäubungsmitteln.

Am 14.4.1930 erging aufgrund von § 7 des Opiumgesetzes die *Verordnung über die Ankündigung und Beschriftung von Betäubungsmitteln enthaltenden Arzneien*[378]. Sie galt für Abgabe von entsprechenden Arzneien in fertigen Packungen durch Apotheken. Es mussten auf diesen Packungen Name und Menge eines Stoffes stehen, sofern dieser von § 1 Absatz 2 OpiumG oder einer aufgrund dessen ergangenen Verordnung erfasst wurde.

Nach einer am 19.12.1930[379] aufgrund §§ 5, 8, 12 des Opiumgesetzes ergangenen *Verordnung über das Verschreiben Betäubungsmittel enthaltender Arzneien und ihre Abgabe in den Apotheken* bedurften entsprechende Arzneien einer Verschreibung durch (Zahn-, Tier-) Ärzte. Betäubungsmittel enthaltende Arzneien durften nur verschrieben werden, wenn dies ärztlich begründet war. Nicht verschrieben werden durften Arzneien, die mehr als ein Betäubungsmittel,

---

[376] RGBl. 1930 I, S. 114
[377] RGBl. 1924 II, S. 93
[378] RGBl. 1930 I, S. 144
[379] RGBl. 1930 I, S. 635

Kokablätter bzw. Ecgonin oder einen Ester des Morphins (mit Ausnahme des Heroins) enthielten. Arzneien durften nur dann verschrieben werden, wenn sie höchstens 15 % Morphin, Heroin oder andere aus Opium zu gewinnende Drogen enthielten. Außerdem wurden Höchstmengen für das Verschreiben von Opium, Opiumalkaloiden und –präparaten und für den Bedarf in einer Praxis festgelegt, wobei ein Tierarzt höhere Mengen verschreiben und im Gewahrsam haben durfte. Kokain durfte nur in Lösungen verschrieben werden, wobei ebenso Höchstmengen festgelegt wurden. Den Ärzten wurde vorgeschrieben, bei welchen Eingriffen Kokain enthaltende Arzneien benutzt werden durften. Über die verschriebenen Mengen sollte jeweils genau Buch geführt werden. Hierbei musste der Arzt auch eintragen, ob die Menge für einen Süchtigen bestimmt war. Wenn dies bejaht wurde, mussten genauere Angaben zu der Sucht gemacht werden. Form und Inhalt der Verschreibung wurden festgelegt. Die Abgabe in öffentlichen Apotheken war nur gegen Vorlage einer entsprechenden ordnungsmäßigen Verschreibung erlaubt. Über die (Nicht-) Abgabe musste ebenso Buch geführt werden. Die Verordnung galt nicht für Arzneien, die Indischen Hanf, Indisch-Hanfextrakt oder Indisch-Hanftinktur enthielten. Diese Verordnung hob Abschnitt II Abs. 4 der Ausführungsbestimmungen vom 5.6.1924 sowie die Verordnung über die Versorgung der Kauffahrteischiffe[380] auf. Sie wurde am 24.3.1931[381], am 8.7.1932[382] und am 20.5.1933[383] geändert. Hierbei wurden weitere Opiumalkaloide und –präparate neu aufgenommen und für sie entsprechende Höchstmengen festgelegt.

Am 20.1.1931 erging gemäß § 11 OpiumG eine neue *Umlageverordnung*[384]. Nach dieser war auf jedes Kilo der erfassten Stoffe eine Umlage von 75 Reichsmark zu bezahlen.

2. Praktische Auswirkungen

Der *Verbraucher* konnte die im Opiumgesetz aufgeführten Drogen und Arzneien, welche diese enthielten, nur aufgrund eines ärztlichen Rezeptes und nur in Apotheken erwerben. Dabei war zu beachten, dass diese Drogen nur zu Heilzwecken abgegeben werden durften. Am sonstigen Verkehr konnte der Verbraucher nach der Verordnung über Zulassung zum Verkehr nicht teilnehmen, da dieser solchen Personen vorbehalten war, die Arzneimittel herstellten, verarbeiteten oder mit ihnen im Großen Handel betrieben.

Apotheker duften Betäubungsmittel enthaltende Arzneien nur aufgrund einer ärztlich begründeten Verschreibung an den Verbraucher abgeben. Hierbei war die auf dem Rezept genannte Menge auf einmal abzugeben. Nach Ablauf von

---

[380] Reichsministerialbl. 1925, S. 1340
[381] RGBl. 1931 I, S. 76
[382] RGBl. 1932 I, S. 349
[383] RGBl. 1933 I, S. 287
[384] Reichsministerialbl. 1931, S. 25

fünf Tagen nach Ausstellung des Rezeptes durfte dieses nicht mehr beliefert werden. Der Apotheker musste den Tag der Abgabe, den Lieferanten der Apotheke und die an der Abgabe beteiligten Personen vermerkt werden. Das Rezept musste aufbewahrt werden. Außerdem musste über die Abgabe Buch geführt werden. Die Rezepte und die Bücher mussten fünf Jahre aufbewahrt werden und konnten zu jedem Zeitpunkt vom Reichsgesundheitsamt oder der zuständigen Aufsichtsbehörde zur Kontrolle angefordert werden. Diese Maßnahmen dienten der Kontrolle der Apotheker und damit der Verhinderung einer illegalen Abgabe innerhalb der Apotheken. Außerdem konnten die Rezepte auf Fälschungen untersucht werden.

Ärzte durften entsprechende Arzneien nur dann verschreiben, wenn dies medizinisch begründet war. Damit war eine Verschreibung zu Genusszwecken ausgeschlossen, womit ein weiterer Missstand, der vor Erlass des Opiumgesetzes bestanden hatte, unterbunden werden konnte. Wenn allerdings entsprechende Arzneien an Betäubungsmittelsüchtige verschrieben wurden, mussten hierzu in entsprechenden Büchern genaue Angaben über den Patienten und seine Sucht gemacht werden. Sie hatten bei der Verschreibung von Arzneien, die ein Betäubungsmittel enthielten, Höchstmengen zu beachten. Wurden diese überschritten, musste der Arzt dies in einem Buch vermerken und zu dem Krankheitsfall genaue Angaben machen, die eine Überschreitung begründeten. Bei der Verschreibung der entsprechenden Arzneien waren gewisse Förmlichkeiten zu beachten. Eine Vor- oder Rückdatierung war verboten.

Für die *Pharmaindustrie* bedeutete das neue Gesetz und die daraufhin ergangenen Verordnungen eine stärkere Kontrolle der Herstellung und des Handels. Von Bedeutung war zunächst die Ermächtigung für das Reichsgesundheitsamt, Anträge auf Erteilung von Ausfuhrbewilligungen abzulehnen. Die Verordnung über die Ein-, Durch- und Ausfuhr von Betäubungsmitteln bedeutete eine stärkere Kontrolle für die Pharmaindustrie. Die Einfuhr war bei den entsprechenden Zollstellen anzumelden, ebenso die Durchfuhr. Letztere fand nur unter Aufsicht der Zollstellen statt. Wollte eine Firma Betäubungsmittel ausführen, so war dies beim Reichsgesundheitsamt zu beantragen. Wurde die Ausfuhr genehmigt, so waren die Betäubungsmittel der zuständigen Zollstelle zur Vorabfertigung vorzuführen. Dann wurden diese unter Zollverschluss gesetzt und einem Grenzzollamt überwiesen. Für die Ausfuhr wurden entsprechende Ausfuhrscheine erteilt. Diese enthielten eine Zweit- und eine Drittschrift. Die Zweitschrift war der Sendung beizufügen, die Drittschrift ging an das Einfuhrland zwecks Benachrichtigung.

Dies stellte eine wirksame Kontrolle der Ausfuhr dar, mit welcher der Schmuggel ins Ausland unterbunden werden sollte. Diese Regelungen trafen insbesondere den oben beschriebenen international organisierten Schmuggel[385]. Die Abgabe innerhalb des Deutschen Reiches war nur aufgrund beim Reichsge-

[385] s. S. 87

sundheitsamt zu beantragenden Bezugsscheinen möglich. Die Herstellung und der Handel waren erlaubnispflichtig. Des Weiteren musste ein Lagerbuch geführt werden, in welchem sämtliche relevanten Informationen, die zur Kontrolle des Handels erforderlich waren, aufgeführt werden mussten. Es waren also wirksame Maßnahmen getroffen worden, um den Großhandel durch die Pharmaindustrie zu kontrollieren. Schmuggel durch ein Pharmaunternehmen war nicht mehr möglich. Eine zusätzliche Erschwerung für den Großhandel bedeutete die Verordnung über Ankündigung und Beschriftung Betäubungsmittel enthaltender Arzneien.

Das Opiumgesetz und die daraufhin erlassenen Verordnungen ermöglichten es, den Verkehr mit Betäubungsmitteln von der Einfuhr der Rohstoffe über die Verarbeitung/ Herstellung der entsprechenden Arzneien hin zur Verschreibung und Abgabe an den Endverbraucher besser als bisher zu kontrollieren. Der Großhandel, die Ärzte und die Apotheker konnten genau überwacht werden.

3. Änderung des zweiten Genfer Abkommens

Am 13.7.1931 wurde in Genf ein Abkommen zur Beschränkung der Herstellung und zur Regelung der Verteilung von Betäubungsmitteln geschlossen[386]. An diesem Abkommen waren neben dem Deutsche Reich weitere 41 Staaten beteiligt. Die Konferenz wurde von den meisten Teilnehmern als entscheidende Etappe im Kampf gegen den Missbrauch von Betäubungsmitteln bezeichnet, nachdem das Haager und das Genfer Abkommen nicht die erhoffte Wirkung gebracht hatten. Dies war aber nicht die Auffassung der deutschen Delegierten. Sie wiesen darauf hin, dass eine wesentliche Besserung der Lage eingetreten war. Die Erfolge wären nach Meinung der Delegierten noch größer gewesen, wenn alle Länder diese Abkommen ratifiziert hätten und wenn mehr Zeit vergangen wäre[387].

Das Abkommen sollte dazu dienen, die bisherigen Abkommen dadurch zu vervollständigen, dass die Herstellung von Betäubungsmitteln auf den rechtmäßigen Weltbedarf für medizinische und wissenschaftliche Zwecke durch eine internationale Vereinbarung wirksam beschränkt wird und ihre Verteilung geregelt wird.

Zunächst wurde in *Kapitel I* die Zahl der erfassten Stoffe erweitert. Es wurden neue Alkaloide und Salze des Opiums aufgenommen, so z.B. Kodein und neue Morphinformen. Die jeweiligen Begriffsbestimmungen wurden z. T. erweitert, grundsätzlich änderte sich aber nichts an den schon bestehenden Bestimmungen. Chemische Begriffe wurden nun definiert. Andere Begriffe, die für die Gesetzgebung notwendig waren (z.B. „Vorratsbestände", „staatliche Bestände", „Ausfuhr"), wurden bestimmt, um eine einheitliche Auslegung zu ermöglichen.

---

[386] RGBl. 1933 II, S. 319
[387] BArch., R 1501/ 126510, S. 3, 4

Jedes unterzeichnende Land musste nach *Kapitel II* des Abkommens Schätzungen des jährlichen Bedarfs in Wissenschaft und Medizin, der für die Umwandlung benötigte Mengen, der Vorratsbestände und der für die Schaffung und Unterhaltung von staatlichen Beständen benötigten Mengen an den ständigen Zentralausschuss übermitteln.

Mit *Kapitel III* sollte die Herstellung von Betäubungsmitteln dadurch eingeschränkt werden, dass das Abkommen Grenzen für die Herstellung aufstellte, welche zunächst in der vorhergehenden Schätzung bezüglich der benötigten Mengen für medizinische und wissenschaftliche Zwecke etc. zu sehen waren. Von der durch die Schätzungen festgelegten Höchstmenge, die hergestellt werden durfte, wurden die Mengen abgezogen, die eingeführt oder beschlagnahmt wurden. Wurde die so gesetzte Grenze überschritten, sollte der Überschuss von der Menge für das nächste Jahr abgezogen werden. Neu war, dass auch Rohopium und Kokablätter unter diese Beschränkung fielen. Die Herstellung dieser Rohstoffe sollte nach dem bisherigen Genfer Abkommen nur kontrolliert, aber nicht beschränkt werden.

Kapitel IV enthielt weitere Verbote und Beschränkungen. Die vertragsschließenden Teile sollten die Ausfuhr von Heroin verbieten, es sei denn, es wurde von einem Staat angefordert, der nicht selbst Heroin herstellte. Der Handel und die Herstellung von Abkömmlingen der Phenanthrenalkaloide des Opiums und der Ecgoninalkaloiden der Kokablätter sollten nur dann erlaubt sein, wenn die daraus hergestellten Mittel von medizinischem oder wissenschaftlichem Wert waren. Letzteres wurde durch ein Gutachten des Ständigen Ausschusses des Internationalen Gesundheitsamtes bestimmt. Sollte ein Stoff dabei eine Betäubungsmittelsucht hervorrufen können, so war das zu schließende Abkommen auch auf diesen anzuwenden.

Kapitel V erweiterte den Anwendungsbereich des dritten Kapitels des Genfer Abkommens vom 19.2.1925 (inländische Kontrolle der verarbeiteten Stoffe) auf fast alle hier genannten Stoffe und Zubereitungen. Für Kodein und Äthylmorphin sollten Artikel 5 und 6 sowie Kapitel V und Teile des Artikels 22 des Genfer Abkommens gelten. In der für diese Fragen zuständigen Unterkommission wurde zunächst der Beschluss gefasst, alle Alkaloide des Opiums und der Koka sowie alle in Artikel 4 des Genfer Abkommens genannte Stoffe der zu beschließenden Konvention zu unterwerfen. Die deutsche Delegation war mit diesem Beschluss gerade wegen der Gleichstellung des Kodeins mit den anderen Stoffen nicht einverstanden, weil die Kodeinfrage für Deutschland eine große Rolle spielte. Man erklärte sich nur damit einverstanden, dass Kodein den Einschränkungen des zweiten Genfer Abkommens unterworfen wird. Bei der abschließenden Erörterung dieser Frage wurden dann die oben genannten Regelungen für Kodein getroffen, denen das Deutsche Reich schließlich zustimmte[388]. Wenn hier erfasste Stoffe nach Ländern ausgeführt werden sollten, in denen weder die-

[388] BArch., R 1501/ 126510, S. 14, 24, 25, 31 (VS, RS)

ses noch das Abkommen vom 19.2.1925 galt, so war dies dem Ständigen Zentralausschuss mitzuteilen. Ab einer Menge von über 5 kg musste zunächst überprüft werden, ob diese Menge nicht die (vom Zentralausschuss vorzunehmende) Schätzung für das Einfuhrland überschritt. War dies der Fall, sollte die Lieferung durch die entsprechende Regierung nicht genehmigt werden. Der Zentralausschuss war verpflichtet, jedes Jahr die Schätzungen und die wirklich verbrauchten Mengen zu veröffentlichen.

Die vertragsschließenden Teile wurden im *Kapitel VI* verpflichtet, die zur Durchführung dieses Abkommens erforderlichen Gesetze zu erlassen. Die hergestellten Mengen sollten streng überwacht werden. Ebenso sollten die Hersteller überwacht und kontrolliert werden. Hierzu sollten diese vierteljährliche Berichte über die gesamte Menge der hergestellten und eingelagerten (Roh-) Stoffe einreichen. Auch Großhändler sollten verpflichtet werden, jährlich Bericht über die entsprechenden Mengen zu erstatten. Beschlagnahmte Mengen sollten vernichtet oder in Stoffe umgewandelt werden, die keine Abhängigkeit hervorrufen können. Letzteres wurde zunächst von den deutschen Delegierten abgelehnt. Mit dieser Auffassung standen sie aber fast allein da. In der zuständigen Unterkommission wurde der Antrag auf Aufnahme dieser Passage mit großer Mehrheit angenommen, und zwar in einer verschärften Form ohne die Möglichkeit, diese Stoffe in solche umzuwandeln, die keine Sucht hervorrufen können. Aufgrund dieses Beschlusses wurde deutscherseits in Erwägung gezogen, das Abkommen nur unter Vorbehalt zu unterzeichnen. Nach weiteren Erörterungen auf der Konferenz wurde die oben genannte, weichere Fassung beschlossen[389].

Kapitel VII enthielt allgemeine Bestimmungen. Danach bestand eine Mitteilungspflicht für den Fall, dass ein Staat zum Zeitpunkt dieses Abkommens Stoffe herstellt oder die Herstellung einstellt. Gesetze und Verordnungen, die aufgrund dieses Abkommens ergehen, sollten ebenso untereinander mitgeteilt werden, wie aufgedeckte Fälle unerlaubten Handels, sofern diese von Bedeutung sind. Das Abkommen sollte 90 Tage nach dem Zeitpunkt in Kraft treten, nachdem 25 Ratifikations- oder Beitrittsurkunden beim Generalsekretär des Völkerbundes eingegangen sind. Sollte dies nicht bis zum 13.7.1933 geschehen sein, sollte eine erneute Konferenz einberufen werden.

Der Zweck des Abkommens war, die Herstellung von Betäubungsmitteln auf die Mengen zu beschränken, die in der Medizin und in der Wissenschaft benötigt wurden. Bemerkenswert war die Beschränkung der Produktion von Rohopium und von Kokablättern. Dies war ein bedeutender Fortschritt gegenüber dem Abkommen von 1925. Durch die vorzunehmenden und dem Völkerbund mitzuteilenden Schätzungen und den folgenden Statistiken über die real hergestellten Mengen wurde die Herstellung durchsichtiger und damit leichter zu kontrollieren, da auch die Hersteller und Großhändler verpflichtet werden sollten, ihren Regierungen Bericht zu erstatten. Die Staaten mussten nunmehr im Voraus die

---

[389] BArch., R 1501/ 126510, S. 23, 24, 31 (RS)

herzustellende und benötigte Menge schätzen. Diese Schätzungen bildeten die Grundlage für die Beurteilung eines Staates und dessen Handeln bezüglich der Rauschgiftbekämpfung. Die vertragsschließenden Staaten waren gezwungen, ihren Bedarf genau zu berechnen und zu überwachen, dass diese Berechnung nicht übertroffen wurde. Andernfalls musste der Staat im nächsten Jahr Einbußen hinnehmen. Dieses Genfer Abkommen war ein weiterer wirksamer Schritt, um den Missbrauch von Betäubungsmitteln international zu bekämpfen.

Am 10.4.1933 übersandte das Deutsche Reich die Ratifikationsurkunde dem Generalsekretär des Völkerbundes. Dies wurde am 10.6.1933 bekanntgemacht. Am 9.7.1933 trat das Abkommen in Kraft.

4. Änderungen des Opiumgesetzes und der Verordnungen

Mit dem *Gesetz zur Änderung des Opiumgesetzes vom 22.5.1933*[390] wurde im § 1 ein neuer Absatz 2 a eingefügt. Gemäß diesem konnten durch eine mit Zustimmung des Reichsrates von der Reichsregierung erlassene Verordnung Stoffe, aus denen sich die in § 1 Absatz 1 oder 2 genannten Stoffe herstellen lassen, den bereits erfassten Stoffen gleichgestellt werden. Dementsprechend wurde auch der Wortlaut von Absatz 3 geändert. Gemäß dem neuen Absatz 4 konnten nun gewisse Stoffe oder Zubereitungen nicht mehr aus dem gesamten Gesetz, sondern nur noch aus einzelnen Vorschriften dieses genommen werden. Das dritte Genfer Abkommen spielte hier noch keine Rolle, es war für Deutschland noch nicht in Kraft getreten.

Mit dieser Änderung erging auch eine *Änderung der Verordnung über Verschreiben Betäubungsmittel enthaltender Arzneien und ihre Abgabe in den Apotheken*[391]. Damit wurden reife und unreife Mohnkapseln aus der Verordnung ausgenommen. Kokain durfte nun auch als Salbe verschrieben und abgegeben werden. Dies wurde deshalb mit aufgenommen, weil gerade Augenärzte auf diese Salben nicht verzichten konnten[392].

Die *vierte Gleichstellungsverordnung*[393] vom 5.8.1933 unterstellte Benzylmorphin (Peronin) dem Opiumgesetz. Der Grund hierfür war nicht unbedingt die Tatsache, dass dieses dazu benutzt werden konnte, Morphin und Heroin herzustellen und eine Sucht hervorzurufen. Benzylmorphin wurde in das Deutsche Reich eingeführt und von dort aus im Wege des Schmuggels wieder ausgeführt. Die vierte Unterstellungsverordnung diente also der Bekämpfung des Schmuggels[394].

[390] RGBl. 1933 I, S. 287
[391] RGBl. 1933 I, S. 287
[392] BArch., R 1501/ 126496, S. 418 (RS)
[393] RGBl. 1933 I, S. 570
[394] BArch., R 1501/ 126496, S. 305 (RS), 306; R 1501/ 126497, S. 92 ff.

Das *zweite Gesetz zur Änderung des Opiumgesetzes* erging am 9.1.1934[395]. Diese Änderung war wesentlich umfangreicher als die erste. Grund für diese Änderung war das Inkrafttreten des dritten Genfer Abkommens. *§ 1* wurde neu gefasst. Zunächst wurden in § 1 Absatz 1 alle durch die oben genannten Verordnungen gleichgestellten Stoffe und Zubereitungen als Stoffe im Sinne dieses Gesetzes definiert. Neu aufgeführt wurden Kodein und Thebain, weitere Alkaloide des Opiums. Absatz 5 enthielt eine Ermächtigungsgrundlage für den Erlass einer Verordnung, durch die morphin- und kokainhaltige Zubereitungen dem Anwendungsbereich des Opiumgesetzes entzogen werden konnten, sobald sie nicht die in Absatz 3 genannten Mengen enthielten. *§ 2* erhielt einen Absatz 3 a, nach dem es dem Reichsgesundheitsamt erlaubt war, den Verkehr mit Betäubungsmitteln zu beschränken, wenn dies zur Durchführung internationaler Abkommen notwendig ist. Die in *§ 3 Absatz 1 Satz 2* genannte Zuständigkeit für die Erlaubniserteilung wurde auf das Reichsgesundheitsamt und die jeweiligen Landesregierungen verlagert. Der neue *§ 5 Absatz 1 Satz 2* legte den Herstellern von Morphin und Kokain die Pflicht auf, auch den Gehalt des bezogenen Rohopiums und der Kokablätter in das Lagerbuch einzutragen. Bemerkenswert war, dass die in *§ 6 Absatz 2 Satz 2* enthaltene Möglichkeit, die Erteilung des Ausfuhrscheins zu versagen, wieder entfernt wurde. Die Strafbestimmungen des § 10 wurden an diese Änderungen angepasst.

Das Opiumgesetz wurde noch einmal geringfügig geändert. Am 23.3.1934 erging das *Gesetz über Reichsverweisungen*[396]. § 11 Nr. 4 dieses Gesetzes hob § 10 Absatz 6 OpiumG auf, welcher besagte, dass ein Ausländer aus dem Reichsgebiet verwiesen werden konnte, wenn er sich nach dem Opiumgesetz strafbar gemacht hatte. Das Gesetz über Reichsverweisungen verallgemeinerte dies, indem es in § 2 Nr. 1 die Verweisung vorsah, wenn ein Ausländer im Inland wegen eines Verbrechens oder eines Vergehens verurteilt wurde. Das Gesetz enthielt weiterhin Vorschriften, die eine Reichsverweisung näher ausgestalteten.

Bis 1940 ergingen zwei weitere *Gleichstellungsverordnungen* gemäß § 1 Absatz 5 bzw. Absatz 2 und § 12 des Opiumgesetzes. Sie stellten nacheinander Pantoponsirup[397], Dolantin, Aktedron, Benzedrin, Elastonon und Pervitin[398] den bereits erfassten Stoffen gleich.

Gerade am Beispiel Pervitin zeigte sich der widersprüchliche Umgang mit dem Thema Drogen im Dritten Reich. Pervitin wurde von den Temmler-Werken 1938 auf den Markt gebracht. Es beinhaltete Methamphetamin. Dieses Aufputschmittel wurde nach dem zweiten Weltkrieg unter dem Namen Speed in der Drogenszene verbreitet. Es ist ein mit dem Kokain eng verwandte synthetische Droge, die euphorisierend und leistungssteigernd wirkt. Es stimuliert das gesam-

---

[395] RGBl. 1934 I, S. 22

[396] RGBl. 1934 I, S. 213

[397] RGBl. 1938 I, S. 1350

[398] RGBl. 1941 I, S. 328 ; in der berichtigten Fassung RGBl. 1941 I, S. 454

te zentrale Nervensystem. Chronischer Gebrauch führt zu Nervosität, Reizbarkeit bis hin zur Aggressivität und Paranoia[399]. Pervitin wurde von der Wehrmacht während des Krieges in erheblichem Ausmaß benutzt. Dies zeigt ein Brief eines deutschen Soldaten, der bei Stalingrad schwer verwundet in Gefangenschaft geriet und dem die Einnahme von Pervitin den Marsch in das Gefangenenlager bei –38° C erst ermöglichte[400]. Dies zeigt, dass es im Dritten Reich einen widersprüchlichen Umgang zumindest mit Amphetaminen gab. Auf der einen Seite wurde es unter den Anwendungsbereich des Opiumgesetzes gestellt, auf der anderen wurde es als leistungssteigerndes Mittel Soldaten zur Verfügung gestellt.

5. Weitere Verordnungen

Die *Verordnung über die Zulassung zum Verkehr mit Betäubungsmitteln* wurde zunächst am 24.1.1934[401] geändert. Hierdurch wurde die Zuständigkeit für die Erteilung, Ablehnung und Einziehung der Erlaubnis auf das Reichsgesundheitsamt verlagert. Eine Erweiterung der Behörden, an welche der Antrag zu stellen ist, fand mit der Änderung vom 18.12.1934[402] statt.

Die *Verordnung über den Fortfall der Bezugsscheinpflicht* wurde zunächst am 30.10.1934[403] insofern geändert, als das sämtliche vom Opiumgesetz erfassten Cannabisprodukte von der Bezugsscheinpflicht ausgenommen wurden. Mit den Änderungen vom 8.10.1938[404] und vom 31.7.1943[405] wurden einige Zubereitungen entfernt, andere kamen hinzu.

Neu war die *Verordnung über den Verkehr mit Kodein und Äthylmorphin* vom 24.1.1934[406]. Ermächtigungsgrundlagen waren die §§ 1 Absatz 4 und 5, 4 Absatz 4, 6 Absatz 1, 7,8 und 12 des Opiumgesetzes. Nach dieser Verordnung war für den Erwerb, die Veräußerung sowie für die Abgabe kein Bezugsschein gemäß § 4 des Opiumgesetzes erforderlich. Gleichzeitig wurden diese beiden Stoffe unter den Anwendungsbereich der Verordnung über die Ein-, Durch- und Ausfuhr sowie unter die Verordnung über die Ankündigung und Beschriftung von Betäubungsmittel enthaltender Arzneien unterstellt. Die Verordnung über das Verschreiben und die Abgabe in Apotheken fand auf Arzneien, die diese Stoffe beinhalteten, keine Anwendung. Diese Verordnung brachte also eine Änderung von vier Verordnungen mit sich. Sie war eine Folge des dritten Genfer Abkommens.

---

[399] Körner, Anhang C 1, Rn. 370
[400] vgl. Bonhoff/ Lewrenz, S. 125
[401] RGBl. 1934 I, S. 59
[402] RGBl. 1934 I, S. 1266
[403] RGBl. 1934 I, S. 1090
[404] RGBl. 1938 I, S. 1349
[405] RGBl. 1943 I, S. 454
[406] RGBl. 1934 I, S. 58

Am 20.2.1935[407] erging eine *Verordnung über Bezugsscheine*. Ermächtigungsgrundlagen hierfür waren §§ 4 Absatz 2, 11 Absatz 1, 12 des Opiumgesetzes. Sie ersetzte die Ausführungsbestimmungen vom 5.6.1924 (womit endlich Abschnitt II Abs. 1-3 und Abschnitt VI aufgehoben wurden) und die Verordnung über Erhebung einer Gebühr für Bezugsscheine auf Betäubungsmittel[408]. Sie betraf die Förmlichkeiten, die bei der Beantragung des Bezugsscheins und der Bescheidung dieses Antrags zu beachten waren. Nach ihr war ein benötigter Bezugsschein bei der Opiumstelle des Reichsgesundheitsamtes zu beantragen. Diese hatte dann über den Antrag zu entscheiden. Der Lieferant durfte nur gegen Vorlage des Bezugsscheins die Ware aushändigen. Bei Erteilung eines Bezugsscheins wurde eine Gebühr von 25 Reichspfennigen fällig. In der Anlage war ein Vordruck für den Antrag sowie für den Bezugsschein selbst beigefügt.

Ebenfalls am 20.2.1935 erging eine *Verordnung über Umlage auf Betäubungsmittel*[409]. Danach wurde eine Umlage von 75 Reichsmark pro Kilo erhoben, wenn der Hersteller Betäubungsmittel im Inland in Verkehr bringt, ein- oder ausführt. Die Verordnung erging aufgrund von § 11 des Opiumgesetzes. Die Vorgänger dieser Verordnungen traten damit außer Kraft.

Die dritte Verordnung vom 20.2.1935[410] regelte die *Verarbeitung von Betäubungsmitteln*. Ermächtigungsgrundlage war § 12 des Opiumgesetzes. Sie bestimmte, dass dem Reichsgesundheitsamt über jede Verarbeitung Bericht zu erstatten war. Hierbei waren die Bestimmungen für Kodein und Produkten des indischen Hanfes nicht so streng. Eine Meldung musste auch gemacht werden, wenn nichts verarbeitet wurde. Diese Verordnung war eine Folge des dritten Genfer Abkommens und der daraufhin vorgenommenen Änderung des Opiumgesetzes.

Die *Verordnung über Bezugsscheine für Betäubungsmittel* wurde am 31.8.1939[411] geändert. Nach ihr konnte der Präsident des Reichsgesundheitsamtes für den Fall, dass „infolge der derzeitigen Verhältnisse" die Versorgung mit Betäubungsmitteln dadurch gefährdet wurde, dass die gemäß § 4 Absatz 1 OpiumG erforderlichen Bezugsscheine nicht rechtzeitig beschafft werden konnten, für einzelne Gebiete bestimmen, dass die Betäubungsmittel auch ohne Bezugsschein abgegeben werden durften. Voraussetzung hierfür war ein vom Erwerber ausgestellter und vorgelegter Bezugsscheinantrag. Der Erwerb, die Veräußerung und die Abgabe unter diesen erleichterten Bedingungen war aber nur Personen erlaubt, die eine Erlaubnis gemäß § 3 OpiumG hatten. Gerade der Wortlaut dieser Verordnung sprach dafür, dass diese Verordnung eine kriegsvorbereitende Maßnahme war, begann der Krieg gegen Polen nur einen Tag später.

---

[407] RGBl. 1935 I, S. 208
[408] RMinBl. 1930, S. 671
[409] RGBl. 1935 I, S. 212
[410] RGBl. 1935 I, S. 212
[411] RGBl. 1939 I, S. 1560

Die *Polizeiverordnung über Äthylmorphin und Kodein* vom 18.11.1942[412] führte für die beiden Stoffe neue Vorschriften ein. Danach durften sie und ihre Salze, Verbindungen und Zubereitungen in Apotheken auf dieselbe Verschreibung eines Arztes nicht wiederholt abgegeben werden. Die Abgabe dieser Stoffe und Zubereitungen musste auf der Verschreibung durch einen Stempel des Apothekers mit Datumsangabe kenntlich gemacht werden. Wer dieser Verordnung zuwider handelte, wurde mit einer Geldstrafe von 150 Reichsmark oder mit Haft bis zu sechs Wochen bestraft.

Am 31.7.1943 erging dann eine weitere *Änderung der Verordnung über das Verschreiben Betäubungsmittel enthaltender Arzneien und ihre Abgabe in den Apotheken*[413]. Mit ihr wurden weitere Betäubungsmittel in die Verordnung aufgenommen (Elastonon, Benzedrin).

6. Rechtsprechung

Die Fälle, die dem Reichsgericht vorlagen, verdeutlichten die Entwicklung des ungesetzlichen Drogenhandels, an dem sich wiederum Ärzte und Apotheker beteiligten.

Nach einem vom Reichsgericht 1935 entschiedenen Fall[414] hatte ein Apotheker Betäubungsmittel angeblich für seinen Betrieb bestellt. Er führte diese aber nicht seiner Apotheke zu, sondern verbrachte sie in eine Wohnung, die zum Apothekengebäude gehörte. Als er diese Apotheke dann verkaufte, schaffte er diese Mittel in ein anderes Haus. Nachdem er in einer anderen Apotheke angestellt wurde, brachte er diese in die neue Apotheke, um sie dort zu verwerten. Das Reichsgericht klärte anhand dieses Sachverhaltes die Frage, ob die Befreiung in § 3 Absatz 4 OpiumG für Apotheker oder nur für Apotheken galt. Nach Auffassung des Gerichts war nicht der Umstand maßgebend, dass der Inhaber der tatsächlichen Verfügungsgewalt über die Betäubungsmittel ein Apotheker war. Die größere Sicherheit nach dem Gesetz war nur dann gewährt, wenn die Apotheken an sich diesen Sonderbestimmungen unterliegen. Der Apotheker selbst war also nicht von der Erlaubnispflicht befreit, sondern nur die Apotheke[415].

In einem anderen Urteil des Reichsgerichts vom 6.4.1933[416] hatte ein Angestellter einer Apotheke Betäubungsmittel aus der Apotheke entwendet, um diese selbst zu verbrauchen. Das Gericht stellte fest, dass hier kein Erwerb im Sinne von § 3 Absatz 1 vorlag, da dieser Zueignung kein Rechts- und kein Verfügungsgeschäft zugrunde lagen. Der Eigenverbrauch konnte selbst dann nicht bestraft werden, wenn kein ärztliches Rezept vorlag. Diese beiden Urteile verdeutlichen, dass in Apotheken immer noch Missstände beim Handel mit Betäu-

---

412 RGBl. 1942 I, S. 663
413 RGBl. 1943 I, S. 453
414 III. Strafsenat, Urteil vom 4.2.1935 g. J. 3 D 1300/ 34; RGSt. 69, 99
415 So auch Anselmino/ Hamburger, S. 107
416 II. Strafsenat, Urteil vom 6.4.1933 g. J. II 286/ 33; RGSt. 67, 193

bungsmitteln vorlagen. Zwar gab es nicht mehr so viele Fälle, in denen Apotheker diese Mittel ohne Rezepte oder aufgrund von gefälschten Rezepten abgaben. Da sie Betäubungsmittel aber leichter beschaffen und diese auch gewinnbringend verkaufen konnten (Abnehmer waren leicht zu finden), gaben einige diese immer noch entgegen den Bestimmungen des Opiumgesetzes ab[417].

Süchtige versorgten sich zumeist über den ungesetzlichen Straßenhandel. Es gab aber auch andere Wege. So wurden Ärzten Schmerzen vorgetäuscht, damit diese Morphin oder andere Betäubungsmittel verschrieben. In einem vom Reichsgericht entschiedenen Fall hatte eine solche Täuschung dazu geführt, dass der Arzt ohne eingehende Untersuchung das entsprechende Mittel verschrieb, ohne dass es dazu besonderer Überredungskünste bedurft hatte. Mit der Verschreibung des Arztes besorgte der Patient sich das Mittel in der Apotheke. Hierbei machte er sich gemäß § 10 Absatz 1 Nr. 1 OpiumG strafbar, da er wusste, dass es sich um eine ärztlich nicht begründete Verschreibung handelte (vgl. Verordnung über die Verschreibung und Abgabe von Betäubungsmitteln vom 19.12.1930). Dieser Fall war so zu behandeln wie der Erwerb ohne ärztliche Verschreibung[418]. Dieser Sachverhalt verdeutlicht aber auch, dass sich Ärzte nicht immer an die Verordnung über die Verschreibung Betäubungsmittel enthaltender Arzneien hielten. Wenn sich ein Arzt aber an die Verordnung hielt und bei seinen Untersuchungen feststellte, dass das Mittel nur zur Befriedigung der Sucht dienen sollte und es daraufhin nicht verschrieb, zwangen Süchtige den Arzt durch Anwendung von Gewalt oder durch Drohung mit dieser, ein entsprechendes Rezept auszustellen[419].

Bis zum Jahr 1934 stieg die Zahl der vor deutschen Gerichten verhandelten Strafsachen die Betäubungsmittelkriminalität betreffend stetig an. Nach Erlass des Opiumgesetzes im Jahr 1930 wurden waren es 320 Fälle, wovon 247 eine Verurteilung nach sich zogen. Erstmals wurden in diesem Jahr mehr Haft- als Geldstrafen ausgesprochen[420]. Diese Tendenz setzte sich bis zum Jahr 1934 fort. In diesem Jahr wurden 486 Betäubungsmittelstraftaten verhandelt, wovon 372 ein Urteil nach sich zogen. In 231 Fällen wurde eine Haftstrafe ausgesprochen, die in 145 Fällen drei Monate bis zu einem Jahr betrugen, in 37 Fällen sogar eine Haftstrafe von über einem Jahr[421]. Ab dem Jahr 1935 gingen diese Zahlen genauso stetig zurück wie sie angestiegen waren. 1935 wurden nur noch 231 Fälle behandelt, wovon 175 ein Urteil nach sich zogen. Hierbei hatten Haft- und Geldstrafen den gleichen Anteil[422]. 1936 wurden nur noch 161 Fälle verhandelt,

---

[417] so auch Anselmino/ Hamburger, S. 76

[418] V. Strafsenat, Urteil vom 7.12.1939 g. R. 5 D 41/39; RGSt. 73, 392

[419] II. Senat, Urteil vom 16.6.1932; 2 D 565/ 32; RG JW 1932, S. 3351

[420] Kriminalstatistik Band 317 (1930), S. 102 f., 130f.

[421] Kriminalstatistik Band 321 (1934), S. 148 f., 182f.

[422] Kriminalstatistik Band 322 (1935, 1936), S. 74, 75

es wurden 122 Urteile gesprochen[423]. Dieser Rückgang ist auf den ersten Blick angesichts der Intensität der Strafverfolgung im Dritten Reich erstaunlich. Er könnte zum einen darauf zurückzuführen sein, dass die nationalsozialistische Ideologie den Konsum von Drogen ächtete. Zum anderen könnte aus dem Rückgang geschlossen werden, dass aus Angst vor der nationalsozialistischen Strafverfolgung die Sucht und der Konsum besser geheim gehalten wurde.

7. Verkehr mit Betäubungsmitteln bis zum Weltkrieg

Da nach der Betäubungsmittelgesetzgebung der gesamte Verkehr mit Betäubungsmitteln überwacht werden konnte, konnten auch genaue Statistiken über die Ein- und Ausfuhr der Rohstoffe sowie über die Herstellung von Betäubungsmitteln erstellt werden. Das Deutsche Reich führte z.B. 1930 180 Tonnen Kokablätter ein, aus denen 1153 kg Kokain und 787 kg Rohkokain hergestellt wurden. 17 Tonnen wurden wieder ausgeführt. 1931 und 1932 nahm die Ein- und die Ausfuhr von Kokablättern ab, ebenso die Herstellung von Kokain und Rohkokain. Der Verbrauch von Rohopium sank von 2875 kg 1930 bis auf 1200 kg 1932. Die für die Herstellung von Morphin etc. benötigten Mengen an Rohopium sanken in demselben Zeitraum von 96 Tonnen auf 63 Tonnen (im Jahr 1929 waren es noch 220 Tonnen). Im Gegensatz dazu stieg die Ausfuhr von Rohopium von 34,5 Tonnen auf 56 Tonnen im Jahr 1932[424]. Es konnte also ein Rückgang sowohl bei der Herstellung als auch bei der Einfuhr festgestellt werden.

1937 wurden 71 Tonnen Rohopium eingeführt, 19 Tonnen wieder ausgeführt. Zur Gewinnung von Morphin etc. waren nur noch 38 Tonnen notwendig. Aus dem Rohopium wurden u.a. 4,9 Tonnen Morphin hergestellt. Aus 3,4 Tonnen wurde Kodein produziert. Weiterhin wurden 56 Tonnen Kokablätter eingeführt, wovon 41 Tonnen für die Herstellung von Kokain benutzt wurden. Es wurden auch vier Tonnen indischer Hanf eingeführt, von denen eine Tonne wieder ausgeführt wurde. Der indische Hanf wurde hauptsächlich aus der Schweiz und den USA eingeführt, das Rohopium stammte aus dem Iran und der Türkei, die Kokablätter wurden aus Niederländisch-Indian bezogen. Die deutsche Pharmaindustrie führte die aus den Rohstoffen hergestellten Arzneimittel (Morphin, Kokain, Kodein etc.) in die gesamte Welt mit Ausnahme von Australien aus. Die Ausfuhr umfasste 290 kg Morphin, 29 kg Heroin, 411 kg Kokain und 1638 kg Kodein[425].

1938 wurden zwar nur noch 34,5 Tonnen Rohopium eingeführt, aber 40 Tonnen Rohopium wurden zu Morphin etc. verarbeitet. was sich damit erklärt,

---

423 Kriminalstatistik Band 322 (1935, 1936), S. 226, 227

424 Pol. Arch., R 43384, Schriftstück vom 8.6.1934 (Reichsinnenminister an Auswärtiges Amt)

425 vgl. zum ganzen Pol. Arch., R 43384, Allgemeine Übersicht über den Verkehr mit Betäubungsmitteln im Deutschen Reich im Jahre 1937

dass sich einige Mengen Rohopium noch in den Lagerbeständen der Firmen befanden. Mit dem Rohopium wurden 5,3 Tonnen Morphin hergestellt, von denen 334 kg ausgeführt wurden. 3,8 Tonnen Morphin wurden dazu verwendet, Kodein herzustellen. Die Einfuhr von Kokablättern stieg auf 87 Tonnen an, von denen 18,3 Tonnen für die Produktion von Kokain und 20, 8 Tonnen für Rohkokain verwendet wurden. 11, 8 Tonnen der Blätter wurden wieder ausgeführt. Weiterhin wurden 463 kg indischer Hanf eingeführt. An der Herkunft der Rohstoffe änderte sich nichts. Es wurden 31 kg Heroin, 434 kg Kokain und 1427 kg Kodein ausgeführt. Die Ausfuhr von Alkaloiden blieb also nahezu gleich[426].

C. Zusammenfassung 3. Teil

Nachdem das Deutsche Reich mit dem Gesetz zur Ausführung der Haager Opiumkonvention die Forderungen dieser umgesetzt hatte, fand eine neue Konferenz in Genf statt. Diese hatte wiederum das Ziel, den Missbrauch von Betäubungsmitteln zu unterdrücken. Die Herstellung der Rohstoffe sollte überwacht werden, ebenso der internationale Handel durch Einführung des Zertifikatsystems. Es wurde ein Ständiger Zentralausschuss gegründet, der den internationalen Handel überwachen sollte. Das geschlossene Abkommen wurde genutzt, um die außenpolitische Stellung Deutschlands zu verbessern. Im Gegensatz zum Haager Abkommen, bei dem Deutschland hauptsächlich die eigene Pharmaindustrie schützen wollte, ging es hier für das Deutsche Reich darum, Zusammenarbeit zu zeigen und international Einfluss zu gewinnen. Dabei konnten die Interessen der Pharmaindustrie nicht in dem Umfang verfolgt werden, wie es in Den Haag der Fall gewesen war. Die Suchtbekämpfung spielte aber für das Deutsche Reich eine größere Rolle als noch in Den Haag.

Auch als Folge des Genfer Abkommens vom 19.2.1925, das 1929 ratifiziert worden war, wurde das Gesetz von 1920 zur Ausführung des internationalen Opiumabkommen von Den Haag überarbeitet. Das neue Opiumgesetz vom 1.1.1930 beinhaltete die aufgrund des Genfer Abkommens vorzunehmenden Änderungen und Ergänzungen.

Zum Zeitpunkt des Erlasses war die Sucht nach Betäubungsmitteln (insbesondere nach Morphin und Kokain) im Deutschen Reich weit verbreitet. Missstände bei der Verschreibung und bei der Abgabe von Betäubungsmitteln und diese enthaltenden Arzneien unterstützten die Ausbreitung des Missbrauchs. Diesen Missständen wurde mit dem neuen Gesetz und den erlassenen Verordnungen begegnet. Es wurden Kontrollmaßnahmen geschaffen, welche die Überwachung des gesamten Verkehrs mit Betäubungsmitteln wesentlich erleichterte und vervollständigte. Die dritte Genfer Konferenz 1931 nahm sich dann des

---

[426] vgl. Pol. Arch., R 43384, Allgemeine Übersicht über den Verkehr mit Betäubungsmitteln im Deutschen Reich im Jahre 1938

letzten noch offenen Punktes an, der Beschränkung der Produktion aller Betäubungsmittel einschließlich der Rohstoffe.

Während des Zweiten Weltkrieges stand die Verwendung von Methamphetamin in Form des Medikaments Pervitin im Vordergrund. Für Pervitin wurde nach einem Jahr des feien Verkaufs die Rezeptpflicht eingeführt, 1941 wurde es durch eine Gleichstellungsverordnung dem Opiumgesetz unterstellt. Pervitin wurde bis dahin vorwiegend von Schülern und Studenten, die sich im Examen befanden, sowie von Fernsprechbeamtinnen und Krankenschwestern im Nachtdienst missbraucht. Während des Krieges wurde die Wehrmacht auf Pervitin als leistungssteigerndes Mittel aufmerksam. Reichsgesundheitsführer Speer sprach sich vehement gegen eine militärische Verwendung von Pervitin aus, insbesondere warnte er vor einem Einsatz bei der Wehrmacht[427]. Trotz dieser Warnungen verteilte die Wehrmacht ungeheuer große Mengen Pervitin an Flieger, Kraftfahrer, Marinesoldaten etc.. Damit wurde von Staats wegen gegen die eigene Gesetzgebung verstoßen. Das, was für Zivilisten „Rauschgift" war, wurde den Soldaten zur Erzielung besonderer Leistungssteigerungen dienstlich verordnet[428].

[427] Fernandes, S. 5
[428] Fernandes, S. 12

4. Teil: Die Entstehung des Betäubungsmittelgesetzes von 1972[429]

A. Gesetzgebung nach dem zweiten Weltkrieg

In der Zeit nach dem zweiten Weltkrieg spielten die Betäubungsmittel zunächst keine große Rolle. Die Opiumgesetzgebung des Deutschen Reiches wurde nicht aufgehoben, so dass alle Gesetze, Verordnungen und internationale Abkommen ihre Gültigkeit behielten. Die Aufsicht über das Gesundheitswesen und damit über den Verkehr mit Betäubungsmitteln übernahmen die Besatzungsmächte. Bis 1960 ergingen lediglich zwei Verordnungen. Interessanter war die internationale Entwicklung auf diesem Gebiet.

I. Internationale Entwicklung

Auf internationaler Ebene musste zunächst auf die Auflösung des Völkerbundes im April 1946 reagiert werden. Außerdem machten die Pharmazie und die Chemie große Fortschritte bei der Entwicklung insbesondere synthetischer Stoffe, welche eine Betäubungsmittelsucht hervorrufen konnten.

1. Protokoll vom 11.12.1946 (Lake Success)

Die Genfer Abkommen aus den Jahren 1925 und 1931 sahen wie die Völkerbundssatzung selbst vor, dass der Verkehr mit Betäubungsmitteln vom Völkerbundsrat und anderen Gremien des Völkerbundes kontrolliert wird. Dies war nach Auflösung des Bundes nicht mehr möglich. Die Kontrollgremien, nach den Genfer Abkommen von 1925 und 1931 vorgesehen, existierten nicht mehr. An die Stelle des Völkerbundes trat nun eine neu gegründete Staatenorganisation: Die Vereinten Nationen.

Die erste Vollversammlung fand vom 23. 10 bis zum 16.12.1946 in Lake Success/ USA statt. Auf dieser wurde am 11.12.1946 ein Protokoll[430] unterzeichnet, welches die Betäubungsmittelabkommen von Den Haag, Genf[431] und Bangkok[432] änderte. In der Präambel des Protokolls wurde herausgestellt, es müsse dafür Sorge getragen werden, dass die durch den Völkerbund und seine Gremien ausgeübte Kontrolle weitergeführt wird. Diese Aufgaben sollten den Vereinten Nationen und der Weltgesundheitsorganisation[433] übertragen werden. Der nach Kapitel VI des zweiten Genfer Abkommens gebildete Ständige Zentralausschuss und das 1921 gegründete Opium-Überwachungs-Komitee des Völ-

---

429 BGBl. 1972 I, S. 1

430 BGBl. 1959 II, S. 334

431 Es fand eine vierte Konferenz in Genf am 26.6.1936 statt, an der das Deutsche Reich nicht teilnahm; auf eine Darstellung wird deshalb verzichtet

432 Internationales Übereinkommen über die Kontrolle des Opiumrauchens im Fernen Osten vom 27.11.1931; auch an dieser nahm das Deutsche Reich nicht teil

433 im Folgenden als WHO bezeichnet

kerbundes sollten in ihrer jetzigen Zusammensetzung ihre Arbeit fortführen. Frei werdende Sitze in diesen Gremien sollte der Wirtschafts- und Sozialrat der Vereinten Nationen neu besetzen (*Artikel 2*). Die Aufgaben, die der Regierung der Niederlande durch das Haager Abkommen zugewiesen wurden und dann auf den Generalsekretär des Völkerbundes übertragen worden waren (Art. 21 und 25 des Haager Abkommen), wurden nun vom Generalsekretär der Vereinten Nationen wahrgenommen (*Artikel 3*). Es bestand für jeden Staat die Möglichkeit, diesem Protokoll beizutreten.

In der Anlage zu diesem Protokoll wurden dann die Änderungen näher erläutert. In den für die deutsche Betäubungsmittelgesetzgebung relevanten Abkommen wurden einige Artikel geändert. Im zweiten Genfer Abkommen wurde die Ermächtigung des Hygienekomitees des Völkerbundes, bestimmte Betäubungsmittel für die Aufnahme in bzw. die Entfernung aus dem Abkommen vorzuschlagen (Artikel 8 und 10 des Genfer Abkommens), auf die WHO (eine Sonderkommission des Wirtschafts- und Sozialrates) übertragen. Der entsprechende Vorschlag musste dem Wirtschafts- und Sozialrat mitgeteilt werden. In jedem Artikel, der den Völkerbundsrat nannte, wurde dieser durch den Wirtschafts- und Sozialrat ersetzt. Ebenso wurde der Generalsekretär des Völkerbundes durch den der Vereinten Nationen ersetzt. Die WHO trat an die Stelle des Hygieneausschusses. Der Ständige Internationale Gerichtshof wurde durch den Internationalen Gerichtshof ersetzt (z.B. Artikel 32 des Genfer Abkommens), der Völkerbund durch die Vereinten Nationen. Im dritten Genfer Abkommen aus dem Jahr 1931 wurden die gleichen Änderungen vorgenommen. Der Völkerbund und seine Gremien wurden durch die Vereinten Nationen und die entsprechenden Organisationen ersetzt.

Nach dem zweiten Weltkrieg übernahmen die Oberbefehlshaber der Besatzungszonen die Regierungsgewalt in der jeweiligen Zone in Deutschland. Die Ausübung des Besatzungsrechts sollte ausdrücklich nicht die Annektierung Deutschlands bewirken. Das Deutsche Reich erlosch völkerrechtlich nicht. Allerdings wurde dieses Deutsche Reich nicht Mitglied der Vereinten Nationen. Es nahm somit auch nicht an der ersten Vollversammlung statt und konnte demzufolge auch nicht an der Erstellung des Protokolls mitwirken, geschweige denn es unterzeichnen.

2. Protokoll vom 19.11.1948 (Paris)

Am 19.11.1948 wurde in Paris ein weiteres Protokoll unterzeichnet[434]. Es betraf die internationale Überwachung von Stoffen, die von dem Abkommen vom 31.7.1931 zur Beschränkung der Herstellung und zur Regelung der Verteilung der Betäubungsmittel nicht erfasst waren. Grund für diese Konferenz war, dass die moderne Pharmakologie und Chemie immer neue Stoffe entdeckten oder synthetisch herstellten, welche eine Betäubungsmittelsucht hervorrufen konn-

[434] BGBl. 1959 II, S. 349

ten[435]. Dementsprechend sollte eine Möglichkeit geschaffen werden, das dritte Genfer Abkommen zu ändern. Die Herstellung dieser neuen Stoffe sollte „auf den rechtmäßigen Weltbedarf für medizinische und wissenschaftliche Zwecke" (so die Präambel) beschränkt werden.

Nach diesem Protokoll konnte ein Vertragsstaat den Generalsekretär auf einen zu medizinischen oder wissenschaftlichen Zwecken verwendeten Stoff hinweisen, der nach Meinung des Staates ebenso schädliche Wirkungen hervorrufen konnte wie die in Artikel 1 Abs. 2 des genannten Abkommens erfassten Stoffe. Der Generalsekretär sollte diesen Hinweis an die Vertragsstaaten, die Betäubungsmittelkommission des Wirtschafts- und Sozialrates und an die WHO weiterleiten. Stellte die WHO fest, dass der Stoff geeignet ist, eine Betäubungsmittelsucht hervorzurufen, so unterstellte sie diesen einer der beiden Gruppen in Artikel 1 Abs. 2. Dies teilte sie dem Generalsekretär mit, der dann die Vertragsstaaten unterrichtete. War dies geschehen, war das Abkommen auf diesen Stoff anzuwenden (*Artikel 1*). Vor der Entscheidung der WHO hatte die Betäubungsmittelkommission zu prüfen, ob und welche Vorschriften des Abkommens bis zu dieser vorläufig anzuwenden seien. Der Generalsekretär benachrichtigte die Vertragsstaaten bei einer Entscheidung der Kommission (*Artikel 2*). Das Protokoll galt nicht für Rohopium, Opium für medizinische Zwecke, zubereitetes Opium, Kokablätter und den indischen Hanf. Diese Betäubungsmittel waren vom Haager und vom zweiten Genfer Abkommen erfasst (*Artikel 4*).

Auch dieses Abkommen wurde von Deutschland aus oben genannten Gründen nicht unterzeichnet.

II. Errichtung des Bundesgesundheitsamtes

Nach 1945 wurde die Opiumgesetzgebung nicht aufgehoben. Das Reichsgesundheitsamt und die Opiumstelle bestanden nicht mehr, so dass einzelne Länder unter Aufsicht der Besatzungsmächte den Verkehr mit Betäubungsmitteln kontrollierten[436]. Unterstützt wurden diese Opiumstellen von „Narcotic Officers" der jeweiligen Besatzungsmächte. Die Opiumstellen verständigten sich untereinander, um die Überwachung des Verkehrs mit Betäubungsmitteln nicht zu unterbrechen, es gab aber keine zentrale Verwaltung mehr. Auf einer Sitzung im Bundesinnenministerium am 23.5.1950, an der alle beteiligten Ministerien und die Besatzungsmächte teilnahmen, wurde festgestellt, dass die Organisation der Bekämpfung der Rauschgiftsucht eilte[437]. Die mit dem Thema Rauschgift befassten Narcotic Officers der Besatzungsmächte sollten ihre Tätigkeit am 31.3.1951 einstellen. Damit war der Zeitpunkt festgelegt, an dem sich die Besat-

---

[435] BT-Drucks. III/ 453, S. 3

[436] Die Länder hatten das Recht, Reichsgesetze für ihren Bereich durch Landesgesetze abzuändern.

[437] BArch., B 142/ 970, Schreiben vom 26.5.1950

zungsmächte komplett aus der deutschen Gesundheitsverwaltung zurückziehen wollten.

Es wurden zwei Möglichkeiten diskutiert, wie die Bekämpfung der Rauschgiftsucht danach organisiert werden soll. Die erste Möglichkeit war, das Bundesinnenministerium zum Nachfolger des Reichsgesundheitsamtes zu bestimmen. Dieser Weg wurde aber als verfassungsrechtlich nicht gangbar abgelehnt. Die zweite Variante sah die Schaffung einer neuen Bundesoberbehörde für „Gesundheitsforschung und Rauschgiftbekämpfung" durch ein Gesetz vor. Dies wurde auf dieser Sitzung in Erwägung gezogen. Im März 1951 kündigte das Bundesinnenministerium dem Bundeskanzleramt die Schaffung eines Bundesgesundheitsamtes als Behörde im Sinne von Artikel 87 Abs. 3 GG an[438].

Es wurde aber festgestellt, dass die Errichtung dieser Behörde bis zum 1.4.1951 nicht abgeschlossen sein würde. Der Bundesinnenminister schlug deswegen vor, die betreffenden Aufgaben zunächst auf das Bundesinnenministerium zu übertragen[439]. Nachdem dies geschehen war, arbeitete das Bundesinnenministerium an einem Gesetz zur Errichtung eines Bundesgesundheitsamtes. Erst nach Anrufung des Vermittlungsausschusses wurde am 27.2.1952[440] das Gesetz über die Errichtung des Bundesgesundheitsamtes beschlossen. Am 1.12.1952 nahm die dem Bundesgesundheitsamt unterstellte Bundesopiumstelle ihre Arbeit auf[441].

III. Verordnungen vom 16.6.1953[442] und 8.10.1956[443]

Acht Jahre nach Ende des Zweiten Weltkrieges erging dann am 16.6.1953 die erste Verordnung im Betäubungsmittelrecht. Sie unterstellte weitere Stoffe unter die Bestimmungen des Opiumgesetzes und änderte das Opiumgesetz sowie vier weitere Verordnungen. Im Entwurf des Bundesinnenministers[444] war auf die Verpflichtung der Bundesrepublik hingewiesen worden, diejenigen Stoffe, die von der WHO als suchterzeugend und damit als gefährlich eingestuft wurden, der nationalen Betäubungsmittelgesetzgebung zu unterstellen. Diese Verpflichtung ergab sich aus Artikel 10 des zweiten Genfer Abkommens von 1925. Die Zuständigkeit der WHO ergab sich aus dem 1946 in Lake Success gefertigten Protokoll[445]. In diesem Protokoll war die Zuständigkeit des Hygieneausschusses des Völkerbundes zur Erweiterung oder Reduzierung der Stoffe, für die das Genfer Abkommen gelten sollte, auf die WHO übertragen worden. Die Bundes-

---

438 BArch., B 142 / 970, Schreiben vom 3.4.1951

439 BArch., B 142/ 970, Vermerk vom 6.4.1951

440 BGBl. 1952 I, S. 121

441 Gewehr, in: BKA, S. 57

442 BGBl. 1953 I, S. 402

443 BGBl. 1956 I, S. 791

444 BArch., B 136/ 5275, Archivalieneinheit 1554

445 BGBl. 1959 II, S. 334

republik hatte das Protokoll von 1946 nicht unterzeichnet und war diesem noch nicht beigetreten. Die WHO konnte diesbezüglich aus deutscher Sicht keine verbindlichen Vorschläge machen, wie dies dem Hygieneausschuss des Völkerbundes noch möglich gewesen war. Trotzdem richtete man sich nach den Vorschlägen dieser Organisation.

Mit der Verordnung sollten alle von der WHO als suchterzeugend erkannten Stoffe der Betäubungsmittelgesetzgebung unterstellt werden, auch wenn diese noch nicht in Deutschland im Verkehr waren. Gerade die Einfuhr und die Herstellung der Stoffe, die noch nicht im Verkehr waren, konnten der Begründung zufolge anders nicht wirksam verhindert werden. Zunächst wurden dem § 1 Abs. 1 Nr. 1 b OpiumG neue Stoffe unterstellt. Darunter befanden sich Bemidone, Prodine und Methadone.

Methadon ist ein synthetisches Opiat, das 1941 von Bockmühl und Ehrhart entdeckt wurde. Es wurde erstmals in den Laboratorien der Firma Höchst während des zweiten Weltkrieges hergestellt. Es konnte auf zwei Arten verwendet werden. Zum einen war es ein Schmerzmittel. Handelsüblich waren Tabletten mit 2,5 bis 10 Milligramm Methadonhydrochlorid. Zum anderen wurde es in den sechziger Jahren als Ersatzmittel bei der Behandlung der Heroinsucht eingeführt. Es erhält die Opiatsucht aufrecht, blockiert aber das Suchtverlangen nach Opiaten. Es führt zu einer gesundheitlichen Stabilisierung und vermindert die Entzugserscheinungen[446].

Dem § 1 Abs. 1 Nr. 2 OpiumG wurden neue Morphin- und Kodeinformen unterstellt. Des Weiteren wurde gemäß § 2 dieser Verordnung die Verordnung über das Verschreiben Betäubungsmittel enthaltender Arzneien und ihre Abgabe in den Apotheken vom 19.12.1930[447] geändert. Die in § 1 Abs. 1 der Unterstellungsverordnung neu eingeführten Stoffe wurden in den Abschnitt aufgenommen, der sich mit dem Verschreiben Betäubungsmittel enthaltender Arzneien befasste. Sie durften also nicht in Substanz verschrieben werden. Waren sie in Arzneien enthalten, so bestanden für diese neuen Stoffe gewisse Höchstmengen, die an einem Tag verschrieben werden durften. Die zu führenden Betäubungsmittelbücher wurden dahingehend geändert, dass nun auch die neuen Mittel in diese einzutragen waren.

Durch § 3 der Unterstellungsverordnung wurde die Verordnung über eine Umlage auf Betäubungsmittel vom 20.2.1935[448] bezüglich der neu eingeführten Mittel erweitert. Die in § 1 Absatz 2 der Unterstellungsverordnung genannten Morphin- und Kodeinformen wurden der Verordnung über den Verkehr mit Kodein und Äthylmorphin vom 24.1.1934[449] unterstellt.

---

[446] Körner, C 1, Rn. 117-119
[447] RGBl. 1930 I, S. 635 i.d.F. vom 31.7.1943, RGBl. 1943 I, S. 453
[448] RGBl. 1935 I, S. 212, in der Fassung vom 12.6.1941, RGBl. I, S. 328
[449] RGBl. 1934 I, S. 58

Die Herstellung und die Verarbeitung dieser Stoffe war nun gemäß § 3 OpiumG erlaubnispflichtig. Demzufolge wurde bestimmt, dass bis zur Entscheidung über den Antrag auf Erteilung der Erlaubnis diese noch erlaubnisfrei hergestellt und verarbeitet werden durften. Wer die von der Unterstellungsverordnung erfassten Stoffe noch in Gewahrsam hatte, war verpflichtet, dem Bundesgesundheitsamt (Opiumstelle) den genauen Bestand mitzuteilen. Wer vorher keine Erlaubnis gemäß § 3 OpiumG hatte, war berechtigt, die genannten Stoffe innerhalb von zwei Wochen an eine Firma abzugeben, die zum Handel mit Betäubungsmitteln zugelassen war. Die Mitteilungspflicht und die Berechtigung zur Abgabe an zugelassene Firmen galten nicht für Apotheken und Verbraucher, die diese Stoffe aufgrund einer ärztlichen Verschreibung erwerben wollten. Arzneien, welche die aufgeführten Stoffe enthielten, mussten der Verordnung über Ankündigung und Beschriftung von Betäubungsmitteln enthaltender Arzneien vom 14.4.1930[450] entsprechen.

Die am 8.10.1956 ergangene Verordnung über Bezugsscheine für Betäubungsmittel änderte die entsprechende Verordnung vom 20.2.1935[451]. Notwendig war zunächst, die Zuständigkeit für die Bearbeitung der Bezugsscheinanträge für jeden Erwerb von Betäubungsmitteln, die dem Opiumgesetz unterstanden, auf das Bundesgesundheitsamt (Opiumstelle) zu übertragen. Neu war die Höhe der Bearbeitungsgebühr. Sie betrug jetzt 50 Pfennig pro Antrag. Sie wurde durch den Erwerb eines Bezugscheinheftes entrichtet. Das vorherige Verfahren war umständlich und veraltet. Die Gebühr von vormals 25 Pfennig war in Form von Briefmarken entrichtet worden, die auf eine auf dem Bezugsschein gekennzeichnete Stelle zu kleben waren. Die Marken mussten später für die Abrechnung mit der Post wieder von den Bezugsscheinen losgelöst werden. Dieses System sollte mit den Bezugsscheinheften vereinfacht werden[452]. In eiligen Fällen konnte der Bezugsschein nun auch fernmündlich, fernschriftlich oder telegrafisch beantragt werden. Die in der Verordnung genannten Formblätter mussten dann nachgereicht werden.

IV. Protokoll vom 23.6.1953 (New York)[453]

Der Generalsekretär der Vereinten Nationen berief aufgrund einer Entschließung des Wirtschafts- und Sozialrates für den 11.5.1953 eine internationale Konferenz der Regierungsbevollmächtigten. Diese Konferenz sollte sich mit der Abfassung eines Protokolls zur Beschränkung der Opiumproduktion beschäftigen. In den vorherigen Abkommen gab es keine mengenmäßige Einschränkung der Erzeugung der Rohstoffe Opium, Kokablätter und indischer Hanf. Auch die nach dem dritten Genfer Abkommen abzugebenden Vorausschätzungen be-

---

450 RGBl. 1930 I, S. 144

451 RGBl. 1935 I, S. 208

452 BArch., B 136/5275, Archivalieneinheit 1570

453 BGBl. 1959 II, S. 358

schränkten sich auf die aus Opium herzustellenden Betäubungsmittel, es mussten keine Bedarfsmeldungen für Rohopium abgegeben werden. Die Verhinderung einer Überproduktion war also nicht möglich. Außerdem wurden häufig große Opiummengen im illegalen Handel angetroffen[454]. Um diese Versäumnisse der vorherigen Abkommen nachzuholen, wurde die Konferenz einberufen.

1949 war die Bundesrepublik Deutschland gegründet worden, welche als legitime Nachfolgerin des Deutschen Reiches völkerrechtlich anerkannt wurde. Die Bundesregierung wurde aufgefordert, Delegierte zu dieser Konferenz zu entsenden. Als solche wurden der Generalkonsul Dr. Riesser und der Regierungsdirektor Dr. Danner vom Bundesministerium des Inneren ernannt. Die sachliche Vertretung der Bundesrepublik sollte dabei im Wesentlichen von Dr. Danner wahrgenommen werden, Dr. Riesser sollte ihn in völkerrechtlichen Fragen unterstützen[455]. Diese Konferenz war also die erste, zu der die Bundesrepublik Deutschland eingeladen wurde.

In der *Präambel* des Protokolls wurde zunächst festgestellt, dass die Bemühungen bei der Bekämpfung der Betäubungsmittelsucht fortzusetzen sind und entsprechende Ergebnisse nur durch eine enge Zusammenarbeit aller Staaten erreicht werden könnten. Die Überwachung sollte sowohl auf nationaler als auch auf internationaler Ebene verschärft werden. Als dringlichste Fragen wurden die Beschränkung der Erzeugung der Rohstoffe auf den medizinischen und wissenschaftlichen Bedarf und die Überwachung des Anbaus von Mohn und der Erzeugung von Opium genannt.

Kapitel I des Protokolls enthielt Begriffsbestimmungen. Neu war der Begriff „Mohnstroh". Hierunter waren alle Teile der Mohnpflanze nach dem Mähen (mit Ausnahme der Samen) zu verstehen, aus denen narkotische Stoffe ausgezogen werden können. Der Begriff „Bestände" wurde im Gegensatz zum Genfer Abkommen von 1931 genauer definiert. Er umfasste die gesamte Menge Opium, die in einem Staat gesetzmäßig unterhalten werden mit Ausnahme der Mengen, die in Apotheken im Kleinverkauf benötigt wurde, sowie der Mengen, die für militärische Zwecke unterhalten wurden. Auch der Begriff „Erzeugung" wurde festgelegt. Darunter war der Anbau des Mohns zum Zwecke des Erntens von Opium zu verstehen.

Kapitel II sollte die Erzeugung und die Verwendung von sowie den Handel mit Opium regeln. Dazu sollten die Vertragsparteien die Verwendung von Opium auf den medizinischen und wissenschaftlichen Bedarf beschränken. Jeder Erzeugerstaat sollte Ämter errichten, die mehrere Aufgaben bei der Kontrolle der Erzeugung, der Verwendung und des Handels wahrnehmen sollten. Dazu gehörte u.a. die Bezeichnung von Anbauflächen für die Erzeugung von Opium sowie die Erteilung einer Erlaubnis für die Erzeugung. Neben diesen Maßnahmen mussten die Anbauer die Opiumernte bei dem Amt angeben, welches die

---

[454] BT-Drucks. III/ 453, S. 3

[455] Pol. Arch., B 80/ 102, Schreiben vom 27.4.1953

Ernte kauft. Nur das Amt darf Opium ein- und ausführen, im Großen Handel betreiben und Opiumbestände unterhalten. Es sollte also in diesen Erzeugerstaaten ein Opiummonopol begründet werden. Der Anbau von Mohn, der nicht zur Erzeugung von Opium dient, sollte ebenso überwacht werden. Hierzu sollten entsprechende Gesetze erlassen werden. Mit diesen sollte sichergestellt werden, dass dieser Mohn nicht zur Erzeugung von Opium oder anderer narkotischer Stoffe genutzt wird.

Für die von einem Staat unterhaltenen Bestände wurden Höchstmengen festgelegt, welche nicht überschritten werden durften. Bei *Erzeugerstaaten* wurde diese auf die Menge festgelegt, die von einem solchen Staat innerhalb von 2,5 Jahren für medizinische und wissenschaftliche Zwecke ausgeführt und innerhalb des Staates zur Herstellung von Alkaloiden verwendet wird. Die Jahre, die als Vergleich genommen werden sollten, konnte sich der Staat selbst aussuchen. Die Bestände für die Staaten, die Vertragspartei eines der Genfer Abkommen und gleichzeitig Alkaloidproduzenten waren, umfassten den normalen Bedarf für zwei Jahre, wobei dieser von dem Ständigen Zentralausschuss festgelegt werden sollte. Hierunter fiel die Bundesrepublik. Es bestand für sie kein Bedürfnis, höhere Vorräte als die genannten einzulagern[456]. Für alle anderen Staaten, die Vertragspartei dieses Protokolls waren, wurde die Höchstmenge auf die Gesamtmenge des in den letzten 5 Jahren verbrauchten Opiums festgelegt (*Artikel 5*).

Die Pflicht zur Beschränkung der Ein- und Ausfuhr ausschließlich zu medizinischen und wissenschaftlichen Zwecke sollte zunächst dadurch gesichert werden, dass die Vertragsstaaten die Ein- und Ausfuhr nur von solchem Opium gestatten, das aus einem bestimmten Erzeugerland stammt. Hierzu wurden sieben Erzeugerländer genannt[457]. Für die Ein- und Ausfuhr von Opium sollten die Maßnahmen des Kapitel V des zweiten Genfer Abkommens (Einfuhrscheine, Ausfuhrgenehmigungen) angewendet werden (*Artikel 6*). Das im ungesetzlichen Handel beschlagnahmte Opium sollte vernichtet werden. Allerdings gab es Ausnahmen, so z.B. die Möglichkeit, die im Opium enthaltenen narkotischen Stoffe in nicht narkotische umzuwandeln (*Artikel 7*).

Kapitel III befasste sich mit den von den Regierungen zu erstattenden Meldungen. So sollten die Regierungen entsprechend dem Genfer Abkommen von 1931 Schätzungen über die Mengen Opium machen, welche für medizinische und wissenschaftliche Zwecke, für die Herstellung von Alkaloiden, für die Unterhaltung der in Artikel 5 genannten Bestände und für militärische Zwecke erforderlich sind. Erzeugerländer mussten die Fläche angeben, auf der Mohn angebaut wird, sowie die Menge, die bei der Ernte zu erwarten ist. Sämtliche Schätzungen mussten genau dargelegt werden. Die Schätzungen sollten vom

---

[456] BT-Drucks. III/ 453, S. 3

[457] Bulgarien, Griechenland, Indien, Iran, Türkei, UdSSR, Jugoslawien

Überwachungsausschuss überprüft werden. Dieser sollte auch die Schätzungen vornehmen, wenn ein Staat keine solche vorlegte. Wurden die Schätzungen überschritten, sollten die Vertragsstaaten keine neuen Ausfuhren in dieses Land genehmigen. Ausnahmen bestanden für den Fall, dass eine ergänzende Schätzung vorgenommen wurde, oder wenn nach Ansicht einer Vertragspartei die Ausfuhr „im Interesse der Menschlichkeit oder zur Krankenbehandlung von wesentlicher Bedeutung ist" (*Artikel 8*). Des Weiteren mussten die Vertragsstaaten Statistiken übermitteln, aus denen die Größe der Anbaufläche von Mohn, die verbrauchte Menge Opium, die zur Herstellung von Alkaloiden und Zubereitungen verwendete Menge sowie die beschlagnahmte Menge Opium hervorging. Außerdem mussten Statistiken über die unterhaltenen Bestände erstellt und übermittelt werden. Ebenso war mit den Mengen zu verfahren, die ein- und ausgeführt wurden (*Artikel 9*). Berichte über die gemäß Artikel 3 errichteten Ämter, die gemäß dem Protokoll veranlassten Gesetzgebungs- und Verwaltungsmaßnahmen und über die Auswirkungen des Protokolls waren dem Generalsekretär zu übermitteln (*Artikel 10*).

Kapitel IV enthielt internationale Überwachungs- und Durchführungsmaßnahmen bezüglich des Protokolls. So konnte der Überwachungsausschuss jede Vertragspartei um Auskünfte über die Ausführung des Protokolls ersuchen. War der Ausschuss der Auffassung, dass eine Bestimmung des Protokolls nicht eingehalten wurde, so konnte dieser den Staat um Aufklärung ersuchen. Bewahrheitete sich ein solcher Verdacht, konnte der Ausschuss den Staat darauf aufmerksam machen und Vorschläge zur Abhilfe machen. Auch eine örtliche Untersuchung konnte vorgenommen werden. Die beiden letzten Möglichkeiten bedurften der Stimmenmehrheit innerhalb des Ausschusses (*Artikel 11*). Wurde ein Fehlverhalten bei der Ausführung des Protokolls oder eine Behinderung der Überwachung von narkotischen Stoffen festgestellt, so konnte der Ausschuss alle Vertragsparteien und den Rat darauf aufmerksam machen. Hielt der Ausschuss dies für nicht ausreichend, konnte er eine Verlautbarung erlassen, dass dieser Staat die Bestimmungen des Protokolls verletzt oder nicht die notwendigen Maßnahmen ergriffen hat, um eine Gefährdung der Überwachung der narkotischen Stoffe zu verhindern. Wurden die Mengen, die in den Schätzungen und Statistiken genannt wurden, nicht eingehalten oder die Einhaltung des Protokolls durch einen Staat behindert, so konnte der Ausschuss für diesen eine Sperre hinsichtlich der Ein- oder Ausfuhr empfehlen. Er konnte dann die Absicht verkünden, den Staat mit einer Ein- und/ oder Ausfuhrsperre zu belegen. Sollte dies dem Problem nicht abhelfen, konnte der Ausschuss als ultima ratio die Sperre auferlegen. Hiergegen war eine Berufung möglich. Diese sollte von einer neu gegründeten Berufungskommission behandelt werden, die vom Präsidenten des Internationalen Gerichtshofes ernannt werden sollte (*Artikel 12*). Es war auch eine Möglichkeit vorgesehen, diese Maßnahmen gegen Staaten anzuwenden, die nicht Vertragspartei waren. Deutschland hatte gegen diese Verwaltungs- und

Vollzugsmaßnahmen nichts einzuwenden, da sie nur bei absichtlicher Nichterfüllung der eingegangenen Verpflichtungen wirksam werden konnten[458].

Kapitel V enthielt Schlussbestimmungen. In diesen verpflichteten sich die Vertragsstaaten, alle notwendigen Gesetzgebungs- und Verwaltungsmaßnahmen zu treffen, damit die Wirksamkeit des Protokolls sichergestellt war. Streitigkeiten in Bezug auf dieses Protokoll sollten vor dem Internationalen Gerichtshof in Den Haag ausgetragen werden. Es wurden Übergangsbestimmungen aufgenommen, die jede Vertragspartei in Anspruch nehmen konnte, soweit sie eine entsprechende Erklärung bei der Unterzeichnung des Protokolls abgab. Das Protokoll sollte 30 Tage nach dem Zeitpunkt der Hinterlegung der Ratifikations- und Beitrittsurkunden von mindestens 25 Staaten in Kraft treten. Unter diesen Staaten sollten sich mindestens drei der in Artikel 6 genannten Erzeugerländer und mindestens drei von den in Artikel 21 genannten Herstellerstaaten befinden. Unter den genannten Staaten befand sich neben Frankreich, Großbritannien und den USA auch die Bundesrepublik Deutschland. Für jeden Staat, der die Ratifikationsurkunde später hinterlegte, trat das Protokoll 30 Tage nach dieser Hinterlegung in Kraft.

Die deutschen Delegierten unterzeichneten das Protokoll ohne Vorbehalt. Es wurde aber vorerst nicht ratifiziert.

V. Ratifikation der Protokolle vom 11.12.1946, 19.11.1948 und 23.6.1953

Da die Protokolle von 1946, 1948 und 1953 die Abkommen von 1925 und 1931, welche das Deutsche Reich unterzeichnet hatte, änderten, war fraglich, wie mit diesen nun zu verfahren war. Das Deutsche Reich bestand nach dem zweiten Weltkrieg nicht mehr. Es stellte sich zunächst die Frage, ob und wie die Verpflichtungen, die sich aus den vom Deutschen Reich abgeschlossenen Abkommen ergaben, in der Folgezeit wahrgenommen werden sollten. Diese Frage wurde am 1.4.1951 dahingehend beantwortet, dass die Wahrnehmung der Verpflichtungen aus vom Deutschen Reich eingegangenen Abkommen auf die Bundesrepublik Deutschland übergegangen sei. Daraufhin ergingen bis 1955 Bekanntmachungen des Außenministers bezüglich der Wiederanwendung der vom Deutschen Reich unterzeichneten Abkommen im Verhältnis zu einzelnen Staaten[459].

Nachdem die genannten Abkommen zwischen der Bundesrepublik und den Vertragspartnern wieder angewendet wurden, stand nun die Ratifizierung des von der Bundesrepublik Deutschland unterzeichneten Protokolls von 1953 an. Das Innenministerium arbeitete einen Gesetzesentwurf aus, den es am 4.6.1954 an das Auswärtige Amt übermittelte. Dieser Gesetzesentwurf sollte dann in den Bundestag eingebracht werden. Allerdings enthielt dieser Entwurf nur ein Gesetz zur Ratifizierung des Protokolls vom 23.6.1953. Die anderen beiden Protokolle vom 11.12.1946 und 19.11.1948 waren nicht berücksichtigt. Das Auswär-

---

[458] BT-Drucks. III/ 453, S. 4

[459] BGBl. 1953 II, S. 116, 593; BGBl. 1955 II, S. 88

tige Amt war demgegenüber der Meinung, dass die Bundesrepublik auch den anderen beiden Protokollen beitreten müsste. Der Vertreter des britischen Hochkommissariats Johnston war der Ansicht, dass die Bundesrepublik dem Protokoll von 1946, das die Genfer Abkommen vom 19.2.1925 und vom 13.7.1931 abänderte, nicht beitreten könne, da die Abkommen vom Deutschen Reich unterzeichnet worden seien. Die Bekanntmachung der Wiederanwendung dieser Abkommen stehe der Zeichnung nicht gleich. Andererseits könne die Bundesrepublik den Genfer Abkommen aber auch nicht nochmals beitreten[460]. Nach Auffassung des Auswärtigen Amtes blieb daher nur die Möglichkeit, den Genfer Abkommen in der Fassung des Protokolls vom 11.12.1946 beizutreten[461].

1955 wurde dann vom Bundesinnenministerium zusammen mit dem Auswärtigen Amt ein Ratifizierungsgesetz entworfen, welches zunächst auf Rechtsförmlichkeit überprüft werden sollte[462]. Mit diesem Gesetz sollte aber nur das Protokoll von 1953 ratifiziert werden, den anderen beiden Protokollen war die Bundesrepublik Deutschland noch nicht beigetreten. 1956 beschloss die Suchtstoffkommission des Wirtschafts- und Sozialrat der Vereinten Nationen, diesen Rat zu bitten, die Bundesrepublik einzuladen, dem Protokoll von 1948 gemäß dessen Artikel 5 Absatz 1 beizutreten[463]. Nachdem dies erfolgt war, wurde ein Gesetzesentwurf erarbeitet, welcher den gesetzgebenden Körperschaften beschleunigt zugeleitet werden sollte[464]. Wegen der auslaufenden Legislaturperiode wurde die Vorlage nicht mehr im Jahr 1957 verabschiedet. Die Bundesregierung brachte deshalb erst 1958 den endgültigen Entwurf eines Gesetzes zu den Protokollen von 1946, 1948 und 1953 in den Bundestag ein[465]. Im Artikel 1 des Gesetzesentwurfs wurde der Beitritt zu den Protokollen von 1946 und 1948 erklärt. Des Weiteren wurde dem Protokoll von 1953 zugestimmt. Diesen Entwurf leitete die Bundesregierung am 6.5.1958 dem Bundesrat zu[466], welcher diesen am 6.6.1958 annahm[467]. Die erste Beratung über dieses Gesetz fand am 2.10.1958 in der 42. Sitzung des Bundestages statt. Der Entwurf wurde sogleich ohne eine Debatte in den Ausschuss für das Gesundheitswesen überwiesen[468]. Dieser Ausschuss äußerte sich am 3.12.1958[469] dahingehend, dass die Protokolle eine sinnvolle Weiterführung der bestehenden Abkommen auf diesem Gebiet seien. Demzufolge empfahl der Ausschuss dem Plenum des Bundestages, den

---

[460] Pol. Arch., B 80/ 201, Auszug aus der Abschrift eines Vermerks vom 15.1.1953
[461] Pol. Arch., B 80/ 102, Schreiben vom 29.11.1954 an das Referat 502 des Auswärtigen Amtes
[462] BArch., B 142/ 1390, Anlage zum Schreiben vom 11.7.1955
[463] BArch., B 142/ 1391, Anlage zum Schreiben vom 2.6.1956
[464] BArch., B 142/ 1392, Telegramm vom 11.4.1957
[465] BT- Drucks. III/ 453
[466] BArch., B 136/ 5303, Archivalieneinheit 1838
[467] Sten. Ber. des Bundesrates 1957/ 1958, 194. Sitzung
[468] Sten. Ber., 3. Wahlperiode, S. 2450
[469] BT- Drucks. III/ 701

Gesetzesentwurf unverändert nach der Vorlage anzunehmen. In der 53. Sitzung des Bundestages am 11.12.1958[470] fanden dann die beiden noch erforderlichen Beratungen statt. Hierzu gab es keine Wortmeldungen. Der Entwurf wurde einstimmig angenommen. Das Gesetz wurde am 26.3.1959 im Bundesgesetzblatt veröffentlicht[471]. Einen Tag später trat es in Kraft. Damit waren die Protokolle ratifiziert.

VI. Rechtsprechung nach dem zweiten Weltkrieg

Der BGH befasste sich erstmals Anfang der fünfziger Jahre mit Fällen, die das Opiumgesetz betrafen.

Der BGH musste zunächst einen Sachverhalt beurteilen, in dem die Angeklagte auf Verlangen ihres Ehemannes, der die Heilkunde ohne Erlaubnis ausübte, einem seiner Patienten Morphineinspritzungen gesetzt hatte[472]. Die Vorinstanz verurteilte sie wegen eines Vergehens gegen das Opiumgesetz. Es stellte sich die Frage, ob der Verbrauch von Betäubungsmitteln durch Verzehr oder unmittelbare Anwendung am Körper eines anderen (besonders durch Einspritzen) ohne Erlaubnis von § 10 Abs. 1 Nr. 1 OpiumG erfasst wurde. Das Gericht stellte fest, dass dieses Einspritzen kein Inverkehrbringen im Sinne des Opiumgesetzes darstellte, da hierfür eine Gewahrsamsübertragung erforderlich sei, mit der das Betäubungsmittel einem anderen zur Verfügung überlassen würde. Die Angeklagte hatte sich somit nicht gegen das Opiumgesetz vergangen. Das Einspritzen von Betäubungsmitteln für sich genommen konnte also nicht nach dem Opiumgesetz bestraft werden.

Im selben Jahr hatte der BGH einen Sachverhalt zu beurteilen, nach dem ein praktischer Arzt mehreren seiner Patienten in auffallend großen Mengen Arzneien verschrieben hatte, die Betäubungsmittel (Morphin, Amphetamine etc.) enthielten. Er verabreichte sie durch Einspritzungen, wobei er zu diesem Zweck häufig verschiedene Sorten von Betäubungsmitteln nach einem von ihm erfundenen Verfahren mischte. Er versprach sich von diesem Verfahren deswegen einen besonderen Heilerfolg, weil es darauf abzielte, die untere Grenze der Empfindlichkeit des Kranken gegen Betäubungsmittel womöglich nicht zu überschreiten und durch öfteren Wechsel der Mittel eine „Entgiftung" des Kranken zu bewirken. Der Angeklagte verwendete für die Mischungen der zu spritzenden Arznei den Inhalt der Ampullen, die er in Originalpackungen zu fünf oder zehn Stück verordnete, nur zum Teil. Die Reste warf er weg, weil er sie aus Sterilitätsgründen nicht für denselben oder einen anderen Patienten verwenden wollte. Der BGH hatte zu beurteilen, ob hier ein Verstoß gegen § 6 der Verschreibungsverordnung und somit eine Strafbarkeit nach § 10 Abs. 1 Nr. 6 OpiumG vorlag. Nach § 6 der genannten Verordnung durften entsprechende Arzneien nur dann

---

[470] Sten. Ber. , 3. Wahlperiode, S. 2947
[471] BGBl. 1959 II, S. 333
[472] Urteil vom 5.4.1951 g. Q. 4 StR 70/ 50; BGHSt 1, 130

verschrieben werden, wenn dies ärztlich begründet ist. Mit dieser Vorschrift sollte verhindert werden, dass die genannten Stoffe zu anderen Zwecken als zur Heilung oder zur wissenschaftlichen Forschung an den Verbraucher gelangen. Zu diesem Zweck sei die Vorschrift weit auszulegen. Nicht nur die ärztlich nicht begründete Verordnung sollte unterbunden werden, sondern auch das Verschreiben einer ärztlich nicht begründeten Menge. Verordnete der Arzt eine nicht begründete Menge, so spielte es nach Auffassung des Gerichts keine Rolle, ob diese Menge auf einmal oder ob eine ärztlich begründete Menge verabreicht wurde. Die Kontrolle des Verkehrs mit Betäubungsmitteln sollte bereits bei der ärztlichen Verschreibung einsetzen und nicht erst bei der Verwendung. Da die Verschreibung ärztlich begründet sein musste, musste dies erst recht für die verordnete Menge gelten. Die später angewandte Menge war unerheblich. Der Arzt hatte also gegen die Verschreibungs- und Abgabeverordnung verstoßen und sich so gemäß § 10 Abs. 1 Nr. 6 strafbar gemacht[473].

Nach einem anderen vom BGH 1954 entschiedenen Fall hatte der Angeklagte mit einem Mittäter eine Flasche Kochsalz, deren Inhalt er für Kokain hielt, einem Interessenten für 30 000,- DM zum Kauf angeboten[474]. Dies wiederholte er danach noch einmal. Beide Male kam es nicht zum Verkauf. Beim zweiten Versuch wurde der Angeklagte von der Kriminalpolizei in eine Falle gelockt und festgenommen. Das Gericht sprach ihn wegen zwei vollendeter Vergehen nach § 10 Abs. 1 Nr. 1 OpiumG schuldig. Maßgebend für die Verurteilung war der Begriff „Handeltreiben". Darunter war nach Auffassung des Gerichts jede eigennützige, auf Umsatz gerichtete Tätigkeit zu verstehen, auch die nur gelegentliche oder einmalige. Hierbei kam es nicht darauf an, dass es sich bei dem als Betäubungsmittel angebotenen Stoff wirklich um ein solches handelte. Es war nicht einmal erforderlich, dass ein solcher Stoff tatsächlich vorhanden war. Unter „Handeltreiben" war schon das Verhandeln über den Abschluss eines Kaufvertrages sowie das bloße Anbieten anzusehen, auch wenn der Täter den Gegenstand gar nicht besaß. Der Angeklagte wollte nach den Feststellungen des Gerichts echtes Kokain mit Gewinn verkaufen. Hiermit trieb er mit einem Stoff der in § 1 OpiumG bezeichneten Art Handel und hatte nicht nur versucht, Handel zu treiben.

Diese Fälle zeigten, dass es auch nach dem zweiten Weltkrieg immer noch Missstände beim Verkehr mit Betäubungsmitteln gab. Diese waren im Bereich des Verschreibens von Betäubungsmitteln, bei der Anwendung und beim illegalen Handel zu finden. Das Opiumgesetz und die dazu erlassenen Verordnungen wirkten diesen Problemen nicht entgegen.

---

[473] Urteil vom 25.9.1951 g. F. 2 StR 287/ 51; BGHSt. 1, 318
[474] Urteil vom 1.7.1954 g. K. 3 StR 657/ 53; BGHSt. 6, 246

VII. Situation des Drogenhandels und des Drogenkonsums

Nach dem zweiten Weltkrieg war die Lage in Deutschland unübersichtlich. In dieser chaotischen Zeit flossen große Vorräte von Betäubungsmitteln der Wehrmacht in unkontrollierbare Kanäle[475]. Aus diesen wurde der illegale Handel gespeist. Zudem entwickelte die Pharmaindustrie immer neue Präparate, deren Suchtgefahren noch unbekannt waren. Des Weiteren gab es immer noch Missstände beim Verkehr mit Betäubungsmitteln. Diese Umstände waren die Hauptgründe für den Anstieg der Rauschgiftsucht bis 1955. Mit dem Anstieg der Sucht ging zwangsläufig auch ein Anstieg der Rauschgiftdelikte einher. So wurden 1953 1746 neue Fälle gemeldet. Der Hauptteil der Delikte wurde in Großstädten (1275) begangen. Von diesen gemeldeten Fällen wurden 1485 aufgeklärt, an denen 1535 Personen beteiligt waren. Von diesen waren 1529 Täter erwachsen, 6 waren jugendlich. 56 Täter waren Ausländer[476]. 1954 wurden insgesamt 30 Fälle mehr gemeldet. In diesem Jahr war ein leichter Anstieg der neuen Fälle in Kleinstädten und auf dem Land zu verzeichnen. Unter den 1536 festgestellten Tätern waren 19 Heranwachsende, 18 Jugendliche und 10 Kinder[477]. Die Fälle umfassten alle Delikte, bei denen Rauschgift eine Rolle spielte. Bei diesen waren folgende Handlungen zu unterscheiden: Der Schmuggel und Schleichhandel, der Betrug mit angeblichen Rauschgiften, Diebstahl und Unterschlagung von Rauschgiften, Rezeptfälschungen und -verfälschungen sowie Verstöße gegen die Verschreibungs- und Abgabeverordnung[478].

Der Anstieg der Betäubungsmitteldelikte war Anlass für die zweite Arbeitstagung des Bundeskriminalamtes (21. bis zum 26.11.1955), welche sich mit der Bekämpfung von Rauschgiftdelikten beschäftigte. Auf dieser wurde versucht, ein möglichst geschlossenes Bild nach dem neuesten Stand der wissenschaftlichen und praktischen Erfahrungen zu erstellen. Das Thema Rauschgift und Sucht wurde auf dieser Tagung aus allen Blickwinkeln (Chemie, Kriminologie, Medizin etc.) untersucht.

Untersuchungen über die *Sucht nach Betäubungsmitteln* zeigten, dass Süchtige häufig aus den Kreisen der Heilberufe stammten. Diese konnten leichter an Betäubungsmittel gelangen. Aber auch Kriegsbeschädigte, Invaliden und Freiberufler gehörten zu den größeren Gruppen von Süchtigen[479]. An die Stelle der Sucht nach Opiaten und Kokain trat die Sucht nach synthetischen Betäubungsmitteln. Diese Entwicklung hatte bereits 1939 mit Dolantin[480] und 1943 mit Methadon begonnen, welche über mehrere Jahre rezeptfrei zu erwerben waren. Die Sucht der Personen, die nicht in Heilberufen tätig waren, resultierte meist aus

---

475 Referat von Stangl, in: BKA, S. 105
476 Polizeiliche Kriminalstatistik, 1953, S. 68
477 Polizeiliche Kriminalstatistik, 1954, S. 74
478 Referat von Niggemeyer, in: BKA, S. 8
479 Referat von Spaich, in: BKA, S. 45
480 ein vollsynthetisches narkotisches Analgetikum

dem großzügigen Umgang mit Betäubungsmitteln (insbesondere Pervitin) in den Lazaretten im zweiten Weltkrieg und danach in ärztlicher Behandlung. Fälle, in denen die Sucht durch Neugier oder Verführung durch andere ausgelöst wurde, waren eher selten. Dies heißt aber nicht, dass jeder, der mit Betäubungsmitteln behandelt wurde, auch süchtig wurde. Dies geschah meist nur bei den Personen, die schon vor der Entstehung der Sucht „weiche und haltschwache Persönlichkeiten" waren, die mit ihrem Leben nicht fertig wurden[481].

Auf dieser Arbeitstagung wurde erstmals angesprochen, dass die vorbeugende Tätigkeit auf dem Gebiet der Rauschgiftdelikte eine Hauptaufgabe sein müsse. Man sah es als sinnvoller an, eine suchtgefährdete Person vor der Sucht zu bewahren, als sie nach oft jahrelangem Betäubungsmittelmissbrauch zu bestrafen oder zur Zwangsentziehung zu bringen[482]. Dieser Gedanke der präventiven Suchtbekämpfung war neu. Regierungsdirektor Dr. Gewehr vom Bundesgesundheitsamt bemängelte das Fehlen eines Gesetzes zur Bekämpfung der Rauschgiftsucht, in dessen Mittelpunkt der rauschgiftsüchtige Mensch als Kranker stehe, welcher die helfende und heilende Hand des Staates und nicht die strafende bedürfe[483].

Seit Bestehen der Bundesrepublik Deutschland wurden viele Versuche unternommen, Süchtige zu erfassen. In der amerikanischen und der britischen Besatzungszone wurden sie zwangsweise erfasst. Dies wurde nun als nicht zulässig erachtet. Nachdem die früher aufgrund der Verschreibungs- und Abgabeverordnung vorgenommenen Kontrollen der Betäubungsmittelbücher abgeschafft waren, wurden viele Versuche unternommen, Süchtige zu registrieren, wobei immer wieder das Problem der so genannten wandernden Patienten auftrat. Der Regierungs- und Kriminaldirektor im Bundeskriminalamt Dr. Niggemeyer sah in der Abschaffung der Kontrolle einen Nachteil für die Bearbeitung von Rauschgiftdelikten und forderte für die Kriminalpolizei die Wiedereinführung dieser Kontrollen. Des Weiteren forderte er die Einführung eines besonderen Rezeptblocks für die Abgabe von Betäubungsmitteln, wie sie bereits im Saarland und in der sowjetischen Besatzungszone verwendet würden[484]. Die saarländische Verordnung von 1952[485] änderte und ergänzte die Verschreibungs- und Abgabeverordnung dahingehend, dass Medikamente, die Betäubungsmittel enthielten, nur auf einem besonderen Rezept verschrieben und nur aufgrund eines solchen abgegeben werden durften. Dieses bestand aus einem zweiteiligen Betäubungsmittel-Rezeptformular, welches mit dem Siegel der staatlichen Opiumstelle versehen war. Die Formulare wurden von der staatlichen Opiumstelle ausgegeben. Auf diesem Formular musste der Arzt Angaben über sich, den Patien-

---

[481] Referat von Spaich, in: BKA, S. 46, 47
[482] Referat von Niggemeyer, in: BKA, S. 9
[483] Referat von Gewehr, in: BKA, S. 55
[484] Referat von Niggemeyer, in: BKA, S. 10
[485] Saarl. Amtsblatt 1952, S. 397, in der Fassung vom 19.5.1953 (Amtsblatt 1953, S. 377)

ten, die Arznei und deren verschriebene Menge sowie über die Anwendungsweise machen. Entsprach ein Rezept nicht diesen Anforderungen, durfte der Apotheker das Medikament nicht abgeben. Der Apotheker musste die Rezepte fünf Jahre aufbewahren und die Kontrollabschnitte an die staatliche Opiumstelle übergeben. Diese leitete die Abschnitte an einen Amtsarzt weiter.

Der Regierungs- und Kriminalrat Eschenbach erläuterte auf dieser Konferenz die Erscheinungsformen der *Rauschgiftdelikte*. Danach musste zwischen süchtigen und nichtsüchtigen Tätern unterschieden werden. Zu den nichtsüchtigen Tätern zählten Diebe und Einbrecher, Betrüger und Händler/ Schmuggler[486]. Zu den süchtigen Tätern zählten Personen, die sich Rezepte erschlichen, Rezeptdiebe und –fälscher, Betäubungsmitteldiebe und Vielverschreiber[487]. Diese Vielverschreiber konnten aber auch zu den nichtsüchtigen Tätern gezählt werden, wenn sie aufgrund von Arbeitsüberlastung, Unachtsamkeit, Bereicherung etc. immer wieder Betäubungsmittel verschrieben. Die süchtigen Täter arbeiteten nach Art eines Betrügers und täuschten Krankheiten vor bzw. erregten beim Apotheker den Eindruck, ein gefälschtes Rezept stamme von einem Arzt etc.. Als Beispiel für die Vorgehensweise eines süchtigen Täters schilderte Eschenbach folgenden Fall: Ein Mann wurde nach einer schweren Verletzung und der entsprechenden Behandlung morphinsüchtig. Zwar wurde er entwöhnt, wurde aber nach einer Nierenkolik wieder rückfällig. Nachdem die behandelnden Ärzte ihm kein Morphin mehr verschrieben, stahl er Rezepte und verschrieb sich die Betäubungsmittel selber. Daraufhin wurde er verurteilt und musste sich einer Entziehungskur unterziehen. Nachdem er seine Strafe abgesessen hatte, spritzte er sich wieder Morphin. Er suchte Ärzte auf und spielte diesen die Symptome einer Nierenkolik vor, so dass diese ihm Morphin verschrieben. Ein Arzt stellte ihm in Bereicherungsabsicht auf falschen Namen Rezepte aus und ließ diese durch Mittelsmänner einlösen. Der Mann reiste durch das gesamte Bundesgebiet. Unterwegs stahl er einem anderen Mann den Personalausweis, änderte das Geburtsdatum und fügte dem Namen noch einen Doktortitel hinzu. Bei der Einlösung eines gefälschten Rezeptes wurde er verhaftet. Nach Verbüßen einer Strafe wurde er ein Jahr später nochmals wegen Verstößen gegen das Opiumgesetz, Urkundenfälschung etc. in 40 Fällen verurteilt[488]. Dieser Fall kann als ein typisches Beispiel für die Karriere eines drogensüchtigen Kriminellen bezeichnet werden.

Der *internationale illegale Handel bzw. Schmuggel* mit Betäubungsmitteln stellte für die Bundesrepublik bis zu diesem Zeitpunkt noch kein Problem dar. Gleichwohl stellte Niggemeyer fest, dass sich der internationale illegale Handel

---

[486] Referat von Eschenbach, in: BKA, S. 72

[487] Süchtige Ärzte, die anderen oder sich selbst suchtbildende Mittel auf eigenen oder fremden Namen laufend verschrieben, ohne dass diese Verschreibung "ärztlich begründet" war, wie es die Verschreibungsverordnung fordert

[488] Referat von Eschenbach, in: BKA, S. 74

beträchtliche Ausmaße angenommen habe[489]. Der Abteilungsleiter des Generalsekretariats der Internationalen Kriminalpolizeilichen Kommission (IKPK) Dr. Goldenberg beschrieb zunächst die Handelswege für Betäubungsmittel. Das für Europa bestimmte Opium stammte hauptsächlich aus Ägypten und Jugoslawien. Einen organisierten Heroinhandel gab es in Europa zu dieser Zeit nicht. Cannabis jedoch wurde als große Gefahr für Europa angesehen. Zwar gelangten Cannabisprodukte in keinem nennenswerten Umfang in die Bundesrepublik. Als Warnung wurde aber Frankreich angeführt, das Anfang der fünfziger Jahre viele Arbeiter aus Nordafrika aufnahm, ohne das eine Einwanderungskontrolle stattfand. Diese Arbeiter aus Nordafrika brachten ihr Kulturgut Cannabis mit nach Frankreich, wo es nicht nur unter der arabischen Bevölkerung weit verbreitet war. Nach Dr. Goldenbergs Meinung war eine solche Entwicklung bei entsprechenden zwischenstaatlichen Vereinbarungen auch in Deutschland möglich, weshalb eine besondere Wachsamkeit erforderlich war. Im Gegensatz zu dieser Gefahr war nach seiner Meinung der Genuss von Kokain in Europa ausgestorben[490]. Es wurde nur noch in Italien konsumiert.

Der Gruppenleiter im Generalsekretariat der IKPK Langlais berichtete über Fälle internationalen Schmuggels und zeigte damit die entsprechenden Strukturen auf. Zu einem Schmugglernetz gehörten danach in der Regel folgende Personen: Ein oder mehrere Geldgeber (Bandenführer), welche das erforderliche Kapital für den Einkauf der Rohmaterialien oder für die Verarbeitung zur Verfügung stellten; die Hauptteilnehmer, zuverlässige Leute des Bandenführers, welche diesen bei schwierigen Geschäften vertraten; Vermittler (Unterteilnehmer), die sich aus Transporteuren, Chemikern und Verteilern zusammensetzten. Jede dieser Personen kannte meist nur zwei andere Personen der Organisation, nämlich denjenigen, von dem er die Befehle erhielt und denjenigen, mit dem er dann weiter arbeitete[491]. Dies verringerte das Risiko, dass bei einer Verhaftung die gesamte Organisation zerschlagen wurde. Die Schmuggler unterschieden sich nach ihrer Volkszugehörigkeit. So betrieben Araber den Schmuggel zwischen dem Nahen Osten und Westeuropa, zwischen Westeuropa und den Vereinigten Staaten wurde der Schmuggel von Amerikanern italienischer Abstammung geleitet. Auffällig war, dass sich viele internationale Spezialisten des Taschendiebstahls und des Geldfälschens mit Rauschgift befassten[492].

Die Bekämpfung dieses internationalen Schmuggels begann bei den nationalen Polizeidiensten. So gab es in der Bundesrepublik mit dem Bundeskriminalamt eine zentrale Nachrichtensammel- und –auswertungsstelle. International übernahm diese Aufgabe die IKPK. Zu ihren Aufgaben gehörte die Koordinierung der Arbeit der nationalen Zentralbüros, die Einrichtung einer internationa-

---

[489] Referat von Niggemeyer, in: BKA, S. 9
[490] Referat von Goldenberg, in: BKA, S. 136
[491] Referat von Langlais, in: BKA, S. 140
[492] Referat von Langlais, in: BKA, S. 150

len Zentralkartei und die unmittelbare Übersendung aller Unterlagen über internationale Rauschgifttäter an alle Mitgliedsstaaten oder andere fachlich interessierte Stellen. Die nationalen Stellen sollten dem IKPK alle Einzelheiten über eine anfallende Rauschgiftsache, das erkennungsdienstliche Material sowie den Strafregisterauszug über die festgenommene Person übersenden. Das IKPK wertete diese Angaben aus, legte entsprechende Akten an und konnte Fahndungshinweise und -aufrufe geben, soweit dies erforderlich war. Langlais zeigte anhand von Beispielen, dass diese internationale Zusammenarbeit erfolgreich war[493].

Allein die Tatsache, dass sich eine der ersten Arbeitstagungen des Bundeskriminalamtes mit dem Thema Rauschgift auseinander setzte, zeigt, dass die Drogenproblematik in der Bundesrepublik schon früh sehr ernst genommen wurde. Diese Tagung verdeutlichte den Wandel der Rauschgiftkriminalität zu einem international organisierten Geschäft. Es wurde aber ebenso veranschaulicht, dass man sich besonders um Süchtige kümmern musste, da diese durch den durch die Sucht bedingten Hang zur Begehung von Straftaten eine Gefahr für die Allgemeinheit darstellten. Es musste also an mehreren Fronten gekämpft werden: Gegen die Ausbreitung der Sucht an sich, die Folgen dieser und gegen die Ausnutzung der Sucht durch den illegalen Rauschgifthandel.

B. Weitere gesetzliche Entwicklungen vor Erlass des BtMG

Bis zum Beginn der Diskussionen über den Erlass eines neuen Gesetzes über die Betäubungsmittel ergingen weitere Verordnungen. Diese betrafen Änderungen der vorher ergangenen Verordnungen. 1961 fand eine weitere internationale Konferenz über Suchtstoffe in New York statt.

I. Verordnungen vom 26.9.1960

Am 26.9.1960 ergingen fünf Verordnungen, welche die Betäubungsmittel betrafen. Grund hierfür war zum einen, dass nach der Ratifikation der Protokolle 32 weitere Stoffe vom Generalsekretär der Vereinten Nationen benannt wurden, die der nationalen Betäubungsmittelgesetzgebung zu unterstellen waren. Der Bundesinnenminister sandte einen Entwurf einer Gleichstellungsverordnung u. a. an das Bundesjustizministerium und das Bundeskanzleramt[494]. Zu diesem fügte er zugleich Entwürfe zur Änderung der Umlageverordnung und der Verordnung über die Befreiung von der Bezugsscheinpflicht hinzu. Des Weiteren kündigte er Entwürfe für Änderungen der Verschreibungs- und Abgabeverordnung, der Verordnung über die Ein-, Aus- und Durchfuhr von Betäubungsmitteln und der Ankündigungs- und Beschriftungsverordnung an. Ziel der Änderungen sollte die Beseitigung der Unübersichtlichkeit der Betäubungsmittelvorschriften sein. E-

[493] Referat von Langlais, in: BKA, S. 144-150
[494] BArch., B 141/ 4614, S. 1

benso sollte die durch diese Unübersichtlichkeit verursachte Rechtsunsicherheit vermieden werden[495].

Der Innenminister und auch der Bundesjustizminister hielten eine Zustimmung des Bundesrates zu diesen Verordnungen für nicht notwendig. Die Regierungen der Bundesländer sahen in dieser Ansicht jedoch einen Verstoß gegen Artikel 80 Abs. 2 GG[496]. Der Bundesjustizminister stellte daraufhin zunächst fest, dass das Opiumgesetz gemäß Artikel 125 GG als Bundesrecht fortbestand. Gemäß Artikel 129 Abs. 1 S. 1 GG gingen die früheren Verordnungsermächtigungen auf die nunmehr sachlich zuständigen Stellen über. Das Bundesverfassungsgericht hatte als sachlich zuständige Stelle diejenige definiert, die nach der gegenwärtigen Verfassungsordnung zum Erlass einer Vorschrift gerade der in Frage stehenden Art zuständig sein müsste bzw. könnte[497]. Der Justizminister betonte, dass das Opiumgesetz und die daraufhin ergangenen Rechtsverordnungen nicht von den Bundesländern ausgeführt würden. Das Opiumgesetz wäre nach seiner Meinung auch nicht zustimmungsbedürftig gewesen, so dass sich aus Artikel 80 Abs. 2 GG nicht die Zuständigkeit des Bundesrates ergab, diesen Verordnungen zuzustimmen[498]. Die Verordnungen ergingen daraufhin ohne die Zustimmung des Bundesrates.

Gerade die Diskussion des Zuständigkeitsproblems hatte aber dazu geführt, dass die vom Generalsekretär neu benannten Stoffe nicht zügig nach der Benennung unter die deutsche Betäubungsmittelgesetzgebung gestellt wurden. Besonders die späte Unterstellung von Normethadon stieß auf die Kritik der Suchtstoffkommission[499].

1. Betäubungsmittel-Gleichstellungsverordnung

Mit der Gleichstellungsverordnung[500] wurden zunächst 55 neue Stoffe dem § 1 Abs. 1 Nr. 1 b OpiumG gleichgestellt. Die Liste setzte sich aus sämtlichen seit der zweiten Änderung des Opiumgesetzes diesem bereits gleichgestellten Stoffen und den nach dem Generalsekretär zu unterstellenden Stoffen zusammen[501]. Hierunter befanden sich u. a. Amphetamin, Methadon und neue Morphinzubereitungen. Dem § 1 Abs. 1 Nr. 2 OpiumG wurden Acetyldihydrokodein, Dihydrokodein und Pholcodin (ein Äther des Morphins) gleichgestellt. Da diese Stoffe nun bezüglich ihrer Herstellung etc. der Erlaubnispflicht des § 3 OpiumG unterstanden, befanden sich in der Verordnung Vorschriften, die den Verkehr mit diesen Stoffen bis zur Entscheidung über den Antrag auf Erteilung der Er-

---

495 BArch., B 141/ 4614, S. 3, 11
496 BArch., B 141/ 4614, S. 37 als Beispiel
497 BVerfG, Beschluss des I. Senats vom 7.7.1955 – 1 BvR 455/ 54; BVerfGE 4, 203
498 BArch., B 141/ 4614, S. 21 f.
499 BArch., B 142/ 1395, S. 9 der Anlage zum Schreiben vom 30.5.1960
500 BGBl. 1960, S. 765
501 BArch., B 141/ 4614, S. 11

laubnis von der Erlaubnispflicht ausnahmen. Durch diese Verordnung wurden die vorher ergangenen Verordnungen über die Unterstellung weiterer Stoffe unter die Bestimmungen des Opiumgesetzes[502] aufgehoben.

2. Verschreibungs- und Abgabeverordnung

Die zweite Verordnung änderte die Verordnung über das Verschreiben Betäubungsmittel enthaltender Arzneien und ihre Abgabe in den Apotheken[503]. Die Zahl der Stoffe, die als Arzneien nicht verschrieben werden durften, wurde um neun Stoffe erweitert (§ 7 Abs. 2). Der Abschnitt II B befasste sich jetzt mit dem Verschreiben von Arzneien, die generell Betäubungsmittel mit Ausnahme von Kokain enthielten. Nach diesem Abschnitt durften die in § 1 Abs. 1 Nr. 1 a bis c OpiumG und in § 1 der Betäubungsmittel-Gleichstellungsverordnung genannten Stoffe nicht in Substanz verschrieben werden (§ 8). Dies war wegen der Gleichstellungsverordnung eine notwendige Änderung[504]. In § 9 Abs. 1 der Verordnung wurden neue Stoffe aufgeführt, für die Höchstmengen festgelegt wurden, die von einem Arzt an einem Tag verschrieben werden durften. So durften die Arzneien z.B. nur 0,2 g Amphetamin oder Methadon enthalten. Es wurde ein neuer § 10 a eingeführt. Dieser beschäftigte sich mit dem Verschreiben von Arzneien, die u. a. Äthylmorphin oder Kodein enthielten. Der Arzt musste angeben, wie oft und bis zu welchem Zeitpunkt diese abgegeben werden durften. Diese Angaben mussten nicht gemacht werden, wenn es sich um Arzneien handelte, die nur gewisse Höchstmengen enthielten (bei Kodein z.B. 0,1 Gramm pro Einzelabgabe). Im Gegensatz zu den anderen von der Verordnung erfassten Stoffen mussten die Verschreibungen nicht den Namen und die Adresse des Kranken enthalten (neu eingeführter § 19 Absatz 4). Des Weiteren waren auf diese Stoffe die §§ 6, 7 Abs. 1, 22-29 der Verordnung nicht anwendbar. Mit dieser Verordnung traten die Verordnung über den Verkehr mit Kodein und Äthylmorphin vom 24.1.1934[505] und die Polizeiverordnung über Äthylmorphin und Kodein vom 18.11.1942[506] außer Kraft. Durch die Aufnahme von Kodein und Äthylmorphin wurde ein Ziel der Änderung der Verschreibungs- und Abgabeverordnung erreicht. Denn nun waren alle Regeln über die Abgabe Betäubungsmittel enthaltender Arzneien in einer Verordnung zusammengefasst, die Vorschriften wurden übersichtlicher[507].

---

[502] RGBl. 1929 I, S. 225; 1931 I, S. 76; 1932 I, S. 349; 1933 I, S. 570; 1938 I, S. 1350; 1941 I, S. 328; BGBl. 1953 I, S. 402

[503] RGBl. 1929 I, S. 635 in der Fassung vom 31.7.1943 (RGBl. 1943 I, S. 453), zuletzt geändert am 16.6.1953 (BGBl. 1953 I, S. 402)

[504] BArch., B 141/ 4614, S. 117

[505] RGBl. 1934 I, S. 58

[506] RGBl. 1942 I, S. 663

[507] BArch., B 141/ 4614, S. 117

3. Verordnung über Einfuhr, Durchfuhr und Ausfuhr von Betäubungsmitteln

Auch die Verordnung über die Einfuhr, Durchfuhr und Ausfuhr von Betäubungsmitteln[508] wurde geändert[509]. Der Anwendungsbereich wurde auf alle unter das Opiumgesetz fallenden Stoffe sowie auf die im neu eingeführten § 10 a der Verschreibungs- und Abgabeverordnung genannten erweitert. Das Bundesgesundheitsamt ersetzte das Reichsgesundheitsamt. Die Geltungsdauer einer Einfuhrgenehmigung betrug nun drei Monate (vorher ein Monat), und es bestand die Möglichkeit, eine Verlängerung um weitere drei Monate zu beantragen. Der Begriff „Freibezirk" wurde aus allen relevanten Vorschriften gestrichen.

4. Verordnung über die Befreiung von der Bezugsscheinpflicht für Betäubungsmittel

Die Verordnung über die Befreiung von der Bezugsscheinpflicht für Betäubungsmittel[510] nahm zunächst alle in § 1 Abs. 1 Nr. 2 OpiumG erfassten Stoffe (insbesondere Kodein und Äthylmorphin) sowie Opiumpulver, Dicodid-Zubereitungen, den indischen Hanf (sowohl die Pflanze selbst als auch den entsprechenden Extrakt und die Tinktur) und Benzylmorphin von der Bezugsscheinpflicht des § 4 Abs. 1 OpiumG aus. An deren Stelle trat eine vierteljährliche Mitteilungspflicht für die Personen, die diese Stoffe veräußerten oder abgaben, an die Opiumstelle des Bundesgesundheitsamtes. Die Mitteilungspflicht traf also hauptsächlich Apotheker und (Tier-) Ärzte. Die Pflicht bestand auch, wenn nichts veräußert oder abgegeben wurde. Die Empfänger der Stoffe mussten ebenfalls Meldungen an die Opiumstelle machen. Mit dieser Verordnung wurden die Verordnungen über den Fortfall der Bezugsscheinpflicht[511] aufgehoben.

5. Betäubungsmittel-Umlageverordnung

Die fünfte Verordnung vom 26.9.1960 betraf die Umlage auf Betäubungsmittel[512]. Diese legte fest, dass die Personen eine Umlage entrichten mussten, welche Stoffe nach § 1 Abs. 1 Nr. 1 b, c, diesen gleichgestellte Stoffe sowie Zubereitungen aus Rohopium oder aus Opium für medizinische und wissenschaftliche Zwecke (mit mehr als 20% Morphingehalt) herstellten, in Verkehr brachten oder einführten. Die Umlage betrug 100,- DM pro Kilogramm des jeweiligen Stoffes. Sie war im Voraus zu entrichten und wurde zurückerstattet, wenn Be-

---

[508] RGBl. 1930 I, S. 114
[509] BGBl. 1960 I, S. 772
[510] BGBl. 1960 I, S. 773
[511] RGBl. 1931 I, S. 513; 1934 I, S. 1090; 1938 I, S. 1349; 1943 I, S. 454
[512] BGBl. 1960 I, S. 774

täubungsmittel ausgeführt wurden. Die Verordnung hob die Verordnung über die Umlage auf Betäubungsmittel vom 20.2.1935[513] auf.

II. Single Convention vom 30.3.1961[514]

Am 30.6.1961 wurde in New York das Einheitsübereinkommen über Suchtstoffe unterzeichnet.

1. Vorgeschichte

Die bisher geschlossenen internationalen Verträge bezüglich der Bekämpfung des Missbrauchs von Suchtstoffen stellten zwar ein wirksames Mittel dar. Sie hatten aber ein Problem, die unterzeichnenden Staaten waren bei den jeweiligen Abkommen nicht dieselben. Das Deutsche Reich (bzw. die Bundesrepublik Deutschland) z.B. war Vertragspartner der Genfer Abkommen vom 19.2.1925 und vom 13.7.1931, nicht aber des Übereinkommens über die Bekämpfung des unerlaubten Handels mit gefährlichen Stoffen vom 26.6.1936[515]. Dies führte dazu, dass sich einige Staaten darauf berufen konnten, dass sie einzelnen Verträgen (die sich gegenseitig ergänzten) nicht beigetreten waren. Dies wiederum führte dazu, dass das Überwachungssystem lückenhaft war. Bereits 1947 wurden die Vereinten Nationen aufgefordert, Maßnahmen zu ergreifen, um die Übersichtlichkeit auf dem Gebiet der Bekämpfung des Suchtmittelmissbrauchs wieder herzustellen. Es sollte ein einziges Abkommen geschaffen werden, dass die bisherigen Abkommen ersetzte und erweiterte. Der Generalsekretär der Vereinten Nationen erstellte daraufhin einen ersten Entwurf eines Einheitsübereinkommens über Suchtstoffe. Diesen unterbreitete er 1950 allen Regierungen der Vereinten Nationen. Der Entwurf sollte in der Suchtstoffkommission des Wirtschafts- und Sozialrates weiter diskutiert und weiterentwickelt werden. Die Bundesrepublik war in dieser Kommission zwar nicht vertreten, sie wurde aber schon 1953 und 1954 zu deren Tagungen eingeladen. Auch 1955 wurde ein Vertreter der Bundesrepublik, Ministerialrat Dr. Danner (Bundesinnenministerium), auf Vorschlag der USA zur in diesem Jahr stattfindenden 10. Tagung der Kommission eingeladen[516]. Auf dieser Tagung sollte der Entwurf weiter beraten werden, den die Kommission seit 1950 überarbeitete[517].

Der deutsche Vertreter stellte vor dieser Tagung fest, dass das Hauptinteresse der Bundesrepublik dem Entwurf des Einheitsabkommens und dem Problem der synthetischen Betäubungsmittel galt[518]. Vertreter Großbritanniens wiesen darauf hin, dass sich die Opium produzierenden Länder der Verwendung von syntheti-

---

513 RGBl. 1935 I, S. 212

514 BGBl. 1973 II, S. 1354

515 Vgl. Fn. 432

516 BArch., B 142/ 1390, Schreiben vom 20.3.1955

517 Commission on Narcotic Drugs, Report of the tenth session, S. 10 (BArch., B 142/ 1390)

518 BArch., B 142/ 1390, Anlage zum Schreiben vom 31.3.1955

schen Betäubungsmitteln widersetzten und vielmehr forderten, dass der Entwurf Sonderbestimmungen über die Beschränkung dieser Betäubungsmittel enthalten sollte. Die Vertreter Großbritanniens wollten dies schon vor der Tagung 1955 nicht hinnehmen und gingen nicht unberechtigt davon aus, dass die Bundesrepublik ebenso dachte. Schließlich gehörten beide Länder zu den drei größten Herstellern synthetischer Betäubungsmittel[519]. Nach der Diskussion dieses Problems auf der Tagung wurden Beschlüsse gefasst. Danach sollten alle unter das Einheitsabkommen fallenden Stoffe in vier Listen eingeteilt werden. So sollte eine Liste solche Stoffe enthalten, die als besonders gefährlich galten. Deren Herstellung, Verwendung, Verarbeitung, Handel und Besitz sollten von den Staaten verboten werden. Danner bemängelte in seinem Bericht über diese Tagung[520], dass es keine Definition zur Abgrenzung des Begriffs „besonders gefährliche Stoffe" gab. Es wurden trotzdem Beschlüsse gefasst, welche die Einteilung bestätigten.

Des Weiteren sollten medizinische und wissenschaftliche Stoffe, die suchterzeugende Eigenschaften besaßen, aber noch nicht in eine der vier Listen aufgenommen worden waren, angezeigt werden können. Bis zu einer endgültigen Entscheidung der WHO über die (nicht) vorhandene suchterzeugende Eigenschaft des angezeigten Stoffes sollten die Bestimmungen des zu schließenden Abkommens vorläufig auf diesen Stoff angewandt werden. Diese so vorgesehene Regelung erschien Danner als nicht vertretbar, da sie eine erhebliche wirtschaftliche Beeinträchtigung des Herstellers hervorrufen würde. Für eine solche Beeinträchtigung müsse die wissenschaftlich nachgewiesene Erkenntnis der suchterzeugenden Eigenschaft vorliegen[521]. Danners Bedenken führten aber nicht dazu, dass diese Beschlüsse geändert wurden.

Ein weiteres Problem war die Regelung der Verwendung und Kontrolle von Mohnstroh. Danner hatte schon bei der Konferenz in New York 1953 angemerkt, dass die Lizenzierung des Anbaus von Mohnstroh und die Kontrolle beim Erzeuger nicht durchführbar seien. Außerdem könne es nicht zweckmäßig sein, den in Deutschland seit über tausend Jahren üblichen Anbau von Mohn nunmehr unter einen Erlaubniszwang zu stellen[522]. Diese Bedenken blieben unbeachtet. Daraufhin erklärte er, dass diese Bestimmungen als unrealistisch bzw. als undurchführbar angesehen werden müssten. Es wurden auf dieser 10. Tagung der Suchtstoffkommission also die Ausgestaltung der für die Bundesrepublik bedeutsamen Punkte bezüglich der Einteilung von suchterzeugenden Stoffen, bezüglich der Ergänzung der Suchtstofflisten und bezüglich der Verwendung und Kontrolle von Mohnstroh beschlossen. Alle Punkte wurden nicht zur Zufriedenheit Danners geregelt.

---

[519] BArch., B 142/ 1390, Anlage zum Schreiben vom 31.3.1955
[520] BArch., B 142/ 1390, Anlage zum Schreiben vom 11.7.1955
[521] BArch., B 142/ 1390, Anlage zum Schreiben vom 11.7.1955, S. 15
[522] BArch., B 142/ 1390, Anlage zum Schreiben vom 11.7.1955, S. 5

Auch auf der elften Tagung der Suchtstoffkommission 1956 wurde an dem Entwurf gearbeitet. Hierbei wurden die Fragen geklärt, wie die Bestimmungen des Abkommens nach dessen Inkrafttreten ergänzt werden könnten, welche Vorbehalte bei einem Beitritt zulässig sein sollten und welche Schritte zu unternehmen waren, um den endgültigen Text vorzubereiten[523]. Zur Beantwortung der ersten Frage wurde folgendes Verfahren vorgeschlagen: Jeder Teilnehmerstaat sollte berechtigt sein, Ergänzungen vorzuschlagen. Dieser Vorschlag sollte von der Kommission beraten werden. Vor einer Entscheidung der Kommission sollten alle Vertragsparteien gehört werden. Danach konnte die Kommission den Vorschlag verwerfen oder den Generalsekretär der Vereinten Nationen bitten, entweder eine Bevollmächtigtenkonferenz einzuberufen oder den Vorschlag auf die Tagesordnung der Generalversammlung der Vereinten Nationen zu setzen. Die Diskussion über diesen Punkt wurde auf die nächste Tagung verschoben. Die Frage der zulässigen Vorbehalte sollte von der für das Abkommen einzuberufenden Bevollmächtigtenkonferenz geklärt werden.

Zudem wurden auf dieser Tagung noch weitere Schritte beschlossen. Der Entwurf sollte so, wie er sich zum Zeitpunkt dieser elften Tagung darstellte, an die Mitglieder der Kommission und an die Regierungen der Beobachterstaaten (also auch an Bundesrepublik) gesandt werden. Diese sollten bis zum 15.11.1956 zu diesem Entwurf Stellung nehmen. Die Stellungnahmen sollten auf der zwölften Tagung zusammengefasst dargestellt werden.

Danner stellte nach der elften Tagung fest, es werde immer noch gefordert, die Herstellung und der medizinische Gebrauch von synthetischen Betäubungsmitteln durch das Abkommen zu verbieten. Seiner Meinung nach hatte diese Forderung wirtschaftliche Gründe, da sie hauptsächlich von Opiumproduzenten stammte. Zu beachten ist dabei aber, dass der Wirtschafts- und Sozialrat die WHO um die Erforschung wissenschaftlicher Zusammenhänge zwischen Suchterzeugung, schmerzlinderndem Effekt und der chemischen Zusammensetzung gebeten hatte, welchen die WHO aber nicht feststellen konnte. Deswegen wurde das Verbot in abgemilderter Form in den Entwurf aufgenommen[524].

In der Stellungnahme der deutschen Regierung zu dem 1956 übersandten überarbeiteten Entwurf wurde festgestellt, dass einer Verpflichtung, noch zu bestimmende synthetische Rauschgifte zu verbieten, nicht zugestimmt werden könnte. Auf diesem Standpunkt beharrte Danner auch auf der zwölften Tagung der Suchtstoffkommission. Auf dieser wurde der Entwurf weiter bearbeitet. Auf der 13. Tagung der Kommission 1958 wurde dann die Bearbeitung des Entwurfs beendet. Danner hatte bei dieser letzten Überarbeitung Bedenken gegen die geplante Verpflichtung, die Lizenzen der Rauschgifthersteller periodisch zu erneuern. Dies sei nicht zweckmäßig im Hinblick auf den Aufwand, der betrieben

---

[523] BArch., B 142/ 1391, Anlage zum Schreiben vom 2.6.1956

[524] BArch., B 142/ 1391, Anlage zum Schreiben vom 2.6.1956, S. 10; Teil II der Anlage, S. 3

werden müsste, um Betäubungsmittel herzustellen. Die Lizenzen sollten seiner Meinung nach widerrufbar sein. Hierüber wurde jedoch kein Beschluss gefasst.

Nachdem auf dieser Tagung der endgültige Entwurf eines Einheitsübereinkommens erarbeitet worden war, wurde dieser dem Wirtschafts- und Sozialrat für weitere Beratungen vorgelegt. Der Rat bat den Generalsekretär nach den Beratungen, den Entwurf an die Mitgliedsstaaten der Vereinten Nationen, den Sonderorganisationen, der internationalen Atomenergiebehörde und den Nichtmitgliedsstaaten, die Mitglied mindestens eines der bisher geschlossenen Abkommen sind, der WHO, dem Ständigen Zentralausschuss und der IKPK zu übermitteln und all diese dazu einzuladen, bis spätestens zum 1.10.1959 zu diesem Entwurf Stellung zu nehmen[525]. Nachdem dies geschehen war, wurde gemäß Artikel 62 Absatz 4 der UN-Charta eine Bevollmächtigtenkonferenz einberufen, auf der das Einheitsübereinkommen beschlossen werden sollte.

2. Inhalt des Abkommens[526]

In der *Entschließung der Konferenz der Vereinten Nationen zur Annahme des Einheits-Übereinkommens über Suchtstoffe* brachte die Konferenz die Hoffnung zum Ausdruck, dass ausreichende Mittel im Kampf gegen den unerlaubten Verkehr für diejenigen Staaten bereitgestellt werden, welche dies wünschten und beantragten. Diese Mittel sollten in der Bereitstellung von sachverständigen Beratern und fachmännischer Ausbildung bestehen. Bezüglich Artikel 38 („Behandlung Süchtiger“) erklärte die Konferenz, dass die wirksamste Methode zur Behandlung der Sucht die Behandlung in Heilanstalten sei, da Süchtige sich dort keine Suchtstoffe besorgen könnten. Sie forderte daher die Staaten, für welche die Sucht ein schwerwiegendes Problem darstellte, auf, entsprechende Einrichtungen zu schaffen. Weiterhin stellte die Konferenz die Bedeutung der von der Internationalen Kriminalpolizeilichen Organisation geführten Akten über Personen heraus, die unerlaubten Verkehr betrieben. Sie empfahl den Vertragsparteien, diese Akten nach Möglichkeit zu vervollständigen.

Wie in den früheren Abkommen fanden sich auch in diesem zunächst *Begriffsbestimmungen* (Artikel 1). So wurden die Begriffe Cannabis, Cannabispflanze und –harz, Kokastrauch, „Anbau" und „unerlaubter Verkehr" neuerdings definiert. Als „unerlaubter Verkehr" wurde jedes gegen dieses Abkommen verstoßende Anbauen oder Inverkehrbringen von Suchtstoffen angesehen. Neu waren auch die Definitionen für „Zubereitung" und „Gewinnung". Der Begriff „Bestände" wurde im Gegensatz zum dritten Genfer Abkommen von 1931 deutlicher auf die Mengen für medizinische und wissenschaftliche Zwecke begrenzt. Hinzu trat der Begriff „Sonderbestände", womit die Mengen bezeichnet wurden, die für staatliche Sonderzwecke und im Hinblick auf außergewöhnliche Um-

---

525 BArch., B 142/ 1393, Anlage zum Schreiben vom 29.6.1958, S. 16, 17
526 BGBl. 1973 II, S. 1354

stände von einer Regierung verwahrt wurden. Dieser Begriff ersetzte den Begriff „Staatsvorräte". Neu war auch die Definition von „Verbrauch". Darunter war die Abgabe an den Endverbraucher oder an Ärzte, Apotheker, Krankenanstalten und wissenschaftliche Institute zu verstehen.

Das Abkommen galt gemäß Artikel 2 für alle in den *Anhängen I-IV aufgeführten Suchtstoffe*. In Anhang I befanden sich 78 natürliche und synthetische Suchtstoffe, darunter viele neue Morphinformen, Opium, Mohnstroh, Kokain, Kokablätter, Heroin, Methadon, Amphetamin, Cannabis und Cannabisharz. In Anhang II wurden einige Kodein- und Morphinformen aufgeführt. Diese sollten im Kleinhandel weniger streng kontrolliert werden. Anhang III enthielt Zubereitungen aus Kodein und Morphin, soweit diese nur eine geringfügige Gefahr des Missbrauchs in sich bargen, nicht mehr als 100 Milligramm des Suchtstoffes pro Dosiseinheit enthielten und in unaufgeteilten Zubereitungen eine Stärke von höchstens 2,5% hatten. Des Weiteren umfasste dieser dritte Anhang Zubereitungen von Kokain, soweit diese nicht mehr als 0,1% Kokain enthielten, sowie Zubereitungen von Opium und Morphin, die nicht mehr als 0,2% Morphin enthielten. Zubereitungen, die nicht mehr als 2,5 Milligramm Diphenoxylat enthielten, sowie Opiumpulver und Ipecacuanhawurzelpulver waren ebenso erfasst. Für diese galten die gleichen Kontrollmaßnahmen wie für die in Anhang II erfassten Stoffe mit der Maßgabe, dass für sie Handelserleichterungen vorgesehen sind. In Anhang IV wurden besonders gefährliche Suchtstoffe aufgeführt (Cannabis, Cannabisharz, Heroin etc.). Für diese galten die gleichen Maßnahmen wie für die in Anhang I aufgeführten Stoffe. Den Vertragsstaaten wurde aber nahe gelegt, spezielle Maßnahmen zu ergreifen, wenn dies im Interesse der Bekämpfung des Missbrauchs erforderlich ist.

Die schon im zweiten Genfer Abkommen vom 19.2.1925 vorhandene *Möglichkeit zur Ergänzung/ Reduzierung* der vom Abkommen erfassten Stoffe (dort Artikel 8 und 10) wurde auch in dieses Abkommen mit aufgenommen. Allerdings wurde das Verfahren für diese Änderungen weiter ausgestaltet (Artikel 3). Artikel 4 sprach die Verpflichtung für die Vertragsparteien aus, die für die Durchführung dieses Abkommens und für die Beschränkung des Verkehrs mit den erfassten Stoffen auf medizinische und wissenschaftliche Zwecke erforderlichen Gesetze und Verwaltungsmaßnahmen zu erlassen.

Die in dem Abkommen genannten Aufgaben bezüglich der Überwachung wurden der dem Wirtschafts- und Sozialrat unterstehenden *Suchtstoffkommission* und dem Internationalen *Suchtstoff-Kontrollamt* zugewiesen (Artikel 5, 7, 8). Das Internationale Suchtstoff-Kontrollamt wurde mit diesem Abkommen neu gegründet. Die Zusammensetzung, die Amtszeit und Vergütung sowie die Möglichkeit zum Erlass einer Geschäftsordnung wurden geregelt (Artikel 9 bis 11). Das Kontrollamt war gemäß Artikel 12 i.V.m. Artikel 19 zuständig für das seit dem zweiten Genfer Abkommen von 1925 bestehende Schätzungsverfahren. Die vorzunehmenden Schätzungen und das Verfahren bezüglich dieser glichen denen im Genfer Abkommen von 1931 (Artikel 2 bis 5) und dem Protokoll von New York 1953 (Artikel 8). Ebenso verhielt es sich mit den gemäß Artikel 13 i.V.m. Artikel 20 von den Vertragsparteien einzureichenden Statistiken über den Verbrauch und den Verkehr mit den erfassten Stoffen. Für Zubereitungen des Anhangs III waren die Schätzungen und Statistiken auf die Menge der enthaltenen Suchtstoffe zu beschränken. Ging aus diesen Angaben hervor, dass die Ziele des Abkommens gefährdet sind, so konnte das Kontrollamt Maßnahmen treffen, um die Durchführung des Abkommens sicherzustellen (Artikel 14). Diese entsprachen weitgehend dem zweiten Genfer Abkommen von 1925 (Artikel 24 bis 26) und dem Protokoll von New York von 1953 (Artikel 11 bis 13).

Zur Durchführung des Abkommens sollte jede Vertragspartei eine besondere Verwaltungsstelle unterhalten (Artikel 18). Des Weiteren mussten sie dem Generalsekretär der Vereinten Nationen einen Jahresbericht über die Auswirkungen des Abkommens in dem jeweiligen Staat, die entsprechenden Gesetze und einzelne Fälle unerlaubten Verkehrs übermitteln (Artikel 19).

Für die Herstellung und die Einfuhr von in diesem Abkommen erfassten Suchtstoffen eines Staates wurden *Höchstmengen* festgelegt. Diese und das Verfahren bei Überschreitung dieser Mengen entsprachen dem Kapitel III des Genfer Abkommens von 1931. Staaten, die den Anbau von Opiummohn zur Gewinnung von Opium gestatteten, wurden verpflichtet, *staatliche Opiumstellen* zu errichten (Artikel 23). Diese hatten die gleichen Aufgaben wie die nach Artikel 3 des Protokolls von New York aus dem Jahr 1953 zu gründenden Ämter. Das Opiummonopol für Erzeugerstaaten wurde also übernommen. Opium für den internationalen Handel durfte nur insoweit gewonnen werden, als es nicht zu einer Überproduktion führt. Maßstab hierfür waren die von den einzelnen Staaten abgegebenen Schätzungen. Wollte ein Staat entgegen der bisherigen Praxis neuerdings Opium für die Ausfuhr gewinnen, so musste der Staat dies dem Wirtschafts- und Sozialrat melden. Dieser genehmigte dies oder empfahl dem Staat, davon abzusehen. Staaten, die seit zehn Jahren bereits Opium ausführten, konnten dies weiterhin tun. Die Einfuhr war nur aus solchen Ländern erlaubt, die Opium bereits seit zehn Jahren ausführten oder eine Genehmigung des Rates hatten (Artikel 24). Die Kontrolle des Mohnstrohs wurde aus dem Protokoll von 1953 übernommen (Artikel 25). Für die Kontrolle des Kokastrauchs und der Kokablätter sowie für die Kontrolle der Cannabispflanze sollten die gleichen Maßnahmen ergriffen werden wie für Opium. Die Verwendung von Kokablättern für die Herstellung von Würzstoffen, die keine Alkaloide enthalten, und die dafür erforderliche Gewinnung, Ein- und Ausfuhr und den Handel konnten erlaubt werden. Der Anbau von Cannabis zu ausschließlich gärtnerischen und gewerblichen Zwecken[527] war nicht von diesem Abkommen erfasst. Diese Vorschriften galten nur für die Staaten, die Mohn zum Zwecke der Gewinnung von Opium, Opium, den Kokastrauch zur Gewinnung von Kokablättern oder Canna-

[527] D.h. zur Gewinnung von Fasern und Samen

bispflanzen zum Zwecke der Gewinnung von Cannabis oder Cannabisharz anbauten.

Die Herstellung, der Handel und die Verteilung von Suchtstoffen sollte wie in den Abkommen zuvor genehmigungspflichtig sein, soweit diese nicht durch staatliche Unternehmen erfolgten (Artikel 29, 30). Hierbei wurden die Vertragsparteien verpflichtet, darauf zu achten, dass die Personen oder Firmen, die zum Handel etc. berechtigt waren, nicht höhere Mengen von Suchtstoffen in Besitz hatten, als für den „normalen Geschäftsgang" erforderlich waren. Die Maßnahmen zur Überwachung des internationalen Handels (Artikel 31) entsprachen den Maßnahmen, die schon im zweiten Genfer Abkommen (dort Artikel 12-17) vorgesehen waren[528]. Von diesen Bestimmungen wurden Suchtstoffe ausgenommen, die für die Erste Hilfe auf Schiffen und Luftfahrzeugen im internationalen Verkehr mitgeführt wurden (Artikel 32). Die Vertragsparteien verpflichteten sich, auch den Besitz von Suchtstoffen von einer Genehmigung abhängig zu machen (Artikel 33). Diese Vorschrift ähnelte Artikel 7 des zweiten Genfer Abkommens von 1925. Die zu erlassenden Gesetze der Staaten sollten vorsehen, dass nur solche Personen entsprechende Genehmigungen erhalten sollten, welche die erforderliche Befähigung zur wirksamen und gewissenhaften Anwendung der aufgrund dieses Abkommens erlassenen Gesetze besitzen. Es sollten Verzeichnisse über die Mengen der Suchtstoffe geführt werden, die hergestellt wurden (Artikel 34). Artikel 35 enthielt Maßnahmen gegen den unerlaubten Verkehr. Hierzu zählten die innerstaatliche Koordinierung der Maßnahmen zur Verhütung des unerlaubten Verkehrs, die gegenseitige Unterstützung im Kampf gegen diesen, eine enge Zusammenarbeit mit den internationalen Organisationen und den Austausch von etwaigen Beweisstücken, falls dies für die Strafverfolgung erforderlich ist. Die Parteien wurden verpflichtet, Verstöße gegen dieses Abkommen zu bestrafen. Auch die vorsätzliche Teilnahme, die Verabredung und der Versuch sowie Vorbereitungs- und Finanzhandlungen im Zusammenhang mit diesen Verstößen sollten bestraft werden. Des Weiteren wurde für die Verstöße von Ausländern in einem bestimmten Staat der Gebietsgrundsatz eingeführt. Danach war für die Strafverfolgung der Staat zuständig, auf dessen Gebiet die Tat begangen wurde (Artikel 35).

Neu war Artikel 38 des Abkommens. Dieser besagte, dass die Vertragsparteien ihren Vorkehrungen zur ärztlichen Behandlung, Pflege und Rehabilitation besondere Aufmerksamkeit widmen sollten. Es sollten ausreichende Vorkehrungen zur wirksamen Behandlung von Süchtigen getroffen werden. Die Problematik der Behandlung von Süchtigen wurde bisher von keinem Abkommen behandelt.

---

[528] Gegenseitige Achtung der bestehenden Gesetze, keine Lieferung, die über die in den Schätzungen genannte Menge hinausgeht, Genehmigungspflicht der Ein- und Ausfuhr, Regelung der Durchfuhr

Die Single Convention bestimmte schließlich, dass sämtliche vorher geschlossenen Abkommen von Den Haag bis New York 1953 außer Kraft traten. Die Convention sollte 30 Tage nach dem Zeitpunkt in Kraft treten, an dem die vierzigste Ratifikations- oder Beitrittsurkunde beim Generalsekretär der Vereinten Nationen hinterlegt wurde. Für jeden Staat, der nach diesem Zeitpunkt das Abkommen ratifizierte bzw. diesem beitrat, trat das Abkommen dreißig Tage nach Hinterlegung der entsprechenden Urkunde in Kraft. Des Weiteren enthielt das Abkommen Bestimmungen für die Kündigung und die Änderung desselben, für Streitigkeiten diesbezüglich sowie für Vorbehalte bei der Unterzeichnung des Abkommens.

3. Behandlung des Abkommens durch die Bundesrepublik Deutschland

Schon während der Konferenz ergab sich für die Bundesrepublik ein verfassungsrechtliches Problem. Artikel 3 Absatz 7 des Abkommens bestimmte, dass jeder Beschluss der Suchtstoffkommission bezüglich einer Änderung der Anhänge für die Vertragsparteien dann unmittelbar in Kraft tritt, wenn der Generalsekretär den Mitgliedern der Vereinten Nationen, den Nichtmitgliedern sowie den Vertragsparteien und der WHO diesen Beschluss mitgeteilt hat. Die Parteien waren dann verpflichtet, die nach dem Übereinkommen erforderlichen Maßnahmen zu treffen. Dies bedeutete, dass das Recht der für alle Vertragsstaaten unmittelbar verbindlichen Änderung der Anhänge auf die Suchtstoffkommission übertragen wurde. Nach Auffassung des Bundesinnenministeriums hätte diese Bestimmung eine Übertragung von Hoheitsrechten zur Folge haben können. Denn durch diese Bestimmung konnte die Bundesrepublik insbesondere zur Anpassung innerstaatlichen Rechts gezwungen werden. Zwar sah Artikel 24 GG eine Möglichkeit zur Übertragung von Hoheitsrechten vor. Der Sinn dieses Artikels sei jedoch, supranationale Einrichtungen zu ermöglichen. Er sollte nicht dazu führen, in einer Vielzahl von Einzelfällen eine Durchlöcherung der deutschen Hoheitsrechte zu erleichtern[529]. Der deutsche Bevollmächtigte auf dieser Konferenz hatte dies in den zuständigen Ausschüssen erläutert und mehrmals angeregt, diesen Artikel abzuändern. Hierbei merkte er an, dass es für die Bundesrepublik schwierig sein könnte, dieser Fassung zuzustimmen[530]. Diese Bedenken schufen aber keine Abhilfe. Die Bundesrepublik unterzeichnete das Abkommen, ratifizierte es aber erst zwei Jahre nach Erlass des Betäubungsmittelgesetzes.

III. Verordnungen vom 25.10.1961

Am 25.10 1961 ergingen zwei Verordnungen die Betäubungsmittel betreffend. Grund für diese war eine Mitteilung des Generalsekretärs der Vereinten Natio-

[529] Sten. Ber., 6. Wahlperiode, S. 4633 (82. Sitzung)
[530] Sten. Ber., 6. Wahlperiode, S. 6836 (116. Sitzung)

nen, in der weitere Stoffe genannt wurden, die unter die nationalen Betäubungsmittelvorschriften gestellt werden sollten[531].

1. Betäubungsmittel-Gleichstellungsverordnung

Zunächst erging die zweite Verordnung über die den Betäubungsmittel gleichgestellten Stoffe[532]. Mit ihr wurden den in § 1 Absatz 1 Nr. 1 b OpiumG aufgeführten Betäubungsmittel sieben weitere Stoffe gleichgestellt. Hierunter befanden sich Amphetaminzusammensetzungen, Beruhigungsmittel (mit Morphin als Bestandteil), Schmerzmittel und Stoffe, die sich in Lösemitteln fanden und zum so genannten Schnüffeln benutzt wurden. Für diese Stoffe wurden die gleichen Übergangsvorschriften in die Verordnung aufgenommen wie bei der ersten Betäubungsmittel-Gleichstellungsverordnung vom 26.9.1960. § 5 der Verordnung enthielt eine Ermächtigung, nach welcher der Bundesinnenminister die dem § 1 Absatz 1 Nr. 1 b, 2 OpiumG gleichgestellten Stoffe neu bekannt machen konnte.

2. Verschreibungs- und Abgabeverordnung

Die zweite Verordnung vom 25.10.1961 änderte die Verordnung über das Verschreiben Betäubungsmittel enthaltender Arzneien und deren Abgabe in der Apotheke[533]. Die Liste der Stoffe, die gemäß § 7 Absatz 2 der Verordnung nicht verschrieben werden durften, wurde um fünf Stoffe ergänzt, welche die zweite Gleichstellungsverordnung den im Opiumgesetz aufgeführten Stoffen gleichstellte. Diese Stoffe sollten nicht verschrieben werden, weil die therapeutisch vertretbaren Höchstmengen für diese Stoffe noch nicht bekannt waren[534]. Das Verzeichnis der Stoffe, die nur in gewissen Höchstmengen täglich verschrieben werden durften, wurde durch Diphenoxylat (Beruhigungsmittel) ergänzt. Dieses Mittel wurde den §§ 10 a, 19 Absatz 4, 21 Absatz 7 und 29 a der Verordnung unterstellt.

IV. Verordnungen vom 24.4.1963

Am 24.4.1963 ergingen drei Verordnungen und eine Bekanntmachung. Zunächst erging die *dritte Betäubungsmittel-Gleichstellungsverordnung*[535]. Sie unterstellte sechs weitere Stoffe dem § 1 Absatz 1 Nr. 1 b OpiumG. Darunter befanden sich Methadon- und Pethidin-Zwischenprodukte[536]. Dem § 1 Absatz 1 Nr. 2 OpiumG wurde die Kodeinform Nicocodin hinzugefügt. Diese Ergänzung

---

[531] BArch., B 136/ 5275, Archivalieneinheit 1677
[532] BGBl. 1961 I, S. 1909
[533] BGBl. 1961 I, S. 1915
[534] BArch., B 136/ 5275, Archivalieneinheit 1703
[535] BGBl. 1963 I, S. 209
[536] Ein synthetisch hergestelltes Opioid, welches geringere analgetische Wirkungen hatte als Morphin

war notwendig aufgrund von internationalen Verpflichtungen, wie es in der Begründung hieß[537].

Im Anschluss an diese Gleichstellungsverordnung wurde eine Neufassung der den in § 1 Absatz 1 Nr. 1 b und Nr. 2 OpiumG genannten Stoffen gleichgestellten Stoffe bekanntgemacht[538]. Hier wurden die drei bisher ergangenen Gleichstellungsverordnungen zusammengefasst. Hierbei ergab sich etwas Erstaunliches im Vergleich zum Einheitsübereinkommen von 1961. Durch die Unterstellungsverordnungen von 1929 bis 1941 sowie durch die Gleichstellungsverordnungen nach dem zweiten Weltkrieg unterstanden jetzt alle Stoffe dem Opiumgesetz, die in Anhang I erfasst waren. Auch einige der in Anhang II und III und alle im Anhang IV erfassten Stoffe waren in dieser Bekanntmachung sowie in den Unterstellungsverordnungen von 1929 bis 1941 genannt. Die Bundesrepublik kam so den Forderungen des Einheitsübereinkommens nach, die sich auf die Kontrolle und die Überwachung des Verkehrs mit diesen Stoffen bezogen, ohne das Übereinkommen ratifiziert zu haben. Die meisten der Stoffe waren schon vor dem Einheitsübereinkommen durch die Gleichstellungsverordnung vom 26.9.1960 dem Opiumgesetz unterstellt. Es lässt sich also sagen, dass die Bundesrepublik hier ausnahmsweise schneller war als die internationale Entwicklung.

Die *Verordnung über das Verschreiben Betäubungsmittel enthaltender Arzneien und ihre Abgabe in den Apotheken* wurde entsprechend geändert[539]. Den Stoffen, die gemäß § 7 Absatz 2 der Verordnung nicht verschrieben werden durften, wurden sechs weitere Stoffe hinzugefügt. Es waren die Stoffe, die durch die dritte Gleichstellungsverordnung den in § 1 Absatz 1 Nr. 1 b OpiumG genannten Stoffen gleichgestellt wurden. Die WHO hatte für diese keine Angaben über Höchstmengen gemacht. Dies wollte man abwarten[540]. Die maßgeblichen Vorschriften wurden entsprechend geändert. Im Anschluss daran wurde die Verordnung in der nun geltenden Fassung bekanntgemacht[541].

Auch die *Verordnung über die Befreiung von der Bezugsscheinpflicht für Betäubungsmittel* wurde aufgrund der dritten Gleichstellungsverordnung geändert[542]. Danach unterlag jetzt Diphenoxylat nicht mehr der Bezugsscheinpflicht. Für die erfassten Stoffe bestand statt der Bezugsscheinpflicht die Pflicht zur vierteljährlichen Mitteilung bezüglich der Empfänger und der Menge der abgegebenen Menge. Die Verordnung vom 26.9.1960[543] wurde durch diese Verordnung aufgehoben.

---

[537] BArch., B 136/ 5275, Archivalieneinheit 1723
[538] BGBl. 1963 I, S. 211
[539] BGBl. 1963 I, S. 210
[540] BArch., B 136/ 5275, Archivalieneinheit 1723
[541] BGBl. 1963 I, S. 216
[542] BGBl. 1963 I, S. 212
[543] BGBl. 1960 I, S. 773

C. Das Betäubungsmittelgesetz vom 1.1.1972

Das Betäubungsmittelgesetz war eine notwendige Weiterentwicklung des Opiumgesetzes, enthielt aber auch bemerkenswerte neue Grundsätze. Ausschlaggebend hierfür war der massive Anstieg des Drogenkonsums und die Entwicklung des Drogenhandels Mitte der sechziger Jahre.

I. Konsum und illegaler Handel

Ende der fünfziger Jahre war zunächst ein Rückgang der neu gemeldeten Rauschgiftdelikte zu verzeichnen. Waren es 1956 noch 1330 neue Fälle, so waren es 1959 nur noch 1041. Der Hauptteil wurde wie schon vorher in den Großstädten gemeldet. 869 Fälle wurden aufgeklärt, wobei 870 Täter festgenommen wurden. Unter diesen waren 19 Heranwachsende und sechs Jugendliche. 47 Täter waren Ausländer[544]. Die Zahl der neu gemeldeten Fälle nahm bis 1963 kontinuierlich ab. In diesem Jahr wurden 820 Fälle erfasst, von denen 716 aufgeklärt wurden. Unter den 714 festgestellten Tätern waren allerdings 105 Ausländer.

Mitte der sechziger Jahre begann dann in der Bundesrepublik Deutschland wie in anderen Staaten das, was als „massive Drogenschwemme" oder „Drogenwelle" bezeichnet wurde. Der Konsum bzw. der Missbrauch von Rauschmitteln breitete sich stetig aus. Die internationale Verbreitung der Hippiebewegung hatte dazu geführt, dass der Konsum von Cannabis und LSD anstieg. Diese Drogen erlebten in dieser Zeit den heftigsten Aufschwung von allen Drogen. LSD war erstmals 1938 bei Untersuchungen über Mutterkornalkaloide in den chemisch-pharmazeutischen Laboratorien der Sandoz AG von Albert Hoffmann hergestellt worden. Ziel der Untersuchungen war die Synthese von Abkömmlingen der Lysergsäure, dem Grundbaustein der Mutterkornalkaloide gewesen[545]. Die Wirkung von LSD führt zu optischen Verzerrungen mit Farbhalluznationen und zu Dimensionsverschiebungen in der raum-zeitlichen Orientierung[546]. Es bewirkt eine zeitlich begrenzte Aufhebung der normalen Wahrnehmungsarten. LSD macht nicht körperlich abhängig. Auch eine psychische Abhängigkeit ist selten, Todesfälle waren zu dieser Zeit nicht bekannt[547]. Es wurde jahrelang in der Psychotherapie angewandt. Seit 1962 war LSD die geheimnisvolle Wunderdroge der psychedelischen Bewegung des Psychologieprofessors Timothy Leary. Studenten und Künstler konsumierten die Droge zur Bewusstseinserweiterung[548].

Zur Verdeutlichung der Ursachen für den Anstieg des Drogenkonsums muss die Frage geklärt werden, wer zu den Drogenkonsumenten und Drogensüchtigen zählte. In einer 1968 von der Bundesregierung veröffentlichten Statistik mit dem

---

[544] Polizeiliche Kriminalstatistik 1959, S. 112
[545] Scheerer/ Vogt/ Hess, S. 413 f.
[546] Studie der FU Berlin, Nr. 5/ 1971, S. 17
[547] Scheerer/ Vogt/ Hess, S. 415
[548] Körner, Anhang C 1, Rn. 300

Stand vom 31.12.1966[549] waren 4226 Süchtige erfasst. Darunter waren 336 männliche Ärzte, 438 Kriegsgeschädigte und Invaliden, 455 Pensionäre und 1060 Ehefrauen. Das Alter dieser Personen belief sich zu meist auf 40 bis über 60 Jahre. Laut dieser Statistik erlangten ca. 75% der Süchtigen die Betäubungsmittel auf legalem Wege. Ebenfalls 75% der Süchtigen wurde aus therapeutischen Gründen süchtig, d.h. sie wurden während einer medizinischen Behandlung an das jeweilige Mittel gewöhnt und dadurch süchtig. Im Vergleich zum Vorjahr war ein Rückgang von 150 Süchtigen zu verzeichnen. Doch es kamen immer mehr Jugendliche und Heranwachsende in Kontakt mit Drogen. Dies zeigt sich an einer Statistik, die den Anteil der Jugendlichen (14-18 Jahre) und Heranwachsenden (18-21 Jahre) an den Personen darlegt, die Rauschgiftdelikte begingen. Bis einschließlich 1965 betrug der Anteil beider Gruppen insgesamt ca. 5,5%. 1966 betrug der Anteil der Heranwachsenden allein 5,2%, der der Jugendlichen verdoppelte sich auf 3,2%. 1967 machte der Anteil der Heranwachsenden 16,2%, der der Jugendlichen 6,2% aus[550]. Bis 1969 war der Anteil der Jugendlichen auf 17,2% angestiegen, der Anteil der Heranwachsenden auf 30,5%[551]. Beide Gruppen zusammen machten also 1969 fast die Hälfte der Täter aus, die Rauschgiftdelikte begingen. Im Jahr 1970 erreichte der Anteil der Jugendlichen und Heranwachsenden unter den Tätern seinen vorläufigen Höhepunkt mit 67,3 %[552]. Der Drogenkonsum war unter Personen unter 21 Jahren also weit verbreitet.

Den Gründen, warum Drogen bei der Jugend so großen Anklang fanden, ging eine Studie der Freien Universität Berlin aus dem Jahr 1971[553] nach, die als Ursachen mehrere Punkte nannte. An vorderster Stelle standen die Neugier und die Nachahmung sowie der Wunsch, von einer bestimmten Gruppe von Altersgenossen anerkannt zu werden. Auch das Verlangen nach außergewöhnlichen Erlebnissen spielte eine Rolle. Ein starker Antrieb zum Drogenkonsum war auch der Gedanke des Protests in dem Sinne, die als autoritär erlebte Bezugsperson (Eltern) durch Missachtung der geforderten Verhaltensnorm zu provozieren[554]. In den Großstädten und gerade in Berlin war die Zeit Mitte der sechziger Jahre wesentlich geprägt von den oft stürmischen Zeiten der studentischen und allgemeinen Jugendprotestbewegungen. Die Bundesregierung sah als besonders gefährdet solche Jugendliche an, die labil waren oder aus ungünstigen Familienverhältnissen stammten. Ebenso gefährdet waren vom Wohlstand übersättigte junge Menschen, die eine Steigerung ihrer Empfindungswelt durch Rauschgifte

549 BT-Drucks. V/ 2789, Anlage 1
550 BT-Drucks. V/ 2789, S. 2
551 BT-Drucks. VI/ 1040, S. 1
552 Prot. des Rechtsausschusses VI/ 54, Anlage 2, S. 2
553 Studie der FU Berlin, S. 18
554 Studie der FU Berlin, S. 18, 19; auch heute noch sind dies die Hauptgründe für den Drogenkonsum von Jugendlichen

suchten[555]. Unmittelbar vor Erlass des Betäubungsmittelgesetzes ergab sich aus einer Studie des Landes Hessen, dass der Rauschmittelkonsum die Mehrzahl der Schüler der Oberstufe der Gymnasien und der Berufsschulen erfasst hatte. 5% der Oberschüler waren bereits abhängig, 20% waren unmittelbar gefährdet, abhängig zu werden[556]. Das Drogenproblem hatte also eine neue Dimension erreicht. Waren es vor dem zweiten Weltkrieg fast ausschließlich Erwachsene, die Betäubungsmittel missbrauchten, so waren vorwiegend Jugendliche Opfer und gleichzeitig Motor der Drogenwelle Mitte der sechziger Jahre.

Auch der illegale Handel mit Betäubungsmitteln erlebte in dieser Zeit zwangsläufig einen Anstieg. Die Zahl der neu gemeldeten Fälle von Rauschgiftdelikten stieg ab 1965 an. 1968 waren es bereits 1891 neue Fälle, von denen 1671 aufgeklärt wurden. Dabei wurden 1250 Täter festgestellt, was darauf schließen lässt, dass es Wiederholungstäter gab. In diesem Jahr wurden 476 Heranwachsende, 207 Jugendliche und vier Kinder als Täter festgestellt. Dies sind sogar noch mehr als im Jahr darauf. Es waren also weniger als die Hälfte der Täter Erwachsene. Die Zahl der ausländischen Täter stieg auf 453 an[557], ein Zeichen dafür, dass internationale Banden in der Bundesrepublik illegal mit Drogen handelten.

Der illegale Handel entwickelte sich weiter. Beteiligten sich vor dem zweiten Weltkrieg noch pharmazeutische Unternehmen an diesem, zogen sich diese nach dem Weltkrieg aus dem illegalen Handel zurück. Dieser war jetzt unabhängig von Pharmaunternehmen international organisiert. Händler schlossen sich zu Banden zusammen, die wie Spionagedienste aufgebaut waren. Innerhalb dieser Banden wurden auf der untersten Absatzstufe auch Kinder und Jugendliche eingesetzt. Diese waren meist selbst süchtig und waren über diese Sucht leicht zu kontrollieren[558]. Die Bundesrepublik entwickelte sich zu einem zentralen Absatzmarkt des international organisierten Drogenhandels. Die Bundesregierung sah in diesen in Banden zusammengeschlossenen Händlern den Hauptgrund für den Anstieg des Drogenmissbrauchs[559]. So genannte „Dealer" gaben Gratisproben an Jugendliche ab, um diese süchtig zu machen und so neue Kunden zu gewinnen. Es mehrten sich auch Berichte über gewaltsames „Anfixen", also die gewaltsame Verabreichung gerade von Heroin[560]. 1970 stieg die Rauschgiftkriminalität im Vergleich zum Vorjahr um 338%[561]. Die internationalen Drogenorganisationen wurden meist von *Organisatoren* geführt, die gute Beziehungen zu Personen pflegten, die in Anbauländern mit der Erzeugung der Rohstoffe be-

---

[555] BT-Drucks. V/ 2789, S. 4
[556] Sten. Ber., 6. Wahlperiode, S. 8163, 8164 (142. Sitzung)
[557] Polizeiliche Kriminalstatistik 1968, S. 98
[558] BT-Drucks. VI/ 1877, S. 5
[559] Sten. Ber., 6. Wahlperiode, S. 6356 (108. Sitzung)
[560] Sten. Ber., 6. Wahlperiode, S. 8164 (142. Sitzung)
[561] Prot. des Rechtsausschusses VI/ 54, Anlage 2, S. 2

schäftigt waren. Diese Bandenführer organisierten den Anbau und den Vertrieb (wobei Bestechungen von Beamten, die mit der Überwachung des Anbaus in dem entsprechenden Land betraut waren, regelmäßig stattfanden). Des Weiteren stellten sie das erforderliche Kapital zur Verfügung. Sie unterhielten gute Kontakte zu Politikern und Militärs, die ihnen den Anbau und Abtransport der Stoffe ermöglichten. Hierbei vermieden es die Bandenführer, persönlich an den Geschäften teilzunehmen (wie schon auf der Arbeitstagung des Bundeskriminalamtes 1955 festgestellt worden war). Zum Teil gingen diese Organisatoren seriösen Beschäftigungen nach. Auch die Mafia und ehemalige Goldschmuggler fanden sich unter diesen Organisatoren[562].

Für diese Organisatoren handelten unter diesen stehende Organe, die meist eigenverantwortlich die Geschäfte führten. *Transporteure oder Schmuggler* beförderten die Drogen zu einer Verteilerzentrale. Hierbei traten immer mehr Jugendliche und Studenten in den Vordergrund. Diese unternahmen Nah- und Fernostreisen, um auch der Drogenmystik näher zukommen. Ging diesen meist mit einem Minimalbetrag ausgestatteten Drogenkonsumenten das Geld aus (meist zu dem Zeitpunkt, an dem sie nach Hause wollten), so traten entsprechende Personen an sie heran und warben sie für den Transport von Drogen an. Dies geschah auch durch Erpressung. Gerade diese unerfahrenen Schmuggler wurden dann von den Zollbehörden erwischt. Der professionelle Schmuggler war nicht so leicht zu erwischen. Sie benutzten für den Transport besondere Vorrichtungen[563].

Das Auto wurde generell zu einem Schmuggelinstrument präpariert. Es wurden Verstecke in den Kotflügeln oder im bzw. am Benzintank benutzt, um Drogen zu schmuggeln. Die Transporteure kannten meist nur den Namen der Person, die ihnen den Auftrag gaben, und den Namen des Empfängers der Lieferung. So blieben die Haupttäter unbekannt[564]. Die Rohstoffe wurden dann zu Drogen verarbeitet und an die Händler verteilt. Nachdem also das BKA schon 1955 diese Wege des internationalen Schmuggels aufgezeigt hatte, ohne dass dieser die Bundesrepublik Deutschland schon betroffen hat, nahmen internationale Schmugglerbanden jetzt die Bundesrepublik als Absatzgebiet wahr.

Der Anstieg des Drogenkonsums und des illegalen Handels zeigt sich an den Mengen an Betäubungsmitteln, die in der Zeit von 1962 bis 1971 sichergestellt wurden. 1962 wurden noch 5,5 kg Haschisch sichergestellt, 1971 waren es schon 6670 kg. Von 1963 bis 1965 pendelte die sichergestellte Menge sich um die 40 kg ein. 1966 waren es schon 135 kg, 1968 381 kg und 1969 waren es 2278 kg. Bei LSD verhielt es sich ähnlich. Wurden 1967 noch 10 so genannte Trips sichergestellt, stieg diese Zahl 1970 auf 179 000. Heroin wurde erstmals 1968 sichergestellt. Hierbei handelte es sich um eine Menge von 1,8 kg. 1971

[562] Jenny, S. 50, 51
[563] Jenny, S. 53
[564] Jenny, S. 53, 54

wurden 3,7 kg eingezogen[565]. Der Konsum von Kokain schien nach dieser Statistik erst 1971 anzusteigen. Vor diesem Jahr beliefen sich die Sicherstellungen auf 16-100 g. 1971 wurden dann 9,2 kg beschlagnahmt. Diese steigenden Zahlen belegen zum einen, dass es in dieser Zeit einen starken Anstieg des Drogenkonsums und des illegalen Handels gab[566]. Zum anderen zeigte es aber auch, dass die Polizei größere Erfolge bei der Bekämpfung des Drogenhandels und –schmuggels vorweisen konnte.

Die Bundesregierung war also zum Handeln gezwungen. So wurde zwei Jahre nach Einsetzen der Drogenflut darüber nachgedacht, ob die Strafbestimmungen des Opiumgesetzes den kriminalpolitischen Notwendigkeiten entsprachen. Dabei wurde angeregt, für die besonders gefährlichen und kriminalpolitisch schwerwiegenden Taten Qualifikationstatbestände mit einer schärferen Strafandrohung einzuführen[567]. Dies war aber nicht die einzige gesetzgeberische Maßnahme, die ins Auge gefasst wurde. Im Saarland wurde schon am 21.3.1952 eine Verordnung erlassen, welche die Verschreibungsverordnung änderte und ergänzte[568]. In der Bundesgesetzgebung fand diese auf das Saarland begrenzte Regelung bisher keinen Niederschlag. Dies sollte geändert werden. Damit erhoffte man sich eine bessere Überwachung des Verkehrs mit Betäubungsmitteln[569].

Allerdings war es der Bundesregierung bewusst, dass dies nicht die einzige Maßnahmen sein konnten. Die Bekämpfung des illegalen Handels und des Missbrauchs war vornehmlich Aufgabe der Polizei. Deren Fachkommissariate wurden zunächst personell verstärkt und neue Fachkommissariate eingerichtet. Die mit der Bekämpfung der Rauschgiftdelikte befassten Personen (insbesondere Zollbeamte) wurden eingehend geschult. Neuerdings wurden auch Rauschgiftspürhunde zum Aufspüren von Drogen eingesetzt. Des Weiteren wurde ein koordiniertes Überwachungs- und Meldesystem zwischen Bundeskriminalamt, Kriminalpolizei, Bundesgrenzschutz und Zoll vorbereitet[570]. Der illegale Drogenhandel in der Bundesrepublik ließ sich aber nicht isoliert verfolgen, der Drogenhandel war international organisiert. Deswegen unterhielt das Bundeskriminalamt neben seiner Zusammenarbeit mit den Dienststellen von Interpol Kontakte mit den Polizeibehörden derjenigen Staaten, die als Herkunfts- und Transitländer für das in die Bundesrepublik illegal eingeführte Rauschgift bekannt waren. So fand z.B. ein Austausch von Beamten mit der Türkei statt[571]. Es sollte ein Erfahrungsaustausch mit den Staaten stattfinden, in denen der Missbrauch

---

565 Statistiken aus Körner, Anhang C 2, S. 1618, 1619
566 Prot. des Rechtsausschusses VI/ 54, Anlage 2, S. 2
567 BT-Drucks. V/ 2789, S. 5
568 Saarl. Amtsblatt 1952, S, 397, vgl. S. 222
569 BT-Drucks. VI/ 1667, S. 119
570 BT-Drucks. VI/ 1040, S. 4
571 BT-Drucks. VI/ 1334, S. 14

besonders verbreitet war. Schwerwiegende Fälle, die einen internationalen Bezug hatten, wurden dem Bundeskriminalamt zugewiesen[572].

Die Aufklärung und Belehrung Jugendlicher über die Gefahren des Missbrauchs stellte eine weitere Maßnahme gegen den Anstieg des Drogenkonsums dar. So sollte zunächst eine Informationsschrift für Eltern, Erzieher und andere Personen, die für die Bildung und die Erziehung der Jugendlichen verantwortlich waren, bereitgestellt werden[573]. In einem Ende 1970 veröffentlichten Aktionsprogramm zur Bekämpfung des Drogen- und Rauschmittelmissbrauchs[574] wurden die geplanten Aufklärungsmaßnahmen genau dargelegt. Danach war die Herausgabe einer Aufklärungsbroschüre nur ein Punkt. Parallel dazu war eine Plakataktion vorgesehen, durch welche die Bevölkerung auf die Aufklärungsbroschüre aufmerksam gemacht werden sollte. Diese Maßnahmen sollten auch dem Problem entgegenwirken, dass in der Presse immer wieder Berichte auftauchten, welche Drogen und deren Konsum verharmlosten[575]. Außerdem sollte ein Faltblatt mit Kurzinformationen herausgegeben werden, und es sollten weitere gezielte Aufklärungsaktionen über Presse, Rundfunk, Fernsehen und Kino stattfinden. Auch ein Film zum Thema „Drogen und Rauschmittel" sollte hergestellt werden. Ein Schwerpunkt sollte bei der Ausbildung von so genannten „Schlüsselpersonen" gesetzt werden, bei solchen Personen also, die eine Schlüsselposition bei der Ausbildung und Erziehung von Jugendlichen innehatten. Diese Ausbildung sollte in Modellseminaren stattfinden, deren Ziel es war, eine wachsende Zahl von Fachleuten in der Lehrerschaft, der außerschulischen Bildungsarbeit, der Heimerziehung und in den Elternverbänden auszubilden. Diese sollten dann ihr Wissen als so genannte „Multiplikatoren" weitergeben[576].

In Bezug auf die Heilung von Drogensüchtigen beinhaltete das Aktionsprogramm der Bundesregierung Modelle und Empfehlungen für vorbeugende und therapeutische Hilfen. Darin wurde dem Einsatz von Vertrauenslehrern für Drogenproblem in den Schulen besondere Bedeutung beigemessen. Diese sollten auf der einen Seite Schüler und Eltern in persönlichen und schulischen Nöten, die im Zusammenhang mit dem Drogenkonsum standen, beraten. Auf der anderen Seite sollten diese Vertrauenspersonen der Schülermitverwaltung, der Elternpflegschaft und der Schulleitung als Informanten und Berater zur Seite stehen. Da die Heilungsaussichten von Drogensüchtigen in dieser Zeit u. a. wegen des Fehlens geeigneter Einrichtungen als gering eingeschätzt wurden, sollte zunächst die Zusammenlegung von drogensüchtigen mit Alkoholsüchtigen in psychiatrischen Kliniken verhindert werden, da dies vom therapeutischen Standpunkt abzulehnen war. Die Schaffung solcher Einrichtungen sollte vorangetrie-

[572] BT-Drucks. VI/ 1667, S. 120
[573] BT-Drucks. VI/ 1040, S. 3
[574] BT-Drucks. VI/ 1667, S. 116 ff.
[575] z.B. der Haschischreport von Rudolf Walter Leonhardt
[576] BT-Drucks. VI/ 1667, S. 120, 121

ben werden, da ein Mangel an Einrichtungen und Sonderabteilungen in Kliniken herrschte[577].

Weiterhin sah das Aktionsprogramm vor, die Wirkungen und insbesondere die sozialpsychische Gefährlichkeit von Haschisch bzw. Marihuana zu untersuchen. Auch die Untersuchungen über die Motivation des Drogenkonsums sollten weiter geführt werden. Hierdurch versprach man sich einen besseren Einblick in das Gewicht der verschiedenen Motive für die Hinwendung zum Drogenkonsum. Die Ergebnisse dieser Untersuchungen sollten für weitere Aufklärungs- und Werbekampagnen genutzt werden[578].

Es zeigt sich hier also ein bedeutender Unterschied zu der Zeit vor dem zweiten Weltkrieg. Zu dieser Zeit hatte man nicht daran gedacht, vorbeugende Maßnahmen zu treffen. Es wurde auch wenig über die Therapie von Drogensüchtigen nachgedacht. Das einzige Mittel der damaligen Regierung war der Erlass von neuen Strafvorschriften in Form des Opiumgesetzes von 1929. Ende der sechziger Jahre wurde darüber zwar auch nachgedacht. Doch das Problem wurde umfassender aufgearbeitet. Jetzt wurde nach den Ursachen geforscht und Programme zur Bekämpfung der Ursachen entwickelt. Die Aufklärung stand im Mittelpunkt der außergesetzlichen Maßnahmen. Auch über die Heilung von Drogensüchtigen machte man sich mehr Gedanken als zu damaliger Zeit. Ebenso wurde die Bekämpfung des internationalen Rauschgifthandels intensiviert.

II. Weitere Änderungen von Verordnungen

Am 17.8.1966[579] erging zunächst eine Verordnung zur Änderung der Betäubungsmittel-Umlageverordnung. Mit dieser wurde die auf Betäubungsmittel zu zahlende Umlage auf 150,- DM pro Kilogramm erhöht.

Bis zum Erlass des Betäubungsmittelgesetzes wurden das Opiumgesetz und zwei Verordnungen erneut geändert. Zunächst wurde am 21.2.1967 die vierte Betäubungsmittel-Gleichstellungsverordnung veröffentlicht[580]. Mit dieser wurden den im § 1 Abs. 1 Nr. 1 b OpiumG genannten Stoffen neun weitere gleichgestellt, u. a. Psilocin und Psilocybin[581]. Die bekanntesten unter den genannten Stoffen waren Meskalin und Lysergsäurediaethylamid, besser bekannt als LSD. Meskalin ist ein Halluzinogen. Der in Südamerika beheimatete Peyote-Kaktus enthält den Wirkstoff Trimethoxyphenetylamin. Dieser Inhaltsstoff wurde 1896 erstmals isoliert. Er wird als Meskalin bezeichnet. Seit 1919 ist Meskalin synthetisch herstellbar. Es schmeckt bitter und kann unmittelbar nach der Einnahme Übelkeit und Brechreiz verursachen. Nach ein bis zwei Stunden treten die hallu-

[577] BT-Drucks. VI/ 1667, S. 121
[578] BT-Drucks. VI/ 1667, S. 121, 122
[579] BGBl. 1966 I, S. 515
[580] BGBl. 1967 I, S. 197
[581] Dies sind Alkaloide der Psilocybe-Pilze. Sie wurden als Halluzinogene benutzt und konnten synthetisch hergestellt werden.

zinogenen Effekte ein. Es erzeugt eine ganze Bandbreite von Empfindungen. Medizinisch ist Meskalin unbedeutend. Chronischer Meskalinkonsum führt zu psychischer Abhängigkeit. Für einen Meskalinrausch wird eine Menge von 400-600 Milligramm benötigt[582]. Bei LSD hingegen reicht eine Menge von nur 0,02-0,06 Milligramm. Meskalin und LSD ähneln sich in ihrer Wirkung sehr. In der Verordnung fanden sich die mittlerweile üblichen Übergangsbestimmungen für die neu eingeführten Drogen.

Zwei Tage später erging zunächst eine Verordnung zur Änderung der Verschreibungs- und Abgabeverordnung[583]. Die von der Gleichstellungsverordnung erfassten Stoffe durften gemäß § 7 Abs. 2 der Verordnung nicht verschrieben werden. Am selben Tag erschien eine Bekanntmachung der Neufassung der Liste der den in § 1 Abs. 1 Nr. 1 b und Nr. 2 OpiumG genannten Stoffen gleichgestellte Stoffe. Nr. 1 b waren mittlerweile 77 Stoffe gleichgestellt, bei Nr. 2 waren es vier.

Am 24.5.1968 wurde das Einführungsgesetz zum Gesetz über Ordnungswidrigkeiten erlassen[584]. Mit diesem wurde § 10 Abs. 5 des Opiumgesetzes verkürzt. Es hieß jetzt nur, dass die Stoffe, auf die sich die Straftat bezieht, eingezogen werden können. Damit wurde diese Norm an die Einziehungsvorschriften des Strafgesetzbuches angepasst. Vorher konnte die Einziehung „neben" der Strafe angeordnet werden. Dies widersprach der allgemeinen Vorschrift über die selbständige Anordnung der Einziehung (§ 41 b StGB). Daher war sie zu beseitigen[585].

Die fünfte Betäubungsmittel-Gleichstellungsverordnung[586] stellte zunächst Rohmorphin einschließlich dem Mohnstrohkonzentrat den in § 1 Abs. 1 Nr. 1 a OpiumG genannten Stoffen gleich. § 1 Abs. 1 Nr. 1 b OpiumG wurden 11 weitere Stoffe unterstellt. Unter diesen befand sich Tetrahydrocannabinol (THC). Dies ist der Hauptwirkstoff von Cannabis. Er wurde erstmals 1964 synthetisiert und macht maximal 12 % des Trockengewichts der Blütenstände aus. Neben dem THC wurden weiter Amphetamine und Schmerzmittel aufgenommen. Auch hier fanden sich die entsprechenden Übergangsbestimmungen. Es waren jetzt also 88 Stoffe der Nr. 1 b OpiumG gleichgestellt.

Im Zuge dieser neuen Gleichstellungsverordnungen wurde zunächst die Verordnung über das Verschreiben Betäubungsmittel enthaltender Arzneien und ihre Abgabe in den Apotheken geändert[587]. Den Stoffen, die gemäß § 7 Abs. 2 der Verordnung nicht als Arzneien verschrieben werden durften, wurden weitere hinzugefügt, u. a. auch THC. Heroin wurde aus allen anderen Vorschriften ent-

---

[582] Scheerer/ Vogt/ Hess, S. 411; Körner, Anlage C 1, Rn. 291-293
[583] BGBl. 1967 I, S. 227
[584] BGBl. 1968 I, S. 503
[585] BT-Drucks. V/ 1319, S. 94, 97
[586] BGBl. 1971 I, S. 315
[587] BGBl. 1971 I, S. 317

fernt, so dass es nicht mehr verschrieben werden konnte. Es wurden Höchstmengen für die neu aufgenommenen Stoffe und Zubereitungen aufgenommen (§ 9 Absatz 1). Die weiteren Änderungen waren Folgen der fünften Betäubungsmittel-Gleichstellungsverordnung. Diese Gleichstellungsverordnung führte auch zur Änderung der Verordnung über die Befreiung von der Bezugsscheinpflicht[588]. Hierbei wurde § 1 Nr. 2 der Verordnung neu gefasst. Es wurden fünf weitere Stoffe aus der Bezugsscheinpflicht herausgenommen. Hierunter befanden sich Psychostimulantien und Appetitzügler. Am 4.9.1972 wurde die Liste der Stoffe, die durch Verordnungen den in § 1 OpiumG genannten Stoffen gleichgestellt wurden, neu veröffentlicht[589].

III. Rechtsprechung

Das Bayerische Oberste Landesgericht musste 1969 als erstes Gericht in Deutschland die Vereinbarkeit des Opiumgesetzes mit dem Grundgesetz überprüfen[590]. Der Angeklagte griff die Pönalisierung des Erwerbs von Haschisch und damit die Aufnahme von Cannabis in § 1 Abs. 1 Nr. 1 d OpiumG als verfassungswidrig an. Das Gericht stellte zwar fest, dass auf einer Tagung der Suchtstoffkommission des Wirtschafts- und Sozialrates der Vereinten Nationen vom 13. Bis 31.1.1969 dargelegt wurde, dass die Fähigkeit von Cannabis, eine Suchtabhängigkeit zu erzeugen, mittlerweile verschiedentlich in Zweifel gezogen wurde. Die Kommission selbst war aber der Ansicht, dass Cannabis Abhängigkeit hervorruft und dadurch Probleme der öffentlichen Gesundheit und der Gesellschaft verursacht. Die Kommission veröffentlichte einen Beschluss, nach dem von den Regierungen erwartet wurde, dass sie den Missbrauch und den illegalen Handel ausrotten. Weiterhin berief sich das Gericht auf einen Bericht des internationalen Suchtstoffamtes. In diesem wurde an der Auffassung festgehalten, dass Cannabis eine Abhängigkeit hervorrufende Substanz ist, die erhebliche Probleme für die Volksgesundheit darstellt. Das Oberste Landesgericht folgte dieser Auffassung und beurteilte die Aufnahme von Cannabis in das Opiumgesetz als nicht willkürlich und somit als nicht verfassungswidrig.

Das BVerfG bestätigte in einem davon unabhängigen Beschluss nach § 93 a Abs. 3 BVerfGG diese Ansicht. Der Gesetzgeber behandele nicht wesentlich Gleiches ungleich, wenn er sich darauf beschränkt, das Aufkommen neuer Betäubungsmittel aus fremden Kulturkreisen zu verhindern, solange nicht eindeutig feststehe, dass die damit verbundenen gesundheitlichen und sozialen Gefahren nicht größer sind, als die des Missbrauchs von Alkohol[591].

Die Auffassung beider Gerichte, die Aufnahme von Cannabis in das Opiumgesetz sei verfassungsgemäß, stieß auf Kritik. Im Umkehrschluss hieße das, so

---

[588] BGBl. 1971 I, S. 319
[589] BGBl. 1972 I, S. 1734
[590] Beschluss vom 27.8.1969 – RReg. 4 a St 81/ 69; NJW 1969, 2297
[591] Beschluss vom 17.12.1969 – 1 BvR 639/69

Messmer 1970, dass die Bestrafung des Haschischkonsums dann als verfassungswidrig angesehen werden müsse, wenn eindeutig feststehe, dass der Missbrauch von Alkohol zu größeren sozialen und gesundheitlichen Gefahren führe. Das BVerfG habe nicht versucht, durch Anhörung internationaler Experten die Ungewissheit zu beseitigen. So gebe es Experten, die Cannabis als weniger gefährlich als z.B. Alkohol oder Nikotin einstuften[592]. Zudem zwinge Art. 3 GG nicht, alle potentiell gleichschädlichen Drogen gleichermaßen zu verbieten oder zuzulassen. Die Prohibitionsmöglichkeiten reichen von der Besteuerung über die Apotheken- und Rezeptpflichtigkeit, die Freigabe nur zu Forschungszwecken bis zur Einordnung in das Ordnungswidrigkeiten- und Strafrecht. Es gebe eine Fülle relevanter Differenzierungskriterien, die je für sich und in ihrer Gesamtheit eine Willkür bei der Einbeziehung von Cannabis im Opiumgesetz ausschließen: Grad der Gefährlichkeit der Droge für den einzelnen und die Gemeinschaft, Stand der wissenschaftlichen Erkenntnis über mögliche Auswirkungen, Abwägen der Vor- und Nachteile einer Droge, Auswirkungen ihrer Einführung in Kumulation mit anderen Drogen, Gewichtigkeit der einzelnen Konsummotive etc.. Eine Abstufung des Konsums in den Bereich der Ordnungswidrigkeit erscheine erwägenswert, die Freigabe zur wissenschaftlichen Forschung unabdingbar. Insofern habe sich das BVerfG durch seine lapidare Vorabentscheidung auf ein gefährliches Gelände gewagt, als es einen Verstoß gegen das Gleichbehandlungsgebot mit obigen Argumenten verneinte[593].

Zwei Sachverhalte, die der BGH zu beurteilen hatte, zeigen die Schmuggelmethoden des illegalen internationalen Drogenhandels. In dem ersten Fall fuhr der Angeklagte in die Türkei. Bei seiner Rückkehr fanden Zollbeamte im Reservereifen sowie am Körper des Angeklagten 6, 5 kg Haschisch. Der angeklagte wurde zu acht Monaten Freiheitsstrafe verurteilt[594]. In einem anderen Fall hatte ein Mann zwischen der Innendecke und dem Schutzdach eines Omnibusses ein Versteck eingebaut, welches sich nur mittels einer hydraulischen Vorrichtung öffnen ließ. In diesem Versteck versuchte er, 476 kg Haschisch in gepressten Platten und 28 kg fein zerriebene und gepresste Teile der Cannabispflanze in die Bundesrepublik Deutschland einzuschmuggeln[595].

IV. Zeitlicher Verlauf der Entstehung des Gesetzes

Die erste Diskussion innerhalb des Bundesgesundheitsamtes über eine Änderung des Opiumgesetzes im Jahr 1965 behandelte die Frage, ob die Bundeswehr gemäß § 3 Opiumgesetz einer Erlaubnis bedurfte, wenn sie Betäubungsmittel von Deutschland in andere Länder verbrachte. Das Bundesgesundheitsamt sah die Bundeswehr in diesem Fall als Endverbraucher gemäß § 3 Abs. 4 S. 2 OpiumG

[592] Messmer, ZRP 1970, 80 (80, 81)
[593] Kreuzer, ZRP 1971, 111 (112)
[594] Beschluss vom 28.9.1971 g. W. 1 StR 261/ 71; BGHSt 24, 222
[595] Urteil vom 20.7.1971 g. B. 1 StR 683/ 70; BGHSt 24, 178

an. Demzufolge bedurfte die Bundeswehr keiner Erlaubnis. Der Regierungsassistent Brahm dagegen verglich diese Fallkonstellation mit dem Fall, dass ein Arzt Betäubungsmittel bei sich führt, wenn er über die Grenze zu einem Patienten fährt, um die Mittel dort anzuwenden. Die allgemeine Meinung zu diesem Fall war, dass der Arzt zwar Endverbraucher im Sinne von § 3 Abs. 4 S. 2 OpiumG ist, dass es sich aber um eine Ausfuhr im Sinne von § 3 Abs. 1 OpiumG handelt, der Arzt mithin eine Erlaubnis benötigte. Die Fallkonstellation bezüglich der Bundeswehr sei nicht anders zu behandeln, zumal es keine weitere Kontrolle über die Betäubungsmittel bei der Bundeswehr gab, als das diese nur die Suchtstoffmengen mitteilen musste. Da das Bundesgesundheitsamt hier aber Brahms Meinung nach unberechtigterweise bisher keine Erlaubnis verlangt hatte, müsse dieser Tatbestand im Opiumgesetz ausdrücklich geregelt werden[596].

Die ersten Anfragen im Bundestag bezüglich des ansteigenden Betäubungsmittelmissbrauchs wurden 1966 gestellt und beantwortet[597]. Es wurde gefragt, in welchem Umfang die Zahl der Rauschgiftdelikte in der letzten Zeit in der Bundesrepublik Deutschland zugenommen hatte und ob ein verstärkter Hang zum Konsum bei Jugendlichen festgestellt werden konnte. In der Antwort auf diese Anfrage stellte die Bundesregierung fest, dass die Zahl der Jugendlichen, die Drogen missbrauchten, zunehme, was auf einen Anstieg der Zahl der so genannten „Gammler" zurückgeführt wurde, in deren Kreisen nach Polizeiangaben der Marihuanaverbrauch zugenommen hatte. Zudem gab es immer noch Missstände bei der Verschreibung von Betäubungsmitteln.

Derartige Anfragen häuften sich. Sie betrafen die Ursachen des Drogenkonsums und die Maßnahmen zur Bekämpfung des Missbrauchs[598]. Im Zuge dieser Anfragen wurde die Einführung von Sonderrezepten durch eine Änderung der Abgabe- und Verschreibungsverordnung diskutiert. Problematisch hierbei war aber zum einen, dass diese Verordnung die Zuständigkeit neben dem Bundesgesundheitsamt auf die „zuständigen Stellen" delegierte. Dies war aber nicht mit § 2 Abs. 1 OpiumG vereinbar, nach dem die Aufsicht des Verkehrs mit Betäubungsmitteln dem Bundesgesundheitsamt oblag[599]. Zum anderen war das Bundesgesundheitsamt personell und institutionell nicht in der Lage, die durch die Einführung von Sonderrezepten anfallende Mehrarbeit zu bewältigen[600]. Aus diesen beiden Punkten ergab sich, dass § 2 Abs. 1 OpiumG dahingehend geändert werden müsse, dass den Ländern Ausführungsbefugnisse übertragen werden. Damit wäre die Regelung der Verschreibungs- und Abgabeverordnung legalisiert und es entstünde keine Arbeitsüberlastung, welche eine Beeinträchti-

---

[596] BArch., B 353/ 2178, Vorgang I A 7 – 4460-05-7197/65
[597] Sten. Ber., 5. Wahlperiode, S. 2637 (Anlage 18 zur 54. Sitzung)
[598] BT-Drucks. V/ 2576, 4694; Sten. Ber., 6. Wahlperiode, S. 289 (9. Sitzung); BT-Drucks. VI/ 865, 2201, 2549
[599] BArch., B 353/ 2178, Vorgang I B 3 – 203-3043/69
[600] BArch., B 353/ 2178, Vorgang I A 7 – 4460-03-7061 I/69

gung der Kontrolle durch den Staat zur Folge hätte. Allerdings würde eine solche Änderung der Verschreibungs- und Abgabeverordnung dann der Zustimmung des Bundesrates bedürfen. Dies hätte laut Ministerialrat Dr. Hoffmann vom Bundesgesundheitsamt aber zur Folge, dass alle aufgrund des Opiumgesetzes erlassenen Rechtsverordnungen der Zustimmung der Länder bedürfen, da die Länder sich nicht damit zufrieden geben würden, nur bei der Frage der Sonderrezepte zustimmungsfähig zu sein. Deswegen sei eine Änderung von § 2 Abs. 1 OpiumG erforderlich[601].

Am 16.9.1969 wurde anlässlich einer Besprechung der Bundesministerin für Jugend, Familie und Gesundheit Strobel mit ihrem Staatssekretär, dem Regierungsdirektor Danner und dem Ministerialrat Dr. Hoffmann zunächst intern beschlossen, bei einer Einführung von Sonderrezepten die mit dieser Einführung anfallenden Aufgaben den Ländern zu übertragen. Für diese Übertragung wurden haushaltsrechtliche Gründe angeführt. Des Weiteren wurde aufgrund des Anstiegs der Drogenkriminalität eine Änderung der Strafvorschriften beschlossen. Bezüglich einer solchen Änderung wurden folgende Möglichkeiten genannt: Die Strafandrohungen für Rauschgifthändler sollten verschärft, die für (insbesondere jugendliche) Süchtige ermäßigt werden. Für schwere Fälle, bei denen die Gerichte bisher nicht einmal die Höchststrafe von 3 Jahren verhängten, soll der Strafrahmen auf Freiheitsstrafe von 2 bis 15 Jahren erhöht werden. Als solche schwere Fälle wurden der Handel über Händlerringe, die Abgabe an Minderjährige und die Wiederholung von Betäubungsmittelstraftaten qualifiziert. Des Weiteren sollte das Jugendgerichtsgesetz entsprechend geändert werden[602].

Auf einer Konferenz der für das Gesundheitswesen zuständigen Minister und Senatoren der Länder am 16. und 17. 10. 1969 wurde eine entsprechende Strategie für eine Änderung des Opiumgesetzes festgelegt. Diese beinhaltete zwei Schritte: Die Verschärfung der Strafvorschriften und die Einführung von Sonderrezepten[603]. Auf einer Besprechung im Bundesministerium für Jugend, Familie und Gesundheit am 18.12.1969 wurden dann die Referenten angewiesen, eine entsprechende Novelle zu entwerfen.

Am 14.1.1970 wurde der erste Referentenentwurf im Ministerium für Jugend, Familie und Gesundheit bekannt gegeben. Er enthielt eine Änderung des § 2 Abs. 1 OpiumG und neue Absätze 4 und 5 für § 10 OpiumG. Doch schon bei der Überarbeitung dieses Entwurfes wurde klar, dass die entwickelten Vorstellungen bezüglich der Änderung des Opiumgesetzes nicht mittels eines „leichten Eingriffs" realisiert werden konnten. Die vorgeschlagenen Änderungen würden Folgen für die anderen Vorschriften nach sich ziehen[604]. In diesem Stadium ü-

---

[601] BArch., B 353/ 2178, Vorgang I B 3 – 203-3042/69 (18.2.1969)
[602] BArch., B 353/ 2178, Vorgang I B 3 - 202.1 (Schreiben vom 20.11.1969)
[603] BArch., B 353/ 2178, Vorgang I B 3 – 203-3043/69
[604] BArch., B 353/ 2178, Begründung zum Referentenentwurf vom 27.1.1970, S. 1

berarbeitete das BMJFG die Entwürfe zusammen mit dem Bundesjustizministerium. Der ursprüngliche Referentenentwurf wurde bis zum 19.6.1970 weitere viermal geändert[605]. Nachdem an diesem Tag der mittlerweile sechste Referentenentwurf fertig gestellt war, wurde dieser an alle betroffenen Ministerien, Behörden und betroffene Verbände mit der Bitte um Stellungnahme weitergeleitet[606]. Nachdem diese sich zu dem Entwurf geäußert hatten, wurde der Entwurf weitere sechsmal überarbeitet, der letzte Entwurf wurde am 5.11.1970 fertig gestellt[607]. Auf einer diesbezüglichen Kabinettssitzung am 12.11.1970 wurde der Entwurf ein letztes Mal überarbeitet und dann zum Regierungsentwurf erhoben.

Am 18.12.1970 leitete die Bundesregierung den Gesetzesentwurf gemäß Artikel 76 Abs. 2 GG dem Bundesrat im so genannten Ersten Durchgang zu. Nachdem zunächst der Unterausschuss des Rechtsausschusses im Bundesrat am 12.1.1971 unter Vorsitz des Leitenden Ministerialrates Römer den Entwurf diskutierte, wurde der Entwurf am 13.1.1970 im Rechtsausschuss des Bundesrates unter Vorsitz von Ministerialdirigent Dr. Roitzsch und im Ausschuss für innere Angelegenheiten des Bundesrates unter Vorsitz des schleswig-holsteinischen Ministers Dr. Schlegelberger und des Leitenden Ministerialrates Dr. Gensior beraten. Am 14.1.1970 beriet der Bundesratsausschuss für Jugend, Familie und Gesundheit unter Vorsitz des saarländischen Ministers Dr. Wichtmayr den Regierungsentwurf. Der Bundesrat stimmte der in den Ausschüssen erarbeiteten Stellungnahme zum Entwurf in der 361. Sitzung am 29.1.1971 zu[608] und sandte den Entwurf mit der Stellungnahme am selben Tag an die Regierung zurück. Die Bundesregierung sandte den Entwurf mit der Stellungnahme des Bundesrates und einer Gegenäußerung versehen am 25.2.1971 an den Präsidenten des Bundestages[609]. Bereits am 11.11.1970 hatten der Abgeordnete Dr. Althammer mit Genossen und der Fraktion der CDU/ CSU einen eigenen Entwurf für ein Gesetz zur Bekämpfung des Rauschgifthandels in den Bundestag eingebracht[610]. Dieser musste nicht zuerst dem Bundesrat zugehen.

Beide Entwürfe wurden zusammen beraten. Die erste Beratung fand am 12.3.1971 in der 108. Sitzung des Bundestages statt. Nach dieser Beratung wurden die Entwürfe gemäß den Vorschlägen des Ältestenrates an den Ausschuss für Jugend, Familie und Gesundheit (federführend) sowie an den Rechts- und den Innenausschuss und gemäß § 96 der Geschäftsordnung des Bundestages an den Haushaltsausschuss zur Beratung überwiesen[611]. Nachdem die Entwürfe in

---

[605] BArch., B 353/ 2178, Entwürfe vom 27.1., 22.4., 5.5. und 14.5.1970

[606] BMI, BMJ, BM für Wirtschaft., BM für Arbeit und Soziales, BM für Verteidigung, BM für Post- und Fernmeldewesen, oberste Landesgesundheitsbehörden, oberste Landesveterenärbehörden sowie sämtlich betroffenen Verbände

[607] BArch., B 353 / 2193, Referentenentwurf vom 5.11.1970

[608] Sten. Ber. (BR), 361. Sitzung (29.1.1971), S. 30, 31

[609] BT-Drucks. VI/ 1877

[610] BT-Drucks. VI/ 1414

[611] Sten. Ber., 6. Wahlperiode, S. 6358 (108. Sitzung)

die Ausschüsse überwiesen wurden, begannen die Beratungen in diesen. Zu diesen Beratungen übersandte das BMJFG den Ausschüssen am 14.5.1971 Formulierungshilfen als Reaktion auf die Stellungnahme des Bundesrates zum Regierungsentwurf[612].

Der Rechtsausschuss beriet den Entwurf in vier Sitzungen am 13.5., 14.5., 22.9 und 23.9.1971 unter Vorsitz des Abgeordneten Dr. Lenz (CDU/ CSU), der sich den Vorsitz am 14.5. und am 22.9.1971 mit dem Abgeordneten Dr. Arndt (SPD) teilte. Der Ausschuss beschäftigte sich dabei hauptsächlich mit den neu gefassten Strafvorschriften und legte dem federführenden Ausschuss eine überarbeitete Fassung des Entwurfs vor.

Der Innenausschuss benötigte unter dem Vorsitz des Abgeordneten Prof. Dr. Schäfer (in der zweiten Sitzung gemeinsam mit dem Abgeordneten Berger) zwei Sitzungen am 6.5. und am 13.5.1971 zur Beratung. Er empfahl dem Ausschuss für Jugend, Familie und Gesundheit, den Entwurf mit einigen Änderungen anzunehmen. Letzterer Ausschuss benötigte vier Sitzungen für die Beratungen. Sie fanden am 29.4., 9.6., 23.9. und am 29.9.1971 statt. Den Vorsitz übernahm der Abgeordnete Hauck. Nach der letzten Sitzung übersandte dieser Ausschuss einen überarbeiteten Entwurf der Regierungsvorlage[613]. In diesem wurde beantragt, den übersandten Entwurf anzunehmen sowie den Entwurf der CDU/ CSU-Fraktion deswegen für erledigt zu erklären. Der Haushaltsausschuss übergab seinen Bericht am 14.10.1971.

Am 15.10.1971 fanden in der 142. Sitzung die zweite und dritte Beratung des vom Ausschuss für Jugend, Familie und Gesundheit geändert vorgelegten Entwurfs statt[614]. Der Entwurf der CDU/ CSU-Fraktion wurde abgelehnt[615]. Von dieser Fraktion wurde noch ein Änderungsantrag bezüglich der Mindeststrafe für besonders schwere Fälle gestellt, welcher abgelehnt wurde[616]. Am Ende der dritten Beratung wurde das Gesetz in der vom Ausschuss für Jugend, Familie und Gesundheit vorgeschlagenen Fassung einstimmig angenommen. Nach dieser Abstimmung wurde das Gesetz an den Bundesrat zur Zustimmung übergeben. Dessen Rechtsausschuss beriet das beschlossene Gesetz am 21.10.1971, der Ausschuss für Jugend, Familie und Gesundheit am 27.10.1971. In der 373. Sitzung des Bundesrates am 12.11.1971 stellte der Bundesrat auf Empfehlung seiner Ausschüsse mit Mehrheit fest, dass das Gesetz der Zustimmung bedarf und stimmte dem Gesetz zu[617]. Das Gesetz wurde am 22.12.1971 veröffentlicht.

---

612 Protokolle des Rechtsausschusses, VI. Wahlperiode, Nr. 49 (1971), Anlagen 1-4; Nr. 54 (1971), Anlage 1
613 BT-Drucks. VI/ 2673, zu Drucks. VI/ 2673
614 Sten. Ber., 6. Wahlperiode, S. 8163 ff. (142. Sitzung)
615 Sten. Ber., 6. Wahlperiode, S. 8169 (142. Sitzung)
616 Sten. Ber., 6. Wahlperiode, S. 8189 (Anlage 2 zur 142. Sitzung)
617 Sten. Ber. (BR), 373. Sitzung (12.11.1971), S. 335

Am 1.1.1972 wurde das Betäubungsmittelgesetz neu veröffentlicht[618]. Erst hierbei wurde die Paragraphenreihenfolge neu festgelegt, so dass es keine Paragraphen und keine Absätze mit kleinen Buchstaben mehr gab. Demzufolge entsprachen nicht mehr alle Paragraphen des neuen Gesetzes denen des alten Gesetzes. Der durch das Änderungsgesetz eingefügte § 9a wurde zum § 10, die nachfolgenden Normen verschoben sich dementsprechend, so dass z.B. die Strafvorschriften nicht mehr in § 10., sondern in § 11 zu finden waren.

V. Inhalt des Gesetzes

Das am 22.12.1971 verkündete Gesetz zur Änderung des Gesetzes über den Verkehr mit Betäubungsmitteln (Opiumgesetz)[619] hatte fünf Artikel. Artikel 1 des Änderungsgesetzes befasste sich mit der Änderung des Opiumgesetzes, Artikel 2 änderte das Jugendgerichtsgesetz. Artikel 3 ermächtigte den Bundesminister für Jugend, Familie und Gesundheit, den Wortlaut des Betäubungsmittelgesetzes in der sich aus den Änderungen in Artikel 1 ergebenden Fassung neu zu veröffentlichen und dabei Unstimmigkeiten zu beseitigen und die Paragraphenfolge neu festzulegen. Das am 1.1.1972 neu veröffentlichte Betäubungsmittelgesetz ließ sich nach diesen Änderungen in einen verwaltungsrechtlichen und einen strafrechtlichen Teil einteilen.

1. Verwaltungsrechtlicher Teil

Der verwaltungsrechtliche Teil des Opiumgesetzes wurde umfassend geändert.

a. Überschrift und Einleitungsworte

Zunächst wurde der Klammerbegriff „Opiumgesetz" durch den Begriff „Betäubungsmittelgesetz" ersetzt. Dies war weder im Referentenentwurf des BMJFG, noch in dem Entwurf der Fraktion der CDU/ CSU oder in dem Regierungsentwurf vorgesehen. Ebenso sahen der Bundesrat, der Innenausschuss und der Rechtsausschuss keinen Grund, den Klammerbegriff zu ändern. Im Ausschuss für Jugend, Familie und Gesundheit wurde bereits in der ersten Sitzung zur Beratung des Gesetzes vom Abgeordneten Dr. Meinecke die Empfehlung ausgesprochen, von dem Begriff „Opium" abzugehen, da dieses Wort einen negativen Beigeschmack habe. Der Staatssekretär Prof. Dr. von Manger-Koenig erwiderte darauf, dass die Auffassung des Abgeordneten zwar richtig sei. Aufgrund von Definitionsschwierigkeiten werde sich aber für dieses Wort kein anderes einsetzen lassen können[620]. In der vierten Beratungssitzung des Ausschusses stellte Dr. Meinecke dann den Antrag, den Klammerbegriff „Opiumgesetz" durch den Klammerbegriff „Betäubungsmittelgesetz" zu ersetzen. Dieser Antrag wurde

---

[618] BGBl. 1972 I, S. 1

[619] BGBl. 1971 I, S. 2092

[620] Prot. des Ausschusses für Jugend, Familie und Gesundheit VI/ 39, S. 11, 12 (BArch., B 353/ 2179)

einstimmig angenommen[621]. Im Bericht des Ausschusses wurde diese Änderung damit begründet, dass sich das Gesetz nicht nur auf Opium bezog[622]. Diese Auffassung wurde nicht weiter beanstandet.

Der Bundesrat bemängelte in seiner Stellungnahme zu dem Regierungsentwurf, dass die Eingangsworte nur „Der Bundestag hat das folgende Gesetz beschlossen:" lauteten. Sie sollten durch die Worte „mit Zustimmung des Bundesrates" ergänzt werden. Im Rechtsausschuss des Bundesrates bemerkte der Ministerialdirigent Dr. Roitzsch, dass durch die Änderung des § 2 Abs. 1, wonach die Bundesregierung durch Rechtsverordnung bestimmen kann, dass das Gesetz teilweise durch die Länder als eigene Angelegenheit ausgeführt wird, die Zustimmungsbedürftigkeit hergeleitet werden könne. Der Ausschuss beschloss daraufhin, die Eingangsworte durch den Zusatz „mit Zustimmung des Bundesrates" zu ergänzen[623]. Als Begründung wurde angeführt, dass das Gesetz durch die Änderungen nun teilweise durch die Länder ausgeführt wird. Demzufolge bedürfe das Gesetz gemäß Art. 84 Abs. 1 GG der Zustimmung des Bundesrates[624].

Die Bundesregierung war dagegen in der Gegenstellungnahme der Auffassung, dass der Regierungsentwurf keine Regelung des Verwaltungsverfahrens im Sinne von Art. 84 Abs. 1 GG enthalte. Zwar eröffne das Gesetz die Möglichkeit, durch Rechtsverordnung mit Zustimmung des Bundesrates Länderbehörden in den Vollzug des Opiumgesetzes einzuschalten. Eine Bindung der Länderbehörden an die Verwaltungsverfahrensregeln des Opiumgesetzes ergebe sich aber erst dann, wenn eine solche Verordnung erlassen wird. Somit habe der Bundesrat erst dann die Möglichkeit, durch Verweigerung der Zustimmung diese Bindung zu vermeiden[625]. Der Innenausschuss beschloss in seiner ersten Sitzung, die Eingangsworte so wie von der Bundesregierung geplant zu fassen, war also auch der Auffassung, dass das Gesetz nicht zustimmungsbedürftig war[626].

Der Bundestagsausschuss für Jugend, Familie und Gesundheit folgte der Auffassung der Bundesregierung. Die Zustimmungsbedürftigkeit folge nicht allein aus der Möglichkeit, Exekutivaufgaben in Teilbereichen auf die Länder zu übertragen. Im Übrigen wurde keine Notwendigkeit gesehen, von der bisherigen Rechtslage (Ausführung grundsätzlich vom Bundesgesundheitsamt als Bundesoberbehörde) abzuweichen[627]. Die Eingangsworte wurden nicht der Auffassung des Bundesrates gemäß geändert. Nachdem das Gesetz in der vom Ausschuss für Jugend, Familie und Gesundheit vorgeschlagenen Fassung im Bundestag

---

621 Prot. des Ausschusses für Jugend, Familie und Gesundheit VI/ 51, S. 8 (BArch., B 353/ 2179)

622 BT-Drucks. VI/ 2673, S. 2; BT-Drucks. VI/ zu 2673, S. 3

623 Prot. Rechtsausschuss des Bundesrates, 13.1.1971, S. 10 (BArch., B 353/ 2179)

624 Prot. Rechtsausschuss des Bundesrates, 13.1.1971, S. 10, 11 (BArch., B 353/ 2179); s. auch Stellungnahme des Bundesrates, BT-Drucks. VI/ 1877, S. 11

625 BT-Drucks. VI/ 1877, S. 15

626 Prot. des Innenausschusses VI/ 47, S. 25 (BArch., B 353/ 2179)

627 BT-Drucks. VI/ zu 2673, S. 3

nach der dritten Beratung beschlossen worden war, beriet der Bundesrat das Gesetz erneut. Für den Bundesratsausschuss für Jugend, Familie und Gesundheit ergab sich die Zustimmungsbedürftigkeit nun auch aus der förmlichen Änderung des mit Zustimmung des Bundesrates ergangenen Jugendgerichtsgesetzes[628]. Auch der Rechtsausschuss des Bundesrates empfahl die Feststellung, dass das Gesetz der Zustimmung bedarf[629]. In der 373. Sitzung des Bundesrates wurde die Zustimmungsbedürftigkeit des Gesetzes festgestellt und dem Gesetz die Zustimmung erteilt[630]. Im Gesetz wurde dies jedoch nicht berücksichtigt.

b. Änderungen des § 1 (erfasste Drogen)

§ 1 OpiumG wurde mehrfach geändert. Zunächst wurde *Absatz 1 Nr. 1 d* erweitert. Unter das Gesetz fielen jetzt die Blüten und Fruchtstände der zur Gattung Cannabis gehörenden Pflanzen, soweit ihnen das Harz nicht entzogen wurde. Samen und Blätter, die kein Harz enthielten, wurden ausgenommen. Bereits im Referentenentwurf vom 27.1.1970 fand sich eine ähnliche Vorschrift, nach der die Blüten- und Fruchtstände von Pflanzen der Gattung Cannabis mit Ausnahme der Samen unter das Gesetz fallen sollten. Der Begründung dieses Entwurfs zufolge gab es Hanfarten, die man nicht unter dem vom Opiumgesetz verwendeten Begriff „indischer Hanf" zusammenfassen kann, die aber die auch einen dem indischen Hanf gleichkommenden Rauschzustand bewirken können. Auch diese Hanfarten müssten in den Anwendungsbereich des Gesetzes einbezogen werden[631]. Aus nicht näher ergründbaren Motiven fand sich eine solche Vorschrift dann aber nicht mehr im endgültigen Referentenentwurf vom 19.6.1970. Auch der Regierungsentwurf sah eine solche Änderung nicht vor. Der federführende Bundestagsausschuss sah in seiner ersten Sitzung ebenso wie der Entwurf vom 27.1.1970 eine Lücke darin, dass gewisse Zubereitungen des Hanfes nicht in das Kontrollsystem des Opiumgesetzes einbezogen werden[632]. Das BMJFG nahm daraufhin eine entsprechende Passage in seine Formulierungshilfe mit auf. Der Rechtsausschuss beanstandete diese Formulierung nicht. Der federführende Ausschuss führte diese Formulierung dann endgültig ein, um Zweifelsfragen auszuräumen. Dabei hielt sich der Ausschuss an die Formulierung des Einheitsübereinkommens von 1961[633].

Die Verordnungsermächtigungen in den *Absätzen 2, 2a, 4 und 5* wurden neu gefasst. Der Referentenentwurf hatte noch keine dieser Änderungen vorgesehen.

---

628 Prot. Ausschuss für Jugend, Familie und Gesundheit (Bundesrat) vom 21.10.1971, S. 7 (BArch., B 353/ 2181)

629 Prot. des Rechtsausschusses (Bundesrat) vom 27.10.1971, S. 8 (BArch., B 353/ 2181)

630 Sten. Ber. (BR) vom 12.11.1971, S. 335

631 BArch., B 353/ 2178, Begründung des Entwurfs vom 27.1.1970, S. 2

632 Prot. des Ausschusses für Jugend, Familie und Gesundheit VI/ 39, S. 8 (BArch., B 353/ 2179)

633 BT-Drucks. VI/ zu 2673, S. 3

In der Entstehungsphase des Regierungsentwurfs wurde dann eine Änderung des Absatzes 5 in der Hinsicht vorgenommen, dass dort nun auch Absatz 1 Nr. 1 Buchstabe d erwähnt wurde. Zur Begründung wurde darauf hingewiesen, dass es sich als notwendig erweisen werde, ausdrücklich in einer Rechtsverordnung klarzustellen, dass auch die aus Haschisch gefertigten Zigaretten unter das Betäubungsmittelrecht fielen[634]. Diese Begründung übernahm der Regierungsentwurf. Im Unterausschuss des Rechtsausschusses des Bundesrates beantragte der Vertreter Baden-Württembergs die Entschließung, dass im weiteren Gesetzgebungsverfahren die Ermächtigungen des § 1 Abs. 5 (und des § 5 Abs. 2) im Hinblick auf ihre in dem Entwurf vorgesehenen Erweiterungen daraufhin geprüft werden, ob sie noch den Anforderungen des Art. 80 Abs. 1 S. 2 GG entsprechen[635]. Der Rechtsausschuss des Bundesrates erweiterte diesen Passus auf Antrag des Ministerialdirigenten Dr. Roitzsch dahingehend, dass die Verordnungsermächtigung des § 1 Abs. 5 (und des § 5 Abs. 2) im Hinblick auf die Erweiterung in § 1 Abs. 1 Nr. 1 d hinsichtlich des Zwecks und Ausmaßes konkretisiert werden sollten. Dies gelte insbesondere auch unter dem Gesichtspunkt, dass zu gesetzesergänzenden Verordnungen ermächtigt werde. In Betracht könnte z.B. eine Einschränkung dahingehend kommen, dass von einer Ermächtigung nur Gebrauch gemacht werden darf, soweit dies zur Kontrolle des Verkehrs mit Betäubungsmitteln und zur Bekämpfung der Rauschgiftsucht erforderlich sei[636]. Der Bundesrat nahm dies in seine Stellungnahme zum Regierungsentwurf mit auf[637]. Daraufhin wurden in der Formulierungshilfe nicht nur Absatz 5 neu gefasst, sondern auch die Absätze 2, 2a und 4. Die neue Fassung hatte den Wortlaut, der Gesetz geworden ist. Der Rechtsausschuss stimmte der Fassung in der Formulierungshilfe zu[638]. Der Ausschuss für Jugend, Familie und Gesundheit übernahm ebenfalls die Fassung der Formulierungshilfe und stellte dann in seinem Bericht noch einmal grundlegend klar, dass alle Verordnungsermächtigungen des Gesetzes zu bemängeln seien. Sie sollten entsprechend Artikel 80 GG nach Inhalt, Zweck und Ausmaß weiter konkretisiert werden. Innerhalb des Rechtsausschusses und des Ausschusses für Jugend, Familie und Gesundheit des Bundesrates wurde diese Neufassung der Verordnungsermächtigungen im § 1 nicht mehr beanstandet. Dementsprechend wurden diese Ermächtigungen neu gefasst. In der Neuveröffentlichung vom 1.1.1972 wurde dann der Absatz 2a zu Absatz 3, die anderen Absätze verschoben sich entsprechend.

Absatz 3 Nr. 2 a.F. (=Absatz 4 Nr. 2 n.F.) wurde der Änderung von Absatz 1 Nr. 1 d angepasst. Der Referentenentwurf vom 27.1.1970 sah eine solche An-

---

634 BArch., B 353/ 2193, Schreiben vom 9.9.1970, S. 2

635 Prot. des Unterausschusses des Rechtsausschusses vom 12.1.1971, S. 14 (BArch., B 353/ 2179)

636 Prot. des Rechtsausschusses (Bundesrat) vom 12.1.1971, S. 11 (BArch., B 353/ 2179)

637 BT-Drucks. VI/ 1877, S. 11

638 Prot. des Rechtsausschusses VI/ 49, S. 4

passung wegen der dort vorgenommenen Änderung des § 1 Abs. 1 Nr. 1 d zwangsläufig vor. Allerdings wurde diese Änderung wie schon die Änderung des § 1 Abs. 1 Nr. 1 d nicht im Regierungsentwurf berücksichtigt. Auch die Formulierungshilfe des BMJFG sah eine solche Ergänzung nicht vor. Der Ausschuss für Jugend, Familie und Gesundheit änderte Nr. 2 und begründete dies damit, dass dies als eine Folge der Änderung von Absatz 1 Nr. 1 d notwendig sei. Gewisse Zubereitungen aus indischem Hanf konnten vorher nicht in das Kontrollsystem des Opiumgesetzes einbezogen werden. Diese Lücke sollte durch diese Ziffer geschlossen werden[639]. Absatz 3 Nr. 3 a.F. wurde zu Nr. 4, die neu eingeführte Nr. 3 definierte die Rückstände des Rauchopiums, Cannabisharz und seine Zubereitungen als Zubereitungen im Sinne dieses Gesetzes. Der Referentenentwurf und der Regierungsentwurf sahen eine solche Änderung nicht vor. Die Formulierungshilfe des BMJFG enthielt erstmals diese Änderung. Der Innenausschuss äußerte sich hierzu nicht, der Rechtsausschuss nahm diesen Passus ohne Kommentar an. Der Ausschuss für Jugend, Familie und Gesundheit übernahm diese Änderung und begründete dies in seinem Bericht damit, dass es sich um eine notwendige Änderung in Bezug auf § 9 n. F. handelte[640].

Neu war *Absatz 7* (Absatz 6 im Änderungsgesetz). Mit diesem wurde der Begriff „Betäubungsmittel" definiert. Darunter waren die in Absatz 1 genannten oder nach den Absätzen 2, 2a, 3 und 5 (= Absätze 2, 3, 4, 6 n.F.) gleichgestellten Stoffe zu verstehen. Der Begriff ersetzte die Worte „Stoffe und/ oder Zubereitungen" in den §§ 2 bis 5. Der Referentenentwurf enthielt keinen solchen Absatz. Während der Beratungen dieses Referentenentwurfs wurde es dann als notwendig erachtet, zu definieren, was man unter Betäubungsmitteln zu verstehen hat[641]. Demzufolge wurde ein dem endgültigen Gesetz entsprechender Passus in den Regierungsentwurf mit aufgenommen und mit der besseren Lesbarkeit des Gesetzes und einer notwendigen Klarstellung begründet[642]. Diese Auffassung wurde vom Bundesrat und den Ausschüssen nicht bemängelt.

c. Änderungen des § 2 (Aufsicht)

In *Absatz 1* wurde zunächst die Vernichtung von Betäubungsmitteln unter die Aufsicht des Bundesgesundheitsamtes gestellt. Dies war weder im Referentenentwurf noch im Regierungsentwurf vorgesehen. Auch der Bundesrat bemängelte nicht das Fehlen dieser Variante. In der Formulierungshilfe des BMJFG wurde diese Ergänzung dann vorgenommen, welche vom Ausschuss für Jugend, Familie und Gesundheit als zwingend notwendig zur Überwachung des Ver-

---

[639] Prot. des Ausschusses für Jugend, Familie und Gesundheit VI/ 39, S. 8 (BArch., B 353/ 2179)
[640] BT-Drucks. zu VI/ 2673, S. 3, 4
[641] BArch., B 353/ 2193, Schreiben vom 9.9.1970, S. 2
[642] BT-Drucks. VI/ 1877, S. 7

kehrs mit Betäubungsmitteln erachtet wurde[643]. Absatz 1 wurde weiterhin dahingehend ergänzt, dass durch die aufgrund der Ermächtigungen im Gesetz ergangenen Verordnungen die Aufsicht auf andere Behörden übertragen werden konnte. Schon vor Entstehung des ersten Referentenentwurfs war diese Formulierung für eine Änderung des Opiumgesetzes vorgesehen[644]. Dies ging zurück auf die Diskussion um die Einführung von Sonderrezepten und die dadurch anfallende Mehrarbeit für das Bundesgesundheitsamt. Dieses konnte diese Mehrarbeit nicht bewältigen und musste entlastet werden. Demzufolge sollten die mit der Einführung von Sonderrezepten verbundenen Aufgaben in Ausnahme vom Prinzip des Opiumgesetzes von den Ländern übernommen werden[645]. Der Referentenentwurf enthielt von Anfang an einen mit dem endgültigen Gesetz übereinstimmenden Passus, welcher im Regierungsentwurf übernommen wurde. Die Begründung des Regierungsentwurfs nannte dann auch als Grund für diese Änderung, dass es aus verschiedenen Gründen zweckmäßig sein konnte, gewisse Exekutivaufgaben den Ländern zu übertragen[646]. Diese Ergänzung wurde nicht weiter beanstandet. Der Ausschuss für Jugend, Familie und Gesundheit begrüßte nochmals ausdrücklich die Vorschrift im Hinblick auf die geplante Einführung von Betäubungsmittelsonderrezepten[647].

Eine weitere Ergänzung des Absatzes 1 stellte ein neuer Halbsatz dar, der jedes sonstige Verbringen in den oder aus dem Geltungsbereich des Gesetzes der Ein- oder Ausfuhr gleichstellte. Dieser Halbsatz war eine Folge des Problemfalles, dass die Bundeswehr laut Bundesgesundheitsamt keiner Erlaubnis bedurfte, wenn sie Betäubungsmittel aus den eigenen Beständen ins Ausland verbrachte[648]. Dieses Problem wurde damit gelöst, dass das Verbringen ins Ausland als Ausfuhr anzusehen war und damit diese Ausfuhr erlaubnispflichtig war. Im Regierungsentwurf war dieser Passus als Absatz 5 vorgesehen. Im Bundesratsausschuss für Jugend, Familie und Gesundheit beantragte das Bayerische Staatsministerium des Inneren, den von der Regierung als Absatz 5 geplanten Punkt als Halbsatz von Absatz 1 einzufügen. Es schien aus Gründen der Rechtssystematik geboten, diesen in Absatz 1 einzufügen, da er den Absatz 1 Satz 1 konkretisiere[649]. Dementsprechend lautete auch die Stellungnahme des Bundesrates. Dieser Änderungsvorschlag wurde von den Ausschüssen übernommen.

Absatz 2 wurde mehrfach geändert. In Satz 1 wurde das Besichtigungsrecht auf Beförderungsmittel von Betäubungsmitteln erweitert. Auch das sah weder

---

[643] BT-Drucks. VI/ zu 2673, S. 4
[644] s. S. 168 f.
[645] BArch., B 353/ 2178, Begründung zum Entwurf vom 14.1.1970, S. 1
[646] BT-Drucks. VI/ 1877, S. 7
[647] BT-Drucks. VI/ zu 2673, S. 4
[648] s. S. 167 f.
[649] Prot. des Bundesratsausschusses für Jugend, Familie und Gesundheit vom 14.1.1971, S. 28 (BArch., B 353/ 2179)

der Referentenentwurf noch der Regierungsentwurf noch die Stellungnahme des Bundesrates vor, wurde aber vom federführenden Ausschuss ohne Begründung mit aufgenommen[650]. Die Formulierungshilfe des BMJFG enthielt diese Änderung bereits. Der Rechtsausschuss äußerte sich hierzu nicht. Im Bundesratsausschuss für Jugend, Familie und Gesundheit erklärte der Vertreter des BMJFG, dass auch Örtlichkeiten, in denen Betäubungsmittel vernichtet werden, der Aufsicht des BGA unterliegen sollten. Man werde eine entsprechende spätere Ergänzung überprüfen[651]. Diese Ergänzung wurde aber nicht vorgenommen. Satz 1 wurde weiterhin dahingehend geändert, als dass das Besichtigungsrecht nicht mehr allein vom Bundesgesundheitsamt zustand, es wurde auf „sonst zuständige Stellen" erweitert. Dies sahen der Referentenentwurf und der Regierungsentwurf nicht vor. Der Bundesratsausschuss für Jugend, Familie und Gesundheit führte diese Worte aufgrund der Änderung von Absatz 1 ein, nach der den Ländern nun gewisse Exekutivaufgaben übertragen werden konnten. Als Folge dieser Änderung müsse den Ländern auch die Befugnis zur Besichtigung sowie die Möglichkeit, Auskünfte zu verlangen und Einsichtnahme in Geschäftsbücher zu nehmen, eingeräumt werden[652].

Weiterhin wurde ein neuer Satz 2 eingeführt. Nach diesem sollten Besichtigungen von industriellen Herstellungsbetrieben und Großhandelsbetrieben in der Regel alle zwei Jahre durchgeführt werden. Der Referentenentwurf sah diese Regelung nicht vor. In der Entstehungsphase des Regierungsentwurfs wurde sie eingeführt, da das Bundesgesundheitsamt zu dieser Zeit entgegen dem Auftrag des Opiumgesetzes keine Besichtigungen bei industriellen Großbetrieben und Herstellungsbetrieben durchführte. Damit müsse aber nun Ernst gemacht werden. Deswegen wurde zunächst an eine Besichtigung in jedem Jahr gedacht[653]. Im Verlauf der Entstehung des Regierungsentwurfs wurde dann der Zeitraum, in dem Besichtigungen stattzufinden haben, auf zwei Jahre erweitert. Diese Regelung wurde nach der Begründung des Regierungsentwurfs in Anlehnung an § 40 Abs. 2 S. 1 des Arzneimittelgesetzes eingeführt. Die Besichtigung von Apotheken wurde nicht mit aufgenommen, da diese durch die Apothekenaufsicht der Länder überwacht wurden[654].

Es wurden noch drei neue Sätze in diesen Absatz eingefügt (Sätze 6, 7, 8). Danach konnten die Personen, welche die Besichtigungen durchführten, Proben zum Zwecke der Untersuchung fordern bzw. entnehmen. Ein Teil dieser Proben sollte amtlich verschlossen und versiegelt zurückgelassen werden. Insoweit

---

650 BT-Drucks. VI/ 2673, S. 4; BT-Drucks. VI/ zu 2673, S. 4

651 Prot. des Ausschusses für Jugend, Familie und Gesundheit des Bundesrates vom 21.10.1971, S. 7 (BArch., B 353/ 2181)

652 BT-Drucks. VI/ 1877, S. 11; vgl. auch Prot. des Bundesratsausschusses für Jugend, Familie und Gesundheit vom 14.1.1971, S. 29 (BArch., B 353/ 2179)

653 BArch., B 353/ 2193, Schreiben vom 7.10.1970, S. 2

654 BT-Drucks. VI/ 1877, S. 7; vgl. auch BArch., B 353/ 2193, Schreiben vom 7.10.1970, S. 2

wurde Art. 13 GG eingeschränkt. Der Regierungsentwurf enthielt eine entsprechende Änderung nicht. Der Bundesratsausschuss für Jugend, Familie und Gesundheit hielt es zumindest hinsichtlich des Rechtes der Besichtigung von Örtlichkeiten für erforderlich, das Grundrecht der Unverletzlichkeit der Wohnung insoweit einzuschränken[655]. Eine Ergänzung entsprechend den genannten Sätzen sah aber auch der Bundesrat nicht vor. Diese Konkretisierung des Aufsichtsrechts wurde erst durch die Empfehlungen des Ausschusses für Jugend, Familie und Gesundheit (BT) mit aufgenommen[656], was aber nicht weiter begründet wurde.

§ 2 wurde durch einen neuen *Absatz 3* ergänzt. In diesem wurde der Nemotenetur-Grundsatz, nach dem die Auskunft verweigert werden kann, wenn man sich mit der Beantwortung von Fragen der Gefahr strafrechtlicher Verfolgung oder eines Verfahrens nach dem OWiG aussetzen würde, aufgrund allgemeiner rechtspolitischer Erwägungen mit aufgenommen[657]. Der Referentenentwurf enthielt diesen Grundsatz noch nicht, in den Regierungsentwurf wurde er mit aufgenommen. Diese Ergänzung erschien aufgrund allgemeiner rechtspolitischer Erfordernisse geboten[658]. Dies wurde nicht bemängelt. Die restlichen Absätze verschoben sich entsprechend nach hinten.

Nach dem durch das Änderungsgesetz in *Absatz 3a a.F.* (=Absatz 5 n.F.) neu eingeführten Satz 2 konnte das Bundesgesundheitsamt oder die sonst zuständige Stelle Auflagen zur Sicherung der Betäubungsmittelvorräte gegen die Entnahme durch unbefugte Personen sowie über die Vernichtung von Betäubungsmitteln erteilen. In der Entstehungsphase des Referentenentwurfs war zunächst nur die Möglichkeit vorgesehen, Auflagen zur Sicherung der Betäubungsmittelvorräte zu erteilen. Dies sollte einer wirksamen Sicherung der Betäubungsmittelvorräte gegen Entwendung dienen[659]. Während der Entstehung des Regierungsentwurfs wurde es dann auch für notwendig erachtet, Auflagen für die Vernichtung von Betäubungsmitteln möglich zu machen[660]. Der Regierungsentwurf begründete dann die Aufnahme einer solchen Vorschrift damit, dass auf den massiven Anstieg von Apothekeneinbrüchen, dessen Ausdehnung auf Großhandels- und Industriebetriebe verhindert werden sollte, reagiert werden müsse[661]. Allerdings wurde dieses Recht nach dem Regierungsentwurf nur dem Bundesgesundheitsamt eingeräumt. Der Bundesratsausschuss für Jugend, Familie und Gesundheit war der Auffassung, dass in den Fällen, in denen den Ländern Exekutivaufgaben

---

[655] Prot. des Bundesratsausschusses für Jugend, Familie und Gesundheit vom 14.1.1971, S. 29 (BArch., B 353/ 2179)

[656] BT-Drucks. VI/ 2673, S. 4

[657] BT-Drucks. VI/ 1877, S. 7, vergleiche §§ 55 und 153 StPO, 384 Nr. 2 ZPO, jeweils in der damaligen Fassung

[658] BT-Drucks. VI/ 1877, S. 7

[659] BArch., B 353/ 2178, Schreiben vom 30.4.1970, S. 2

[660] BArch., B 353/ 2193, Schreiben vom 9.9.1970, S. 2

[661] BT-Drucks. VI/ 1877, S. 7; VI/ zu 2673, S. 4

übertragen wurden, auch die Befugnis zustehen müsse, Auflagen zu erteilen[662]. Deswegen sollten zusätzlich die Worte „oder die sonst zuständige Stelle” aufgenommen werden. In der Stellungnahme des Bundesrates wurden dann diese Worte eingefügt. Dies war laut der Begründung der Stellungnahme wegen der jetzt möglichen Übertragung von Exekutivaufgaben auf die Länder erforderlich. Die Ausschüsse des Bundestages übernahmen die Formulierung des Bundesrates[663].

d. Änderungen des § 3 (Erlaubnis)

Auch § 3 wurde geändert. Der Anbau von Betäubungsmitteln war jetzt gemäß *Absatz 1* erlaubnispflichtig. Der Referentenentwurf, der Regierungsentwurf, die Stellungnahme des Bundesrates (und seiner Ausschüsse), die Formulierungshilfe des BMJFG, der Rechtsausschuss und der Innenausschuss sahen eine derartige Ergänzung nicht vor. Es war eine vom Ausschuss für Jugend, Familie und Gesundheit eingefügte Reaktion auf das Abkommen von 1961. Hierbei sprach der Ausschuss aber von einer Verpflichtung, die sich aus dem Einheitsübereinkommen ergeben sollte[664]. Dieses Abkommen war allerdings noch nicht ratifiziert, also noch nicht verbindlich für die Bundesrepublik. Eigentlich konnte hieraus somit noch keine Verpflichtung für den deutschen Gesetzgeber entstehen. Es war eine im Hinblick auf die geplante Ratifikation des Abkommens vorbeugende Maßnahme.

In *Absatz 2* wurde jetzt eingeführt, dass die Erlaubnis befristet und mit Auflagen versehen werden konnte. Der Referentenentwurf, der Regierungsentwurf und die Stellungnahme des Bundesrates sahen dies nicht vor. Die Formulierungshilfe des BMJFG führte diese Ergänzung ein, blieb jedoch vom Rechtsausschuss unbeachtet. Nach Meinung des Ausschusses für Jugend, Familie und Gesundheit diente diese Formulierung der Klarstellung[665].

Im Referentenentwurf und im Regierungsentwurf waren Änderungen des *Absatzes 4* nicht vorgesehen. Auch der Bundesrat sah sich nicht dazu veranlasst, eine Änderung vorzunehmen. In der Formulierungshilfe des BMJFG wurden dann die Wörter „behördlich genehmigten” gestrichen. Dies wurde damit begründet, dass das Arzneimittelgesetz zumindest den Tierärzten ein umfassendes Dispensierrecht einräumte. Deswegen treffe die Bezeichnung „behördlich genehmigten” zumindest nicht mehr auf Tierärzte zu. Deshalb sollten diese Worte gestrichen werden[666]. Dies wurde dann vom federführenden Ausschuss übernommen. Satz 1 wurde um einen neuen Halbsatz ergänzt, wonach Apotheken

---

[662] Prot des Bundesratsausschusses für Jugend, Familie und Gesundheit vom 14.1.1970, S. 29 (BArch., B 353/ 2179)

[663] BT-Drucks. VI/ 2673, S. 4; VI/ zu 2673, S. 4

[664] BT-Drucks. VI/ zu 2673, S. 4

[665] BT-Drucks. VI/ 2673, S. 4; VI/ zu 2673, S.4

[666] Prot. des Rechtsausschusses VI/ 49, S. 30

und Hausapotheken keiner Erlaubnis für die Rückgabe an den Inhaber einer Erlaubnis zum Erwerb im Sinne des Absatzes 1 bedurften. Bereits in der Entstehungsphase des Referentenentwurfs vermerkte Ministerialrat Dr. Hoffmann (BMJFG), dass es ein Problem bei der Rückgabe von Betäubungsmitteln durch Apotheker gab. Zwar sei dies grundsätzlich erlaubnispflichtig, in der Praxis werde aber keine Erlaubnis dafür verlangt. Dabei solle es auch bleiben, doch müsse dies durch eine Änderung des Opiumgesetzes legalisiert werden[667]. Ebenso äußerte sich die Arbeitsgemeinschaft der Berufsvertretungen deutscher Apotheker[668]. Allerdings sahen der Referentenentwurf und der Regierungsentwurf eine solche Änderung nicht vor. Diese Vorschrift wurde vom Ausschuss für Jugend, Familie und Gesundheit des Bundesrates ergänzt mit der Begründung, dass bisher der Apotheker für die Rückgabe von Betäubungsmitteln eine Erlaubnis benötigte. Diese war kostenpflichtig, weswegen die Rückgabe häufig unterblieb. Diese Rückgabe sollte aber gefördert werden, um die Bestände in den Apotheken möglichst niedrig zu halten und so den Anreiz zu Apothekeneinbrüchen zu mindern. Deswegen solle die Rückgabe an den Lieferanten nunmehr erlaubnisfrei sein. Eine solche Änderung sei auch im Interesse der Verwaltungsvereinfachung geboten[669]. Der Bundesrat übernahm dies dann in seine Stellungnahme zum Regierungsentwurf[670]. Die Bundesregierung hatte dagegen nichts einzuwenden. Das BMJFG nahm diesen Vorschlag mit einer kleinen Änderung des Wortlauts in seine Formulierungshilfe mit der gleichen Begründung auf. Auch der federführende Bundestagsausschuss sprach von einer Erschwerung des Weges von Betäubungsmitteln zurück zum Großhändler und folgte schließlich der Argumentation des Bundesratsausschusses[671]. Allerdings erweiterte der Ausschuss den Absatz 4 um einen neuen Satz 2. Der Erwerb und die Abgabe von für die Ausrüstung der Kauffahrteischiffe vorgeschriebenen Betäubungsmitteln wurden von der Erlaubnispflicht ausgenommen. Auf eine Überwachung konnte verzichtet werden, ohne dass das Kontrollsystem beeinträchtigt wird[672]. Dieser neue Satz 2 wurde nicht weiter beanstandet. Des weiteren wurde von diesem Ausschuss das Gesetz an die vom Arzneimittelgesetz geschaffene Rechtslage angepasst, indem im letzten Satz von Absatz 4 der Erwerb von Betäubungsmitteln von Tierärzten, die eine Erlaubnis zur Abgabe nach Absatz 1 hatten, nicht mehr erlaubnisfrei war[673].

---

667 BArch., B 353/ 2178, Vermerk vom 8.5.1970
668 BArch., B 353/ 2193, Schreiben vom 13.8.1970
669 Prot. des BR-Ausschusses für Jugend, Familie und Gesundheit vom 14.1.1971, S. 30 (BArch., B 353/ 2179)
670 BT-Drucks. VI/ 1877, S. 12
671 Prot. des BT-Ausschusses für Jugend, Familie und Gesundheit VI/ 39, S. 9 (BArch., B 353/ 2179)
672 BT-Drucks. VI/ zu 2673, S. 4
673 BT-Drucks. VI/ zu 2673, S. 4

e. Änderungen des § 4 (Bezugsscheine)
Zunächst wurden in *Absatz 1* die Worte „behördlich genehmigten" gestrichen. Diese Änderungen gingen wieder auf die Formulierungshilfe des BMJFG zurück[674] und wurden nicht beanstandet. In Satz 2 des Absatzes 1 wurden die Worte „bei der der Aufsicht des Bundesgesundheitsamtes unterstehenden Opiumstelle" durch die Worte „beim Bundesgesundheitsamt" ersetzt. Auch dies ging auf die Formulierungshilfe zurück. Der Ausschuss für Jugend, Familie und Gesundheit (BT) begründete dies mit einer nötigen Anpassung an das Arzneimittelgesetz[675]. In Satz 3 wurde die Möglichkeit, dass Tierärzte, die eine Erlaubnis zur Abgabe hatten, Betäubungsmittel bezugsscheinfrei abgeben konnten, gestrichen. Der Referentenentwurf und der Regierungsentwurf sahen dies nicht vor. Auch der Bundesrat äußerte sich hierzu nicht. Erstmalig tauchte diese Beschränkung in der Formulierungshilfe des BMJFG auf. Der Ausschuss für Jugend, Familie und Gesundheit nahm die Streichung mit der Begründung vor, das Betäubungsmittelgesetz an die vom Arzneimittelgesetz geschaffene Rechtslage anzupassen[676]. Mit der gleichen Begründung wurden von diesem Ausschuss in Satz 4 die Möglichkeit, Betäubungsmittel bezugsscheinfrei von einem Tierarzt zu erwerben, gestrichen.

Die Verordnungsermächtigung des *Absatzes 2* (Regelung des Verfahrens über die Erteilung etc. von Bezugsscheinen) wurde konkretisiert. Der federführende Ausschuss war der Auffassung, dass alle Verordnungsermächtigungen des Gesetzes nicht den Anforderungen des Art. 80 GG entsprachen. So musste auch die Ermächtigung in § 4 Abs. 2 OpiumG konkretisiert werden[677].

Der Wortlaut von *Absatz 3* wurde geändert. Danach war zum einen jetzt das Bundesgesundheitsamt zuständig für die Versagung von Bezugsscheinen. Zum anderen war es (im Gegensatz zur alten Fassung) nicht nur berechtigt einen Bezugsschein zu versagen, wenn der Verdacht einer gesetzwidrigen Verwendung besteht, es war verpflichtet, einen Bezugsschein zu versagen. Die Bundesregierung und der Bundesrat hielten eine Änderung für nicht erforderlich. Die Formulierungshilfe des BMJFG führte diese Änderung ein. Sie wurde ohne weitere Begründung übernommen.

Mit dem neuen *Absatz 4* wurde die Bundesregierung ermächtigt, durch Verordnung den Verkehr mit Betäubungsmitteln auf andere Weise als durch Bezugsscheine zu regeln, soweit die Sicherheit und die Kontrolle des Verkehrs mit Betäubungsmitteln gewährleistet bleiben. Der Bundesrat fügte in seiner Stellungnahme zu dem Regierungsentwurf diesen neuen Absatz ein, allerdings nicht in der Form, die letztendlich Gesetz geworden ist. Nach dem Vorschlag des Bundesrates sollte die Bundesregierung nicht nur durch Rechtsverordnung

---

[674] vgl. Begründung dort, S. 286 f.
[675] BT-Drucks. VI/ 2673, S. 4
[676] BT-Drucks. VI/ zu 2673, S. 4
[677] BT-Drucks. VI/ zu 2673, S. 3

bestimmen können, dass der Verkehr mit bestimmten Betäubungsmitteln auf andere Weise geregelt werden kann als mit Bezugsscheinen[678]. Sie sollte auch ermächtigt werden, den Verkehr mit allen Betäubungsmitteln zwischen Apotheken und Großhändlern auf andere Weise zu regeln als mit dem bisher gewohnten Bezugsscheinsystem. Der Bundesratsausschuss für Jugend, Familie und Gesundheit war verantwortlich für die Ergänzung eines neuen Absatzes 4 und begründete diese damit, dass es geboten erschien, Vorschriften zu erlassen, die es den Apotheken ermöglichen, den Betäubungsmittelvorrat auf dem gesetzlich vorgeschriebenen Maß zu halten[679]. Die Formulierungshilfe wählte dann eine allgemeinere Form. Danach konnte die Bundesregierung eine Verordnung erlassen, nach welcher der Verkehr mit Betäubungsmitteln auf andere Weise als durch Bezugsscheine geregelt werden konnte, soweit die Sicherheit und die Kontrolle des Verkehrs mit Betäubungsmitteln gewährleistet blieben. Begründet wurde diese damit, dass durch das Bezugsscheinsystem die Rückgabe von Betäubungsmitteln verzögert werde. Deswegen lagerten die Apotheken mehr Betäubungsmittel, als nach der Apotheken-Betriebsordnung erforderlich war. Dies fördere die Apothekeneinbrüche. Insoweit folgte die Formulierungshilfe der Argumentation des Bundesrates. Das alleinige Abstellen des Bundesrates auf den Verkehr zwischen Apotheken und Großhändlern entspreche aber nicht der augenblicklichen Apothekensituation. Logischerweise sollte die Vorschrift auf Ärzte und Tierärzte ausgedehnt werden[680]. Der federführende Bundestagsausschuss wollte der Bundesregierung mit der Aufnahme der Fassung der Formulierungshilfe die Möglichkeit geben, Apotheken und die ärztlichen Hausapotheken in die Lage zu versetzen, die Rückgabe nicht benötigter Betäubungsmittel ohne Verzögerung abzuwickeln. Dies sollte verhindern, dass sich bei diesen größere Vorräte von Betäubungsmitteln ansammeln, die bei Einbrüchen in unbefugte Hände gerieten. Diesbezüglich hielt es der Ausschuss für zweckmäßig, der Bundesregierung eine Ermächtigung zu geben, die weiter reichte als die des Bundesrates[681]. Der Rechtsausschuss diskutierte in diesem Zusammenhang noch eine weitere Möglichkeit. Verschriebene Arzneien, die Betäubungsmittel enthielten, würden zum Teil nicht benutzt, weil der Kranke häufig schneller gesund werde. Es sei daher zu überlegen, ob nicht eine Bestimmung aufgenommen werden sollte, wonach derjenige, der legal erworbene Betäubungsmittel an die Apotheke zurückgebe, den Einkaufswert erstattet bekomme. Auf diesem Wege könne auch

---

[678] so schon in § 4 Absatz 4 OpiumG vom 29.12.1929

[679] Prot. des Bundesratsausschusses für Jugend, Familie und Gesundheit vom 14.1.1971, S. 61 (BArch., B 353/ 2179)

[680] Prot. des Rechtsausschusses VI/ 49, S. 30

[681] BT-Drucks. VI/ zu 2673, S. 3; s. a. Prot. des BT-Ausschusses für Jugend, Familie und Gesundheit VI/ 50, S. 12 (BArch., B 353/ 2180)

im privaten Bereich ein Anreiz zur Rückgabe von Betäubungsmitteln geboten werden[682]. Dieser Punkt wurde aber nicht weiter verfolgt.

f. Änderungen des § 5 (Lagerbuch und Auskünfte)

§ 5 wurde mehrfach geändert. Zunächst wurden durch den Bundestagsausschuss für Jugend, Familie und Gesundheit Rohmorphin einschließlich Mohnstrohkonzentrat zu den Betäubungsmitteln hinzugefügt, für welche gemäß *Absatz 1 Satz 3* die Führung eines Lagerbuches notwendig war. Dies war eine Reaktion auf die fünfte Betäubungsmittel-Gleichstellungsverordnung[683]. Dies wurde ohne weitere Beanstandung übernommen. Des Weiteren wurden in diesem Satz die Worte „des bezogenen Rohopiums und der bezogenen Kokablätter" ohne Begründung durch die Worte „an Betäubungsmitteln" ersetzt.

Absatz 2 wurde konkretisiert und erweitert. Die Bundesregierung konnte nun durch Verordnung bestimmen, dass weitere Eintragungen (insbes. über Gewinnung, Herstellung und Verbleib) in dieses Lagerbuch gemacht werden mussten und genaue Auskünfte über Eingang, Ausgang, Verbleib etc. machen mussten. Sie konnte ebenso die Pflicht zur Führung eines Lagerbuches auch auf Krankenanstalten und Tierkliniken ausdehnen. Der Referentenentwurf sah als Ergänzung nur vor, dass die Verordnung bestimmen konnte, dass auch Krankenanstalten eine entsprechende Pflicht zur Führung eines Lagerbuches auferlegt wird. Der Regierungsentwurf erweiterte diesen Entwurf um Tierkliniken. Dies sollte laut der Begründung einer besseren Überwachung des Verkehrs mit Betäubungsmitteln dienen, zumal sich das Fehlen einer solchen Pflicht für die neu eingefügten Anstalten als Mangel erwiesen hat[684]. Der Bundesrat äußerte sich zu dieser Änderung nicht, bemängelte aber wie schon bei § 1 Abs. 5, dass § 5 Abs. 2 a.F. nicht den Anforderungen des Art. 80 Abs. 1 S. 2 GG entspreche. Er schlug die gleiche Konkretisierung vor wie bei § 1 Abs. 5[685]. Die daraufhin entstandene (und Gesetz gewordene) Formulierungshilfe des BMJFG enthielt sowohl die im Regierungsentwurf enthaltene Änderung als auch die Konkretisierung der Verordnungsermächtigung. Sie trug damit den Beanstandungen des Bundesrates Rechnung. Die Bundestagsausschüsse billigten diese Fassung.

g. Änderungen der §§ 6 (Ein-/ Ausfuhr), 7 (Verordnungsermächtigung) und 8 (Verschreibung und Abgabe)

Auch die *§§ 6 und 7* wurden neu geordnet. Dies war auch eine Folge der Stellungnahme des Bundesrates. Zwar wurden dort nur zwei Verordnungsermächtigungen beanstandet, die Formulierungshilfe des BMJFG änderte daraufhin aber

---

682 Prot. des Rechtsausschusses VI/ 49, S. 31

683 BT-Drucks. VI/ zu 2673, S. 4

684 BT-Drucks. VI/ 1877, S. 8

685 Für die Begründung kann insoweit auf das zu § 1 Abs. 5 Gesagte verwiesen werden, vgl. S. 276 f.

alle Verordnungsermächtigungen. Der Ausschuss für Jugend, Familie und Gesundheit übernahm die Fassung der Formulierungshilfe mit der Begründung, dass alle Verordnungsermächtigungen im Hinblick auf Art. 80 GG geändert werden müssten[686].

Ebenso verhielt es sich auch mit *§ 8*. Bemerkenswert war aber, dass nach Absatz 1 Arzneimittel, die Betäubungsmittel enthielten, nur auf Rezept abgegeben werden durften. Das Opiumgesetz vom 29.12.1929 enthielt diesbezüglich nur eine Verordnungsermächtigung. In Absatz 2 befand sich die geänderte Verordnungsermächtigung, nach der Bestimmungen über das Verschreibung und die Abgabe Betäubungsmittel enthaltender Arzneien erlassen werden konnten. Es war genau aufgeführt, was in dieser Verordnung geregelt werden sollte.

h. Änderungen des § 9 (Rauchopium, Cannabisharz)

Die in § 9 genannten Verbote bezüglich des internationalen Handels mit zubereitetem Opium, Rückständen des Rauchopiums sowie dem Harz des indischen Hanfes wurden auf den gesamten Verkehr mit diesen Stoffen erweitert. Die Erweiterung des Verbotes auf den gesamten Verkehr war weder in den Entwürfen noch in der Stellungnahme des Bundesrates vorgesehen. Sie diente nach den Ausführungen des sie einführenden Ausschusses für Jugend, Familie und Gesundheit der Beseitigung von Zweifeln, insbesondere über den Begriff „Verkehr"[687].

Der neu geschaffene Absatz 2 ermächtigte die Bundesregierung, Ausnahmen von diesen Verboten für wissenschaftliche oder andere im öffentlichen Interesse liegende Zwecke zuzulassen. Eine solche Ausnahmemöglichkeit, die schon im Referentenentwurf (allerdings ohne Begründung) enthalten war, erschien der Bundesregierung zweckmäßig. Die Voraussetzungen für eine solche Ausnahme sollten z. B. gegeben sein, wenn das Betäubungsmittel zu Forschungs- oder Lehrzwecken verwendet werden soll oder wenn sich herausstellen sollte, dass das eine oder andere genannte Betäubungsmittel einen therapeutischen oder diagnostischen Wert besitzt[688]. Dies wurde nicht weiter bemängelt.

i. Einführung eines neuen § 10 (Verwaltungsgebühren und Umlagen)

Die vormals in § 11 enthaltene Ermächtigung, zur Deckung der Kosten, die durch die Ausführung des Gesetzes entstanden sind, eine durch Verordnung näher zu bestimmende Umlage zu erheben, wurde in den vom Änderungsgesetz neu eingeführten § 9 a verschoben und erweitert. Jetzt konnten auf die Ausstellung von Erlaubnisscheinen bis zu 2500,- DM, auf Prüfungen und Untersuchungen bis zu 3000,- DM und auf die Einfuhr und das sonstige Inverkehrbringen von Betäubungsmittel bis zu 500,- DM je KG als Verwaltungsgebühren erhoben

---

686 BT-Drucks. VI/ zu 2673, S. 3
687 BT-Drucks. VI/ zu 2673, S. 4
688 BT-Drucks. VI/ 1877, S. 8

werden. Im Gegensatz zu § 11 a.F. war diese Ermächtigung wesentlich ausführlicher. Grund hierfür war, dass die alte Fassung nicht den Anforderungen des Art. 80 GG genügte[689]. Diese neu eingefügte Vorschrift wurde durch die Neuveröffentlichung zu § 10

2. Strafrechtlicher Teil

Die Neuordnung des strafrechtlichen Teils war der Hauptauslöser für die Änderung des Opiumgesetzes. Aufgrund der steigenden Drogenkriminalität und der sich innerhalb der Drogenkriminalität ändernden Verhältnisse bedurften die Strafbestimmungen einer Überarbeitung. Neu war die Unterteilung in Strafvorschriften einerseits und Ordnungswidrigkeiten andererseits. Durch die Neuveröffentlichung des Betäubungsmittelgesetzes und die dadurch bedingte Einführung eines neuen § 10 wurden die Strafvorschriften um einen Paragraphen nach hinten verschoben. Die Strafvorschriften fanden sich nun in § 11.

a. Änderungen des § 10 Absatz 1 a.F. (Vergehen, § 11 Abs. 1 n.F.)

Die *Strafandrohung* für Zuwiderhandlungen nach Absatz 1 blieb bei bis zu drei Jahren Haft und/ oder Geldstrafe. Dies sahen sowohl der Referentenentwurf als auch der Regierungsentwurf sowie der Entwurf der CDU/ CSU-Fraktion und der Bundesrat vor. Die dort erfassten Tatbestände wurden nicht grundlegend geändert, aber erweitert.

Absatz 1 Nr. 1 wurde dahingehend geändert, als dass die Gewinnung, Herstellung, Verarbeitung etc. an nicht genehmigten Örtlichkeiten nicht mehr erfasst wurde. Dies sah schon der Referentenentwurf vom 27.1.1970 vor. Es handele sich bei diesem Verstoß (wie auch bei anderen, die jetzt als Ordnungswidrigkeit eingeordnet wurden) um so genannte Handlungen im Vorfeld. Hier sei die Verhängung einer Geldbuße oft wirkungsvoller als die Anrufung der Staatsanwaltschaft[690]. Laut Regierungsentwurf sollte dieser Verstoß seinem Unrechtsgehalt entsprechend künftig als Ordnungswidrigkeit im Sinne dieses Gesetzes gewertet werden[691]. Der Entwurf der CDU/CSU-Fraktion sah keine Änderung der Nr. 1 vor, die dort genannten Handlungen (also auch das Herstellen etc. an nicht genehmigten Örtlichkeiten) stellten nach ihrem Gewicht kriminelles Unrecht dar[692]. Diese Meinung blieb aber unbeachtet, sämtliche beteiligten Ausschüsse und der Bundesrat schlossen sich der Auffassung des Regierungsentwurfs an.

Absatz 1 Nr. 2 betraf die Durchfuhr von Betäubungsmitteln ohne zollamtliche Überwachung. Diese war bisher nach § 10 Absatz 1 Nr. 5 OpiumG a.F.

---

[689] BT-Drucks. VI/ zu 2673, S. 3

[690] BArch., B 353/ 2178, Begründung des Referentenentwurfs vom 27.1.1970, S. 4

[691] BT-Drucks. VI/ 1877, S. 8

[692] BT-Drucks. VI/ 1414, S. 3

i.V.m. § 6 der Verordnung über die Ein-, Aus- und Durchfuhr[693] strafbar. Der Referentenentwurf enthielt diese Änderung nicht. Der Regierungsentwurf bezog die Strafbarkeit noch auf die Durchfuhr ohne Zollbegleitschein oder nicht unter Zollverschluss. Der Unterausschuss des Rechtsausschusses des Bundesrates passte dann die Vorschrift an das Zollgesetz in der geltenden Fassung an, nach dem es keine Zollbegleitscheine mehr gab[694]. Der Rechtsausschuss (BT) billigte die vom Bundesrat vorgeschlagene Fassung[695], welche dann auch Gesetz geworden ist.

Das Erwerben, Abgeben und Veräußern von Betäubungsmitteln ohne Bezugsschein (Nr. 2 a. F.) wurde in die *Ziffer 3* verschoben, blieb aber gleich.

Die wohl wichtigste Änderung in Absatz 1 war die neue *Nr. 4*. Danach war der Besitz ohne eine Erlaubnis nach § 3 oder ohne Bezugsschein strafbar. Bevor der Referentenentwurf den Ministerien etc. zugesandt wurde, enthielt dieser keine entsprechende Bestimmung. Erst im Entwurf vom 5.10.1970 war diese Vorschrift erstmals erfasst. Die Bestrafung des unerlaubten Besitzes sei als Ersatz für das Verbot des illegalen Verbrauchs gedacht und entspreche gleichzeitig den bestehenden internationalen Verpflichtungen. Auch nach der so genannten Single Convention sollten die Staaten den unerlaubten Besitz verbieten[696].

Nach der Begründung des Regierungsentwurfs kam die Bundesrepublik mit dieser Vorschrift den Forderungen der Artikel 7 i.V.m. 28 des Genfer Abkommens vom 19.2.1925 nach. Besitz bedeutete nach dem Regierungsentwurf nicht einen Zustand, sondern ein kausales Verhalten, nämlich das Herbeiführen oder das Aufrechterhalten dieses Zustandes. Die Vorschrift sollte die Strafverfolgung insoweit erleichtern, als dass nicht mehr nachgewiesen werden musste, ob vorher ein illegaler Erwerb stattfand[697].

Der Regierungsentwurf enthielt noch eine erweiterte Fassung, indem er auch den Besitz ohne ärztliche Verschreibung unter Strafe stellte. Der Unterausschuss des Rechtsausschusses des Bundesrates strich dies jedoch aufgrund eines Antrages des Vertreters Baden-Württembergs. Als Grund hierfür wurde angegeben, dass dies nicht ausdrücklich aufgenommen werden müsse, wenn darauf abgestellt werde, dass das Betäubungsmittel ohne eine nach § 3 erforderliche Erlaubnis erlangt wurde. Nach § 3 Abs. 4 Satz 2 sei in den genannten Fällen keine Erlaubnis erforderlich. Bei der Fassung des Regierungsentwurfs müsste dann auch

---

[693] RGBl. 1930 I, S. 114, i. d. F. vom 26.9.1960

[694] Protokoll des Unterausschusses des Rechtsausschusses des Bundesrates vom 12.1.1971, S. 15 (BArch., B 353/ 2179)

[695] Prot. des Rechtsausschusses VI/ 49, S. 11

[696] BArch., B 353/ 2193, Schreiben vom 7.10.1970, S. 3

[697] BT-Drucks. VI/ 1877, S. 9

die für Apotheker geltende Ausnahme des § 3 Abs. 4 Satz 1 ausdrücklich erwähnt werden[698].

Der Rechtsausschuss des Bundesrates beschloss dann zusätzlich, die Bundesregierung aufzufordern, zu prüfen, ob durch eine bessere Formulierung diejenigen Fälle des Besitzes von Betäubungsmitteln, die nicht strafwürdig erscheinen, aber durch den Begriff „besitzt" erfasst werden könnten, aus dem Tatbestand ausgeschieden werden könnten. Als Beispielsfall wurde das Ansichnehmen durch Eltern von Betäubungsmitteln, die sich im Besitz ihrer Kinder befanden, genannt[699]. Der Bundesrat nahm beides in seine Stellungnahme mit auf.

Die Aufnahme des Besitzes von Betäubungsmitteln in den Katalog des Absatzes 1 sowie die eben genannte Aufforderung des Bundesrates sorgten für einige Diskussionen im Rechtsausschuss. Der Abgeordnete Pinger meinte, es handele sich bei der Aufnahme des Besitzes um eine Frage der politischen Akzentsetzung. Zwar sei die Strafbarkeit des reinen Besitzes problematisch, eine Pönalisierung sei jedoch kriminalpolitisch vertretbar, und im Hinblick auf die härteren Drogen sei auch eine Verschärfung der Strafverfolgungsmaßnahmen erforderlich. Letztlich befürwortete er die vom Bundesrat vorgeschlagene Fassung, da sie präziser sei[700]. Der Abgeordnete Dürr sah dies ebenfalls so, hatte aber rechtssystematische Bedenken wegen der Aufforderung des Bundesrates. Bezüglich dieser Aufforderung nahm der Ministerialrat von der Linden (Justizministerium) dahingehend Stellung, dass eine solche Ausscheidung aus dem Tatbestand nicht erforderlich sei. Nähmen die Eltern die Betäubungsmittel an sich, um sie zu vernichten oder irgendwo abzuliefern, so liege ein Rechtfertigungsgrund vor. Nähmen sie das Betäubungsmittel mit dem Willen in Besitz, diese selbst zu verbrauchen, sei ihr Verhalten strafwürdig. Insofern bedürfe es keiner besseren Formulierung. Die Bundesregierung habe sich um eine restriktive Fassung bemüht, sehe aber keine Möglichkeit, den Tatbestand einzuschränken. Die Vorschrift würde sinnlos, wenn man auf diesen oder jenen Zweck des Besitzes abstellen würde. Der Auffangtatbestand des Besitzes würde auch unbedingt benötigt, da man damit zum einen der Verpflichtung aus dem Genfer Abkommen (und der noch zu ratifizierenden Single Convention) nachkomme. Zum anderen sei dem Besitzer der vorherige illegale Erwerb nicht immer nachzuweisen. Derartige Schwierigkeiten würden mit der Aufnahme des Besitzes vermieden.

Der Abgeordnete Pinger sah ebenfalls keine Möglichkeit, Ausnahmen gesetzlich so zu fassen, dass nicht wieder andere Ausnahmen in gleicher Weise darunter gefasst werden müssten. In dem vom Bundesrat angeführten Beispiel sei der allgemeine Rechtfertigungsgrund des übergesetzlichen Notstandes gege-

---

698 Protokoll des Unterausschusses des Rechtsausschusses des Bundesrates vom 12.1.1971, S. 16 (B 353/ 2179)

699 Protokoll des Rechtsausschusses des Bundesrates vom 13.1.1971, S. 13 (BArch., B 353/ 2179)

700 Prot. des Rechtsausschusses VI/ 49, S. 12

ben, so dass dieser Fall keiner besonderen Regelung bedürfe. Nach dieser Diskussion kam der Ausschuss überein, Nr. 4 in der vom Bundesrat vorgeschlagenen Fassung anzunehmen. Zur Aufforderung des Bundesrates stellte der Vorsitzende Dr. Lenz fest, dass nach Meinung des Ausschusses eine Änderung der Formulierung nicht erforderlich sei, weil in den Fällen des nicht strafwürdigen Besitzes den Betreffenden in gleicher Weise wie im Waffenrecht ein Rechtfertigungsgrund zur Seite stehe[701]. Die Auffassung des Rechtsausschusses wurde von den übrigen Ausschüssen geteilt.

Absatz 1 Nr. 5 erfasste nun die Angabe oder die Benutzung von unrichtigen oder unvollständigen Daten, um einen Bezugsschein oder eine ärztliche Verschreibung zu erlangen. Dies war zunächst eine Erweiterung des Absatzes 1 Nr. 3 a. F. in der Hinsicht, als dass nun auch unvollständige Angaben die Strafbarkeit begründeten. Das Bundesministerium für Justiz regte diese Ergänzung an und begründete dies damit, dass alle Täuschungshandlungen erfasst werden sollten[702]. Der Referentenentwurf vom 22.4.1970 übernahm diese Anregung. Allerdings bezog sich die Täuschungshandlung nur auf das Erlangen eines Bezugsscheins. Die Täuschung zum Erlangen eines ärztlichen Rezeptes wurde nicht erfasst. Der Entwurf der CDU/ CSU- Fraktion erfasste erstmals auch diesen Tatbestand. Der Begründung zufolge hielt das Opiumgesetz eine solche Bestimmung für nicht notwendig, da es offenbar annahm, die ärztliche Prüfung der Einzelfälle würde Täuschungen ausschließen. Diese Annahme sei heute nicht mehr gerechtfertigt. Das strafwürdige Verhalten sei dabei nicht erst im Gebrauchmachen des Rezeptes, sondern bereits in der Täuschung des Arztes zu sehen[703]. Der Innenausschuss des Bundestages kam überein, dem federführenden und den mitberatenden Ausschüssen zu erwägen zu geben, ob die Bestimmungen des CDU/ CSU-Entwurfs mit in das Gesetz eingearbeitet werden sollte[704]. Dies geschah dann auch.

Absatz 1 Nr. 6 stellte jeglichen Verkehr mit den in § 9 genannten Betäubungsmitteln unter Strafe. Hierbei wurde der Besitz der dort erfassten Drogen gesondert unter Buchstabe b aufgeführt. Bis zum Referentenentwurf vom 30.9.1970 wurde noch an der allgemeineren Fassung der Nr. 4 des Opiumgesetzes festgehalten, nach der die Zuwiderhandlung gegen das Verbot des § 9 unter Strafe gestellt worden war. Nach Meinung der Bundesregierung war dies jedoch zu unbestimmt. Demzufolge wurden alle Verhaltensweisen, die der Begriff „Verkehr" umfasst, einzeln aufgeführt, darunter auch der Besitz[705]. Innerhalb des Rechtsausschusses (BT) wurde diese Ziffer umfassend diskutiert. Der Abgeordnete Dr. Arndt stieß sich zunächst an der Aufnahme des Wortes „durch-

[701] Prot. des Rechtsausschusses VI/ 49, S. 11-13
[702] BArch., B 353/ 2178, Schreiben vom 15.4.1970, S. 2
[703] BT-Drucks. VI/ 1414, S. 3
[704] Protokolle des Innenausschusses VI/ 47, S. 25 (BArch., B 353/ 2179)
[705] BT-Drucks. VI/ 1877, S. 9

führt". Die Durchfuhr sei ohne Ein- und Ausfuhr nicht möglich und werde somit von diesen beiden Varianten umfasst. Mit der Aufnahme der Durchfuhr werde ein alter Grundsatz der Gesetzgebungstechnik verletzt: Was zuviel ist, ist falsch. Ministerialrat Dr. von der Linden wies darauf hin, dass die Begriffe „Einfuhr" und „Ausfuhr" im Außenwirtschaftsgesetz definiert wurden. Hierunter falle nicht die Durchfuhr, diese sei ein dritter Begriff. Zwar werde das Wort „durchführt" nicht im Sinne des Außenwirtschaftsgesetzes verwendet, dieses wirke sich aber auch außerhalb seines Geltungsbereiches aus. Daraufhin stellte Dr. Arndt seine Bedenken zurück[706].

Auch die Aufnahme des Besitzes in Nr. 6 wurde stark diskutiert. Der Regierungsentwurf sah dies schon vor, der Entwurf der CDU/ CSU-Fraktion dagegen nicht ausdrücklich[707]. Der Bundesrat äußerte sich hierzu nicht. Wiederum wurde das Problem im Rechtsausschuss des Bundestages am ausführlichsten diskutiert. Der Abgeordnete Dr. Pinger sprach sich dafür aus, die bisherige Fassung des § 10 Absatz 1 Nr. 4 OpiumG a. F. beizubehalten. § 9 enthalte ein absolutes Verkehrsverbot für die dort aufgeführten Stoffe, u. a. auch für Haschisch. Unter das Verkehrsverbot fielen bisher der illegale Erwerb und jede Handhabung dieser Stoffe, nicht aber der Besitz. Im Gegensatz zu Nr. 4 n. F., wo es um den Besitz härtere Drogen gehe, habe er bei Nr. 6, was das Haschisch anlange, Bedenken gegen eine Ausweitung des Straftatbestandes. Der Abgeordnete Dürr ging davon aus, dass mit der Erweiterung der Grundtatbestände die Strafverfolgung erleichtert werden solle. Dem Kleinverbraucher, bei dem ein paar Joints gefunden würden, könne kaum mehr nachgewiesen werden, als dass er sie besitze. In einem solchen brauche aber keine Freiheitsstrafe verhängt zu werden, hier reiche eine Geldstrafe aus. Bei einem Händler, der größere Mengen anliefere, gebe es noch andere Kriterien und es könne mehr nachgewiesen werden als der bloße Besitz. Dürr gab aus diesen Gründen zu erwägen, ob der bloße Besitz von Haschisch als Ordnungswidrigkeit einzuordnen sei. Der Ministerialrat Hoffmann hielt beiden Abgeordneten entgegen, dass sich § 9 nicht nur auf Haschisch beziehe, sondern auch auf das zubereitete Opium und alle anderen Rückstände des Rauchopiums. Andererseits beziehe sich Nr. 4 des Regierungsentwurfs auch auf die leichteren Drogen, z.B. auf Kodein, welches in seiner Wirkung wahrscheinlich gar nicht so schädlich sei wie Haschisch. Die Unterscheidung zwischen „harten" und „weichen" Drogen wurde von der Bundesregierung nicht vorgenommen, da hierfür keine exakten wissenschaftlichen Maßstäbe vorhanden waren. So lange solche Maßstäbe fehlten, so lange werde jede Abstufung im strafrechtlichen Bereich nach der Schädlichkeit dieser Drogen bis zu einem gewissen Grade willkürlich sein. Dies werde durch einen Blick auf die ausländische Gesetzgebung noch bes-

---

[706] Prot. des Rechtsausschusses VI/ 49, S. 13, 14

[707] Es sollte hiernach strafbar sein, den Verboten des § 9 OpiumG zuwiderzuhandeln. Gemäß § 9 war jeglicher Verkehr mit den genannten Stoffen verboten. Hierunter wurde aber zur Zeit des Erlasses des Opiumgesetzes nicht der Besitz gefasst.

tätigt. Der Abgeordnete Dr. Hauser verwies darauf, dass später noch die Frage zu erörtern war, ob nicht in leichteren Fällen überhaupt von Strafe abzusehen sei. Durch eine solche Vorschrift könnte das Problem im Einzelfall gelöst werden, so dass der Begriff „besitzt" in Nr. 6 bestehen bleiben könnte. Auch Dr. Pinger räumte ein, dass sich diese Möglichkeit von der Praxis her anbiete, hielt es aber rechts- und kriminalpolitisch für bedenklich. Er tendierte auch dazu, das Besitzen als Ordnungswidrigkeit einzustufen. Letztlich griff der Ausschuss die Anregung von Dr. Hauser auf und billigte Nr. 6 in der Fassung der Formulierungshilfe des BMJFG. Diese trennte den Besitz von allen anderen Verkehrsvarianten, so dass Nr. 6 einen Buchstaben a und einen Buchstaben b bekam[708]. Diese Fassung wurde dann vom Bundestagsausschuss für Jugend, Familie und Gesundheit übernommen.

Eine nach dem alten Opiumgesetz bestehende Lücke schloss *Nr. 7*. Danach machte sich derjenige strafbar, der einem anderen Betäubungsmittel verabreicht oder zum Genuss überlässt, ohne das dies im Rahmen einer (zahn-) ärztlichen Behandlung oder zu wissenschaftlichen oder sonst im öffentlichen Interesse liegenden Zwecken geschah. Der Referentenentwurf sah dies nicht vor.

Diese Vorschrift wurde in der Entstehungsphase des Regierungsentwurfs entwickelt. Es habe sich als notwendig erwiesen, denjenigen unter die Strafdrohung nach § 10 zu stellen, der Betäubungsmittel einem anderem zum Genuss zur Verfügung stellt, indem er etwa eine Haschischzigarette im Freundeskreis herumreicht. In diesem Fall liege keine strafbare Abgabe vor. Es habe sich ferner als notwendig erwiesen, auch denjenigen mit Strafe zu bedrohen, der einem anderen verbotswidrig Betäubungsmittel spritzt. Diese beiden Tatbestände seien bisher vom Opiumgesetz nicht erfasst. Allerdings erfasste der Entwurf in dieser Phase auch den illegalen Verbrauch. Dies erschien im Hinblick auf die Aufnahme des verbotswidrigen Verabreichens notwendig[709].

Der Regierungsentwurf übernahm nicht die Strafbarkeit des verbotswidrigen Verbrauchs. Der Begründung des Regierungsentwurfs zufolge war von dieser Vorschrift vor allem das (u. U. gewaltsame) Einspritzen oder sonstige Verabreichen (Weiterreichen eines Joints) von Betäubungsmitteln erfasst. Diese Vorgänge stellten weder eine Abgabe, noch ein Inverkehrbringen oder ein Veräußern dar. Sie standen aber im Unrechtsgehalt der unerlaubten Abgabe gleich und sollten daher genauso bestraft werden[710]. Der CDU/ CSU-Entwurf enthielt eine solche Bestimmung nicht.

Innerhalb des Rechtsausschusses forderte der Abgeordnete Dr. Pinger die Streichung der Ziffer 7, da solche Fälle bereits von § 10 Abs. 4 Nr. 2 des Regie-

---

[708] Prot. des Rechtsausschusses VI/ 49, S. 14-16

[709] BArch., B 353/ 2193, Schreiben vom 9.9.1970, S. 2

[710] BT-Drucks. VI/ 1877, S. 9

rungsentwurfs[711] als Strafschärfungsgrund erfasst seien. Des Weiteren sollte das bloße Weiterreichen eines Betäubungsmittels nicht kriminalisiert werden. Außerdem bestehe eine Lücke bei der Fassung des Regierungsentwurfs. Wenn das bloße Weiterreichen erfasst sein soll, dann könne der letzte in der Runde, der das Betäubungsmittel nicht mehr weitergibt, nicht mehr bestraft werden. Um diese Lücke zu schließen, müsse eigentlich der Konsum unter Strafe gestellt werden. Dies wirke aber in der Öffentlichkeit außerordentlich negativ. Insofern befinde man sich in einem Dilemma.

Ministerialrat Hoffmann entgegnete dieser Argumentation, dass man mit der Formulierung „verabreichen" das Einspritzen eines Betäubungsmittels zu verstehen habe. Dieses Verhalten stehe in seinem Unrechtsgehalt mindestens der unerlaubten Abgabe gleich. Man könne aber nicht denjenigen, der den Stoff nur übergibt, bestrafen und denjenigen, der es einem anderen gleich spritzt, straflos ausgehen lassen. Dr. Pinger erwiderte darauf, dass es sich beim „Verabreichen" in der Regel um harte Drogen handele, während „zum Genuss überlassen" im Zweifel Haschisch bedeute. Beides sei Beihilfe zum Konsum, welcher aber nicht strafbar ist. Vor diesem Hintergrund sei es gerade bei der Jugend schwer zu verstehen, warum das bloße Weiterreichen strafbar ist, aber der Konsum nicht. Wenn ein Verabreichen die Gesundheit gefährde, so solle es als schwerer Fall erfasst sein, wenn es ungefährlich sei, solle es auch nicht kriminalisiert werden. Dr. Pinger räumte ein, dass das Spritzen gefährlich sei. Dann aber müsste Nr. 7 auf das „Verabreichen" beschränkt werden, das „zum Genuss überlassen" solle nicht in gleicher Weise pönalisiert werden.

Hiergegen argumentierte der Abgeordnete Dichgans, dass bei einer Unterscheidung zwischen schweren und weniger schweren Folgen des Einspritzens von Betäubungsmitteln ein subjektiver Tatbestand entstünde, welcher dem Täter Ausredemöglichkeiten gebe. Er schlug vor, Nr. 7 nicht zu ändern, da bei geringfügigen Delikten gemäß §§ 153, 153 a StPO das Verfahren eingestellt werden kann. Dr. Pinger warf daraufhin ein, dass mit der Streichung der Worte „zum Genuss überlässt" keine Unterscheidung zwischen den einzelnen Betäubungsmitteln beabsichtigt ist. Mit „verabreichen" wäre jedes Einspritzen (auch eines Stoffes, der nur wie ein Betäubungsmittel aussieht) erfasst.

In diesem Zusammenhang verwies der Vorsitzende Dr. Lenz auf den § 10 a der Formulierungshilfe[712], welcher dem § 10 b des Regierungsentwurfs glich. Ministerialrat Hoffmann erläuterte diese Formulierungshilfe dahingehend, dass die Vorschrift den Täter erfassen solle, der zunächst ein Mittel verabreicht, welches kein Betäubungsmittel ist, beim nächsten Mal aber etwas Rauschgift hin-

---

[711] danach lag ein besonders schwerer Fall vor, wenn der Täter einen anderen in die Gefahr des Todes oder einer schweren Schädigung an Körper oder Gesundheit bringt.

[712] Danach waren die Vorschriften des § 10 Abs. 1 Nr. 1, 6 a, 7, 8 und Abs. 5 auch dann anzuwenden, wenn die Handlung sich auf Gegenstände bezieht, die keine Betäubungsmittel sind, aber als solche ausgegeben werden.

zugibt und nach und nach die Dosis verstärkt, bis der Betreffende abhängig wird und zum Dauerkunden wird. Der Abgeordnete Dürr machte daraufhin geltend, nachdem sich der Ausschuss dazu entschieden habe, den Besitz eines Joints unter Strafe zu stellen, müsse man –argumentum a maoire ad minus- auch das Einspritzen, das weitaus gefährlicher sei, unter Strafe stellen.

Dr. Pinger stellte den Antrag, die Worte „zum Genuss überlässt" zu streichen. Der Ausschuss lehnte diesen Antrag mit Mehrheit ab und sprach sich für die Nr. 7 in der Fassung des Regierungsentwurfs aus[713]. Auch der Bundestagsausschuss für Jugend, Familie und Gesundheit nahm die Fassung des Regierungsentwurfs an.

Eine weitere Neuerung enthielt *Nr. 8*. Danach machte man sich strafbar, wenn man eine Gelegenheit zum Genuss, zum Erwerb oder zur Abgabe von Betäubungsmitteln öffentlich oder eigennützig mitteilte oder eine solche Gelegenheit verschaffte oder gewährte, ohne dass für den Erwerb oder die Abgabe eine Erlaubnis bestand. Im Referentenentwurf war eine solche Vorschrift nicht vorgesehen. Eine solche wurde aber während der Entstehung des Regierungsentwurfs als notwendig angesehen. Sie werde sich mit Sicherheit auf die Presse auswirken[714]. Dieser Vorschrift lag die Ansicht der Bundesregierung zugrunde, dass derjenige, der so handelt, die gleiche Strafe verdient wie derjenige, der selbst illegalen Handel betreibt. Die Variante des Verschaffens oder Gewährens einer entsprechenden Gelegenheit sollte Gastwirte etc. treffen, die ihre Betriebe zu einträglichen Umschlagplätzen für Rauschgift machten[715]. Wiederum war im Entwurf der CDU/ CSU-Fraktion eine solche Vorschrift nicht vorgesehen. Der Bundesrat beanstandete diese Vorschrift ebenso wenig wie die Ausschüsse des Bundestages.

Die *Nr. 9 und 10* erfassten Verstöße gegen die Verordnung über das Verschreiben Betäubungsmittel enthaltender Arzneien und ihre Abgabe in den Apotheken und ersetzte damit Nr. 6 a. F.. Allerdings wurden die vorsätzliche, nicht begründete Verschreibung sowie die vorsätzliche unbegründete Abgabe durch einen Arzt und die Abgabe in Apotheken ohne Vorlage einer ärztlichen Verschreibung ausdrücklich in den Katalog mit aufgenommen. Eine Bestrafung sollte nur erfolgen, soweit die Verordnung für einen bestimmten Tatbestand auf diese Strafvorschriften verweist. Letztere Verweisung war nicht nötig, soweit die Verordnung vor dem Inkrafttreten dieses Gesetzes erlassen worden war. Der Referentenentwurf enthielt zunächst nur den allgemeinen Verweis auf Verstöße gegen die aufgrund § 8 des Gesetzes erlassene Verordnung. Dies wurde für nicht mehr haltbar erachtet. Nicht alle Verstöße gegen die Verschreibungsverordnung könnten von ihrem Unrechtsgehalt her als Straftaten angesehen werden. Zu den Tatbeständen, die als Straftaten einzuordnen seien, gehörten die Angabe Betäu-

[713] Prot. des Rechtsausschusses VI/ 49, S. 17-19
[714] BArch., B 353/ 2193, Schreiben vom 7.10.1970, S. 3
[715] BT-Drucks. VI/ 1877, S. 9

bungsmittel enthaltender Arzneien in Apotheken ohne ärztliche Verschreibung, das Ausstellen von Verschreibungen mit unrichtigen Angaben tatsächlicher Art und das Gebrauchmachen solcher Verschreibungen sowie die ärztlich nicht begründete Verschreibung[716]. Der Referentenentwurf vom 19.6.1970 enthielt dann eine Konkretisierung dahingehend, dass das Verschreiben von Betäubungsmitteln strafbar sein sollte, wenn die Verschreibung nicht ärztlich, zahnärztlich oder tierärztlich begründet ist. Bis zum Regierungsentwurf wurden die als strafbare Handlungen einzuordnenden Tatbestände noch erweitert. Allerdings erfasste der Regierungsentwurf nicht die ärztlich nicht begründete Abgabe. Der Regierungsentwurf begründete diese genaue Aufzählung der strafbaren Verstöße gegen die Verschreibungsverordnung damit, dass Nr. 6 a.F. Verstöße gegen die Verordnung unterschiedslos als Vergehen gekennzeichnet hat. Es sollten aber nur solche Verstöße als Vergehen eingeordnet werden, die vorsätzlich begangen wurden und sich nicht auf Vorschriften beziehen, die den Inhalt und die Form für Verschreibungen betreffen. Die fahrlässige Begehung sollte nur als Ordnungswidrigkeit (im vom Änderungsgesetz neu geschaffenen § 10 a Abs. 1 Nr. 6) geahndet werden[717]. Der CDU/ CSU-Entwurf enthielt eine wesentlich einfachere Fassung. Danach war jeder Verstoß gegen die gemäß § 8 (Abs. 2) erlassene Verordnung strafbar. Auch dies waren Handlungen, die nach ihrem Gewicht kriminelles Unrecht darstellten[718]. Der Regierungsentwurf enthielt allerdings nicht die Voraussetzung der Verweisung auf diese Strafvorschriften.

Der Unterausschuss des Rechtsausschusses des Bundesrates hielt Nr. 9 und 10 für zu unbestimmt, soweit diese sich auf Verstöße gegen eine nach § 8 erlassene Verordnung beziehen. Es erschien insbesondere unklar, welche Vorschriften der Verschreibungs- und Abgabeverordnung sich nicht nur auf die Form und den Inhalt der Verschreibung beziehen. Die Abgrenzung zur geplanten Ordnungswidrigkeit sollte nach Meinung des Bundesrates eindeutig sein. Daher wurde die Bundesregierung gebeten, darauf hinzuwirken, dass die Vorschriften entsprechend dem verfassungsrechtlichen Bestimmtheitsgebot so gefasst werden, dass entweder die einzelnen Tatbestände der Verordnung, die strafbewährt sein sollen, ausdrücklich im Gesetz genannt werden oder dass wenigstens in diese Ziffern eine Rückverweisungsklausel eingefügt wird, nach der Zuwiderhandlungen gegen eine aufgrund von § 8 ergangenen Verordnung nur dann mit Strafe bedroht werden, wenn diese Verordnung für einen bestimmten Tatbestand auf die Strafvorschrift des § 10 (= § 11 der Neuveröffentlichung) verweist. Die Wirksamkeit einer solchen Klausel könnte auf die Zeit nach dem Inkrafttreten dieses Gesetzes beschränkt werden[719]. Der Bundesrat übernahm dies in seiner

---

[716] BArch., B 353/ 2178, Schreiben vom 3.6.1970, S. 1, 2
[717] BT-Drucks. VI/ 1877, S. 9
[718] BT-Drucks. VI/ 1414, S. 3
[719] Protokoll des Unterausschusses des Rechtsausschusses des Bundesrates vom 12.1.1971, S. 17, 18 (Barch., B 353/ 2179)

Stellungnahme zum Regierungsentwurf. Die Formulierungshilfe des BMJFG enthielt daraufhin eine solche Rückverweisungsklausel. Zwar teile die Bundesregierung die Bedenken des Bundesrates nicht ganz, trage ihnen aber gleichwohl durch die Einführung der Rückverweisungsklausel Rechnung. Im Rechtsausschuss des Bundestages teilte Dr. Pinger die Ansicht, dass die Bestimmtheit sowie die Abgrenzung zur Ordnungswidrigkeit gegeben seien, erklärte sich aber mit der Aufnahme der Rückverweisungsklausel einverstanden. Der Ausschuss billigte daraufhin die Ziffern 9 und 10 in der Fassung der Formulierungshilfe des BMJFG[720], welche der Fassung des Änderungsgesetzes entsprach.

b. Änderungen des § 10 Abs. 2 und 3 a.F. (Versuch und Fahrlässigkeit, § 11 Abs. 2, 3 n.F.)

Absatz 2 begründete wie schon zuvor für einzelne Ziffern des Absatzes 1 (1-3, 5, 6a und 8) die Versuchsstrafbarkeit. Der Referentenentwurf sah eine generelle Strafbarkeit des Versuchs von allen Handlungen vor, die in Absatz 1 erfasst waren. Der Regierungsentwurf kam dem endgültigen Änderungsgesetz schon sehr nah, sah aber keine Strafbarkeit des Versuchs der Mitteilung oder Überlassung einer Gelegenheit zum Genuss etc. (Nr. 8) vor. Der Entwurf der CDU/ CSU-Fraktion wollte wie schon der Referentenentwurf den Versuch des Absatzes 1 generell bestrafen. Der Unterausschuss des Rechtsausschusses des Bundesrats indes sah sowohl den Versuch der Nr. 8 als auch den Versuch, Betäubungsmittel einem anderen zu verabreichen oder zum Genuss zu überlassen (Nr. 7), als strafwürdig an[721]. Die Formulierungshilfe des BMJFG übernahm den Vorschlag des Bundesrates, änderte die Fassung aber geringfügig. Da inzwischen der Besitz in Nr. 6 als Buchstabe b aufgenommen wurde, die von der Regierung vorgeschlagene Formulierung sich aber auf diesen nicht bezog und auch nicht beziehen sollte, musste dies geändert werden[722]. Im Rechtsausschuss wendete sich der Abgeordnete Dürr dagegen, dass nach der Formulierungshilfe der Versuch der Nr. 7 unter Strafe gestellt werden sollte. Es sei höchst unwahrscheinlich, dass jemand gerade in dem Augenblick erwischt werde, in dem er die Spritze einen Zentimeter vor die Haut des anderen halte oder den Joint an den nächsten weitergebe. Jedenfalls könnten solche Fälle vernachlässigt werden. Der Vorsitzende Dr. Lenz erwiderte darauf, dass solche Fälle der Teilverwirklichung durchaus möglich seien. Es stelle sich allein die Frage, ob ein solcher Versuch mit Strafe bedroht werden sollte. Er stellte fest, dass der Ausschuss die Strafbarkeit des Versuchs in den Fällen der Nr. 7 nicht für erforderlich hält[723]. Der Ausschuss für

---

720 Prot. des Rechtsausschusses VI/ 49, S. 20

721 Protokoll des Unterausschusses des Rechtsausschusses vom 12.1.1971, S. 18 (BArch., B 353/ 2179)

722 Prot. des Rechtsausschusses VI/ 49, S. 20, 21

723 Prot. des Rechtsausschusses VI/ 49, S. 21

Jugend, Familie und Gesundheit übernahm die vom Rechtsausschuss vorgeschlagene Fassung[724].

Absatz 3 bestrafte die fahrlässige Begehung der Nr. 1-3, 6 a, 7 und 8 mit Freiheitsstrafe bis zu einem Jahr oder mit Geldstrafe. Der CDU/ CSU-Entwurf stellte die fahrlässige Begehung der diesem entsprechenden Nr. 1, 3, 5 a, 6, 9 und 10[725] unter Strafe. Die Referentenentwürfe enthielten wie schon beim Versuch eine generelle Strafbarkeit der fahrlässigen Begehung des Absatzes 1. Der Regierungsentwurf erfasste die fahrlässige Begehung der Ziffern 1-3 und 6-8, logischerweise aber noch nicht die Nr. 6 a. Der Unterausschuss des Rechtsausschusses des Bundesrats bemängelte allerdings die Aufnahme von Nr. 6 insgesamt. Es ergebe sich dadurch folgender Widerspruch: Der fahrlässige Besitz von Betäubungsmitteln, für deren Erwerb eine Erlaubnis erforderlich ist (Absatz 1 Nr. 4), solle nach dem Regierungsentwurf nicht strafbar sein. Dagegen werde der fahrlässige Besitz von in § 9 genannten Betäubungsmitteln durch die Aufnahme des Absatzes 1 Nr. 6 in Absatz 3 erfasst. Diese unterschiedliche Regelung sei nicht gerechtfertigt. Die Bundesregierung wurde daher gebeten, im weiteren Gesetzgebungsverfahren zu prüfen, ob und gegebenenfalls wie dieser Widerspruch vermieden werden könnte[726]. In der Formulierungshilfe wurde Absatz 3 nur dahingehend geändert, dass anstatt Nr. 6 nun Nr. 6 a erfasst wurde. Dies wurde genauso begründet wie in Absatz 2[727]. Der Abgeordnete Dürr schlug im Rechtsausschuss vor, auch hier die Ziffer 7 zu streichen. Dagegen gab der Vorsitzende Dr. Lenz zu bedenken, ob nicht aus kriminalpolitischen Erwägungen dem Täter der Rückzug auf den Irrtum abgeschnitten werden sollte. Daraufhin billigte der Ausschuss den Absatz 3 in der Fassung der Formulierungshilfe (mit Nr. 7)[728]. Der federführende Ausschuss übernahm diese Fassung vom Rechtsausschuss[729].

c. Einführung des neuen Absatzes 4 (besonders schwere Fälle)

Das Hauptaugenmerk der Änderung der Strafbestimmungen lag auf den in (im Änderungsgesetz noch im § 10 aufgeführten) Absatz 4 erfassten Strafschärfungsgründen. Diese Vorschrift wurde eingeführt, damit ein wirksames Instrument zur Bekämpfung der illegalen Händler vorhanden war. In der Bundesrepu-

---

[724] Protokolle des Ausschusses für Jugend, Familie und Gesundheit VI/ 51, S. 11 (BArch., B 353/ 2180)

[725] Der Entwurf der CDU/ CSU-Fraktion hatte nicht die gleiche Nummerierung und auch nicht alle im Regierungsentwurf und im endgültigen Gesetz erfassten Tatbestände. Die genannten Ziffern sind solche des endgültigen Gesetzes. Sie entsprechen in etwa den Ziffern 1-5 (von insgesamt sechs Ziffern) des Absatzes 1 des Entwurfs.

[726] Protokoll des Unterausschusses des Rechtsausschusses des Bundesrates vom 12.1.1971, S. 19 (BArch., B 353/ 2179)

[727] Prot. des Rechtsausschusses VI/ 49, S. 20, 21

[728] Prot. des Rechtsausschusses VI/ 49, S. 21, 22

[729] BT-Drucks. VI/ zu 2673, S. 5

blik hatten sich in zunehmenden Maße Banden gebildet, die wie Spionagedienste organisiert waren. Dabei wurden auch Kinder und Jugendliche eingesetzt, die bereits selber süchtig waren[730]. Zudem sollte durch eine ausgewogenere Gestaltung der Strafvorschriften die Intensivierung des Kampfes gegen den Suchtmittelmissbrauch unterstützt werden[731]. Zu diesem Absatz sandte die Reformkommission des Bundeskriminalamtes dem Rechtsausschuss eine Stellungnahme zum Regierungsentwurf eines Gesetzes zur Änderung des Opiumgesetzes[732].

Das Gesetz sah bei Vorliegen eines besonders schweren Falles eine *Mindestfreiheitsstrafe* von einem Jahr vor, die Höchststrafe lag bei zehn Jahren. Daneben konnte auf Geldstrafe erkannt werden. Die Strafandrohung war höchst umstritten. Der erste Referentenentwurf vom 14.1.1970 sah noch eine Mindeststrafe von zwei Jahren vor. Dies wurde vom Bundesjustizministerium kritisiert. Eine solche Mindeststrafe liege gänzlich außerhalb des in solchen Fällen üblichen und tragbaren Rahmens. Die §§ 153, 243, 267 Abs. 3, 268 Abs. 5 und 348 Abs. 4 StGB drohten für einen besonders schweren Fall eine Mindeststrafe von drei Monaten bis zu einem Jahr an. Zu bedenken sei ferner, dass unter einem besonders schweren Fall auch Straftaten einzuordnen seien, bei denen der Unrechtsgehalt verhältnismäßig gering ist. Schon eine Mindeststrafe von sechs Monaten erscheine hier fast exzessiv. Jedenfalls werde die Möglichkeit einer Bewährungsaussetzung offen zu halten sein. Selbst bei dem als eigenen Tatbestand qualifizierten Bandendiebstahl (§ 244 StGB) sei die Mindeststrafe auf sechs Monate festgesetzt. Diese Mindeststrafe sei auch hier angemessen[733]. Danach wurde der Strafrahmen zunächst offengelassen. Im Referentenentwurf vom 19.6.1970, welcher als Grundlage für die Diskussion zwischen allen beteiligten Ministerien und sonstigen Stellen diente, hatte sich das BMJFG für einen Strafrahmen von einem Jahr bis zu zehn Jahren entschieden. Dies wurde entgegen der Ansicht des BMJ, aber in Übereinstimmung mit dem Bundesinnenministerium damit begründet, dass eine solche Mindeststrafe erforderlich sei, um diese erschwerten Fälle als Verbrechen qualifizieren zu können. Man hab in diesem Zusammenhang an eine mögliche Heroinwelle zu denken[734]. Auch das Bundeskanzleramt war der Auffassung, dass eine Mindeststrafe von einem Jahr erforderlich war[735]. In der Kabinettssitzung vom 12.11.1970 einigte man sich dann auf eine Mindeststrafe vom einem Jahr. Die Rechtsgüter, um die es im Opiumgesetz gehe, seien weitaus bedeutsamer als diejenigen, deren Verletzung in den §§ 223 b, 260, 263, 266 und in 267 StGB mit einer Mindeststrafe von einem

[730] BT-Drucks. VI/ 1877, S. 5
[731] BArch., B 353/ 2178, Begründung zum Referentenentwurf vom 14.1.1970, S. 1
[732] Prot. des Rechtsausschusses VI/ 54, Anlage 2
[733] BArch., B 353/ 2178, Schreiben vom 15.4.1970, S. 2, 3
[734] BArch., B 353/ 2193, Schreiben vom 9.9.1970, S. 4
[735] BArch., B 353/ 2193, Schreiben vom 7.10.1970, S. 3

Jahr belegt sind[736]. Demzufolge enthielt der Regierungsentwurf auch einen Strafrahmen von einem Jahr bis zu zehn Jahren. Der Entwurf der Fraktion der CDU/ CSU sah dagegen eine Strafe von nicht unter drei Jahren bis zu zehn Jahren vor. Laut Begründung dieses Entwurfes müsse ein Strafmaß eingesetzt werden, welches eine Strafaussetzung zur Bewährung nicht mehr möglich mache und daher für den Täter eine empfindliche Strafe darstellt[737]. Der Bundesrat hatte gegen die Auffassung der Bundesregierung nichts einzuwenden, die Formulierungshilfe übernahm ebenfalls diesen Strafrahmen.

In der ersten Bundestagsberatung des Gesetzes in der 108. Sitzung in der 6. Wahlperiode am 12.3.1971 stimmte der Abgeordnete Prinz zu Sayn-Wittgenstein-Hohenstein (CDU/ CSU) der Begründung der Regierung bezüglich dieses Absatzes, insbesondere die Händler zu treffen, zu. Er hielt aber die Strafandrohung des Regierungsentwurfs für zu niedrig[738]. Die Bundesministerin für Jugend, Familie und Gesundheit Strobel berief sich darauf, dass man mit dem von der Regierung vorgeschlagenen Strafrahmen dem Beispiel zahlreicher anderer Staaten folge[739]. Der Innenausschuss beschloss mit 9 zu 8 Stimmen, dem federführenden Ausschuss zu empfehlen, die Mindeststrafe entsprechend dem Regierungsentwurf auf ein Jahr festzulegen[740].

Der Entwurf der Reformkommission des BKA sah einen Strafrahmen von zwei bis zehn Jahren vor. Diese Steigerung wurde veranlasst durch die Gefährlichkeit illegaler Rauschgifthändler und ihrer Verteilerorganisationen. Dieser Strafrahmen hätte zur Folge, dass nur ausnahmsweise, nämlich bei Verhängung der Mindeststrafe, eine Strafaussetzung zur Bewährung möglich wäre. Das gesetzgeberische Ziel könne gerade wegen der Internationalität und Mobilität der in Betracht kommenden Täterkreise nur dann umfassend erreicht werden, wenn die vom Gericht verhängte Strafe auch verbüßt werden müsse. Darüber hinaus würde der Gesetzgeber durch die deutliche Anhebung der Mindeststrafe angesichts der noch weithin unterschätzten Gefährlichkeit der Rauschgiftkriminalität in weiten Bevölkerungskreisen einer angemessenen moralischen Bewertung dieser Verhaltensweisen den Weg bereiten. In diesem Zusammenhang wurde auf das entsprechende französische Gesetz hingewiesen, das für Rauschgiftdelikte in schweren fällen Freiheitsentzug von zwei bis zehn Jahren, in besonders schweren Fällen bis zu zwanzig Jahren vorsah[741].

Im Rechtsausschuss plädierte zunächst der Abgeordnete Dürr dafür, es bei der Mindeststrafe von einem Jahr zu belassen. Der Entwurf der CDU/ CSU berge Schwierigkeiten in sich. Der Abgeordnete Pinger entgegnete ihm, dass der

---

[736] BArch., B 353/ 2193, Zusammenfassung der Kabinettssitzung vom 12.11.1970, S. 1
[737] BT-Drucks. VI/ 1414, S. 3
[738] Sten. Ber., 6. Wahlperiode, S. 6355, 6356 (108. Sitzung)
[739] Sten. Ber., 6. Wahlperiode, S. 6357 (108. Sitzung)
[740] Protokolle des Innenausschusses VI/ 48, S. 15 (BArch., B 353/ 2179
[741] Prot. des Rechtsausschusses VI/ 54, Anlage 2, S. 3, 4

Regierungsentwurf und der CDU/ CSU-Entwurf unterschiedlich konzipiert seien. Der Regierungsentwurf sehe die Mindeststrafe bei Vorliegen eines besonders schweren Falles zwingend vor und setze die Mindeststrafe konsequenterweise niedrig an. Im Entwurf der CDU/ CSU sei aber die Regelbeispieltechnik gewählt worden, wobei Ausnahmen möglich seien. Deswegen könne die Mindeststrafe heraufgesetzt werden. Im Einzelfall könne der Richter feststellen, dass kein besonders schwerer Fall vorliege. Dafür spreche, dass Absatz 4 in erster Linie die Rauschgifthändler treffen soll, die selbst nicht süchtig sind. Dies sei tatbestandlich aber nur schwer zu fassen, da zwischen Konsument und Dealer praktisch nicht unterschieden werden könne. Da einerseits der Rauschgifthandel bekämpft werden müsse, auf der anderen Seite aber die Abgrenzung der besonders schweren Fälle von den Grundtatbeständen außerordentlich schwierig sei, solle die Mindeststrafe möglichst hoch angesetzt werden und die besonders schweren Fälle als Regelbeispiele aufgeführt werden.

Dürr erwiderte darauf, dass es bei einer Mindeststrafe von drei Jahren bei Aufnahme der Regelbeispieltechnik mehr Ausnahme- als Regelfälle geben werde. Selbst bei Aufnahme der Regelbeispieltechnik sei eine Mindeststrafe von einem Jahr sinnvoller als bei drei Jahren. Pinger entgegnete diesem Argument, dass der Rauschgifthandel die wesentliche Quelle für das rapide Ansteigen der Rauschgiftdelikte sei, weswegen die Händler durch hohe Strafen abgeschreckt werden sollten. Dies lasse sich mit einer Mindeststrafe von einem Jahr nicht erzielen. Dürr dagegen war der Auffassung, dass die Abschreckung daraus folgt, dass die Höchststrafe von drei auf zehn Jahre heraufgesetzt wird.

Der Vorsitzende Dr. Lenz äußerte sich dahingehend, dass mehr als die Strafandrohung harte Urteile und vollzogene Strafen abschreckend wirken. Ohne solche Urteile und solchen Strafvollzug sei die Gesetzesarbeit umsonst. Das Hauptziel der Abschreckung sei seiner Meinung nach eher mit einer Mindeststrafe von drei Jahren erreichen. Bei der einjährigen Mindeststrafe würden die Verurteilungen selten über ein Jahr hinausgehen. Ministerialrat Dr. von der Linden vom Bundesjustizministerium entgegnete dem, dass am abschreckendsten immer die Erfolge der Kriminalpolizei und damit die Gefahr für den Täter, verfolgt und gefasst zu werden, wirkten. Er bekräftigte das von Dürr vorgebrachte Argument der Umkehrung von Regel und Ausnahme bei einer dreijährigen Mindeststrafe. Gerade dies würde sich in Täterkreisen schnell herumsprechen, wodurch die scharfen Strafvorschriften nicht mehr ernst genommen würden. Außerdem gebe es in deutschen Strafgesetzen keinen Mindeststrafrahmen von drei Jahren, wenn in Normalfällen der Strafrahmen mit einem Tag Freiheitsstrafe beginne.

Dieser Argumentation versuchte Pinger dadurch zu begegnen, dass im Hinblick auf die Tätertypen ein Sprung auf eine Mindeststrafe gerechtfertigt sei. Auf Frage des Vorsitzenden erläuterte Ministerialrat Hoffmann die Strafrahmen der USA (2-12 Jahre) und Frankreichs (2-10, 4-10 und 2-20 Jahre).

Die Abgeordnete Schimschok brachte einen neuen Aspekt in die Diskussion ein. Sie führte an, dass bei jungen, labilen Menschen die Gefahr bestehe, dass sie in einen Kreis von Rauschgifthändlern gerieten. Je länger ein junger Mensch im Gefängnis sitze, umso schwieriger werde nachher der Prozess der Resozialisierung sein. Die Mindeststrafe sollte auch einmal unter diesem Gesichtspunkt betrachtet werden. Nach der Abstimmung bezüglich dieser Frage sprach sich der Ausschuss für eine Mindeststrafe von einem Jahr aus[742].

Im Ausschuss für Jugend, Familie und Gesundheit wurden zunächst beide Möglichkeiten (ein Jahr/ drei Jahre) diskutiert. Sowohl der Vorschlag der CDU/ CSU-Fraktion als auch ein Kompromissvorschlag (2 Jahre) fanden keine Mehrheit, so dass sich der Ausschuss in Übereinstimmung mit dem Rechts-, dem Innenausschuss, der Bundesregierung und dem Bundesrat für eine Mindeststrafe von einem Jahr entschloss[743].

Anlässlich der zweiten Bundestagsberatung des nun in der vom Ausschuss für Jugend, Familie und Gesundheit geänderten Fassung vorliegenden Entwurfs beantragte die Fraktion der CDU/ CSU bezüglich des Absatzes 4 die Festsetzung der Mindeststrafe auf drei Jahre[744]. Die Abgeordnete Dr. Henze schilderte zur Begründung des Antrags zunächst die Situation bezüglich des Konsums und der Rauschmittelkriminalität. Sie bemängelte dann, dass zwar die Höchststrafe von drei auf zehn Jahre gesetzt wurde, dass die im Absatz 4 genannte Mindeststrafe aber nach wie vor noch ein Jahr betrug[745]. Sie hob zunächst hervor, dass die Richter bei diesen Regelbeispielen auch unter einem Jahr bleiben konnten. Außerdem gehe die richterliche Spruchpraxis bei der Verhängung des Strafmaßes meist nach der Mindeststrafe, die Höchststrafe werde äußerst selten verhängt. Sie bezweifelte, dass die von der Regierung vorgeschlagene Strafandrohung eine Abschreckung für die Rauschgifthändler bedeute. Für den Zweck der Abschreckung sei eine Mindeststrafe von drei Jahren wesentlich besser geeignet[746].

Der Abgeordnete Dr. Meinecke (SPD) entgegnete dem, dass der Gesetzgeber sehr deutlich gesagt habe, für welche Tatbestände er die Höchststrafe von drei auf zehn Jahre erhöht haben wollte. Danach hätten sich die Gerichte zu richten. Das Argument, die Gerichte gingen immer von der Mindeststrafe aus, verwies er ins Reich der Legenden. Des Weiteren habe in anderen Industrienationen, welche mit einem wesentlich höheren Strafmaß arbeiteten, keine nachweisbare Eindämmung oder Abschreckung stattgefunden. Deswegen helfe auch nicht ein

---

[742] Prot. des Rechtsausschusses VI/ 49, S. 22-27

[743] Protokolle des Ausschusses für Jugend, Familie und Gesundheit VI/ 51, S. 12 (B 353/ 2180)

[744] Sten. Ber., 6. Wahlperiode, S. 8189 (Anlage 2, 142. Sitzung)

[745] Sten. Ber., 6. Wahlperiode, S. 8164; dies war aber so nicht richtig, da der Strafrahmen des Opiumgesetzes bis zu drei Jahren ging, aber keine Mindeststrafe enthielt

[746] Sten. Ber., 6. Wahlperiode, S. 8164 (142. Sitzung)

Blick ins Ausland, um eine höhere Mindeststrafe zu begründen. Bei der Beurteilung des Strafmaßes seien nicht nur die Schwere der Tat und ihre Bedeutung für die verletzte Rechtsordnung ausschlaggebend. Es müsse grundsätzlich auch der Grad der persönlichen Schuld des Täters berücksichtigt werden. Die individuelle Verwerflichkeit einer Tatbestandsverwirklichung bei drogenabhängigen Dealern sei z.B. gering, so dass auch eine Freiheitsstrafe von nur einem Jahr angemessen sein könnte, obwohl ein besonders schwerer Fall vorliege. Diese persönliche Schuld könne bei einer Mindeststrafe von drei Jahren nicht ausreichend berücksichtigt werden. Der vorgesehene Strafrahmen gebe den Gerichten die notwendige Möglichkeit, einen Fall individuell zu beurteilen. Außerdem bemerkte Dr. Meinecke, dass es im deutschen Recht kein Gesetz gebe, dass bei einer Höchststrafe von zehn Jahren von einer Mindeststrafe von drei Jahren ausgehe. Konsequenterweise hätte die Höchststrafe auf fünfzehn Jahre heraufgesetzt werden müssen[747].

Auch der Abgeordnete Spitzmüller (FDP) äußerte sich dahingehend, dass mit dem Vorschlag der CDU/ CSU ein neuer Strafrahmen in das Strafrecht eingeführt würde. Dies würde aber einer seiner Meinung nach erforderlichen Überprüfung der gesamten Straftatbestände vorgreifen. Des Weiteren hielt er es für unverantwortlich, einen 19jährigen Schüler, der seinem unter 18jährigen Mitschüler mehrmals ohne Gewinn Rauschgift gibt (hierbei handelt es sich um die Verwirklichung des Beispiels Nr. 3), mit einer Mindeststrafe von drei Jahren zu belegen[748].

Der Abgeordnete Dr. Arndt (SPD) wies noch darauf hin, dass nach Erfahrungen in den Gerichten Richter bei so hoch angesetzten Mindeststrafen alle Hebel in Bewegung setze, um nicht zu einem besonders schweren Fall zu kommen. Damit würde das Gegenteil von dem eintreten, was sich die CDU/ CSU bei ihrem Änderungsantrag vorgestellt hat[749].

Der Abgeordnete der Fraktion der CDU/ CSU Pinger trat den Argumenten der Abgeordneten der SPD/ FDP-Koalition mit mehreren Argumenten entgegen. Zum einen würde durch die Mindeststrafe von einem Jahr der Zweck des Gesetzes, ein scharfes Mittel gegen den Rauschgifthandel zu schaffen, verfehlt. Das Gesetz sollte vor allem die abschrecken, die sich aus illegalen Geschäften bereichern wollen. Das für diese Personen kalkulierbare Risiko müsse durch eine Mindeststrafe so heraufgesetzt werden, dass die Gewinnchance im Vergleich zu der zu erwartenden Strafe nicht mehr lohnend sei. Da es sich um Regelbeispiele handele, komme der Richter nicht in die Verlegenheit, das Gesetz auch dann anzuwenden, wenn die persönliche Schuld nur gering ist. Die Tatsache, dass z.B. in Frankreich wesentlich höhere Strafen vorgesehen seien, könne dazu füh-

[747] Sten. Ber., 6. Wahlperiode, S. 8165 (142. Sitzung)
[748] Sten. Ber., 6. Wahlperiode, S. 8165, 8166 (142. Sitzung)
[749] Sten. Ber., 6. Wahlperiode, S. 8166 (142. Sitzung)

ren, dass internationale Händler sich bei einer geringeren Mindeststrafe geradezu eingeladen fühlten, ihre Geschäfte in der Bundesrepublik zu tätigen[750].

Der Abgeordnete Kleinert (FDP) verurteilte den Änderungsantrag der Fraktion der CDU/ CSU als Maßnahme, um in der Öffentlichkeit Punkte zu machen. Dies beantwortete Dr. Althammer (CDU/ CSU) damit, dass er selbst mit dem ehemaligen Präsidenten des BKA Dickopf und mit den Präsidenten der Landeskriminalämter gesprochen hätte. Diese hätten sich alle für die Erhöhung der Mindeststrafe auf drei Jahre ausgesprochen. Dies zeige, dass sich die Menschen, die direkt mit der Bekämpfung der Rauschgiftkriminalität zu tun hatten, ein wirksameres Instrument zur Bekämpfung wünschten[751]. Nach dieser Diskussion wurde über den Antrag der CDU/ CSU-Fraktion abgestimmt, welcher abgelehnt wurde. Damit war die Mindeststrafe auf ein Jahr festgelegt.

Absatz 4 S. 3 enthielt sieben besonders schwere Fälle. Diese waren nach *Methode der Regelbeispiele* aufgeführt. Im ersten Referentenentwurf war zunächst die Fassung vorgesehen, dass ein besonders schwerer Fall „insbesondere" vorliege, wenn die genannten Varianten verwirklicht werden. Das Bundesjustizministerium schlug dann die Fassung „in der Regel" vor[752]. Dies wurde zwar vom BMJFG in den folgenden Referentenentwürfen übernommen, wurde aber in der Folgezeit immer wieder diskutiert.

Das Bundeskanzleramt hielt es nicht für vertretbar, dem Richter mit der Fassung „in der Regel" einen gewissen Spielraum einzuräumen[753]. Daraufhin wurde der Entwurf wieder geändert und die Fassung „insbesondere" wieder eingefügt. Der Regierungsentwurf enthielt folglich die Fassung „...liegt insbesondere vor, wenn...". Danach hätte es keine Möglichkeit gegeben, Fälle, bei denen die Mindeststrafe zu hart gewesen wäre, milder zu ahnden. Der Entwurf der CDU/ CSU sah eine Aufzählung der besonders schweren Fälle in der Regelbeispieltechnik vor.

Der Unterausschuss des Rechtsausschusses des Bundesrates bemängelte das Fehlen der Regelbeispieltechnik im Regierungsentwurf. Nach Meinung des Ausschusses müsse es sich bei den genannten Strafschärfungsgründen nicht automatisch um einen besonders schweren Fall handeln. Deswegen sei der Entwurf an die Regelbeispieltechnik der damals neueren Strafgesetze anzupassen[754]. Dies wurde in die Stellungnahme des Bundesrates mit aufgenommen.

Die Bundesregierung entgegnete dem, dass mit der vom Bundesrat vorgeschlagenen Änderung der Vorschrift die Wirkung einer fühlbaren Verschärfung

[750] Sten. Ber., 6. Wahlperiode, S. 8166, 8167 (142. Sitzung)
[751] Sten. Ber., 6. Wahlperiode, S. 8168, 8169 (142. Sitzung)
[752] BArch., B 353/ 2178, Schreiben vom 15.4.1970, S. 4
[753] BArch., B 353/ 2193, Besprechung zwischen dem Bundesjustizminister und der Ministerin für Jugend, Familie und Gesundheit, S. 2
[754] Protokoll des Unterausschusses des Rechtsausschusses des Bundesrates vom 12.1.1971, S. 19 (BArch., B 353/ 2179)

der Strafvorschriften genommen werde. Das mit diesem Gesetz verfolgte Hauptziel würde so in einem wesentlichen Punkt beeinträchtigt[755]. Demzufolge enthielt die Formulierungshilfe des BMJFG auch noch die Fassung des Regierungsentwurfs. Der Innenausschuss beschloss mit 11 Stimmen bei einer Gegenstimme und zwei Enthaltungen, dem federführenden Ausschuss zu empfehlen, dem Vorschlag des Bundesrates zu folgen und die Regelbeispieltechnik einzuführen[756]. Die Reformkommission des BKA behielt die Form des Regierungsentwurfs bei. Sie war der Auffassung, dass die durch Absatz 4 erfassten Sachverhalte stets so erheblich vom Durchschnitt der erfahrungsgemäß vorkommenden Regelfälle abweichen, dass in jedem der Fälle der Ausnahmestrafrahmen anzuwenden sei[757].

Im Rechtsausschuss verteidigte zunächst der Abgeordnete Dr. Pinger die Mindeststrafe von drei Jahren im CDU/ CSU-Entwurf mit der Aufnahme der Regelbeispieltechnik. Durch diese könne im Einzelfall von der Mindeststrafe abgewichen werden. Der Abgeordnete Dürr beantragte, die Worte „insbesondere" durch die Worte „in der Regel" zu ersetzen. Dies passe auch mit der Mindeststrafe von einem Jahr zusammen, da der Strafrahmen einen so großen Spielraum habe, dass der Täter mit einer harten Strafe rechnen müsse. Schließlich stellte der Vorsitzende Dr. Lenz Einigkeit darüber fest, dass es in Absatz 4 Satz 3 „in der Regel" heißen soll[758].

Der federführende Ausschuss schloss sich den Empfehlungen des Rechtsausschusses an. Er vertrat die Auffassung, dass dies der seit dem Entwurf 1962 eines Strafgesetzbuches in Strafgesetzen allgemein vorgesehenen Methode der beispielhaften Aufzählung besonders schwerer Fälle entspreche. Er war weiterhin der Ansicht, dass die Methode der Aufzählung in Regelbeispielen aus sachlichen Gründen erforderlich sei, um dem Gericht bei geeigneten Lebenssachverhalten nicht die Möglichkeit zu nehmen, auf eine geringere Strafe als ein Jahr zu erkennen[759]. In der zweiten und dritten Bundestagsberatung wurde dieses Problem nicht diskutiert, so dass der Vorschlag des Ausschusses für Jugend, Familie und Gesundheit Gesetz wurde.

Absatz 4 beinhaltete in der endgültigen Fassung sieben Beispiele für einen besonders schweren Fall. *Nr. 1* stellte die Gesundheitsgefährdung mehrerer Menschen durch in Absatz 1 Nr. 1 oder in Nr. 6 a genannte Handlungen unter Strafe. Der Referentenentwurf sah diesen Tatbestand noch nicht vor. In der Entstehungsphase des Regierungsentwurfs wurde dieser eingeführt, wobei hier noch die Gefährdung „einer großen Zahl von Menschen" erfasst wurde. Eine solche

---

755 BT-Drucks. VI/ 1877, S. 15; eine bemerkenswerte Feststellung seitens der Bundesregierung, war sie doch strikt dagegen, die Mindeststrafe auf zwei oder drei Jahre zu erhöhen.
756 Protokolle des Innenausschusses VI/ 48, S. 15 (BArch., B 353/ 2179)
757 Prot. des Rechtsausschusses VI/ 54, Anlage 2, S. 3
758 Prot. des Rechtsausschusses VI/ 49, S. 22, 23, 27
759 BT-Drucks. VI/ zu 2673, S. 5

Gefährdung sollte nach der Begründung bereits dann vorliegen, wenn erhebliche Mengen von Betäubungsmitteln in geheimen Laboratorien in der Absicht hergestellt werden, diese gewinnbringend illegal abzusetzen[760]. Der Entwurf der CDU/ CSU sah einen solchen besonders schweren Fall nicht vor.

Der Bundesrat bevorzugte in seiner Stellungnahme eine Fassung, nach der dann ein besonders schwerer Fall vorlag, wenn der Täter eine in Absatz 1 Nr. 1 oder 6 bezeichneten Handlung mit einem Betäubungsmittel begeht, dass nach Art oder Menge geeignet ist, die Gesundheit mehrerer zu gefährden. Diese Fassung ging auf einen Antrag des Bayerischen Staatsministerium des Inneren im zurück. Solle der kriminelle Wille wirksam bekämpft und das Rechtsgut der Gesundheit nachhaltig geschützt werden, so müsse der Straftatbestand nicht nur hinsichtlich des gefährdeten Personenkreises, sondern auch bezüglich Art oder Menge des Betäubungsmittels konkretisiert werden. Im Übrigen sei es gesundheitspolitisch geboten, bereits bei einer Gefährdung mehrerer Menschen einen besonders schweren Fall anzunehmen[761]. Der Bundesratsausschuss für Jugend, Familie und Gesundheit lehnte den Antrag ab, der Innenausschuss des Bundesrates nahm diesen Antrag jedoch an[762], so dass dies in der Stellungnahme des Bundesrates mit aufgenommen wurde. Der Bundesratsausschuss folgte dem Antrag des Bayerischen Innenministeriums aber insoweit, als dass der in Nr. 1 des Regierungsentwurfs verwendete Begriff „einer großen Zahl von Menschen" zu weit sei. Er sollte durch das Wort „mehrere" ersetzt werden[763].

Außerdem wurde die Bundesregierung aufgrund einer Empfehlung des Unterausschusses des Rechtsausschusses sowie der Rechtsausschuss des Bundesrates aufgefordert, im weiteren Gesetzgebungsverfahren zu prüfen, ob nicht der Tatbestand der Nr. 1 erweitert werden muss. Es sei zweifelhaft, ob der von der Regierung in ihrer Begründung aufgeführte Beispielsfall erfasst ist[764]. Die Formulierungshilfe des BMJFG enthielt daraufhin die Fassung des Regierungsentwurfs in der Form, dass nun aufgrund der Änderungen der Ziffer 6 des Absatzes 1[765] Nr. 6 a genannt wurde und die Gefährdung mehrerer Menschen gefordert wurde. Die vom Bundesrat vorgeschlagene Änderung bezüglich des Bezugspunktes der Gefährdung wurde nicht berücksichtigt.

Die Reformkommission des BKA war der Auffassung, dass das Tatbestandsmerkmal „Gefährdung einer großen Zahl von Menschen" zu Auslegungs- und Beweisschwierigkeiten führen könne. Des Weiteren sei es fraglich, ob sich

---

[760] BT-Drucks. VI/ 1877, S. 9

[761] BArch., B 353/ 2193, Anträge des Bayerischen Staatsministeriums des Inneren

[762] Prot. des Innenausschusses des Bundesrates vom 13.1.1971, S. 26 (BArch., B 353/ 2178)

[763] Prot. des Ausschusses des Bundesrates für Jugend, Familie und Gesundheit vom 14.1.1971, S. 32 (BArch., B 353/ 2179)

[764] BT-Drucks. VI/ 1877, S. 13; Prot. des Unterausschusses des Rechtsausschusses vom 12.1.1971, S. 19 (BArch., B 353/ 2179); Prot. des Rechtsausschusses des Bundesrates vom 13.1.1971, S. 15 (BArch., B 353/ 2179)

[765] s.o. S. 304 f.

die Rechtsprechung der Auffassung der Bundesregierung hinsichtlich des in dem Entwurf genannten Beispielsfalles anschließen werde. Auch erscheine zweifelhaft, wie viele Personen eine „große Zahl" ausmachten. Auch die Einlassung des Täters, er habe nur einen beschränkten Kreis von Abnehmern beliefert, werde nicht immer widerlegbar sein. Bei dem vorgeschlagenen Merkmal „mehrere Menschen" könne auf die gesicherte Rechtsprechung hinsichtlich des § 227 StGB (mindestens zwei Personen) zurückgegriffen werden[766].

Im Rechtsausschuss hielt zunächst der Abgeordnete Pinger sowohl den Regierungsentwurf als auch den Vorschlag des Bundesrates für zu weit. Nr. 1 sei im Gegensatz zu den anderen Ziffern als ein besonders schwerer Fall unabhängig vom Händler zu betrachten. Er schlug vor, den Vorschlag des Bundesrates zu übernehmen und diesen mit der geplanten Ziffer 2 zu vereinen, nach der ein besonders schwerer Fall dann vorliegen sollte, wenn der Täter durch bestimmte in Absatz 1 genannte Handlungen einen Menschen in die Gefahr des Todes oder einer schweren Gesundheitsschädigung bringt. Ministerialrat Hoffmann (BMJFG) hielt dies für eine Frage der Systematik, ob man beide Ziffern zusammenfasst oder nicht. Wenn man aber die vom Bundesrat vorgeschlagene Fassung übernehme, wäre der Richter gezwungen, im Einzelfall darüber nachzudenken, bei wie viel Gramm eines bestimmten Betäubungsmittels die Gesundheit gefährdet wäre. Dafür fehlten aber brauchbare Kriterien. Diese Problematik solle unter allen Umständen vermieden werden.

Pinger erwiderte darauf, dass bei der Fassung der Formulierungshilfe[767] schon ein Schüler, der Haschischzigaretten an zwei oder drei Klassenkameraden weitergebe, den Tatbestand erfülle. Solche Fälle sollten aber nicht von Nr. 1 erfasst werden[768]. Pinger machte dann einen weiteren Vorschlag. Es solle weiterhin von einer größeren Menge Betäubungsmittel gesprochen werden. Da die geplante Ziffer 5 fast identisch war (mit dem Zusatz „gegen Entgelt"), sollten diese beiden Ziffern zusammengefasst werden und die Worte „gegen Entgelt" gestrichen werden. Dazu müsse eine Ziffer 2 geschaffen werden nach der die Abgabe und die Herstellung von Betäubungsmitteln, die bereits in kleinen Mengen geeignet sind, einen anderen in die Gefahr des Todes oder einer schweren Gesundheitsschädigung zu bringen. In jedem Falle solle nicht auf eine Anzahl von Menschen abgestellt werden.

Dr. von der Linden (BMJ) hielt dies nicht für praktikabler und wies ähnlich wie Hoffmann auf die Tatsache hin, dass das Gericht dadurch möglicherweise dazu genötigt wäre, die Frage zu erörtern, ob Haschisch überhaupt geeignet sei, Schäden der beschriebenen Art zu verursachen. Auch der Parlamentarische Staatssekretär Westphal (BMJFG) war der Meinung, dass beim Abstellen auf die Anzahl der Menschen die Diskussion um die Geeignetheit der Mittel um-

---

[766] Prot. des Rechtsausschusses VI/ 54, Anlage 2, S. 4
[767] also bei der Fassung, die Gesetz geworden ist
[768] Prot. des Rechtsausschusses VI/ 49, S. 27, 28

gangen werden könne[769]. Der Abgeordnete Dürr sagte, der Vorschlag „mehrere Menschen" müsse im Zusammenhang mit der Formulierung „insbesondere" gesehen werden. Dabei sei die Fassung „mehrere Menschen" zu wenig. Der Vorsitzende Dr. Lenz bejahte ebenfalls diesen Zusammenhang. Bei der Fassung „in der Regel" und „mehrere Menschen" könne der Fall, in dem jemand auf einer Party drei Haschischzigaretten an 17 Leute verteile, ausgeklammert werden, während bei „insbesondere" die Mindeststrafe verhängt werden müsse. Je nach Ausgang der Entscheidung über die Formulierung „insbesondere" oder „in der Regel" sollte hier entschieden werden[770]. Nachdem der Rechtsausschuss sich für die Fassung „in der Regel" entschieden hatte, kam man nicht mehr auf dieses Problem zurück.

Der federführende Ausschuss übernahm die Fassung der Formulierungshilfe, nach der dann ein besonders schwerer Fall vorlag, wenn durch eine der in Nr. 1 oder 6 a bezeichneten Handlungen die Gesundheit mehrerer Menschen gefährdet wird. Diese Formulierung wurde Gesetz.

Nach *Nr. 2* war ein besonders schwerer Fall dann gegeben, wenn durch eine der in Absatz 1 Nr. 1 bis 3, 6a oder 7 bis 10 bezeichneten Handlungen ein anderer Mensch in die Gefahr des Todes gebracht wird. Eine solche Vorschrift war im Referentenentwurf und im Entwurf der CDU/ CSU-Fraktion nicht vorgesehen. Die Entwicklung dieses Tatbestandes ging auf die Entstehungsphase des Regierungsentwurfs zurück. Zunächst wurde das Herbeiführen einer Gefahr des Todes oder einer schweren Schädigung an Körper oder Gesundheit erfasst. Eine schwere Schädigung sollte dann gegeben sein, wenn der Verletzte im Gebrauch seines Körpers oder seiner Sinne, in seiner Fortpflanzungsfähigkeit, seinen seelischen Kräften oder seiner Arbeitsfähigkeit erheblich beeinträchtigt wird oder in eine lebensbedrohende, qualvolle oder eine ernste und langwierige Krankheit verfällt[771]. Diese Fassung ging auf einen Vorschlag des BMJ zurück. Der Tatbestand wurde im Regierungsentwurf dahingehend vereinfacht, dass allein das Herbeiführen der Gefahr des Todes oder einer schweren Schädigung an Körper und Gesundheit genannt wurde. Letzteres wurde nicht mehr konkretisiert[772]. Laut Begründung des Regierungsentwurfs genügte eine abstrakte Gefahr[773].

Der Regierungsentwurf enthielt allerdings noch keine Aufzählung der Handlungen, durch welche die Gefahr hervorgerufen werden musste. Er stellte nur darauf ab, dass der Täter einen anderen in die Gefahr des Todes oder einer schweren Schädigung an Körper oder Gesundheit bringt. Wodurch dies geschehen sollte, konnte aus dem Wortlaut der Ziffer nicht beantwortet werden. Der Unterausschuss des Rechtsausschusses des Bundesrates fügte Nr. 2 die Ziffern

---

769 Prot. des Rechtsausschusses VI/ 54, S. 4, 6, 7
770 Prot. des Rechtsausschusses VI/ 54, S. 25
771 BArch., B 353/ 2193, Referentenentwurf vom 26.8.1970
772 BArch., B 353/ 2193, Referentenentwurf vom 30.9.1970
773 BT-Drucks. VI/ 1877, S. 10

1, 3, 6 bis 10 des Absatzes 1 hinzu und strich die Formulierung „schwere Schädigung an Körper oder Gesundheit". Die von Nr. 2 erfassten Handlungen müssten genau bezeichnet werden. Die gestrichene Passage war dem Unterausschuss zu unbestimmt[774]. Der Bundesrat übernahm dies in seiner Stellungnahme. Die Formulierungshilfe des BMJFG sah im Gegensatz dazu keine Änderung des Regierungsentwurfs hinsichtlich Nr. 2 vor. Auch der Innenausschuss des Bundestages sprach sich für die Fassung des Regierungsentwurfs aus[775].

Im Rechtsausschuss wurde dieses Problem umfassend erörtert. Nachdem der Abgeordnete Pinger bereits vorgeschlagen hatte, Nr. 2 mit Nr. 1 zu verbinden, schlug er vor, die Ziffern 1 und 5 zusammenzufassen[776]. Dafür sollte eine neue Ziffer 2 eingefügt werden, nach der ein besonders schwerer Fall dann vorliegen sollte, wenn der Täter Betäubungsmittel herstellt oder abgibt, die bereits in geringer Menge geeignet sind, einen anderen in die Gefahr des Todes oder einen schweren Schädigung an Körper oder Gesundheit zu bringen. Diese Bestimmung gehe nicht von dem bei Nr. 2 des Regierungsentwurfs unterstellten Gefährdungsvorsatz aus, welcher oft nicht hinreichend nachweisbar sei. Deswegen sei das Abstellen auf die Eignung des Betäubungsmittels besser[777].

Der Vorsitzende Dr. Lenz verwies darauf, dass es bei dieser Bestimmung gleichgültig wäre, ob die Formulierung „insbesondere" oder „in der Regel" gewählt werden. Der Abgeordnete Dürr stimmte dem unter der Voraussetzung zu, dass der Vorschlag des Bundesrates angenommen wird, da diese Fassung präziser sei. Andernfalls müsse man auch die psychische Schädigung mit aufnehmen. Ministerialrat Hoffmann erklärte, dass die Bundesregierung sich dem Vorschlag des Bundesrates angeschlossen habe. Man stimme mit der Begründung überein.

Ministerialrat von der Linden ergänzte, dass mit diesem Vorschlag auch die Spannung zwischen dieser Bestimmung und dem § 224 StGB entfalle. Dort sei die schwere Körperverletzung mit einer Strafe von einem Jahr bis zu fünf Jahren belegt, während hier eine Strafe von einem Jahr bis zu zehn Jahren vorgesehen war. Der Abgeordnete Dr. Wittmann stellte fest, dass die Fälle der Invalidität von Rauschgiftsüchtigen ständig zunähmen. Vor diesem Hintergrund solle die Formulierung „schwere Schädigung an Körper oder Gesundheit" beibehalten werden. Dürr entgegnete dem, dass solche schweren Dauerschädigungen so seien, dass die Gefahr des Todes sehr nahe liege. Deswegen seien diese Fälle auch vom Bundesratsvorschlag umfasst. Der Ausschuss stimmte dann darüber überein, dass Nr. 2 die Fassung „einen anderen Menschen in die Gefahr des Todes bringt" erhalten sollte. Die Aufzählung der Handlungen, durch die eine solche

---

[774] Prot. des Unterausschusses des Rechtsausschuss des Bundesrates vom 12.1.1971, S. 19 (BArch., B 353/ 2179)
[775] Prot. des Innenausschusses VI/ 47, S. 26 (BArch., B 353/ 2179)
[776] s. S. 330 f.
[777] Prot. des Rechtsausschusses VI/ 54, S. 4

Gefahr hervorgerufen sein sollte, unterblieb[778]. Diese wurde vom federführenden Ausschuss mit aufgenommen. Diese Fassung wurde dann Gesetz.

Nr. 3 erfasste den Fall, dass ein Erwachsener wiederholt Betäubungsmittel an Personen unter 18 Jahren abgibt oder ihnen verabreicht. Dieser Tatbestand war als einer von wenigen bereits im ersten Referentenentwurf vorgesehen, hatte aber noch nicht den gleichen Wortlaut. Derjenige sollte sich strafbar machen, der in den Fällen des Absatzes 1 Nr. 1, 2 oder 4 (des Opiumgesetzes von 1929) Stoffe und Zubereitungen an einen Minderjährigen veräußert oder abgibt[779]. In der Folgezeit wurden zunächst die Ziffern des Absatzes 1 herausgenommen, nur die Veräußerung und die Abgabe an Minderjährige wurden erfasst. Im Referentenentwurf vom 19.6.1970, welcher als Grundlage für die Entwicklung eines Regierungsentwurfs durch die Ministerien diente, wurde dann die Veräußerung und Abgabe an Personen unter 16 Jahren durch Personen über 21 Jahre genannt[780].

Letzteres wurde während der Entstehungsphase des Regierungsentwurfs dahingehend geändert, dass nur noch die Abgabe und Veräußerung an Personen unter 18 Jahren erfasst wurde[781]. Der Bundesminister für Justiz war der Auffassung, dass nur eine Abgabe als besonders schwerer Fall qualifiziert werden sollte, die gegen Entgelt erfolgt, gab dann aber seinen Widerstand auf[782]. Allerdings wurde diese Vorschrift in den zwei folgenden Referentenentwürfen komplett herausgenommen. Auf der abschließenden Kabinettssitzung begründete der Bundesjustizminister dies damit, dass in jedem Fall die Mindeststrafe von einem Jahr beizubehalten sei. Es sei einfach unmöglich, einen 22jährigen, der eine Haschischzigarette an seinen 17jährigen Freund abgibt, sei es entgeltlich oder unentgeltlich, mit einer solchen Mindeststrafe zu belegen. Es bestehe die Gefahr, dass die Richter die besonders schweren Fälle unterlaufen und damit der Vorschrift die Überzeugungskraft nehmen würden. Das Bundeskanzleramt und das BMJFG sprachen sich aber für eine Wiederaufnahme eines solchen Tatbestandes aus[783].

Der Regierungsentwurf enthielt diesen Strafschärfungsgrund wieder, allerdings als dortige Nr. 6. Danach sollte sich derjenige strafbar machen, der als Erwachsener wiederholt Betäubungsmittel an Personen unter 18 Jahren abgibt. Diese Ziffer sollte eine besondere Jugendschutzvorschrift darstellen. Dabei sei es unerheblich, ob die Abgabe entgeltlich oder unentgeltlich erfolgt. Eine Abgabe sei im Sinne dieser Vorschrift gegeben, wenn die tatsächliche Verfügungsgewalt an einem Betäubungsmittel auf einen anderen übertragen wird[784]. Aller-

[778] Prot. Des Rechtsausschusses VI/ 54, S. 26 f.
[779] BArch., B 353/ 2178, Referentenentwurf vom 14.1.1970
[780] BArch., B 353/ 2178, Referentenentwurf vom 19.6.1970
[781] BArch., B 353/ 2193, Referentenentwurf vom 4.9.1970
[782] BArch., B 353/ 2193, Schreiben vom 7.10.1970, S. 3
[783] BArch., B 353/ 2193, Zusammenfassung der Kabinettssitzung vom 12.11.1970
[784] BT-Drucks. VI/ 1877, S. 10

dings enthielt der Regierungsentwurf noch nicht das Wort „verabreicht". Der CDU/ CSU-Entwurf entsprach dem Regierungsentwurf. Der Bundesrat hatte an der Regierungsvorlage nichts auszusetzen.

Die Reformkommission des BKA erweiterte diese Ziffer insoweit, als dass nicht nur die Abgabe, sondern auch das Überlassen zum Genuss und das Verabreichen erfasst wurden. Das Wort „wiederholt" wurde gestrichen. Aufgabe der Strafbestimmungen müsse es sein, jeglichen Kontakt von Kindern und Jugendlichen mit Rauschgiften zu verhindern. Dass dabei den Erwachsenen schon beim ersten Mal die Strafschärfung treffe, sei wegen der besonderen Verantwortungslosigkeit solchen Verhaltens gerechtfertigt. Umgekehrt solle unter dem Gesichtspunkt des Jugendschutzes nicht darauf abgestellt werden, ob der Täter mehrmals an einen Jugendlichen oder an mehrere Jugendlich Rauschgift abgegeben habe. Sehe man als zu schützendes Rechtsgut dieser Ziffer zumindest auch die körperliche und sittliche Integrität des jugendlichen an, so sei es von diesem Standpunkt aus unerheblich, ob der Täter an einen oder an mehrere Jugendliche Betäubungsmittel abgegeben hat. Die erstmalige Abgabe treffe oft auch den so genannten Erstkonsumenten, der dadurch an das Rauschgift heran geführt werde. Im Übrigen dürfte Händlern, die nicht einen speziell jugendlichen Abnehmerkreis haben, die wiederholte Abgabe von Betäubungsmitteln an Jugendliche nur schwer nachzuweisen sein[785].

Der Innenausschuss schloss sich der Regierungsvorlage an[786]. Innerhalb des Rechtsausschusses, welcher die Ziffer 3 in der Fassung der Reformkommission als Diskussionsgrundlage übernahm, waren drei Punkte umstritten.

Zunächst wurde die Grenze von 18 Jahren diskutiert. Die Abgeordnete Schimschock bat darum, von einem Alter von 21 anstatt von 18 Jahren auszugehen. Dies begründete sie mit der Rücksicht auf Oberschulen, wo es sinnvoll sei, die über 18jährige Schüler mit den anderen gleichzustellen. Der Parlamentarische Staatssekretär Westphal erwiderte darauf, dass diese Bestimmung von Überlegungen des Jugendschutzes ausgehe. Der Jugendschutz erstrecke sich aber nur auf Jugendliche bis 18 Jahren[787]. Der Abgeordnete Metzger forderte ebenso eine Grenze von 21 Jahren und berief sich dabei auf die Oberschulen. Westphal entgegnete dem, dass dieser Einwand dann auch für Studenten gelten würde, wo auch nur ein Teil erfasst werden könnte.

Von der Linden führte an, dass bei einer Altersgrenze von 21 Jahren der Tatbestand bereits dann erfüllt sei, wenn ein 21jähriger einen 20jährigen an einer Haschischzigarette ziehen lasse. Dies komme in dieser Altersgrenze jedoch häufig vor. Dürr fügte hinzu, dass der Zusammenhang zwischen dem Opiumgesetz und anderen Strafgesetzen für eine Altersgrenze von 18 Jahren spreche. Der Abgeordnete Vogel wies darauf hin, dass sich die von von der Linden aufgezeigte

---

785 Prot. des Rechtsausschusses VI/ 54, Anlage 2, S. 5
786 Prot. des Innenausschusses VI/ 47, S. 26 (BArch., B 353/ 2179)
787 Prot. des Rechtsausschusses VI/ 54, S. 7

Problematik auch bei einer Altersgrenze von 18 Jahren dann ergebe, wenn ein 18jähriger einen 17jährigen ziehen lasse. Demzufolge sollte die Altersgrenze auf 21 Jahre gesetzt werden. Der Ausschuss stimmte dann mit Mehrheit für eine Altersgrenze von 21 Jahren[788].

Das zweite Problem für den Rechtsausschuss war das Wort „wiederholt". Abgeordneter Dürr meinte, die von dem Abgeordneten Vogel aufgezeigte Problematik der Grenze von 18 Jahren könne durch die Aufnahme des Wortes „wiederholt" gelöst werden. Der Vorsitzende Dr. Lenz machte darauf aufmerksam, dass ein zweimaliges Ziehenlassen an einer Haschischzigarette schon als Wiederholung angesehen werden könnte. Es gebe unter besonders schweren Fällen immer einige Taten, bei denen man aufgrund der Umstände des Einzelfalles eigentlich von einer Strafschärfung absehen sollte. Der Ausschuss stimmte dann mit zwölf gegen neun Stimmen bei zwei Enthaltungen der Einfügung des Wortes „wiederholt" zu[789].

Als drittes Problem stellte sich die von der Reformkommission des BKA vorgeschlagene Aufnahme des Überlassens zum Genuss und des Verabreichens in diese Ziffer dar. Ministerialrat Dr. Hoffmann gab zu überlegen, ob die Worte „zum Genuss überlässt" nicht weggelassen werden könnten. Hierdurch würde schon das reine Weitergeben von kleinen Mengen oder das Ziehenlassen in der Runde erfasst sein. Für solche Fälle sei der Strafrahmen jedoch zu hoch. Dafür sollte das Wort „verabreichen" aufgenommen werden. Der Abgeordnete Dr. Wittmann sprach sich für die Aufnahme von „zum Genuss überlässt" aus, da damit die Fälle erfasst werden könnten, in denen Personen erst an Rauschgift heran geführt werden sollten. Dürr zeigte die Konsequenz der Formulierung „zum Genuss überlässt" an folgendem Beispiel auf: Wenn jemand für sich selber eine Haschischzigarette rauche, sei dies nach Absatz 1 Nr. 6 a strafbar. Komme ein anderer hinzu und er widersetzte sich dessen Bitte, auch einmal ziehen zu dürfen, nicht energisch, dann liege ein besonders schwerer Fall vor. Dieses stehe nicht in Relation zueinander. Der Ausschuss lehnte die Worte „zum Genuss überlässt" ab, stimmte aber der Aufnahme des Wortes „verabreicht" zu[790].

Der Ausschuss für Jugend, Familie und Gesundheit wies die Beschlüsse des Rechtsausschusses aber teilweise zurück. Er war der Auffassung, dass hier das allgemeine Jugendschutzalter von 18 Jahren zugrunde zu legen sei[791].

---

788 Prot. des Rechtsausschusses VI/ 54, S. 27-29

789 Prot. des Rechtsausschusses VI/ 54, S. 28, 29

790 Prot. des Rechtsausschusses VI/ 54, S. 28, 29; Ziffer drei hatte damit folgenden Wortlaut: "3. Als erwachsener wiederholt Betäubungsmittel an Personen unter 18 Jahren abgibt oder ihnen verabreicht."

791 Prot. des Ausschusses für Jugend, Familie und Gesundheit VI/ 51, S. 12 (BArch., B 353/ 2180)

Der Strafschärfungsgrund *Nr. 4* war dann gegeben, wenn der Täter in den Fällen des Absatzes 1 Nr. 1, 2, 6a, 7 oder 8 gewerbsmäßig oder als Mitglied einer Bande, die sich zur fortgesetzten Begehung solcher Taten verbunden hat, handelt. Dieser Strafschärfungsgrund ging auf die Intention des Gesetzes, vor allem die Händler zu treffen, zurück. Schon im ersten Referentenentwurf wurde die gewohnheitsmäßige oder eigennützige Begehung einer Straftat nach Absatz 1 Nr. 1-4 und 8 (des Opiumgesetzes von 1929) mit dieser Begründung als Strafschärfungsgrund qualifiziert[792].

Der Bundesjustizminister schlug dann vor, dies um die bandenmäßige und die gewerbsmäßige Ausführung der Delikte zu ergänzen[793]. Der darauf folgende Referentenentwurf enthielt die vom Justizminister vorgeschlagene Ergänzung, wobei sich diese nicht auf einzelne Ziffern bezog, sondern auf Absatz 1 insgesamt. Zudem wurden die gewohnheitsmäßige und die eigennützige Begehung gestrichen[794]. Das Bundesinnenministerium wollte anstelle des gewerbsmäßigen Handelns das entgeltliche Handeln mit aufnehmen. Hiergegen sprachen sich das Bundeskanzleramt, das BMJ und das BMJFG aus, so dass dieser Gedanke nicht weiter verfolgt wurde[795].

Im Verlauf der Beratungen bezüglich dieses Strafschärfungsgrundes wurde dieser dahingehend konkretisiert, dass die Ziffern 1, 2, 6, 7 oder 8 des Absatzes 1 aufgeführt wurden[796]. Diese Fassung war dann als Nr. 3 Bestandteil des Regierungsentwurfs. Der Begründung zufolge sollte derjenige gewerbsmäßig handeln, der die Absicht hatte, sich durch wiederholte Begehung des Verbrechens eine fortlaufende Einnahmequelle von einiger Dauer und einigem Umfang zu verschaffen. Die Absicht könne sich schon aus der ersten Einzelhandlung ergeben. Es genüge, wenn der Täter regelmäßig das Entgelt entgegennimmt. Allerdings sei die Entgegennahme des Entgelts nicht in jedem Einzelfall erforderlich. Es reiche schon die unentgeltliche Weitergabe eines „Musters" zur „Kundenwerbung" aus, um gewerbsmäßig zu handeln. Für den Begriff der „Bande" sollten zwei Personen genügen[797]. Zu beachten ist, dass der Regierungsentwurf noch nicht Nr. 6 a erfasste, sondern nur Nr. 6, was sich daraus ergab, dass der Regierungsentwurf noch keine Aufteilung des Nr. 6 in die Buchstaben a und b vorsah.

Der Entwurf der CDU/ CSU-Fraktion erfasste nur die bandenmäßige Begehung. Der Bundesrat äußerte sich nicht zu dieser Ziffer. Die Formulierungshilfe enthielt die Gesetz gewordene Fassung inklusive Nr. 6 a. Der Innenausschuss schloss sich der Regierungsvorlage an. Der Entwurf der Reformkommission des BKA sah einen solchen Strafschärfungsgrund nicht vor.

---

[792] BArch., B 353/ 2178, Begründung zum Referentenentwurf vom 14.1.1970, S. 2
[793] BArch., B 353/ 2178, Schreiben des Bundesministeriums für Justiz, S. 4
[794] BArch., B 353/ 2178, Referentenentwurf vom 22.4.1970
[795] BArch., B 353/ 2193, internes Schreiben des BMJFG vom 7.10.1970, S. 4
[796] BArch., B 353/ 2193, Referentenentwurf vom 30.9.1970
[797] BT-Drucks. VI/ 1877, S. 10

Im Rechtsausschuss meldete der Abgeordnete Dr. Pinger Bedenken hinsichtlich der Aufnahme der bandenmäßigen Begehung an. Darin allein könne noch keine Erschwerung des Tatbestandes gesehen werden[798]. Er konnte sich mit diesen Bedenken aber nicht durchsetzen, der Ausschuss nahm die Ziffer drei des Regierungsentwurfs in der Fassung der Formulierungshilfe an[799]. Der federführende Ausschuss übernahm diese Fassung, die dann auch Gesetz wurde.

Nach *Nr. 5* war derjenige gemäß Absatz 4 zu bestrafen, der Betäubungsmittel in nicht geringen Mengen besitzt oder abgibt. Der Referentenentwurf enthielt keine solche Bestimmung. Der Entwurf der Regierung nannte nur die entgeltliche Abgabe „einer größeren Menge", der Besitz war nicht erwähnt. Als Entgelt sei jeder vermögenswerte Vorteil zu verstehen, der dem Täter als Entlohnung für die Abgabe zugewendet wird. Entgelte seien also Geldbeträge, Sachleistungen oder andere vermögenswerte Vergünstigungen. Alle Vorteile, die nicht ausschließlich ideellen Wert haben, seien als Entgelt im Sinne des Gesetzes anzusehen[800]. Der CDU/ CSU-Entwurf sah einen solchen Strafschärfungsgrund nicht vor.

Der Unterausschuss des Rechtsausschusses des Bundesrates beschloss auf Antrag des Vertreters Nordrhein-Westfalens einstimmig, die Worte „gegen Entgelt" zu streichen. Auch die unentgeltliche Abgabe von Betäubungsmitteln in größerer Menge stelle in der Regel wegen der damit verbundenen Gefährdung für zahlreiche Personen einen besonders schweren Fall dar[801]. Dies wurde in die Stellungnahme des Bundesrates aufgenommen. Die Formulierungshilfe hielt ebenso wie der Innenausschuss an der Regierungsfassung fest.

Die Reformkommission des BKA führte die Formulierung „nicht geringe Menge" in diese Ziffer ein und ergänzte die Tathandlungen um den Besitz und das Mitwirken bei der Abgabe nicht geringer Mengen. Sie hielt eine derartige Ziffer grundsätzlich für erforderlich. Gerade die gewerbsmäßige, aber auch die bandenmäßige Begehung solcher Straftaten sei schwer nachweisbar, da hier auf die innere Tatseite abgestellt werden müsse. Bei der gewerbsmäßigen Begehung könne allerdings durch gewisse Verhaltensweisen oder bei gewissen Tatumständen auf die entsprechende Absicht geschlossen werden. Kriminalpolitisch effektiver sei aber die Bestrafung dieser Tatumstände und Verhaltensweisen selbst, wie z.B. den Besitz oder die Abgabe nicht geringer Mengen von Betäubungsmitteln oder die Mitwirkung bei deren Abgabe[802]. Warum es aber „nicht geringe Menge" heißen sollte, wurde nicht gesagt. Der Rechtsausschuss diskutierte zunächst die Formulierung „nicht geringe Mengen". Ministerialrat Dr. von der

---

798 Prot. des Rechtsausschusses V/ 54, S. 5

799 Prot. des Rechtsausschusses VI/ 54, S. 32

800 BT-Drucks. VI/ 1877, S. 10

801 Prot. des Unterausschusses des Rechtsausschusses des Bundesrates vom 12.1.1971, S. 20 (B 353/ 2179)

802 Prot. des Rechtsausschusses VI/ 54, Anlage 2, S. 6

Linden setzte sich dafür ein, die im Regierungsentwurf gewählte Fassung „in größeren Mengen" beizubehalten. Der Begriff „nicht geringe Mengen" sei zu unpräzise. Dem widersprach der Abgeordnete Vogel. Die Fassung „nicht geringe Menge" sei durchaus gebräuchlich und wesentlich klarer als „in größeren Mengen". Dem schloss sich der Vorsitzende Dr. Lenz an. Wenn jemand eine Dosis Betäubungsmittel oder zwei, drei Haschischzigaretten besitze, sei das eine geringe Menge. Wenn der Vorrat aber für mehrere Fälle ausreiche, sei es eine nicht geringe Menge. Hier wäre es zweifelhaft, von einer größeren Menge zu sprechen. Der Ausschuss lehnte die Formulierung „in größeren Mengen" mit zwölf gegen elf Stimmen ab und nahm die Fassung „in nicht geringen Mengen" an[803].

Aber auch die Tathandlungen wurden im Rechtsausschuss diskutiert. Zunächst erhob der Abgeordnete Dürr Bedenken gegen die Worte „oder bei der Abgabe mitwirkt" in der Fassung der Reformkommission. Hierzu nannte er folgendes Beispiel: Jemand leistet bei der Übergabe von Betäubungsmitteln dadurch Beihilfe, dass er „Schmiere steht". Er weiß aber nicht, welche Menge Stoff übergeben worden ist. Je nachdem, von welcher Menge der Richter nachher ausgehe, werde der Betroffene entweder mit Freiheitsstrafe nicht unter einem Jahr oder mit einer Geldstrafe unter 500 DM bestraft. Dies stehe in keiner Relation zueinander. Der Abgeordnete Vogel stellte den Antrag, diese Worte mit aufzunehmen. Der Abgeordnete Metzger wollte seinerseits die Worte „besitzt oder abgibt" aufgenommen haben. Nicht jeder, der besitze, gebe auch ab. Es sei aber auch als besonders schwerer Fall zu werten, wenn jemand 1 kg LSD zu Hause besitze, auch wenn er nichts davon abgebe. Danach wurde mit Mehrheit die Aufnahme des Wortes „besitzt" beschlossen. Der Abgeordnete Vogel zog seinen Antrag wieder zurück[804]. Der Ausschuss für Jugend, Familie und Gesundheit übernahm die Vorschläge des Rechtsausschusses[805].

Nr. 6 enthielt zwei Strafschärfungsgründe. *Buchstabe a* erfasste den Fall, dass Betäubungsmittel in nicht geringer Menge eingeführt werden, um sie in Verkehr zu bringen. *Buchstabe b* nannte die Verheimlichung der Einfuhr von Betäubungsmitteln durch besonders angebrachte Vorrichtungen oder das Verstecken an schwer zugänglichen Stellen. Der CDU/ CSU-Entwurf enthielt keine solche Bestimmung. Die Referentenentwürfe enthielten diese Strafschärfungsgründe zunächst auch nicht.

Im Referentenentwurf vom 5.11.1970 wurden diese Tatbestände erstmals erwähnt. Sie wurden neu aufgenommen, um insbesondere die Fälle der illegalen Einfuhr zu treffen. Das BMJ wollte diesen jedoch dahingehend einschränken,

---

[803] Prot. des Rechtsausschusses VI/ 54, S. 29, 30
[804] Prot. des Rechtsausschusses VI/ 54, S. 29, 30
[805] BT-Drucks. VI/ zu 2673, S. 5

dass es sich um eine größere Menge handeln muss[806]. Dies wurde zwar vom Bundeskanzleramt und vom BMJFG abgelehnt. Der Regierungsentwurf enthielt dann die Fassung, nach der zumindest die Strafbarkeit der Einfuhr auf größere Mengen beschränkt wurde.

Laut Begründung fiel Nr. 6 bei der Bekämpfung des illegalen Rauschgifthandels eine besondere Rolle zu. Touristen, Gastarbeiter oder Geschäftsreisende schmuggelten nicht unerhebliche Mengen Betäubungsmittel in die Bundesrepublik. Hierbei wurden viele Tricks angewandt. Die Stoffe wurden in Lebensmittel eingebacken bzw. eingelagert. Sie wurden mit Reisebussen mit besonders eingebauten Zwischendächern über die Grenze gebracht, in Kleider eingenäht oder in anderen mitgeführten Gegenständen versteckt. Dem sollte mit dieser Ziffer entgegnet werden[807]. Der Regierungsentwurf (dort als Nr. 4 a geplant) enthielt allerdings wie schon bei Nr. 5 die Formulierung „in größeren Mengen". Zudem beschränkte er das Inverkehrbringen auf den Geltungsbereich dieses Gesetzes.

Letzteres bemängelte der Unterausschuss des Rechtsausschusses des Bundesrates. Er war der Auffassung, das auch der Fall, dass eine größere Menge von Betäubungsmitteln in der Absicht eingeführt wird, sie außerhalb des Geltungsbereiches des Gesetzes in den Verkehr zu bringen, sei in der Regel ein besonders schwerer Fall[808]. Dies wurde in die Stellungnahme des Bundesrates mit aufgenommen. Die Formulierungshilfe übernahm diesen Änderungsvorschlag nicht, der Innenausschuss schloss sich ebenso der Regierungsvorlage an. Die Reformkommission des BKA enthielt nur den in Buchstabe b genannten Erschwerungsgrund, die Einfuhr in größeren Mengen wurde nicht berücksichtigt. Bezüglich der übrigen Tatvarianten verwies diese Kommission auf die Begründung des Regierungsentwurfs[809].

Im Rechtsausschuss war der Abgeordnete Dürr der Auffassung, der Regierungsentwurf sei präziser als die Fassung der Reformkommission. Von der Linden erläuterte die Worte „um sie in Verkehr zu bringen" in Buchstabe a. Diese sollten die Anwendbarkeit der Vorschrift beschränken. Ein besonders schwerer Fall solle nicht schon bei der Einfuhr vorliegen, sondern erst dann, wenn diese zu dem Zweck erfolgt, die Mittel in Verkehr zu bringen. Der Vorsitzende Dr. Lenz befürchtete Beweisschwierigkeiten, wenn die Worte „um sie in Verkehr zu bringen" aufgenommen würden. Die vom Bundesrat vorgeschlagene Fassung „um sie in Verkehr zu bringen" wurde dann mit zwölf gegen zehn Stimmen angenommen. Der Ausschuss stimmte außerdem einstimmig dafür, die Worte „in nicht geringen Mengen einführt" aufzunehmen. Bezüglich des Buchstaben b der

---

806 BArch., B 353/ 2193, Referentenentwurf vom 5.10.1970 und Schreiben vom 7.10.1970, S. 4

807 BT-Drucks. VI/ 1877, S. 10

808 Prot. des Unterausschusses des Rechtsausschusses des Bundesrates vom 12.1.1971, S. 20 (BArch., B 353/ 2179

809 Prot. des Rechtsausschusses VI/ 54, Anlage 2, S. 7

Regierungsvorlage bestand Einverständnis[810]. Der federführende Ausschuss übernahm die Vorschläge des Rechtsausschusses.

Die Reformkommission des BKA sah noch einen *weiteren Strafschärfungsgrund* vor. Danach war derjenige mit einer Freiheitsstrafe von nicht unter einem Jahr zu bestrafen, der Betäubungsmittel abgibt oder bei der Abgabe mitwirkt, nachdem er bereits nach diesem Gesetz wegen einer vorsätzlichen Tat rechtskräftig verurteilt worden ist. Hiermit sollten die illegalen Händler erfasst werden, welche die Waren in kleinen Mengen wiederholt an Endverbraucher abgaben. Diese Täter seien ein notwendiges Glied in der Verteilerorganisation. Sie seien daher zumindest nach einmaliger Bestrafung auch dann wegen eines besonders schweren Falles zu bestrafen, wenn die besonderen Voraussetzungen der anderen Ziffern nicht erfüllt seien[811]. Dieser Gedanke wurde aber von keiner beteiligten Stelle aufgenommen.

d. Einführung des neuen Absatzes 5

Bemerkenswert und viel diskutiert war Absatz 5. Nach diesem konnte das Gericht von einer Bestrafung nach den Absätzen 1 bis 3 absehen, wenn der Täter die Betäubungsmittel lediglich zum Eigenverbrauch in geringen Mengen besitzt oder erwirbt. Schon in der Entstehungsphase des Regierungsentwurfs war eine solche Vorschrift heftig umstritten. Der erste Referentenentwurf des BMJFG vom 14.1.1970 enthielt eine Vorschrift, nach der von Jugendstrafe und anderen Maßnahmen nach dem JGG abgesehen werden konnte, wenn eine Jugendlicher oder ein Heranwachsender Stoffe oder Zubereitungen nach Absatz 1 Nr. 1, 2 und 4 (des Opiumgesetzes von 1929) lediglich zum Eigenverbrauch (egal, in welcher Menge) erworben hat. Die bisherige Strafdrohung des Opiumgesetzes mache keinen Unterschied zwischen dem illegalen Handel und dem Erwerb durch Jugendliche. Dieser Unterschied sollte nach Auffassung des BMJFG durch die Einführung des Absatzes 5 deutlich gemacht werden[812]. Diese Vorschrift wurde dahingehend erweitert, dass sie nicht mehr auf Jugendliche und Heranwachsende beschränkt wurde. Außerdem wurden einzelne Handlungen explizit genannt (Einfuhr, Ausfuhr, Gewinnung, Herstellung, Verarbeitung, Erwerb). Ferner sollte von Strafe abgesehen werden können, wenn sich die Tat auf Cannabisprodukte bezieht. Diese Vorschrift sollte als Signal für den Staatsanwalt aufgefasst werden, das Ermittlungsverfahren einzustellen. Das Absehen von Strafe bei Straftaten, die sich auf Cannabisprodukte beziehen, wurde auf Wunsch des BGA aufgenommen. Dieser Wunsch beruhte auf der Erkenntnis, dass Haschisch nicht mit anderen Suchtmitteln vergleichbar ist. Es sei nicht gerechtfertigt, Haschischtäter mit anderen Tätern über einen Kamm zu scheren. Eine Ausnahme solle nur dann gelten, wenn der Täter gewerbsmäßig handelt.

---

[810] Prot. des Rechtsausschusses VI/ 54, S. 31

[811] Prot. des Rechtsausschusses VI/ 54, Anlage 2, S. 6, 7

[812] BArch., B 353/ 2178, Begründung zum Referentenentwurf vom 14.1.1970, S. 2

Hierbei solle es keinen Unterschied machen, ob der Täter Jugendlicher oder Erwachsener ist[813].

Der Bundesjustizminister sprach sich gegen den Umfang der Möglichkeit, von Strafe abzusehen, aus. Das Absehen von Strafe, das in der Literatur als Grenzfall der Strafzumessung bezeichnet werde, könne nur in Betracht kommen, wenn die Schuld des Täters und der Unrechtsgehalt der Tat außergewöhnlich gering seien. Dies werde man nicht in jedem Falle schon deshalb annehmen können, weil der Täter zum Eigenverbrauch Suchtmittel in seinen Besitz bringt, sondern man werde auch auf eine geringe Menge des Suchtmittels abstellen müssen. Eine Regelung, nach der generell bei Rauschgiftdelikten, die sich auf Cannabis, dessen Extrakt oder Tinkturen beziehen, von Strafe abgesehen werden kann, widerspreche dem Grundsatz gleicher strafrechtlicher Behandlung aller in § 1 des Gesetzes genannten Delikte, solange nicht eindeutig feststehe, dass mit dem Missbrauch von Cannabis geringere gesundheitliche und soziale Gefahren verbunden sind. Zudem stünden mit § 153 Absatz 2 und 3 StPO geeignete Mittel zur Verfügung[814]. Dieser Argumentation folgend wurde der Teil des Absatzes, der sich mit der Straflosigkeit von Cannabisdelikten beschäftigte, gestrichen. Zudem wurde die Eigenverbrauchsklausel auf geringe Mengen beschränkt[815].

Innerhalb des BMJFG war diese Vorschrift aber noch weiter umstritten. Es wurde vorgeschlagen, dass diese begünstigende Regelung nicht für den Wiederholungsfall gelten solle. Das Besserstellen eines Ersttäters in solchen Fällen sei angezeigt. Einerseits könne eine völlige Straflosigkeit nicht in Betracht kommen, um die Gefahr, die durch die Einnahme auch geringer Mengen von Suchtstoffen in jedem Fall bestehe, nicht zu verharmlosen. Andererseits müsse bedacht werden, dass Ersttäter durch eine Bestrafung möglicherweise einer weiteren und erhöhten Suchtstoffgefährdung und der Kriminalität in verstärktem Maße ausgeliefert werden können. Es gelte, eine beiden Gesichtspunkten Rechnung tragende Lösung zu finden. Grundsätzlich solle der Absatz 5 im Entwurf erhalten bleiben, um gerade zu diesem Problem eine Diskussion zu entfachen. Der Zusatz hinsichtlich des Wiederholungsfalles könne übernommen werden[816].

Im Referentenentwurf des BMJFG vom 19.6.1970, welcher als Diskussionsgrundlage an alle beteiligten Stellen übersandt wurde, wurde der Zusatz bezüglich der Wiederholung aufgenommen. Es wurde ausdrücklich darauf hingewiesen, dass keine Veranlassung bestehe, Cannabis oder dessen Produkte aus dem Kontrollsystem des Gesetzes herauszunehmen oder die Regelungen dieses Gesetzes für diese Betäubungsmittel zu lockern. Solange nicht eindeutig wissenschaftlich dargelegt werden könne, dass diese Mittel gesundheitlich unbedenklich sind, könne der für Fragen der Jugend, Familie und Gesundheit verantwort-

[813] BArch., B 353/ 2178, Begründung zum Referentenentwurf vom 27.1.1970, S. 5, 6
[814] BArch., B 353/ 2178, Schreiben des Bundesministers der Justiz vom 15.4.1970, S. 4, 5
[815] BArch., B 353/ 2178, Referentenentwurf vom 22.4.1970
[816] BArch., B 353/ 2178, internes Schreiben des BMJFG vom 3.6.1970, S. 2, 3

liche Bundesminister eine Änderung der bestehenden Rechtssituation in diesem Bereich nicht befürworten[817].

Das Bundesinnenministerium wies besonders darauf hin, dass diese Vorschrift unter keinen Umständen auf die Ein- und Ausfuhr angewendet werden darf. Dies könne dazu führen, dass ungestraft Betäubungsmittel in die Bundesrepublik Deutschland eingeführt werden[818]. Diese Überlegung wurde übernommen, so dass nur noch der Erwerb und der Verbrauch erfasst wurden. Diese Fassung wurde weiter dahingehend geändert, dass beim Erwerb und Besitz geringer Mengen von Strafe abgesehen werden kann, wenn diese zum Eigenverbrauch bestimmt sind[819]. Das Bundeskanzleramt sowie alle anderen beteiligten Ressorts lehnten eine solche Vorschrift ab. Ihr Hauptargument ging dahin, dass § 153 StPO ausreichende Möglichkeiten biete, mit den so genannten Bagatellangelegenheiten fertig zu werden. Man befürchtete insbesondere, dass diese Vorschrift zu falschen Vorstellungen in der Öffentlichkeit führe und der Zielsetzung dieses Gesetzes entgegenwirke[820].

Bis zur abschließenden Kabinettssitzung wurde die Vorschrift in den Entwürfen beibehalten. Auch bei dieser stand die Bundesministerin für Jugend, Familie und Gesundheit allein mit ihrer Auffassung. Die Vorschrift wurde nicht in den Regierungsentwurf aufgenommen. Auch der Entwurf der CDU/ CSU-Fraktion sah eine solche Vorschrift nicht vor. Im Bundesrat stellte Nordrhein-Westfalen den Antrag, einen Absatz 4 a einzuführen, nach dem das Gericht von einer Bestrafung nach Absatz 1 bis 3 absehen kann, wenn der Täter die Betäubungsmittel lediglich zum Eigenverbrauch in geringen Mengen besitzt oder erwirbt. Das Strafrecht sei in den im vorgeschlagenen Absatz 4 a genannten Fällen gegenüber den Möglichkeiten der ärztlichen Behandlung das weniger geeignete Mittel zur Einwirkung auf den einzelnen. Es solle deshalb in diesen Fällen zurücktreten können. § 153 StPO reiche nicht aus, um in allen derartigen Fällen eine Bestrafung zu vermeiden. Insbesondere umschreibe der vorgeschlagen Absatz 4 a genauer als § 153 StPO die Voraussetzungen, unter denen von einer strafrechtlichen Reaktion abgesehen werden kann. Das in § 153 StPO genannte öffentliche Interesse könnte aus Gründen der Generalprävention gerade dazu herangezogen werden, bei den in Absatz 4 a bezeichneten Tätern die Anwendung dieser Vorschrift zu verneinen, obwohl ein Zurücktreten des Strafrechts bei Tätern dieser Art angezeigt sei[821]. Der Unterausschuss des Rechtsausschusses des Bundesrates

---

[817] BArch., B 353/ 2178, Referentenentwurf vom 19.6.1970 und Schreiben des BMJFG vom 29.6.1970, S. 3, 4
[818] BArch, B 353/ 2193, Schreiben vom 9.9.1970, S. 4
[819] BArch., B 353/ 2193, Referentenentwurf vom 5.10.1970
[820] BArch., B 353/ 2193, internes Schreiben des BMJFG vom 7.10.1970, S. 4
[821] BR-Drucks. 665/2/70

nahm diesen Antrag an[822]. Der Rechtsausschuss des Bundesrates dagegen lehnte diesen Antrag ab mit der Begründung, dass zum einen § 153 StPO ausreiche und weil zum anderen sonst der Eindruck entstehe, dass der Verharmlosung gewisser Betäubungsmittel, insbesondere von Haschisch Vorschub geleistet würde[823]. In der 361. Sitzung des Bundesrates wurde der Antrag des Landes Nordrhein-Westfalen vom Bundesrat abgelehnt[824].

Die Bundesministerin für Jugend, Familie und Gesundheit konnte eine solche Klausel bei Erstellung des Referentenentwurfs nicht gegen die Auffassung der Polizei, des Innen-, des Justizministeriums und ihr eigenes Ministerium durchsetzen. Sie äußerte in der ersten Bundestagsberatung ihr Bedauern über das Fehlen einer solchen Norm. Sie stellte aber fest, dass zum einen im Jugendgerichtsgesetz eine Vielzahl von Einwirkungsmöglichkeiten bestanden, um angemessene Maßnahmen zu treffen, z.B. solche sozialpädagogischer Art. Bei Erwachsenen könne je nach Lage des Einzelfalles von der Möglichkeit der Verfahrenseinstellung nach § 153 Absatz 2 StPO Gebrauch gemacht werden[825]. Der Abgeordnete Dr. Meinecke (SPD) war anderer Auffassung. § 153 StPO eröffne die Möglichkeit der Einstellung des Verfahrens nur dann, wenn kein öffentliches Interesse vorliegt[826]. Gerade bei diesen Tätern könne auch argumentiert werden, dass ein solches Interesse vorliegt. Er wünschte aus politischen Gründen eine Entkriminalisierung der Ersttäter und der passiven Kleintäter. Beide wiesen auf die Möglichkeit hin, diese Klausel in den Beratungen der zuständigen Ausschüsse einzuführen.

Der Rechtsausschuss beriet dieses Problem in der ersten und in der dritten Sitzung bezüglich des Änderungsgesetzes. Der Abgeordnete Dr. Pinger wies schon zu Anfang der Beratungen darauf hin, dass auch der Haschischkonsument von dem Gesetz erfasst wird. Er hielt dies für richtig, obwohl das eigentliche Ziel die Händler seien. Denn dieses Ziel sei kaum zu erreichen, wenn der Konsument nicht erfasst würde. Ein Ausgleich könne jedoch geschaffen werden, wenn nach dem Vorschlag des Justizministers von Nordrhein-Westfalen ein neuer § 10 Absatz 4 a bestimmt werde. Auch der Abgeordnete Dürr setzte sich dafür ein, straffällig gewordenen Konsumenten eine „goldene Brücke" zu bauen. Dies allerdings nur dann, wenn er sich in Behandlung begibt, wie es z.B. auch beim Exhibitionisten vorgesehen sei[827].

---

822 Prot. des Unterausschusses des Rechtsausschusses des Bundesrates vom 12.1.1971, S. 20, 21 (BArch., B 353/ 2179)
823 Prot. des Rechtsausschusses des Bundesrates vom 13.1.1971, S. 16 (BArch., B 353/ 2179)
824 Sten. Ber. (BR), 361. Sitzung vom 29.1.1971, S. 31
825 Sten. Ber., 6. Wahlperiode, S. 6357 (108. Sitzung)
826 Sten. Ber., 6. Wahlperiode, S, 6358 (108. Sitzung)
827 Prot. des Rechtsausschusses VI/ 48, S. 74, 75

In der dritten Beratung des Rechtsausschusses sprach sich Dürr dann ebenfalls für die Aufnahme des vom nordrhein-westfälischen Justizminister vorgeschlagenen Absatzes 4 a aus. Er bringe bereits der Staatsanwaltschaft Erleichterung, denn diese wird gar nicht erst ermitteln, wenn sie damit rechnen müsse, dass das Gericht von der Bestrafung absehe. Der Abgeordnete Vogel wies in diesem Zusammenhang auf § 153 StPO hin, nach welchem bereits die Möglichkeit bestehe, bei Geringfügigkeit von der Verfolgung abzusehen. Der Abgeordnete Metzger schlug vor, den Kleinverbraucher überhaupt nicht unter Strafe zu stellen, und nannte hierfür drei Gründe. Zum einen werde dieser sich eher entschließen, sich an eine Hilfestelle zu wenden. Zum anderen könne man Großlieferanten leichter ermitteln, weil Kleinverbraucher dann mit größerer Wahrscheinlichkeit die Bezugsquellen preisgäben. Außerdem würde so eine unterschiedliche Strafpraxis vermieden. Dürr befürchtete, dass sich dies wie ein Freibrief für den Kleinverbraucher auswirken würde, weil er strafrechtlich nicht daran gehindert werden könne, den Eigenverbrauch beliebig auszudehnen. Vogel verwies auf die Gefahr einer solchen Straffreiheit, welche „viele kleine Hascher" aus dem Ausland in die Bundesrepublik ziehen würde Er erkundigte sich nach der Bestrafungspraxis im Ausland. Dr. von der Linden gab an, dass in Frankreich das Opportunitätsprinzip gelte. Dr. Hoffmann fügte hinzu, dass in Frankreich geplant sei, eine Vorschrift einzuführen, nach der Straffreiheit gewährt werde, wenn sich der Süchtige einer Entziehungskur unterwerfe. Das Entziehungsverfahren sei exakt geregelt. Metzger beantragte dann, eine Vorschrift entsprechend des oben genannten Absatzes 4 a einzuführen, jedoch mit dem Inhalt, dass das Gericht bei erstmaligem Eigenverbrauch von einer Bestrafung abzusehen habe.

Gegen die Beschränkung auf den erstmaligen Verbrauch wurden Bedenken erhoben. Dürr meinte, wer dauerhaft seinen Wohnort wechsle und bei wiederholtem Eigenverbrauch immer wieder vor einem anderen Gericht erscheine, könne jedes Mal den Eindruck des erstmaligen Verbrauchs erwecken. Vogel tendierte zur französischen Lösung. Hierauf teilte der Parlamentarische Staatssekretär Westphal mit, dass seitens der Bundesregierung keine Vorschrift nach französischem Vorbild geplant sei.

Der Abgeordnete Brünen erweiterte die Diskussion um einen weiteren Gesichtspunkt. Er schlug vor, den erstmaligen Eigenverbrauch, wenn er strafrechtlich schon nicht erfasst werden soll, wenigstens ähnlich wie Verkehrsdelikte in der Verkehrssünderkartei in einer entsprechenden Kartei zu registrieren. Der Abgeordnete Erhard hielt diesen Gedanken für verfolgenswert, gab aber zu bedenken, dass der Richter, der von der Bestrafung abzusehen habe, auch keine Heilungs- und Besserungsmaßnahme anordnen und überwachen könne. Andererseits sei es aber, falls solche Maßnahmen angeordnet werden sollten, erforderlich, die Überwachung mit einer Möglichkeit der Bestrafung zu verknüpfen bzw. eine Strafe zur Bewährung auszusetzen und im Rahmen der Bewährung

Besserungsmaßnahmen durchzuführen. Dürr erwiderte auf den Vorschlag einer „Hascherkartei", dass ein Süchtiger sich nicht an eine Beratungsstelle wende, wenn die Durchsetzung von Heilungsmaßnahmen mit einer Strafandrohung verknüpft werde, wenn also zu befürchten sei, dass die Beratungsstelle nicht dicht halte. Eine solche Kartei wäre für die Polizei zwar eine Erleichterung, stehe aber mit der Absicht der Resozialisierung in einem Zielkonflikt.

Vogel erklärte darauf, wenn an eine Übernahme der französischen Lösung nicht gedacht sei, sei als Alternative daran zu denken, eine Strafe zu verhängen, sie aber zur Bewährung auszusetzen, was mit Bewährungsauflagen in Richtung auf Rehabilitation zu verbinden sei. Danach wurde abgestimmt. Der Rechtsausschuss lehnte den Antrag des Abgeordneten Metzger („erstmaliger Eigenverbrauch") mit Mehrheit ab. Der Antrag des Abgeordneten Dürr, Absatz 4 a in der Fassung des NRW-Vorschlags zu übernehmen, wurde mit Mehrheit angenommen[828].

Der Ausschuss für Jugend, Familie und Gesundheit übernahm die Gesetz gewordene Klausel in den § 10. Nach Meinung der Mehrheit des federführenden Ausschusses konnte auf eine solche Klausel nicht verzichtet werden. Der Neuordnung der Strafvorschriften lag die Vorstellung zu Grunde, dass die aktive Täterseite (der Rauschgifthändler) von der ganzen Schärfe des Gesetzes getroffen werden sollte, während die so genannten passiven Täter, die gewöhnlich als Opfer der Händler anzusehen seien, in ihrer Handlungsweise milder beurteilt werden müssten[829]. In der zweiten und dritten Beratung des Gesetzes im Bundestag wurde diese Problematik nicht mehr angesprochen.

e. Absatz 6

Absatz 6 sah wie schon das Opiumgesetz die Möglichkeit vor, Gegenstände, auf die sich die Straftat bezieht, einzuziehen. § 40a StGB fand Anwendung. Die Beibehaltung dieses Absatzes war von vorn herein vorgesehen.

f. Einführung des neuen § 10a (§ 12 n.F)

Mit § 10a ergänzte das Änderungsgesetz die schon in § 10 Absatz 4 a.F. enthaltene Möglichkeit, den Täter auch dann zu bestrafen, wenn die Handlung[830] sich auf Gegenstände bezieht, die keine Betäubungsmittel sind, aber als solche ausgegeben werden. Allerdings wurde diese Vorschrift ergänzt. Zum einen waren nach dem Änderungsgesetz jetzt § 10 Abs. 1 Ziffern 1, 6 a, 7 und 8 als auch in dieser Weise strafbaren Handlungen genannt. Zum anderen war der für passive Täter geschaffene § 10 Abs. 5 (= § 11 Abs. 5 Neuveröffentlichung) hier eben-

[828] Prot. des Rechtsausschusses VI/ 54, S. 7-10

[829] BT-Drucks. VI/ zu 2673, S. 2, 5

[830] Das Opiumgesetz erfasste jeglichen Verkehr ohne Erlaubnis (Nr. 1), den Erwerb etc. ohne Bezugsschein (Nr. 2) und die Täuschung der Opiumstelle, um einen Bezugsschein zu erlangen (Nr. 3) als eine solche Handlung.

falls anzuwenden. Der vom BMJFG ausgearbeitete Referentenentwurf vom 19.6.1970 enthielt diese Bestimmung nicht. Das Justizministerium wandte sich gegen eine solche Vorschrift mit verfassungsrechtlichen Bedenken[831]. Das BMJFG war der Auffassung, mit dieser Vorschrift sollten insbesondere solche Händler getroffen werden, die im Rahmen der „Kundenwerbung" kostenlose als Betäubungsmittel harmloses Kraut abgeben, um den „Kunden" zunächst von der Harmlosigkeit der angeblichen Droge zu überzeugen[832]. In der Kabinettssitzung vom 12.11.1970 wurde die Aufnahme dieser Vorschrift beschlossen. Der Regierungsentwurf sah dementsprechend eine solche Vorschrift als § 10 b vor. Danach sollte eine Handlung nach § 10 Absatz 1 Nr. 1, 4, 6 bis 8 auch dann strafbar sein, wenn diese sich auf Stoffe bezog, welche keine Betäubungsmittel sind, aber als solche bezeichnet werden. Des Weiteren war auch ein Absatz 6 anzuwenden. Diesen sah der Regierungsentwurf aber nicht vor. Es handelte sich um ein Redaktionsversehen. Gemeint war Absatz 5, der sich im Regierungsentwurf auf die Einziehung der Stoffe bezog. Die Vorschrift solle z.B. denjenigen treffen, der zur „Kundenwerbung" Mittel, die keine Betäubungsmittel sind, unentgeltlich abgibt, um den so genannten Kunden zunächst von der Harmlosigkeit des angeblichen Rauschgifts zu überzeugen und dem es später um so leichter fällt, Betäubungsmittel abzusetzen[833].

Der Unterausschuss des Rechtsausschusses des Bundesrates änderte zunächst die Reihenfolge des Regierungsentwurfs und machte den dortigen § 10 b zum neuen § 10 a. Da diese Vorschrift eine Ausdehnung der Straftatbestände des § 10 enthält, müsse diese sachlich hinter diese Vorschrift und vor die neu aufgenommenen Bußgeldvorschriften, die im Regierungsentwurf als § 10 a vorgesehen waren. Zudem berichtigte der Unterausschuss das Redaktionsversehen der Regierungsvorlage bezüglich § 10 Absatz 5. Des Weiteren strich er die Nr. 4 aus dem Regierungsentwurf. Die Bezugnahme sei nicht sachgemäß, da § 10 Absatz 1 Nr. 4 eine Handlung (Besitz) unter Strafe stellt, die in der Form des § 10 a (neu) nicht begangen werden könne. Zudem wurde der Wortlaut geringfügig verändert[834]. Der Bundesrat übernahm dies in seiner Stellungnahme. Der CDU/ CSU-Entwurf enthielt eine ähnliche Vorschrift, die aber wesentlich allgemeiner war. Danach galten die dortigen Absätze 1 bis 4 (also auch Versuch, Fahrlässigkeit und die besonders schweren Fälle) auch dann, wenn Stoffe und Zubereitungen als solche der im § 1 bezeichneten Art in den Verkehr gebracht werden, ohne es zu sein.

---

831 BArch., B 353/ 2193, Schreiben vom 7.10.1970, S. 5

832 BArch., B 353/ 2193, Besprechung zwischen Herrn Bundesminister der Justiz und Frau Minister, S. 2, 3

833 BT-Drucks. VI/ 1877, S. 10

834 Prot. des Unterausschusses des Rechtsausschusses des Bundesrates vom 12.1.1971, S. 21, 22

Die Formulierungshilfe des BMJFG übernahm die Änderungen des Bundesrates. Allerdings war mit dem dort genannten Absatz 5 der des Regierungsentwurfs gemeint und nicht die Klausel bezüglich des Eigenverbrauchs. Der Rechtsausschuss stimmte zunächst dem Vorschlag des Bundesrates bezüglich der Umstellung zu und nahm dann die Fassung der Formulierungshilfe, welche der endgültigen Fassung entsprach, an[835]. Auch hier bezog sich "Absatz 5" nicht auf die Eigenverbrauchsklausel, diese war vom Rechtsausschuss als Absatz 4 a vorgesehen. Auch der federführende Ausschuss übernahm die Fassung der Formulierungshilfe. Anders jedoch als alle anderen Entwürfe enthielt die Fassung dieses Ausschusses die Eigenverbrauchsklausel in § 10 Absatz 5. § 10 a wurde aber nicht entsprechend geändert, dort war immer noch § 10 Absatz 5 genannt. Der Rechtsausschuss des Bundesrates wies auf die Unstimmigkeit hin. Es handele sich insoweit um ein Redaktionsversehen, da –wie sich aus der Entstehungsgeschichte der Vorschrift und aus dem schriftlichen Bericht des Bundestagsausschusses für Jugend, Familie und Gesundheit ergibt- nicht die Zitierung von § 10 Abs. 5 (Absehen von Bestrafung) sondern von § 10 Abs. 6 (Einziehung) gemeint sei. Der entsprechende Vorschlag des Bundesrates sei von der Regierungsvorlage ausgegangen, bei welcher die Einziehung in § 10 Abs. 5 des Entwurfs geregelt war. Nach eingehender Beratung im Ausschuss war dieser der Auffassung, dass eine Berichtigung insoweit weder erforderlich noch zweckmäßig sei, da die Bezugnahme auf § 10 Abs. 5 (Absehen von Strafe) sachgemäß ist, während für die Bezugnahme auf § 10 Abs. 6 (Einziehung) hier kein Bedürfnis bestehe[836].

g. Einführung des neuen § 10b (§ 13 n.F.)

§ 10b des Änderungsgesetzes enthielt die Tatbestände, die neuerdings als Ordnungswidrigkeiten behandelt wurden. Einige von ihnen waren im Opiumgesetz noch als Vergehen qualifiziert[837]. Der Referentenentwurf vom 27.1.1970 hielt eine solche Unterteilung für notwendig. Der Vorteil einer Einordnung bestimmter Tatbestände als Ordnungswidrigkeiten bestehe darin, dass das Bundesgesundheitsamt selbst Geldbußen verhängen könne, wenn es diese für geboten halte. Das sei oft wirkungsvoller als die Anrufung des Staatsanwalts. Außerdem erleichtere es diese Aufteilung, die vorgesehenen Strafverschärfungen zu formulieren und in den Gesamtrahmen einzuordnen[838]. Der Regierungsentwurf begründete die Unterteilung dann mit allgemeinen rechtspolitischen Gründen[839]. Der Bundesministerin für Jugend, Familie und Gesundheit Strobel zufolge wurde diese Neueinteilung vorgenommen, um eine Differenzierung nach der Ge-

[835] Prot. des Rechtsausschusses VI/ 54, 21
[836] Prot. des Rechtsausschusses des Bundesrates vom 27.10.1971, S. 6 (BArch., B 353/ 2181)
[837] § 10 Abs. 1 Nr. 5-8 a.F.
[838] BArch., B 353/ 2178, Entwurf vom 27.1.1970, S. 3-5 der Begründung
[839] BT-Drucks. VI/ 1877, S. 6

fährlichkeit und der kriminalpolitischen Bedeutung der Zuwiderhandlung zu erreichen. Nur so könne sichergestellt werden, dass die Rechtsprechung die notwendige Konsequenz aus der Verschärfung der Strafen für einzelne Tatbestände zieht[840]. Der CDU/ CSU-Entwurf sah ebenso wie schon der Referentenentwurf vom 27.1.1970 durch die Einordnung verschiedener Tatbestände als Ordnungswidrigkeit die Möglichkeit gegeben, durch das Bundesgesundheitsamt Geldbußen zu verhängen, welche oft wirkungsvoller als die Verhängung einer in diesen Fällen zumeist nicht allzu hoch ausfallende Freiheitsstrafe seien[841].

Absatz 1 enthielt die Tatbestände, die nun als Ordnungswidrigkeit zu ahnden waren. *Nr. 1* erfasste den Fall, dass der Täter Betäubungsmittel in einer Örtlichkeit, auf die sich die gemäß § 3 erteilte Erlaubnis nicht bezieht, gewinnt, herstellt etc.. Der Referentenentwurf begründete dies damit, dass es sich hierbei (wie auch bei anderen als Ordnungswidrigkeit zu qualifizierenden Verstößen) um so genannte „Handlungen im Vorfeld" handele. Der Vorteil einer Einordnung als Ordnungswidrigkeit bestehe darin, dass das BGA selbst Geldbußen verhängen kann, wenn es diese für opportun hält. Dies sei oft wirkungsvoller als die Anrufung der Staatsanwälte[842]. Der Regierungsentwurf übernahm die Fassung des Referentenentwurfs. Der Entwurf der CDU/ CSU-Fraktion wollte die Fassung des alten Opiumgesetzes beibehalten, nach der diese Variante als Vergehen qualifiziert war[843]. Der Bundesrat äußerte sich hierzu nicht. Auch der Innen- und der Rechtsausschuss hatte keine Einwendungen gegen den Regierungsentwurf, ebenso der federführende Ausschuss. Der Vorschlag der CDU/ CSU wurde nicht berücksichtigt.

Nach *Nr. 2* handelte derjenige ordnungswidrig, der entgegen § 2 Abs. 2 die Besichtigung einer Örtlichkeit nicht gestattet, Auskünfte nicht, nicht richtig oder unvollständig erteilt oder die Einsichtnahme in Bücher oder geschäftliche Aufzeichnungen verwehrt. Der Referentenentwurf enthielt eine ähnliche Vorschrift. Allerdings war hier anstatt der Verweigerung der Besichtigung einer Örtlichkeit das Unterlassen der Führung eines Lagerbuches erfasst. Auch diese Tatbestände wurden als Ordnungswidrigkeit qualifiziert, weil es sich bei diesen Verstößen um so genannte Handlungen im Vorfeld handele. Auch hier wurde eine Geldbuße als wirkungsvoller angesehen als die Verfolgung durch den Staatsanwalt[844]. Während der Beratungen der verschiedenen beteiligten Stellen wurde dann das Unterlassen der Führung eines Lagerbuches aus dieser Vorschrift entfernt[845]. Der Regierungsentwurf sah dementsprechend auch noch nicht die Ahndung der Verweigerung der Besichtigung vor und nannte § 2 Abs. 2 S. 2-4 als Bezugs-

840 Sten. Ber., 6. Wahlperiode, S. 6357 (108. Sitzung)
841 BT-Drucks. VI/ 1414, S. 3
842 BArch., B 353/ 2178, Begründung zum Referentenentwurf vom 27.1.1970, S. 4
843 vgl. § 10 Absatz 1 Nr. 1 des Entwurfs, BT-Drucks. VI/ 1414
844 BArch., B 353/ 2178, Begründung zum Referentenentwurf vom 27.1.1970, S. 4
845 BArch., B 353/ 2193, Referentenentwurf vom 30.9.1970

punkt. Auch der CDU/ CSU-Entwurf enthielt keine Ahndung einer solchen Handlung, der Rest war aber erfasst. Der Unterausschuss des Rechtsausschusses des Bundesrates ergänzte die Ziffer zwei auf Antrag des Vertreters Baden-Württembergs um die fehlende Variante und strich die Sätze 3 und 4 des § 2 Abs. 2. Die Aufnahme der neuen Variante diente als Anpassung an § 2 Abs. 2 S. 2[846]. Nach dem neu eingeführten § 2 Abs. 2 S. 2 sollten bei industriellen Herstellungsbetrieben und Großhandelsbetrieben in der Regel alle zwei Jahre Besichtigungen durchgeführt werden und die Ergebnisse schriftlich festgehalten werden. Im Rechtsausschuss beantragte Dr. Pinger die Aufnahme der vom Bundesrat vorgeschlagenen Neufassung. Dürr schloss sich dem Antrag an. Der Ausschuss nahm diesen Antrag einstimmig an. Der federführende Ausschuss übernahm diese Änderung des Regierungsentwurfs[847].

Das Unterlassen der Führung eines Lagerbuches und die Vornahme unrichtiger bzw. unvollständiger Eintragungen in dieses wurden von *Nr. 3* erfasst. Der Referentenentwurf führte auch diesen Tatbestand mit der Begründung ein, es handele sich um eine Handlung im Vorfeld. Eine Geldbuße sei hier wesentlich effektiver[848]. Im Verlauf der Beratungen wurde diesem Tatbestand eine eigene Ziffer zugewiesen. Der Regierungsentwurf erfasste diese Ziffer dementsprechend. Der Entwurf der CDU/ CSU-Fraktion stellte diese Handlung mit denen der Nr. 2 des Regierungsentwurfs gleich und zog alles (wie schon der Referentenentwurf, s.o.) zu einer Ziffer zusammen. Gegen die Fassung der Regierungsvorlage hatte niemand etwas einzuwenden.

Nr. 4 beinhaltete den Fall der Zuwiderhandlung der vom Bundesgesundheitsamt gemäß § 2 Abs. 3 a ausgesprochenen Beschränkungen, Bedingungen oder Auflagen. Im Referentenentwurf war dieser Tatbestand noch vereinfacht. Hier hieß es nur „den nach § 2 Abs. 3 Buchstabe a erlassenen Anordnungen". Es galt die gleiche Begründung wie schon bei den Ziffern vorher. Der Bundesjustizminister berichtigte diesen Entwurf dahingehend, dass es „§ 2 Abs. 3a" statt „§ 2 Abs. 3 Buchstabe a" heißen musste[849]. Während der Entstehung des Regierungsentwurfs wurde der Tatbestand dann bestimmter gefasst, der Begriff „Anordnungen" wurde durch „Beschränkungen, Bedingungen und Auflagen" ersetzt[850]. Dieser Tatbestand war in beiden Bundestagsentwürfen vorgesehen. Gegen die Aufnahme einer solchen Vorschrift wurden von keiner Seite Bedenken ausgesprochen.

---

[846] Prot. des Unterausschusses des Rechtsausschusses des Bundesrates vom 12.1.1971, S. 21 (BArch., B 353/ 2179)

[847] Prot. des Ausschusses für Jugend, Familie und Gesundheit VI/ 51, S. 11 (BArch., B 353/ 2180)

[848] BArch., B 353/ 2178, Begründung zum Referentenentwurf vom 27.1.1970, S. 4

[849] BArch., B 353/ 2178, Schreiben des BMJ an BMJFG vom 15.4.1970

[850] BArch., B 353/ 2193, Referentenentwurf vom 26.8.1970

Ebenso verhielt es sich mit *Nr. 5*. Danach handelt ordnungswidrig, wer den aufgrund dieses Gesetzes ergangenen Rechtsverordnungen zuwiderhandelt. Eine Ausnahme war zu machen, wenn auf den Sachverhalt § 10 Absatz 1 Nr. 2, 9 oder 10 anzuwenden war. Als weitere Einschränkung mussten die Rechtsverordnungen auf diese Bußgeldvorschrift verweisen, soweit sie nach dem Inkrafttreten dieses Gesetzes erlassen wurde. Der Referentenentwurf sah eine solche Vorschrift schon vor, allerdings ohne die Ausnahme und die Einschränkung. Zudem nannte der Entwurf die Verordnungen, gegen die verstoßen werden musste, um den Tatbestand zu erfüllen (Verordnungen aufgrund § 4 Abs. 2 oder 4, § 5 Abs. 2, § 6 Abs. 1, § 7 oder § 12). Verstöße gegen die Verschreibungs- und Abgabeverordnung (§ 8) wurden nicht erfasst. Bei einem solchen Verstoß handele es sich um kriminelles Unrecht. Das unmittelbare Ziel einer solchen Handlung sei darauf gerichtet, die Suchtstoffe illegal herzustellen und auf den Markt zu bringen. Es sei in diesem Zusammenhang notwendig gewesen, auch die Verstöße gegen die auf § 8 beruhende Verordnung als kriminelles Unrecht zu charakterisieren. Es gehe in diesem Zusammenhang um die Betäubungsmittel-Verschreibungsverordnung, im Grunde also um einen Bereich, der sozusagen erlaubnis- und bezugsscheinfrei ist. Über diesen Raum könnten selbstverständlich durch Manipulationen von Arzt und Apotheker Suchtstoffe illegal auf den Markt gebracht oder sonstigen unerlaubten Zwecken zugeführt werden. Es komme hinzu, dass auch ein Verstoß gegen die Angabe von rezeptpflichtigen Arzneimitteln ohne Rezept im Arzneimittelgesetz als Vergehen qualifiziert ist. Ob ein solcher Verstoß besser als Ordnungswidrigkeit einzustufen ist, müsse einer Reform des Arzneimittelrechts vorbehalten bleiben. Solange dies aber nicht der Fall ist, sei es logisch, die entsprechenden Vorschriften des Opiumgesetzes im Strafbereich zu belassen und sie nicht als Ordnungswidrigkeiten herab zu stufen[851]. Innerhalb des BMJFG bestand Widerstand gegen die Einordnung aller Verstöße gegen die Verschreibungs- und Abgabeverordnung als Straftat. Es wurde einer Differenzierung angeregt. Formalverstöße könnten vom Unrechtsgehalt her nicht als Straftat angesehen werden. Es wurden drei Verstöße genannt, die nicht als Ordnungswidrigkeiten angesehen werden konnten[852]. Im Übrigen wären die Verstöße gegen die aufgrund § 8 erlassenen Bestimmungen als Ordnungswidrigkeit einzustufen[853]. Daraufhin wurde § 8 (zunächst nur vorläufig) in diese Ziffer mit aufgenommen. In der Entstehungsphase des Regierungsentwurfs wurden dann die Ausnahme und die Einschränkung eingeführt[854]. Der Regierungsentwurf enthielt dann eine dem endgültigen Gesetz entsprechende

---

[851] BArch., B 353/ 2178, Begründung zum Referentenentwurf vom 27.1.1970, S. 3, 4

[852] Abgabe in Apotheken ohne Verschreibung; Ausstellen von Verschreibungen mit unrichtigen Angaben und Gebrauchmachen solcher Verschreibungen; Verschreiben ohne ärztliche Begründung

[853] BArch., B 353/ 2178, Schreiben vom 3.6.1970, S. 1, 2

[854] BArch., B 353/ 2193, Referentenentwurf vom 26.8.1970

Vorschrift als Ziffer 6. Der Entwurf der CDU/ CSU-Fraktion sah beide Ausnahmen nicht vor Der Bundesrat äußerte sich hierzu nicht. Von den Ausschüssen wurde diese Ziffer nicht bemängelt.

Als letzter Tatbestand wurde in *Nr. 6* die Versendung von Betäubungsmitteln per Post aufgenommen, soweit diese durch den Weltpostvertrag oder durch ein Abkommen des Weltpostvereins verboten war. Das Postgeheimnis (Artikel 10 Absatz 1 GG) wurde insoweit eingeschränkt. Der Referentenentwurf enthielt noch eine vereinfachte Bestimmung, nach der das Versenden mit der Post „entgegen den Bestimmungen der Weltpostvereinsverträge" erfasst war. Die Einschränkung von Art. 10 Absatz 1 GG wurde nicht aufgeführt. Auch dies wurde als so genannte Handlung im Vorfeld qualifiziert und deswegen als Ordnungswidrigkeit eingestuft[855]. Der Bundesjustizminister war der Auffassung, dass wegen des Erfordernisses der Tatbestandsbestimmtheit die einschlägigen Vorschriften der Weltpostvereinsverträge eingeführt werden sollten[856]. Das Bundesministerium für das Post- und Fernmeldewesen sprach sich gegen eine Aufnahme der einzelnen Vorschriften der internationalen Verträge aus[857]. Entgegen dieser Auffassung wurden die einzelnen Vorschriften fortan genannt[858]. In der Entstehungsphase wurde dies dann wieder vereinfacht, so dass im Regierungsentwurf nur noch der Weltpostvertrag sowie Abkommen des Weltpostvereins genannt wurden. Die Regierungsvorlage beinhaltete jedoch nicht den zweiten Halbsatz, nach dem das Grundrecht des Art. 10 Absatz 1 GG insoweit für die Verfolgung und Ahndung einer Ordnungswidrigkeit eingeschränkt wurde. Der CDU/ CSU-Entwurf enthielt eine inhaltlich gleiche Vorschrift. Der Bundesrat äußerte sich hierzu nicht. Im Rechtsausschuss fragte der Abgeordnete Dürr, ob eine solche Vorschrift insgesamt erforderlich sei. Sie habe angesichts des Postgeheimnisses doch wohl keine praktische Bedeutung. Dies räumte auch Dr. von der Linden ein. Die Vorschrift habe aber aufgenommen werden müssen, um einer völkerrechtlichen Verpflichtung, die im Weltpostvertrag niedergelegt sei, nachzukommen. Für Dr. Arndt machte Nr. 6 keinen Sinn, wenn für das Postgeheimnis im nicht grenzüberschreitenden Verkehr keine Grundrechtsbeschränkung festgelegt werde. Nach der Rechtsprechung des BGH zur Pornographie dürfe der Zoll Sendungen nur aufgrund von Bestimmungen öffnen, die das Grundrecht des Postgeheimnisses einschränken. Dr. von der Linden entgegnete dem, dass es im Postgesetz gewisse Einschränkungen des Postgeheimnisses gebe. Als Beispiel für das Wirksamwerden der Bestimmung nannte er eine durch Transport so beschädigte Sendung, dass man den Inhalt erkennen könne. Dr. Arndt hielt es für erforderlich, in dem Gesetz ausdrücklich zu sagen, dass diese

---

[855] BArch., B 353/ 2178, Begründung zum Referentenentwurf vom 27.1.1970, S. 4

[856] BArch., B 353/ 2178, Schreiben des BMJ vom 15.4.1970, S. 5

[857] BArch., B 353/ 2179, Schreiben vom 28.7.1970

[858] Art. 14 Weltpostvertrag; Art. 5 Wertbrief- und Wertkästchenabkommen; Art. 24 Postpaketabkommens

Vorschrift Art. 10 GG einschränke. Er bat die Regierung, hierfür eine Formulierung vorzulegen, die auch Art. 10 GG Rechnung trage. Letztlich nahm der Ausschuss den gesamten Absatz 1 unter Berücksichtigung der von Dr. Arndt geforderten Änderung bezüglich Art. 10 GG[859]. Der federführende Ausschuss übernahm dann die Fassung der Regierungsvorlage inklusive der vom Rechtsausschuss geforderten Ergänzung.

Absatz 2 legte fest, dass eine nach Absatz 1 begangene Ordnungswidrigkeit mit einer Geldstrafe bis zu 50.000 DM bestraft werden konnte. Ein solcher Absatz war nicht von vornherein vorgesehen. Der Bundesjustizminister forderte die Einführung einer Bußgeldandrohung. Ein solcher Absatz sollte ein Bußgeld bis zu 10.000 DM androhen[860]. Ein entsprechender Absatz wurde daraufhin in den Referentenentwurf eingeführt. Während der Beratungen der beteiligten Ministerien wurde die Androhung auf 20.000 DM erhöht. Diese Androhung wurde dann in den Regierungsentwurf aufgenommen. Der Entwurf der CDU/ CSU drohte eine Geldbuße bis zu 10.000 DM an. Im Innenausschuss des Bundesrates sprach sich der Vertreter von Rheinland-Pfalz dafür aus, den vorgesehenen Betrag auf 50.000 DM zu erhöhen, sah aber mangels ausreichender Unterstützung von der Stellung eines entsprechenden Antrags ab[861]. Der Ausschuss für Jugend, Familie und Gesundheit des Bundesrates beschloss dann auf Antrag der Vertreterin Hamburgs einstimmig, die Höhe der Geldbuße auf ein Maximum von 50.000 DM anzuheben. Es erscheine angemessen, die Höchstbuße für Ordnungswidrigkeiten nach dem Opiumgesetz auf denselben Betrag festzusetzen, wie die Höchstbuße nach dem Heilmittelwerbegesetz, um durch die Höhe der Bußgeldandrohung möglichst viele Personen von ordnungswidrigen Verhalten abzuhalten[862]. Der Bundesrat übernahm dies in seiner Stellungnahme. Die Bundesregierung war demgegenüber der Auffassung, dass in vergleichbaren Vorschriften (z.B. § 18 Kriegswaffenkontrollgesetz) die Geldbuße weit unter der vom Bundesrat vorgeschlagenen liege. Im Gegensatz zum Heilmittelwerbegesetz handelt es sich hier hauptsächlich um Verstöße gegen Überwachungsvorschriften. Erlangt der Täter durch einen solchen Verstoß einen wirtschaftlichen Vorteil, welcher den Rahmen der möglichen Geldbuße übersteigt, so könne die Geldbuße nach § 13 Absatz 4 OWiG den wirtschaftlichen Vorteil auch übersteigen. Für eine Erhöhung auf 50.000 DM sah die Bundesregierung deswegen keine Notwendigkeit[863]. Demzufolge enthielt die Formulierungshilfe des BMJFG auch keine Änderung der Regierungsvorlage in dieser Hinsicht. Der Abgeordnete Dr. Pinger beantragte im Rechtsausschuss, 50.000 DM als Höchstmaß aufzuneh-

---

[859] Prot. des Rechtsausschusses VI/ 54, S. 11, 12

[860] BArch., B 353/ 2178, Schreiben des BMJ, S. 5

[861] Prot. des Innenausschusses des Bundesrates vom 13.1.1971, S. 27 (BArch., B 353/ 2178)

[862] Prot. des Ausschusses für Jugend, Familie und Gesundheit des Bundesrates vom 13.1.1971, S. 33 (BArch., B 353/ 2179)

[863] BT-Drucks. VI/ 1877, S. 15

men, damit man bei größeren Unternehmen auch schärfere Ahndungsmöglichkeiten habe. Ministerialrat Dr. von der Linden verwies auf die schon genannte gleichwertige Regelung im Kriegswaffenkontrollgesetz und die bei 50.000 DM entstehende Ungleichwertigkeit der Rechtsfolge. Falls der Täter aus seiner Tat einen größeren wirtschaftlichen Vorteil gezogen habe, könne das angestrebte Höchstmaß der Geldbuße aufgrund einer anderen Bestimmung immer noch überschritten werden. Der Abgeordnete Dr. Hauser machte geltend, dass im Kartellrecht für Ordnungswidrigkeiten sogar Geldbußen In Höhe von 100.000 DM vorgesehen seien. Dr. von der Linden bat zu bedenken, dass es sich nur um die Verletzung von Kontrollvorschriften handle. Nach Meinung Dr. Pingers dürfe man aber nicht die abstrakte Gefahr bei Nichteinhaltung der Kontrollen übersehen. Der Abgeordnete Metzger meinte, dass durch ein Höchstmaß von 50.000 DM gerade die vom Bundesrat in § 10 b Absatz Nr. 2 eingeführte Besichtigung der entsprechenden Örtlichkeiten um so eher erzwungen werden könne. Dr. von der Linden entgegnete dem, dass die Besichtigung von entsprechenden Örtlichkeiten mit den Mitteln des Verwaltungszwangs erzwungen werden könne, einer entsprechend hohen Geldbuße bedürfe es von diesem Standpunkt aus nicht. Der Ausschuss nahm dann den Antrag des Dr. Pinger an, den Höchstbetrag der Geldbuße auf 50.000 DM heraufzusetzen[864]. Der BT-Ausschuss für Jugend, Familie und Gesundheit schloss sich in Übereinstimmung mit dem Rechtsausschuss der Auffassung des Bundesrates an[865].

Absatz 3 legte fest, dass Gegenstände, auf die sich die Ordnungswidrigkeit bezieht, eingezogen werden können. § 19 OWiG war anzuwenden. Der *Referentenentwurf* sah schon einen solchen Absatz vor, allerdings ohne Hinweis auf § 19 OWiG. Dieser wurde später in der Weise eingefügt, dass Gegenstände auch dann eingezogen werden können, wenn die Voraussetzungen des § 19 OWiG vorliegen[866]. Nach verschiedenen Änderungsvorschlägen wurde die Gesetz gewordene Fassung in den Regierungsentwurf aufgenommen. Der CDU/ CSU-Entwurf sah ebenfalls eine solche Vorschrift vor, allerdings ohne Nennung des § 19 OWiG. Gegen den Regierungsentwurf bestanden keine Bedenken.

Absatz 4 bestimmte das Bundesgesundheitsamt zur Verwaltungsbehörde im Sinne des § 36 Absatz 1 Nr. 1 OWiG, soweit das Gesetz von ihm ausgeführt wird. Der Referentenentwurf enthielt eine vom Inhalt ähnliche Bestimmung, beschränkte die Verfolgung durch das BGA aber darauf, dass nicht nach einer aufgrund diesem Gesetz erlassenen Verordnung etwas anderes bestimmt ist. Außerdem wurde § 36 OWiG nicht genannt. Dies bemängelte der Bundesjustizminister und forderte die Aufnahme dieser Norm[867]. Dies geschah dann auch. Aller-

---

[864] Prot. des Rechtsausschusses VI/ 54, S. 12-14

[865] Prot. des Ausschusses für Jugend, Familie und Gesundheit VI/ 50, S. 10 (BArch., B 353/ 2180)

[866] BArch., B 353/ 2178, Referentenentwurf vom 19.6.1970

[867] BArch., B 353/ 2178, Schreiben des BMJ vom 15.4.1970, S. 5

dings wurde während der Entstehung des Regierungsentwurfs der zweite Halbsatz gestrichen, so dass der Regierungsentwurf ohne Einschränkung auf die Fälle, in denen das Gesetz vom Bundesgesundheitsamt auch ausgeführt wird, das BGA zur Verwaltungsbehörde im Sinne von § 36 OWiG bestimmte. Der Oppositionsentwurf hingegen, der ebenfalls eine entsprechende Vorschrift vorsah, schränkte diese Zuständigkeit entsprechend dem Referentenentwurf insofern ein, als dass das Bundesgesundheitsamt zuständig ist, soweit nicht in einer aufgrund dieses Gesetzes erlassenen Rechtsverordnung etwas anderes bestimmt ist. Der Innenausschuss des Bundesrates empfahl auf Antrag des Vertreter Bayerns, dem Regierungsentwurf den Halbsatz „soweit nicht Behörden oder Dienststellen der Länder die Ordnungswidrigkeit entdecken und im ersten Zugriff verfolgen" hinzufügen. Zwar sehe das Gesetz vor, dass es durch das Bundesgesundheitsamt durchgeführt wird und dass der Vollzug ebenso von diesem beaufsichtigt wird. In der Praxis lägen die Aufsicht und die sich daraus ergebende Verfolgung dagegen überwiegend bei den Behörden und Dienststellen der Länder. Im Interesse einer ökonomischen Verwaltung solle das Bundesgesundheitsamt Verwaltungsbehörde im Sinne von § 36 Absatz 1 Nr. 1 OWiG nur für die Fälle werden, in denen nicht Behörden oder Dienststellen der Länder ordnungswidrige Zuwiderhandlungen gegen das Opiumgesetz entdecken oder im ersten Zugriff verfolgen[868]. Dies wurde in die Stellungnahme des Bundesrates aufgenommen. Dem Änderungsvorschlag stimmte die Bundesregierung der Sache nach zu, wollte sich jedoch im weiteren Verlauf des Gesetzgebungsverfahrens bemühen, eine bessere Formulierung zu finden[869]. Die Formulierungshilfe des BMJFG enthielt dann den Wortlaut der Gesetz gewordenen Fassung.

Dr. Pinger beantragte im Rechtsausschuss, die Fassung der Formulierungshilfe anzunehmen. Dürr schloss sich dem an. Dr. von der Linden bemerkte dazu, dass der Vorschlag des Bundesrates die Rechtslage verkenne. Denn auch wenn die Behörden und Beamten des Polizeidienstes bei Ordnungswidrigkeiten zwar einschritten, so hätten diese aber unverzüglich die Akten der zuständigen Verwaltungsbehörde zu übersenden. Der Ausschuss nahm jedoch den Absatz 4 in der Fassung der Formulierungshilfe einstimmig an[870]. Der federführende Ausschuss übernahm diesen Vorschlag. In der Neuveröffentlichung wurde aus dieser Vorschrift § 13.

h. Streichung der §§ 11, 12 a.F. (Gebühren, Umlagen, Verordnungsermächtigung)

Die §§ 11 und 12 a.F. wurden gestrichen. § 11 wurde neu gefasst und in § 10 verschoben. Der Oppositionsentwurf sah dies nicht vor. Auch die Regierungs-

---

[868] Prot. des Innenausschusses des Bundesrates vom 13.1.1971, S. 27, 28 (BArch., B 353/ 2178)

[869] BT-Drucks. VI/ 1877, S. 15

[870] Prot. des Rechtsausschusses VI/ 54, S. 14

vorlage wollte diese beiden Paragraphen nicht streichen. Im Gegenteil: § 11 wurde um einen Absatz 3 erweitert. Dieser enthielt eine Ermächtigung zum Erlass einer Verordnung, durch welche Ärzte, Zahnärzte und Tierärzte dazu verpflichtet werden konnten, die Auslagen zu ersetzen, die durch die Herstellung und Versendung von Verschreibungsformularen für Betäubungsmittel enthaltende Arzneien entstanden sind. Diese Ergänzung basierte auf der Einführung der Sonderrezepte[871]. Der Ausschuss für Jugend, Familie und Gesundheit des Bundesrates strich diese Vorschrift auf Antrag des Vertreters des Saarlandes. Die Verwendung der vorgesehenen Rezeptformulare liege im öffentlichen Interesse. Es sei nicht gerechtfertigt, bei dieser Sachlage die entstehenden Kosten auf Ärzte etc. umzulegen[872]. Der Bundesrat übernahm dies in seine Stellungnahme. Der Rechtsausschuss beschloss, nach der Neufassung des § 11 als § 9 a die bisherigen §§ 11 und 12 zu streichen[873]. Der federführende Ausschuss fügte hinzu, dass eine Globalermächtigung, wie sie in § 12 enthalten war, nicht mehr zulässig sei[874]. Somit wurden §§ 11 und 12 OpiumG gestrichen.

3. Änderungen des JGG

Artikel 2 des Änderungsgesetzes änderte das Jugendgerichtsgesetz. Die Bundesregierung hatte eine solche Änderung nicht vorgesehen. Der Bundesrat bat in seiner Stellungnahme zu dem Regierungsentwurf die Bundesregierung, im weiteren Verlauf des Gesetzgebungsverfahrens auf eine Änderung des § 7 JGG hinzuwirken, durch welche die Möglichkeit geschaffen wird, auch gegen Jugendliche und Heranwachsende die Unterbringung in einer Erziehungsanstalt anzuordnen und zu prüfen, ob und gegebenenfalls welche weiteren Änderungen des Jugendgerichtsgesetzes hierdurch notwendig werden. In der Praxis habe es sich als Mangel herausgestellt, dass es nicht möglich ist, auf jugendliche und heranwachsende drogenabhängige Personen mit den therapeutischen Mitteln der Erziehungsanstalt einzuwirken[875]. Diese Bitte an die Bundesregierung wurde auf Antrag des Vertreters Nordrhein-Westfalens vom Unterausschuss des Rechtsausschusses des Bundesrates einstimmig beschlossen[876]. Auch die anderen Bundesratsausschüsse beschlossen dies. Dieser Bitte kam die Formulierungshilfe des BMJFG nach.

Diese Formulierungshilfe änderte zunächst § 5 Abs. 3 des JGG, welcher sich mit dem möglichen Absehen von Zuchtmitteln oder Jugendstrafe befasste. Da-

---

[871] BT-Drucks. VI/ 1877, S. 10

[872] Prot. des Ausschusses für Jugend, Familie und Gesundheit des Bundesrates vom 13.1.1971, S. 34 (BArch., B 353/ 2179)

[873] Prot. des Rechtsausschusses VI/ 54, S. 21

[874] Prot. des Ausschusses für Jugend, Familie und Gesundheit VI/ 51, 16 (BArch., B 353/ 2180)

[875] BT-Drucks. VI/ 1877, S. 14

[876] Prot. des Unterausschusses des Rechtsausschusses des Bundesrates vom 12.1.1971, S. 22 (BArch., B 353/ 2179)

nach konnte die Verhängung einer Jugendstrafe oder von Zuchtmitteln nun auch unterbleiben, wenn die Unterbringung in einer Entziehungsanstalt die Ahndung durch den Richter entbehrlich macht. Der Rechtsausschuss nahm diese Fassung an[877]. Der federführende Ausschuss führte dann die später Gesetz gewordene Fassung ein, nach der auch die Unterbringung in einer Trinkerheilanstalt die Ahndung durch den Richter entbehrlich machte. Man war der Auffassung, dass der Vorschlag des Rechtsausschusses konkretisiert und erweitert werden müsse. Bei der Entziehungsanstalt müsse es sich um eine Einrichtung handeln, in der die für die Behandlung suchtkranker Jugendlicher erforderlichen besonderen therapeutischen Mittel und sozialen Hilfen zur Verfügung stehen. Der Ausschuss hielt vor diesem Hintergrund den Begriff der Entziehungsanstalt der Sache nach für nicht mehr angemessen und auch nicht für zeitgemäß. Allerdings sah der Ausschuss angesichts der Tatsache, dass diese Änderung des Jugendgerichtsgesetzes im Zusammenhang mit den einschlägigen Vorschriften des Strafgesetzbuches zu sehen ist, keine Möglichkeit, im vorliegenden Fall einen anderen Begriff einzuführen. Der Ausschuss ergänzte nur den Begriff „Trinkerheilanstalt"[878].

Des Weiteren änderte die Formulierungshilfe entsprechend dem Vorschlag des Bundesrates den § 7 JGG dahingehend, dass als Maßregeln der Sicherung und Besserung im Sinne des allgemeinen Strafrechts jetzt auch die Unterbringung in einer Trinkerheilanstalt oder einer Entziehungsanstalt angeordnet werden konnte. Der Rechtsausschuss nahm diese Formulierung ebenso wie der federführende Ausschuss an.

Zudem wurde § 10 Abs. 2 JGG geändert. Danach konnte der Richter einen Jugendlichen nun auch als Weisung auferlegen, sich einer Entziehungskur zu unterziehen. Die Formulierungshilfe des BMJFG sah eine solche Änderung nicht vor. Diese Änderung war eine Folge der Änderungen des JGG.

Als nächste Änderung fügte die Formulierungshilfe einen neuen § 93 a JGG ein. Danach sollte eine Maßregel nach § 42 a Abs. 1 Nr. 2 StGB in einer Einrichtung vollzogen werden, in der die für die Behandlung suchtkranker Jugendlicher erforderlichen besonderen therapeutischen Mittel und sozialen Hilfen zur Verfügung stehen. Abermals nahm der Rechtsausschuss diese Formulierung an. Der federführende Ausschuss fügte dieser Vorschrift einen zweiten Absatz hinzu, nach dem der Vollzug aufgelockert werden konnte und weitgehend in freien Formen durchgeführt werden konnte, um das angestrebte Behandlungsziel zu erreichen. Auf diese Klarstellung legte der Ausschuss besonderen Wert[879]. Aufgrund der Ergänzung des JGG durch diese Vorschrift musste der Klammerzusatz in § 110 Abs. 1 JGG um diesen Paragraphen ergänzt werden.

---

[877] Prot. des Rechtsausschusses VI/ 54, S. 21, 22

[878] Prot. des Ausschusses für Jugend, Familie und Gesundheit VI/ 50, S. 12; VI/ 51, S. 18 (BArch., B 353/ 2180)

[879] BT-Drucks. VI/ zu 2673, S. 5

4. Cannabisproblematik

Bei der Entstehung des Betäubungsmittelgesetzes von 1972 wurde die Aufnahme und die Bestrafung von Taten, die sich auf Cannabis bezogen, viel diskutiert. Schon in der Entstehungsphase des Referentenentwurfs vom 19.6.1970, welcher als Grundlage für die Beratungen der beteiligten Stellen diente, wurde über eine Privilegierung des Cannabis nachgedacht. So sollte von einer Bestrafung abgesehen werden, wenn sich die Tat auf Cannabisprodukte bezieht, es sei denn, der Täter handelt gewerbsmäßig[880]. In den Referentenentwurf vom 19.6.1970 wurde diese Überlegung allerdings nicht berücksichtigt. Es wurde in diesem Zusammenhang ausdrücklich darauf hingewiesen, dass eine unterschiedliche Behandlung von Cannabis auf der einen und sonstige Drogen auf der anderen Seite nicht vorgesehen sei[881].

Doch hiermit war die Diskussion um Cannabis nicht beendet. Die Bundeszentrale für gesundheitliche Aufklärung begrüßte in seiner Stellungnahme zu dem Referentenentwurf vom 19.6.1970 ein Absehen von Strafe beim Erwerb kleiner Mengen Cannabis. Den Cannabisprodukten solle eine besondere Stellung eingeräumt werden, sie sollten nicht mit den klassischen Suchtmitteln gleichgestellt werden. Sie seien schwerer zu schmuggeln als z. B. Opiate. Solange die Cannabisprodukte den anderen Drogen gleichgestellt sind, werde zudem der nicht aufgeklärte Konsument zu irgendeinem Stoff aus dem Bereich der Rauschgifte greifen. Diese Gleichstellung fördere somit das „Umsteigen" auf härtere Drogen[882].

Im August 1970 wurde die Bundesministerin für Jugend, Familie und Gesundheit in einem Brief auf zwei beachtliche, aber nicht so einfach durchführbare Gesichtspunkte hingewiesen[883]. Grundsätzlich wurde in diesem Brief die Entkriminalisierung des Besitzes und des Gebrauchs von Haschisch als Verbesserung angesehen. Dies reiche jedoch nicht zur Lösung aller mit Haschisch und mit Rauschmitteln im Allgemeinen verbundenen Probleme. Die Verbreitung von „stärkeren Mitteln" werde sehr dadurch gefördert, dass nahezu jeder Haschischhändler auch Opium und LSD in seinem Sortiment führe und seine Kunden um eines besseren Verdienstes willen auch zum Gebrauch dieser Mittel animiere. In dieselbe Richtung wirkten der Preisanstieg beim Haschisch (z.B. durch Verknappung des Angebots) und das mangelnde Wissen um die wirklichen Gefahren der verschiedenen Drogen in gefährdeten Kreisen. Zur Lösung dieser Probleme wurden zwei Möglichkeiten genannt.

Zum einen biete sich ein staatlich kontrollierter Handel mit Haschisch nach dem Muster des Alkoholhandels in Schweden an. Der Verbrauch von Haschisch

---

[880] BArch., B 353/ 2178, Referentenentwurf vom 27.1.1970

[881] vgl. Darstellung auf S. 351-353

[882] BArch., B 353/ 2193, Schreiben vom 4.8.1970

[883] BArch., B 353/ 2193, Schreiben von Sebastian Hirsch vom 23.8.1970

werde kontrollierbar. Es werde kein vermischter „Stoff" mehr verkauft, dem Käufer würden beim Einkauf keine anderen Drogen mehr aufgedrängt. Zudem werde Verbrecherbanden der Handel mit Haschisch aus der Hand genommen, da die dann bestehenden Verdienstspannen für diese uninteressant seien. Der hierbei bestehenden Gefahr, dass die Bundesrepublik nach der Realisation dieses Vorschlages zur zentralen Verteilerstelle des Haschischschmuggels in die anderen europäischen Länder wird, könne man durch eine Begrenzung des Verkaufs an eine Person in einem Zeitraum und andere Auflagen (z.B. Nationalität) vorbeugen.

Zum anderen bedürfe es einer umfassenden Aufklärung *über* und *nicht gegen* Rauschmittel. Die gegenwärtig durchgeführte Aufklärung gegen Rauschmittel habe dazu geführt, dass auch ernst zunehmende Warnungen vor Drogenmissbrauch nicht mehr beachtet werden, weil die Unterscheidung zwischen echter und vermeintlich echter Information schwer falle. Um zu vermeiden, dass die Drogenkonsumenten die Gefahr vor sich selbst verniedlichen, müsse vor allem in den Schulen über die Auswirkungen der diversen Rauschmittel wissenschaftlich fundiert unterrichtet werden.

Der Regierungsentwurf nahm in seiner Begründung zur Cannabisproblematik im Allgemeinen, aber auch indirekt zum ersten Lösungsvorschlag Stellung. Eine Freigabe von Cannabis wurde ausgeschlossen. Bei den Cannabisprodukten handele es sich um ein Halluzinogen, das nach in der medizinischen Wissenschaft überwiegender Meinung bei Dauergebrauch zu Bewusstseinsveränderungen und zu psychischer Abhängigkeit führen könne. Mit großer Wahrscheinlichkeit sei davon auszugehen, dass die Droge eine Schrittmacherfunktion ausübt. Der Umsteigeeffekt auf härtere Drogen zeige sich besonders bei jungen Menschen. Zudem sei die Bedeutung dieser Droge für die Medizin gering. Deswegen sei Haschisch schon dem absoluten Verkehrsverbot des § 9 OpiumG unterstellt worden. Der Entwurf halte an dieser Rechtslage fest. Bei dem gegenwärtigen wissenschaftlichen Erkenntnisstand wäre es vor allem aus gesundheitspolitischen Gründen nicht zu vertreten, diese Droge aus dem Kontrollsystem des Opiumgesetzes zu entlassen und sie als Massengenussmittel für den freien Verkauf zuzulassen, wie es verschiedentlich gefordert wird. Die als Folge einer solchen Freigabe mit Sicherheit einsetzende Werbung würde den Massenkonsum der Droge bis zu einem solchen Ausmaß anheizen, dass auch die letzten ihrer psychischen Veranlagung wegen besonders drogengefährdeten Menschen erreicht würden. Der Schaden, der mit der „Integration" dieser Droge für die Allgemeinheit verbunden wäre, lasse sich bei der augenblicklichen unsicheren Erkenntnislage zwar noch nicht hinreichend im voraus berechnen, sei aber überschlägig als sehr hoch zu veranschlagen. Insbesondere lasse sich das Ausmaß von schädlichen Nebenwirkungen eines Massenkonsums nicht überschauen. In diesem Zusammenhang sei die Droge noch nicht ausreichend pharmakologisch und klinisch getestet. Es sei nicht zu verantworten, die Droge jetzt freizugeben. Auch der

Hinweis auf die gleichen schädlichen Auswirkungen des Alkoholgenusses sei kein Argument. Die auf Alkohol beruhende Trunksucht trete meist erst in einem fortgeschrittenen Alter auf und bedarf ungleich größerer Mengen, diese Schwelle zu erreichen. Zudem würde die Freigabe des Cannabis gegen von der Bundesrepublik unterzeichnete internationale Abkommen verstoßen[884]. Die Bundesministerin für Jugend, Familie und Gesundheit Strobel untermauerte die Auffassung des Regierungsentwurfs zu dieser Problematik damit, dass der z.B. im Lebensmittelrecht geltende Grundsatz, dass Stoffe verboten bleiben, solange ihre Unschädlichkeit nicht nachgewiesen ist, auch hier gelten müsse[885].

Doch auch hiermit war das letzte Wort zu diesem Thema noch nicht gesprochen. Es kam noch ein neuer Lösungsansatz für die Cannabisproblematik zum Vorschein. Im Innenausschuss des Bundesrates beantragten die Vertreter Hamburgs, § 10 des Regierungsentwurfs in mehrfacher Hinsicht zu ändern[886]. Zum einen sollte ein neuer Absatz eingeführt werden, nach dem die Strafandrohung des Absatzes 1 (bis zu drei Jahre) in den Fällen, in denen sich die Tat auf eine Hanfdroge bezieht, auf bis zu zwei Jahre gesenkt wird. Zum anderen sollte die Strafandrohung für besonders schwere Fälle dann, wenn sich die Tat auf eine Hanfdroge bezieht, auf eine Freiheitsstrafe von einem Jahr bis sieben Jahren gesenkt werden. Mit diesen Änderungsvorschlägen solle die Möglichkeit unterbunden werden, immer dann, wenn es sich bei dem Betäubungsmittel „nur" um Hanfdrogen handelt, auf Geringfügigkeit zu schließen und von § 153 StPO Gebrauch zu machen. Durch die Differenzierung im Strafmaß sei die Tatsache, dass es sich um eine Hanfdroge gehandelt hat, für die Begründung der Geringfügigkeit nicht mehr verwertbar. Zudem werde optisch dem oft geäußerten Verlangen nach einer Unterscheidung zwischen „harten" und „weichen" Drogen Rechnung getragen, ohne dass damit ein Schritt auf die völlige Freigabe der Hanfdrogen unternommen werde. Der Innenausschuss war der Auffassung, dass eine Entscheidung über diesen Antrag dem Ausschuss für Jugend, Familie und Gesundheit überlassen werden sollte. In diesem führte der Vertreter des BMJFG aus, bei der gegenwärtigen Erkenntnislage sei es äußerst schwierig, Kriterien für eine unterschiedliche Bestrafung je nach der Anwendung bestimmter Arten von Drogen zu finden. Er riet deshalb von dem Antrag ab. Ziel des Gesetzes sei ein umfassendes Kontrollsystem für die Verwendung aller einschlägigen Drogen. Daraufhin wurde der Antrag abgelehnt[887]. Im Rechtsausschuss warf der Abgeordnete Dürr die Frage auf, ob man den bloßen Besitz von Haschisch in den Katalog der Ordnungswidrigkeiten einordnen könne. Ministerialrat Hoffmann entgegnete dem, dass sich die Strafbarkeit des Besitzes von Drogen in Absatz 1 der

---

[884] BT-Drucks. VI/ 1877, S. 6

[885] Sten. Ber. des Bundestages, 6. Wahlperiode, 108. Sitzung (12.3.1971), S. 6357

[886] Prot. des Innenausschuss des Bundesrates vom 13.1.1971, S. 25 (BArch., B 353/ 2178)

[887] Prot. des Ausschusses für Jugend, Familie und Gesundheit des Bundesrates vom 13.1.1971, S. 32 (BArch., B 353/ 2179)

Strafvorschrift z.B. auch auf Kodein beziehe, welches wahrscheinlich im Ergebnis gar nicht so schädlich sei wie das Haschisch.

Es blieb also trotz der beachtlichen Gegenargumente und Gegenvorschläge dabei, dass Cannabis den gleichen Bestimmungen unterworfen wurde und somit anderen Drogen gleichgestellt wurde. Eine besondere Privilegierung wurde nicht eingeführt. Eine aus damaliger Sicht absolut nachvollziehbare Maßnahme, deren dafür sprechenden Argumente auch auf die heutige Diskussion übertragbar sind.

5. Zusammenfassung

Das Betäubungsmittelgesetz brachte viele notwendige Änderungen des Opiumgesetzes. Die Änderung der Bezeichnung des Gesetzes war erforderlich, da das Gesetz nicht nur für Opium und ähnliche Stoffe galt. Der Rauschmittelmarkt umfasste eine Vielzahl von Stoffen, auch synthetische, die mit den ursprünglichen Rauschmitteln nicht zu vergleichen waren. Der verwaltungsrechtliche Teil blieb in seiner Struktur nahezu unverändert, wurde jedoch differenzierter gestaltet und in den einzelnen Vorschriften ausgeweitet. Diese Ausweitung und neue Differenzierung waren hauptsächlich Folge der geschlossenen Abkommen, auch wenn die Single Convention von 1961 noch nicht ratifiziert waren. Eine bereits jetzt erfolgte Umsetzung war aber durchaus erforderlich.

Des Weiteren wurden Schwachpunkte des Opiumgesetzes ausgeräumt. Die Kontrolle des Verkehrs mit Betäubungsmitteln war nun wesentlich umfassender geregelt. Hierbei war die Kontrolle der Großhandelsbetriebe und Herstellungsbetriebe ein wesentlicher Schritt, da vorher immer noch Betäubungsmittel aus dem Großhandel und der Herstellung in den illegalen Handel gelangten. Auch die Kontrolle der Vernichtung und die Verpflichtung zur Sicherung von Betäubungsmitteln dienten dem Zweck, dass der illegale Handel nicht aus dieser Quelle gespeist werden konnte. Auch hinsichtlich der Erlaubnis wurden mit den Änderungen Lücken geschlossen.

Den Schwerpunkt des Betäubungsmittelgesetzes bildete aber die erforderliche Neufassung der Strafvorschriften. Die Grundtatbestände wurden überarbeitet, wobei einige neue Tatbestände (Besitz, Verabreichen von Betäubungsmitteln etc.) aufgenommen und andere vormals als Vergehen qualifizierte Tatbestände (Unterlassen der Lagerbuchführung, Zuwiderhandlungen gegen Rechtsverordnungen aufgrund des Gesetzes etc.) nun als Ordnungswidrigkeit eingeordnet wurden. Die Einführung von besonders schweren Fällen erlaubte es der Rechtsprechung, nun auch Strafen zu verhängen, die vergleichbar waren mit denen des benachbarten Auslandes. Es bestand nun nicht mehr die Gefahr, dass sich der internationale Rauschgifthandel wegen geringer Strafandrohungen auf die Bundesrepublik verlagerte. Die Aufnahme der Eigenverbrauchsklausel verdeutlichte den Wandel in der Drogenpolitik, nämlich eine „harte Hand" gegen den illegalen Handel zu führen und gleichzeitig den Süchtigen zu einer Entwöhnung zu bewegen anstatt ihn zu bestrafen. Diese Zweispurigkeit, die mit dem neuen

Gesetz und den außerhalb dieses Gesetzes angestrebten Maßnahmen (Aufklärung etc.) angestrebt wurde, trat am deutlichsten bei der Eigenverbrauchsklausel zu Tage. Tatbestände, deren Unrechtsgehalt nicht allzu hoch war, wurden richtigerweise als Ordnungswidrigkeit qualifiziert.

Die Neufassung des strafrechtlichen Teils stellt eine wichtige Weiterentwicklung innerhalb des Betäubungsmittelrechts dar. Sie ist als der entscheidende Wendepunkt der Drogengesetzgebung in Deutschland zu bezeichnen. Hätte man nur einige kleine Änderungen vorgenommen, wäre die Bundesrepublik in den siebziger Jahren von einer Drogenwelle überschwappt worden, welche die Drogenwelle der sechziger Jahre in ihrem Ausmaß noch weit übertroffen hätte. So aber bestand ein wirkungsvolles Instrument zur Bekämpfung des illegalen Handels und damit der Verfügbarkeit von Betäubungsmitteln zur Befriedigung der Sucht.

VI. Kritik

Das neue Betäubungsmittelgesetz im Allgemeinen, aber auch einzelne Vorschriften des Gesetzes stießen bald auf Kritik. Schon die neue Klammerüberschrift „Betäubungsmittelgesetz“ wurde als irreführend angesehen. Denn die Mehrzahl der Betäubungsmittel, welche wirklich gehandelt und verbraucht würden, sei nach wie vor nicht im Gesetz enthalten[888]. Ein „Sammelsurium“ –so Ellinger/ Krause- von ca. 50 chemischen Formeln und deskriptiven Schlagworten stellten nach der Legaldefinition des § 1 BtMG Betäubungsmittel dar. Lysergsäurediaethylamid (LSD) sei dabei nicht enthalten und müsse daher über so genannte Betäubungsmittel-Gleichstellungsverordnungen einbezogen werden. Außerdem seien schwer suchtgefährdende Mittel wie beispielsweise AN 1 oder die vor allem von Kindern gebrauchten Schnüffelstoffe wie Fleckenwasser nicht erfasst. Dem wurde entgegengehalten, dass jeweils neu erscheinende Produkte ohne zeitraubende Gesetzesänderung in eine Gleichstellungsverordnung aufgenommen werden könnten. Dieser Umstand allein mache derartige Gesetze erst praktikabel. Dem Vorschlag, auch Schnüffelstoffe dem BtMG zu unterwerfen, könne nicht gefolgt werden. Die Aufnahme sämtlicher in Betracht kommender Stoffe würde den Versuch einer Gesetzesperfektion darstellen, die nicht mehr praktikabel wäre. So werde beispielsweise auch Benzin als Schnüffelstoff verwendet. Niemand sei bislang auf den Gedanken gekommen, Benzin der Rezeptpflicht zu unterwerfen[889].

Weiter wurde kritisiert, bei der Neuveröffentlichung des Betäubungsmittelgesetzes seien einige Betäubungsmittel wie z.B. Dolantin, Benzedrin und Pervitin wegen Übertragungsfehlern rechtsgrundlos vergessen worden[890]. Diese Kritik war aber unberechtigt, denn die genannten Stoffe wurden in den Neuveröf-

[888] hierzu und zum Folgenden Ellinger/ Krause, NJW 1972, 1177 (1178)
[889] Knipfer/ Wehr, NJW 1972, 2210
[890] Ellinger/ Krause, NJW 1972, 1177 (1178)

fentlichungen vom 21.2.1967 und vom 4.9.1972[891], welche die Stoffe nannten, die durch Verordnung gleichgestellt wurden, unter ihrer wissenschaftlichen Bezeichnung aufgenommen. Dies sei, so Knipfer/ Wehr, zwar für den medizinischen Laien verwirrend, aber grundsätzlich zu begrüßen. Diese wissenschaftlichen Bezeichnungen würden von der WHO allgemein verwandt bzw. vorgeschlagen. Nur durch diese internationale Vereinheitlichung der Nomenklatur könne eine allgemein gültige gesetzliche Regelung erreicht werden. Überdies werde durch die Verwendung der wissenschaftlichen Bezeichnungen verhindert, dass dem BtMG bereits unterliegende Substanzen, die lediglich unter einer anderen Handelsbezeichnung neu auf den Markt gelangen, erneut in eine Gleichstellungsverordnung aufgenommen werden müssten[892].

Es wurde außerdem bemängelt, dass das Gesetz zwar dazu dienen sollte, gerade die Händler und nicht den Verbraucher zu treffen, dass diese Intention im Gesetz aber keinen Niederschlag gefunden habe. Den Kern der Änderung bilde eine vor allem den Verbraucher treffende Erweiterung der Straftatbestände. Insbesondere die Bedrohung des illegalen Besitzes von Betäubungsmitteln mit Strafe unterstreiche dies. Hierdurch falle der bisher erforderliche Nachweis des illegalen Erwerbs fort. Dies sei ein Zugeständnis an die Bedürfnisse der Strafverfolgungsbehörden, welches im Ergebnis zu Lasten des Täters die Gesetzwidrigkeit des Besitzes von vornherein vermute und entgegen den rechtsstaatlichen Grundsätzen des Strafprozessrechts dem Angeklagten den Nachweis seiner Unschuld auferlege[893]. Ebenso wirke der neue Tatbestand des Verabreichens bzw. des Überlassens zum Genuss gegen den Verbraucher. Dieser Tatbestand könne sich aber auch gegen unbeteiligte Dritte richten. Denn derjenige, der das Ansinnen, sich an der Einnahme des Rauschmittels zu beteiligen, zurückweist, das Betäubungsmittel zurück- oder weitergibt und den Raum verlässt, überlasse das Mittel zum Genuss. Auch hier sei es Sache des mutmaßlichen Täters, durch den Nachweis seiner lauteren Intention bei der Weitergabe eine Strafverfolgung abzuwehren[894]. Auch die Bestrafung der Mitteilung einer Gelegenheit zum Genuss, zur Abgabe oder zum Erwerb von Betäubungsmitteln wurde kritisiert. Diese öffentliche Propaganda für den Gebrauch von Drogen und Rauschmitteln sei als „Äußerungsdelikt" schwer mit der im Grundgesetz garantierten Äußerungs- und Meinungsfreiheit zu vereinbaren[895]. Zudem treffe dieser Tatbestand wieder die Verbraucher, welche sich untereinander Bezugsquellen mitteilen[896]. Demgegenüber würden Ärzte und Apotheker deutlich privilegiert. Die diese Personen betreffenden Tatbestände müssen im Gegensatz zu den oben genannten, bei de-

---

891 BGBl. 1967 I, S. 197; 1972 I, S. 1734
892 Knipfer/ Wehr, NJW 1972, 2210
893 Waldmann/ Boehm/ Mroczkowski, JZ 1971, 612 (613)
894 Waldmann/ Boehm/ Mroczkowski, JZ 1971, 612 (613)
895 Becker, MDR 1972, 656 (659)
896 Waldmann/ Boehm/ Mroczkowski, JZ 1971, 612 (614)

nen der Versuch strafbar ist (§ 11 Abs. 2) und die fahrlässige Begehung ausreicht (§ 11 Abs. 3), vorsätzlich verwirklicht werden[897].

Die Art der Straferhöhung wurde von Ellinger und Krause als nicht zufrieden stellend bezeichnet, selbst wenn man die Zielsetzung des Gesetzes, die illegalen Händler schärfer anfassen zu können, begrüßen mag. Zum einen werde dadurch die angestrebte Anhebung des Deliktscharakters vom Vergehen zum Verbrechen hinfällig. Die Aufnahme der Regelbeispielstechnik stelle zum anderen Täter, Ermittlungsbehörden und erkennende Richter vor größte Subsumtionsschwierigkeiten, da die Unterscheidung zwischen strafwürdigem Handeln und milder zu bestrafendem Versuch nach quantitativen Gesichtspunkt durch Formulierung unbestimmter Rechtsbegriffe getroffen werde („die Gesundheit mehrerer Menschen gefährdet", „in die Gefahr des Todes bringt", „wiederholt", „gewerbsmäßig oder als Mitglied einer Bande", „in nicht geringen Mengen" etc.). Es werde Jahre dauern, bis diese Begriffe von Lehre und Rechtsprechung objektivierbar konkretisiert seien. Abgesehen davon forderten solche unbestimmten Rechtsbegriffe geradezu Rechtsmittel heraus[898].

Zudem stieß die fehlende Unterscheidung zwischen „harten" und „weichen" Drogen und damit die Gleichbehandlung von Cannabisprodukten mit anderen Drogen auf Ablehnung. Dies führe zu einer weder rechtspolitisch noch vom strafrechtlichen Unwertgehalt der Handlung her gerechtfertigten Gleichbehandlung von tatsächlich verschiedenen Handlungen. Denn die Suchterzeugung und Gesundheitsschädlichkeit seien bislang nicht nachgewiesen worden. Die Auffassung der Bundesregierung, für eine Unterscheidung von „harten" und „weichen" Drogen fehle es an brauchbaren Kriterien und eine Differenzierung würde sich dem Vorwurf der Willkür aussetzen[899], sei sachlich unzutreffend. Das Gesetz gebrauche den Begriff „Suchtstoffe" für Opiate und Cannabiswirkstoffe in gleicher Weise. Es greife damit auf ein altes Einteilungsprinzip zurück, in dem zwischen „Sucht" und „Gewöhnung" unterschieden wurde, welches aber 1964 von der WHO durch den Oberbegriff „Drogenabhängigkeit" ersetzt worden sei. Nach dem alten Einteilungsprinzip wurde der Cannabiswirkstoff THC im Gegensatz zu den Opiaten nicht zu den Stoffen mit Suchtwirkung, sondern zu denen mit Gewöhnungswirkung gezählt. Die Bezeichnung des Cannabiswirkstoffes THC als „Suchtstoff" sei deshalb selbst nach dem alten Einteilungsprinzip unrichtig. Nach der neuen Nomenklatur der WHO werde aber nicht unterschiedslos von „Drogenabhängigkeit" gesprochen, sondern u. a. unterschieden zwischen Abhängigkeit vom Opiattyp und Abhängigkeit vom Cannabistyp. Diese Unterscheidung beruhe nicht auf Willkür, sondern auf den Ergebnissen weltweiter Forschungsarbeiten. Bei den körperlichen Reaktionen auf die verschiedenen Stoffe werde unterschieden zwischen Gegenregulation, beschleunigtem Ab-

---

[897] Waldmann/ Boehm/ Mroczkowski, JZ 1971, 612 (614)
[898] Ellinger/ Krause, NJW 1972, 1177 (1178 f.)
[899] BT-Drucks. VI/ 1877, S. 7

bau und irreversibler Nervenzellenschädigung. Für die Entstehung der physischen Abhängigkeit, der eigentlichen Sucht also, sei der beschleunigte Abbau verantwortlich. Unter diesen Kriterien träfen für THC allenfalls die Gegenregulation, nicht jedoch wie für Opiate, Barbiturate und Alkohol (bei Alkoholismus) der beschleunigte Abbau und die irreversible Nervenzellenschädigung zu. Danach brauche eine Differenzierung der genannten Stoffe nicht willkürlich getroffen werden. Der Vorwurf der Willkür sei vielmehr gegen das Gesetz zu erheben, da es wesentlich Gleiches in gleicher Wiese bestrafe[900].

Aber auch einzelne Tatbestände der besonders schweren Fälle wurden bemängelt. So enthalte z. B. § 11 Abs. 4 Nr. 6 b das Problem, dass zum einen der Täter sich wegen eines besonders schweren Fall strafbar macht, der mehrere Kilo Heroin an schwer zugänglichen Stellen versteckt. Zum anderen macht sich aber derjenige genauso strafbar, der nur ein Gramm Haschisch an entsprechenden Stellen versteckt. Außerdem liege ein besonders schwerer Fall nicht vor, wenn der Täter mehrere Kilo Heroin offen in seinem Wagen liegen lässt[901]. Diese Unstimmigkeiten konnten nur durch die Einführung der Regelbeispielstechnik (welche von der Bundesregierung nicht vorgesehen war) überwunden werden. Zu beachten ist aber, dass diese Kritik an § 11 Abs. 4 durch die Aufnahme der Eigenverbrauchsklausel in Absatz 5 nicht mehr in der Schärfe gerechtfertigt war.

Ebenso stieß die Gemengelage der Strafen aus BtMG und den Zoll- und Steuergesetzen auf Kritik. Da fast alle aus natürlichen Rohstoffen gewonnenen Betäubungsmittel importiert würden, lägen bei jedem Rauschgiftdelikt regelmäßig zusätzlich Zoll- und Steuervergehen vor. Folglich nehme in vielen Städten die Zollbehörde an jedem Betäubungsmittelverfahren teil, um die Pflicht zur Nachversteuerung in den Urteilstenor durch Angabe des Zolltarifs aufnehmen zu lassen, wobei diese Steuerpflicht fast immer das Mehrfache der ausgeworfenen Geldstrafe ausmache. Richtigerweise müsse bei diesen Betäubungsmittelfällen, soweit kein besonders schwerer Fall angenommen wird, die Strafe dem tateinheitlich begangenen Vergehen der Steuerhehlerei entnommen werden, da § 398 AO Freiheitsstrafen bis zu fünf Jahren androhe, während das BtMG bis zu drei Jahren Freiheitsentzug ermögliche. Gleichzeitig verschiebe sich die örtliche Zuständigkeit, weil § 426 AO für Zoll- und Steuervergehen die ausschließliche Zuständigkeit des Amtsgerichts am Sitz des Landgerichts begründe, es sei denn, die Staatsanwaltschaft stelle vor Erhebung der Anklage –systemwidrig- das schwerer bedrohte Zoll- und Steuerdelikt nach § 154a StPO ein[902]. Dem wurde entgegengehalten, dass § 426 Abs. 1 AO nur von der Zuständigkeit des Amtsgerichts am Sitz des Landgerichts spreche, soweit das Amtsgericht sachlich zuständig ist. Er beziehe sich also nur auf die Konzentration der obligatorischen

[900] Waldmann/ Boehm/ Mroczkowski, JZ 1971, 612 (614 f.)
[901] Waldmann/ Boehm/ Mroczkowski, JZ 1971, 612 (614)
[902] Ellinger/ Krause, NJW 1972, 1177 (1179)

Amtsgerichtsfälle. Es heiße nicht: „Das Amtsgericht ist ausschließlich zuständig", sondern: „...ist das Amtsgericht sachlich zuständig". Daher lasse § 426 Abs. 3 AO ausdrücklich die Zuständigkeit des Landgerichts bestehen und ermögliche dort fakultativ die Zuweisung an spezielle Kammern, wie es sich in Wirtschaftssachen allgemein bewährt habe. Solange man also den § 24 Abs. 1 Nr. 2 GVG mit BVerfG und BGH nach wie vor als verfassungskonform erachte, könne das Betäubungsmitteldelikt zusammen mit dem Steuerdelikt dort angeklagt werden, wohin es seiner Bedeutung nach gehört. So seien auch beim BGH mehrere Verfahren gröbsten Haschischschmuggels behandelt worden, welche noch unter dem alten Opiumgesetz angeklagt wurden, aber gemäß § 73 StGB aus der schwereren Strafnorm der Abgabenordnung abgeurteilt wurden, ohne dass die ausschließliche Zuständigkeit des Amtsgerichts je behauptet worden wäre[903].

Die vorgenannte Kritik am Betäubungsmittelgesetz zeigt, dass der Grundtenor und das Ziel des Gesetzes nicht in Frage gestellt wurden. Die Einzelkritik war teilweise berechtigt. Doch darf dabei nicht vergessen werden, dass eine Überarbeitung des über 40 Jahre alten Opiumgesetzes unter den gegebenen Umständen unumgänglich war. Das Ergebnis dieser Überarbeitung ist gerade im Hinblick auf die Neufassung der Strafvorschriften durchweg positiv zu beurteilen. Das Betäubungsmittelgesetz stellte eine neue Dimension der Gesetzgebung hinsichtlich der Betäubungsmittel dar. Das Opiumgesetz passte nicht mehr zu der modernen Rauschgiftkriminalität. Eine Erweiterung der Grundtatbestände war erforderlich, da das Opiumgesetz hier Lücken aufwies. Hier ist insbesondere auf die Aufnahme des illegalen Besitzes in den Katalog der Grundtatbestände hinzuweisen, welche die Arbeit der Strafverfolgungsbehörden sehr erleichterte. Vor Erlass des Betäubungsmittelgesetzes konnten Rauschgifthändler, die im Besitz großer Mengen Betäubungsmittel, deren Herkunft sich nicht aufklären ließ, angetroffen wurden, möglicherweise deswegen nicht bestraft werden, weil sie sich darauf beriefen, sie hätten sie gefunden. Der Fund war nicht unter „Erwerb" i. S. v. Absatz 1 Nr. 1 a. F. zu fassen. Zudem konnte ein etwaiger Erwerb dieser großen Menge verjährt gewesen sein, so dass keine Bestrafung erfolgen konnte. Für solche Täter, die das Betäubungsmittel nur einmal ausprobieren wollten, stand die Eigenverbrauchsklausel zur Verfügung, so dass hier auch keine unzumutbare Härte durch die Aufnahme des illegalen Besitzes entstand. Gleiches gilt für die gesamte Erweiterung der Grundtatbestände. Zwar ist es richtig, dass bezüglich der erwähnten Sachverhaltsvarianten die Unschuldsvermutung nicht mehr galt. Dies war aber im Hinblick auf die Materie, die mit dem Gesetz zu regeln war, und dem Ziel, gerade die illegalen Händler zu treffen, welche neben dem Inverkehrbringen von großen Mengen von Betäubungsmitteln z.B. auch Jugendliche „anfixten", unumgänglich. Zudem wird es immer Ausnahmefälle

---

[903] Kohlhaas, NJW 1972, 1931

geben, für die das Gesetz eigentlich nicht geschaffen wurde, denn das Gesetz kann in dieser Hinsicht nie perfekt sein.

Besonders bedeutsam waren die Einführung der besonders schweren Fälle und die Eigenverbrauchsklausel. Hiermit war eine differenzierte Strafverfolgung möglich, bei welcher der Konsument im Vergleich zum illegalen Händler spürbar bevorzugt werden konnte. Die Wahl der Regelbeispielmethode mochte zwar die Rechtsprechung vor Schwierigkeiten stellen, sie war jedoch im Hinblick auf die Materie, mit der sich das Gesetz befasste, die einzig mögliche Alternative. Denn hier konnte nicht von einer einheitlichen Täter- und Tatstruktur gesprochen werden. Hier sind die Umstände des Einzelfalles immer zu beachten. Die Regelbeispielmethode kann diesen Umständen am ehesten gerecht werden, starre Tatbestände würden hier zu unangemessenen Strafen führen. So konnte jetzt ein Fall, der eigentlich den Tatbestand eines besonders schweren Falles erfüllte, aber von seinem Unrechts- und Schuldgehalt her eher als einfaches Vergehen nach Absatz 1 zu qualifizieren war, auch wie ein solches bestraft werden. Umgekehrt war es nun auch möglich, einen Sachverhalt, der eigentlich nur einen Grundtatbestand erfüllt, als besonders schweren Fall zu werten.

Auch die fehlende Unterscheidung zwischen harten und weichen Drogen kann nicht kritisiert werden. Sämtliche vom Gesetz erfassten Drogen sind international einheitlich unter Kontrolle und Strafe gestellt. Dies ist für eine Bekämpfung des illegalen Handels erforderlich, da dieser international organisiert ist. Etwaige Ungerechtigkeiten können aufgrund des nun differenzierenden Strafenkatalogs bei der Bestrafung ausgeglichen werden. Zudem standen der Bundesregierung auch keine brauchbaren Kriterien für eine entsprechende Unterscheidung zur Verfügung. Zudem war schon damals, erst recht aber heute im Zuge der Nutzung der Gentechnik in der Drogenproduktion, fraglich, ob Cannabis überhaupt als „weiche" Droge qualifiziert werden kann. Bevor man sich der Gefahr aussetzt, eine Droge als harmlos einzuordnen, bei der sich im Laufe der Zeit aber herausstellt, dass diese vielleicht gefährlicher ist als Opium, und den Verkehr mit diesen nicht unter Strafe stellt, ist es besser, diese zunächst so zu behandeln wie alle anderen erfassten Drogen. Andernfalls müsste man sich den Vorwurf gefallen lassen, nicht auf die Gefahr einer solchen Droge reagiert zu haben, was nicht im Sinne der Volksgesundheit wäre. Sollte sich herausstellen, dass diese Droge nicht so gefährlich ist, kann sie aus dem Geltungsbereich des Betäubungsmittelgesetzes herausgenommen werden.

Es lässt sich also sagen, dass das Betäubungsmittelgesetz eine notwendige Weiterentwicklung des Opiumgesetzes war. Dieses Gesetz legte die Grundprinzipien der Bekämpfung des Missbrauchs von Betäubungsmitteln fest, welche bis heute Geltung haben. Das heutige Betäubungsmittelrecht, insbesondere der strafrechtliche Teil folgt immer noch der Unterscheidung zwischen Händler und Konsument. Zudem wird weiterhin der drogenabhängige Straftäter privilegiert. Grundsätzlich neue Entwicklungen gab es nicht mehr. Die weiteren Änderungen des Gesetzes im Jahre 1981 dienten letztlich nur der Weiterentwicklung der mit dem Betäubungsmittelgesetz von 1972 geschaffenen Grundsätze sowie der Umsetzung internationaler Abkommen, insbesondere aber der Neuordnung des Betäubungsmittelrechts. Das Gesetz über den Verkehr mit Betäubungsmitteln von 1972 war noch nicht vollständig ausgereift. Die damalige Bundesministerin für Jugend, Familie und Gesundheit Strobel hatte schon 1970 während der ersten Beratung des Gesetzes bemerkt, dass das Betäubungsmittelrecht insgesamt einer Neuordnung bedürfe. Diese sei aber mit dem Betäubungsmittelgesetz noch nicht beabsichtigt gewesen. Eine Neuordnung lasse sich erst dann verwirklichen, wenn die Entwicklungen im internationalen Bereich einen gewissen Abschluss gefunden hätten[904]. Zunächst war das gesamte Betäubungsmittelrecht schon seit dem Opiumgesetz 1929 sehr unübersichtlich. Neben dem Gesetz existierten insgesamt 13 Verordnungen, welche Betäubungsmittel und den Verkehr mit diesen betrafen. Schon insofern hätte es einer umfassenden Neuregelung des Betäubungsmittelrechts bedurft, um diese Unübersichtlichkeit zu beseitigen. Dies war jedoch nur eines der Probleme, die einer Lösung bedurften. Denn auch die auf das Gesetz über den Verkehr mit Betäubungsmitteln von 1971 folgenden Ratifikationen des Einheitsübereinkommens von 1961 im Jahre 1973[905] und des Übereinkommens über psychotrope Stoffe von 1971 im Jahre 1976[906] machten aufgrund der in diesen Abkommen enthaltenen Verpflichtungen für die nationalen Gesetzgeber eine Änderung des Betäubungsmittelgesetzes erforderlich. Doch auch dies war nicht das Hauptproblem.

Die Erscheinungsformen der Rauschgiftkriminalität entwickelten sich in der Folgezeit weiter. Die illegale Einfuhr insbesondere gefährlicher Drogen in die Bundesrepublik nahm stetig zu. So wurden 1971 2,9 kg, 1972 3,7 kg, 1973 15,4 kg und 1974 schon 30,7 kg Heroin sichergestellt. 1983 wurden bereits 260 kg, 1993 ca. 1.100 kg beschlagnahmt. Diese Zunahme des Handels mit gefährlichen Drogen führte zu einer Zunahme der Todesfälle, die auf die Einnahme von Betäubungsmitteln zurückzuführen waren. Waren es 1971 noch 67 Todesfälle, so waren es 1973 schon 106. Der illegale Handel wurde immer mehr von straff organisierten, z. T. international verzweigten Banden betrieben, welche mit hervorragenden technischen Mitteln ausgestattet waren. Diese Professionalisierung führte dazu, dass immer mehr Betäubungsmittel an immer weniger, dafür an umso gefährlichere Händler gelangten. Außerdem war das Gesetz insofern lückenhaft, als der unerlaubte Anbau von Betäubungsmitteln nicht erfasst wurde. Nach Erlass des Betäubungsmittelgesetzes wurden Fälle des Anbaus von Cannabispflanzen festgestellt. Die eingeleiteten Verfahren mussten eingestellt werden, da der bloße Anbau nicht strafbar war und vor Beginn der Ernte weder eine versuchte Gewinnung von Haschisch oder Marihuana noch entsprechender Be-

---

[904] Sten. Ber., 6. Wahlperiode, S. 6356 (108. Sitzung am 12.3.1971)
[905] BGBl. 1973 II, S. 1353
[906] BGBl. 1976 II, S. 1477

sitz vorlag[907]. Heute hat der illegale Anbau von Cannabispflanzen und psilocybinhaltigen Pilzen sowie meskalinhaltigen Kakteen erhebliche Bedeutung erlangt, wobei bei Cannabis im Gegensatz zu früher beträchtliche THC-Werte erzielt werden[908].

Gerade diese Entwicklung nach Erlass des Betäubungsmittelgesetzes veranlasste den Bundesrat (in dem die CDU/ CSU die Mehrheit besaß), bereits im Jahr 1975 einen erneuten Entwurf zur Änderung des Betäubungsmittelgesetzes zu erstellen. Nach diesem sollte eine neue Strafvorschrift (§ 11 a) eingefügt werden, in welcher z. T. neue Tatbestände aufgenommen wurden (z. B. Verursachung des Todes durch eine Handlung nach § 11 Abs. 1 Nr. 1-3 oder 6-8), aber auch solche, die seit dem Betäubungsmittelgesetz als besonders schwere Fälle qualifiziert wurden (z. B. Handeln als Bande oder gewerbsmäßig). Die Strafe sollte nicht unter drei Jahren betragen. In minder schweren Fällen sollte die Freiheitsstrafe von einem Jahr bis zu fünf Jahren liegen. Die Bundesregierung sah keinen Handlungsbedarf, da ihrer Meinung nach das Gesetz schon erste Erfolge verzeichnete. Es bestünden keine Anhaltspunkte dafür, dass der geltende Strafrahmen zu einer schuldangemessenen Bestrafung nicht ausreiche. Es seien keine Beschwerden von Staatsanwaltschaften oder Gerichten bekannt. Die Einführung der neuen Vorschrift mache zudem die vorhandenen Vorschriften noch unüberschaubarer, als sie ohnehin schon seien. Es scheine nur vertretbar, die in § 11 Abs. 4 genannte Höchststrafe von 10 auf 15 Jahre zu erhöhen[909]. Der Bundesratsentwurf wurde nicht vom Bundestag angenommen.

Die schon angekündigte Überarbeitung des Betäubungsmittelgesetzes wurde dann 1981 vorgenommen[910]. Als Anlass für diese Weiterentwicklung wurden mehrere Gründe angegeben. Zum einen bestand der Kern des Betäubungsmittelgesetzes von 1972 aus z. T. 50 Jahre alten Vorschriften. Diese seien in der Sache zum Teil überholt, lückenhaft und wegen der gravierenden Entwicklung des Drogenproblems in der Bundesrepublik veraltet. Gerade die Ratifikation der Abkommen von 1961 (Single Convention) und 1971 (Übereinkommen über psychotrope Stoffe) in den Jahren 1973 und 1976 habe dazu geführt, dass das Gesetz überholt ist. Die Abkommen befassten sich hauptsächlich mit dem verwaltungsrechtlichen Teil, so dass sich das Argument, das Betäubungsmittelgesetz sei überholt, nur auf den verwaltungsrechtlichen Teil beziehen konnte. Zum anderen sei die gesamte Rechtsmaterie aufgrund der Vielzahl von Verordnungen unübersichtlich und das Gesetz aufgrund der vielen Änderungen unsystematisch, in machen Punkten widersprüchlich und inkonsequent geworden. Aus diesen

907 BT-Drucks. VII/ 4141, S. 4, 5
908 Weber, § 3, Rn. 15
909 BT-Drucks. VII/ 4141, S. 7, 8
910 BGBl. 1981 I, S. 681

Gründen sollte zunächst die Anzahl der Verordnungen auf drei[911] beschränkt werden[912]. Des Weiteren wurde das Betäubungsmittelgesetz grundlegend überarbeitet, es enthielt nun 41 Paragraphen, wovon allein 28 auf den verwaltungsrechtlichen Teil fielen. So behandelten z. B. allein acht Normen die Erlaubnis für den Verkehr mit Betäubungsmitteln. Diese genauere Differenzierung ging auf die aus den Abkommen resultierenden Verpflichtungen zurück. Aber auch im strafrechtlichen Teil des Gesetzes gab es einige Weiterentwicklungen des Gesetzes von 1972. So wurde eine neue Strafvorschrift eingeführt, nach der gewisse Tatbestände mit einer Freiheitsstrafe von nicht unter zwei Jahren geahndet werden konnten (darunter z. B. die leichtfertige Verursachung des Todes durch Abgabe, Verabreichen oder zum Genuss überlassen von Betäubungsmitteln). Diese Vorschrift zielte entsprechend dem durch das Gesetz von 1972 geschaffenen Grundsatz auf gewissenlose Händler, die das Leben eines Drogenkonsumenten gefährdeten.

Bemerkenswert ist, dass der Grundsatz „Therapie statt Strafe“ im Gesetz nun seinen Niederschlag gefunden hatte. Die Strafvollstreckungsbehörde konnte nun mit Zustimmung des Gerichts des ersten Rechtszuges die Vollstreckung der Strafe zurückstellen, wenn der Verurteilte sich wegen seiner Abhängigkeit in Behandlung befindet oder zusagt, sich einer solchen zu unterziehen, und deren Beginn gewährleistet ist (§ 35 BtMG 1981). Die Staatsanwaltschaft konnte mit Zustimmung des zuständigen Gerichts vorläufig von der Erhebung der öffentlichen Klage absehen, wenn der Beschuldigte nachweist, dass er sich wegen seiner Abhängigkeit seit mindestens drei Monaten einer entsprechenden Behandlung unterzieht (§ 37 BtMG 1981). Diese Vorschriften waren eine Weiterentwicklung des schon im Betäubungsmittelgesetz von 1972 enthaltenen Grundsatzes, Konsumenten zu helfen, den Weg aus dem Missbrauch zu finden[913]. Sie waren nach Meinung der Bundesregierung gerechtfertigt, weil Drogenabhängige zumeist schon in jugendlichem Alter, d. h. zu einer Zeit in die Abhängigkeit gerieten, zu der sie die Tragweite ihres Tuns noch nicht zu übersehen und dem Einfluss Dritter nur schwer zu widerstehen vermochten. Der Drogenabhängige befinde sich in einer besonderen Situation, weil er regelmäßig mit der Befriedigung der Sucht gegen Strafvorschriften verstößt. Verschärft werde seine Lage dadurch, dass er auf Dauer die vergleichsweise teure Droge nur erwerben könne, wenn er sich diese oder die finanziellen Mittel zu ihrem Ankauf auf illegalem Wege beschaffe. Die Rauschmittelabhängigkeit treibe so den Betroffenen zunehmend in eine Kriminalität, die gleichzeitig für die Allgemeinheit mit erhebli-

---

[911] Verordnung über Ein-, Aus- und Durchfuhr; Verordnung über die Abgabe von Btm.; Verordnung über das Verschreiben von Betäubungsmitteln

[912] BT-Drucks. IX/ 27, S. 25

[913] Im Gesetz von 1971 war unter dieser Prämisse die Eigenverbrauchsklausel eingeführt worden; zudem wurde die damals entwickelte Absicht, den Täter zu einer Therapie zu bewegen, jetzt Teil des Gesetzes

chen Gefahren verbunden ist. Dies gelte nicht zuletzt dann, wenn der Abhängige den Erwerb der dem Eigenbedarf dienenden Betäubungsmittel durch einen illegalen Drogenhandel finanziert. Die Rehabilitation Drogenabhängiger erleichtere deshalb den Organen der Aufrechterhaltung der öffentlichen Ordnung ihre Arbeit und liege im Interesse des Schutzes der Allgemeinheit[914]. Zudem könne auch der Strafvollzug dazu führen, dass der Drogenabhängige seine Drogenkarriere fortsetzt[915].

Mit der Novellierung des Betäubungsmittelgesetzes wurde der Weg, der mit dem Gesetz von 1972 eingeschlagen worden war, weiter gegangen. Die Unterscheidung zwischen illegalem Händler und Verbraucher wurde ausgebaut, und zwar in beide Richtungen. Insofern ist festzustellen, dass das Betäubungsmittelgesetz von 1972 die Bekämpfung des Drogenmissbrauchs neu definierte und wegweisende Grundsätze schuf, welche bis heute Geltung haben. Alle Änderungen danach waren Weiterentwicklungen und Ausgestaltungen der geschaffenen Grundsätze.

---

[914] BT-Drucks. IX/ 27, S. 27

[915] Sten. Ber., 9. Wahlperiode, S. 302 (10. Sitzung vom 11.12.1980)

Zusammenfassung

Die Gewinnung, die Wirkung und die Verwendung von Drogen (insbesondere von Opium und Cannabis) waren altbekannt. Die Sucht nach diesen Betäubungsmitteln wurde früher nicht als Krankheit im eigentlichen Sinne angesehen. Dies war erst im 16. bzw. 17. Jahrhundert der Fall. Drogen wurden damals nicht als solche angesehen, sondern vielmehr als gute und zum Teil unentbehrliche Arzneimittel. Auf die Erkenntnis, dass diese auch Abhängigkeit hervorrufen konnten und somit gefährlich waren, wurde lange Zeit nicht reagiert. Die ersten Gesetze, die ab 1800 in Preußen erlassen wurden, beschäftigten sich weniger mit dieser Problematik als vielmehr mit dem Problem, dass Arzneimittel auch von Personen hergestellt und verkauft wurden, die keine entsprechende Ausbildung vorweisen konnten. Die Folge dieser Entwicklung war, dass zum einen der Arzneimittelmarkt unübersichtlich war. Zum anderen wurde hierdurch die Bevölkerung gefährdet, da die Medikamente nicht immer die erforderliche Qualität besaßen, die für eine vernünftige Heilung nötig war. Aufgrund dieser Umstände wurde ein Apothekermonopol für den Kleinhandel mit Arzneimitteln in Preußen begründet. In den dies betreffenden Reglements fanden sich schon einige Maßnahmen, die sich später in den Gesetzen wieder fanden, so z.B. das Recht der zuständigen Behörden zur Besichtigung der entsprechenden Lagerräume. Ziel der preußischen Gesetzgebung war, die Herstellung von Arzneien, die an den Verbraucher abgegeben werden sollten, ausgebildetem Fachpersonal (Apothekern) zu überlassen. Dieser Grundsatz beherrschte auch die erste die Betäubungsmittel betreffende Verordnung des Deutschen Reiches, die Kaiserliche Verordnung über den Verkehr mit Arzneimitteln von 1872.

Diese Verordnung erging aufgrund von § 6 RGewO und sollte ebenso zu einer Qualitätssicherung führen. Beachtlich war hierbei, dass diese Verordnung nicht dem Wortlaut der Ermächtigungsgrundlage entsprach. Dies wurde aber aufgrund des zu regelnden Gewerbes und aufgrund der preußischen Vorgänger als nicht problematisch angesehen. Die Verordnung erfasste ab 1901 alle in dieser Arbeit näher vorgestellten Drogen. Sie diente aber ebenso wie die preußischen Reglements nicht der Suchtbekämpfung. Die Kaiserliche Verordnung war vorrangig eine gewerberechtliche Regelung, die dem Schutz der Bevölkerung in dem Sinne diente, dass Arzneimittel qualitativ hochwertig waren und somit bessere Heilungschancen boten.

Die erste legislatorische Maßnahme zur Bekämpfung des Missbrauchs von Betäubungsmitteln wurde von den Ländern des Deutschen Reiches ergriffen. Sie stellten die genannten Drogen unter eine Rezeptpflicht, um dem Missbrauch entgegenzuwirken. Diese recht verschiedenen Verordnungen wurden durch einen Bundesratsbeschluss von 1891 vereinheitlicht. Somit waren diese Verordnungen und der Beschluss des Bundesrates die ersten Maßnahmen zur Bekämpfung des Missbrauchs. Damit war aber noch nicht der Erwerb vom Großhandel geregelt. Dies übernahmen die Vorschriften über den Handel mit Giften. Diese enthielten aber eine bedenkliche Lücke, die den illegalen Handel unterstützte. Der Erwerb war abhängig von der subjektiven Beurteilung des Großhändlers und nicht von einer behördlich erteilten Genehmigung. Mit ein bisschen Geschick konnten große Mengen Betäubungsmittel (insbesondere Opium und dessen Alkaloide) vom Großhandel beschafft und dem illegalen Handel zugeführt werden. Mit diesen drei Verordnungen bzw. Beschlüssen reagierte das Reich jedoch noch nicht adäquat auf die sich häufenden Berichte über den Missbrauch von bzw. die Sucht nach Betäubungsmitteln und die dadurch entstehenden Gefahren für die Bevölkerung. Das Thema Missbrauch und Sucht nach Betäubungsmitteln wurde erstmals 1910 im Reichstag besprochen. Hier wurde das bis hin zum Erlass des Betäubungsmittelgesetzes von 1972 bestehende Problem des Missbrauchs durch das Heil- und Pflegepersonal festgestellt. Es wurde ein Gesetz gefordert, dass dem Missbrauch entgegenwirken sollte.

Die Diskussion im Reichstag verdeutlichte, dass es ein Missbrauchsproblem zu dieser Zeit gab. Dieses war aber nicht so groß wie in anderen Teilen der Welt, insbesondere in China und dem gesamten Fernen Osten. Gerade die dortige Situation setzte die internationale Behandlung des (zu diesem Zeitpunkt auf Opium begrenzten) Problems des Missbrauchs von Betäubungsmitteln in Gang. Den Anfang macht die hauptsächlich von den USA initiierte Konferenz von Schanghai im Jahre 1909. Zwar ergab diese kein greifbares Ergebnis, sondern nur eine Auflistung von Wünschen und Zielen, die keinen der teilnehmenden Staaten zu etwas verpflichtete. Positiv an dieser Konferenz war aber, dass das Problem jetzt global behandelt wurde. Diese Konferenz markiert den Anfang der internationalen Bekämpfung des Drogenmissbrauchs. Allerdings zeigte sich schon auf dieser Konferenz ein Konflikt, welcher sich noch länger hinzog: Der Konflikt zwischen den USA als Verfechter der Prohibition von Betäubungsmitteln und Großbritannien als Kolonialmacht Indiens, einer der größten Opiumproduzenten.

Dieser Konflikt setzte sich auf der Haager Konferenz von 1912 fort. Allerdings wurde auf dieser das Deutsche Reich in die Streitigkeiten zwischen Händlernationen (allen voran Großbritannien) und den Staaten, die eine Prohibition anstrebten, mit einbezogen. Das Deutsche Reich wollte um jeden Preis seine pharmazeutische Industrie schützen. Es war verantwortlich für den teilweise recht schwammigen Wortlaut des Abkommens und brachte in Zusammenarbeit mit Großbritannien einen Passus in die Übereinkunft ein, durch den das Inkrafttreten des Abkommens von vornherein nahezu ausgeschlossen war. Abgesehen davon wurden mit dem Abkommen nicht die Ziele erreicht, die vornehmlich durch die Vereinigten Staaten gesetzt wurden. So konnte insbesondere die geplante Einschränkung der Produktion von Rohopium nicht erreicht werden, da das Augenmerk auf die fabrikmäßig hergestellten Betäubungsmittel gelenkt wurde. Zu einer Ratifikation durch das Deutsche Reich kam es vorerst nicht.

Umso erstaunlicher war es, dass trotz dieser nicht erfolgten Ratifikation während des Weltkrieges einige Forderungen des Haager Abkommens erfüllt wurden. Zunächst wurde kriegsbedingt eine Verordnung erlassen, die der Verfügbarkeit der erfassten Betäubungsmittel diente. Hierdurch waren ein Anstieg der Preise für diese sowie ein unerlaubter Kettenhandel zu verzeichnen. Außerdem stieg durch den Krieg die Sucht an. Aufgrund dieser Tatsachen ergingen 1917 zwei Verordnungen des Bundesrates. Mit diesen wurde die Erlaubnispflicht für den Handel und den Verkehr mit Betäubungsmitteln eingeführt. Außerdem wurde die Lücke der Giftverordnung geschlossen. Damit lag erstmals eine Verordnung vor, die aufgrund des Suchtanstiegs erlassen wurde und zudem auch noch eigene Strafvorschriften enthielt. Allerdings konnten diese Verordnungen eine weitere Ausbreitung der Sucht und einen Anstieg des Schmuggels nicht verhindern. Die Verordnungen von 1918 und 1920 waren die Folge dieser Entwicklungen. Sie hatten ausdrücklich das Ziel, den Missbrauch von Betäubungsmitteln einzudämmen. Es lässt sich also sagen, dass die Bekämpfung des Missbrauchs und der Sucht sowie die Kontrolle des Verkehrs mit Betäubungsmitteln während des Ersten Weltkrieges ihren eigentlichen Anfang hatten.

Mit Unterzeichnung des Versailler Vertrages wurde dann zwangsweise auch das Haager Abkommen von 1912 ratifiziert. Demzufolge musste ein Gesetz zur Ausführung dieses Abkommens ausgearbeitet werden, welches die Forderungen des Abkommens umsetzte. Mit diesem wurde die staatliche Kontrolle des Verkehrs mit Betäubungsmitteln ausgeweitet. Der Verbleib von Drogen konnte nun für damalige Verhältnisse nahezu lückenlos nachgeprüft werden. Allerdings hatte dieses Gesetz auch Lücken, so z.B. die fehlende Versuchsstrafbarkeit. Dies zeigte aber, dass das Gesetz von vornherein nachbesserungswürdig war. Die erhofften Wirkungen blieben aus. Der Missbrauch, die Sucht und der illegale Handel breiteten sich weiter aus. Es gab keine Beschränkung der Produktion von Betäubungsmitteln, so dass es große Mengen von Drogen gab. Der illegale Handel entwickelte in dieser Zeit Methoden, die heute noch gängig sind. Es wurde deutlich, dass das Abkommen und das Gesetz in der Zeit nach dem Ersten Weltkrieg nicht den Anforderungen genügten, die durch den Missbrauch und den illegalen Handel gestellt wurden. Es gab keine Ursachenforschung bezüglich des Missbrauchs, das Gesetz von 1921 war eine Reaktion auf die bestehenden Missstände, die zu spät kam. Allerdings muss berücksichtigt werden, dass das Gesetz auch nicht unter der Voraussicht geschaffen wurde, dass in den 20er Jahren der Missbrauch von Betäubungsmitteln einen massiven Aufschwung erfuhr.

Der bedeutendste Schritt in dieser Zeit stellte das auf der zweiten Genfer Opiumkonferenz von 1925 geschlossene Abkommen dar, welches neben der Kontrolle des internationalen Handels die Beschränkung der einzuführenden Mengen vorsah. Des Weiteren war der Wortlaut wesentlich strikter als bei den bisherigen Abkommen. Die Aufnahme von Cannabis in dieses Abkommen begründete den Anfang der internationalen Kontrolle des Handels mit diesem. Es war das erste Mal, dass dieser auf eine Stufe mit Opium, Morphin und Kokain gestellt wurde. Das Abkommen war insgesamt ein wesentlicher Fortschritt im internationalen Kampf gegen den Missbrauch von Betäubungsmitteln. Das Deutsche Reich benutzte diese Konferenz, um außenpolitisch wieder eine bessere Stellung zu erlangen. In dem als Folge des Abkommens zu bildenden Zentralkomitee sollte ein deutscher Vertreter einen Sitz bekommen. Da dies auf der Konferenz nicht zugesichert wurde, unterzeichnete das Deutsche Reich das Abkommen mit dem Vorbehalt, es erst zu ratifizieren, wenn ein deutscher Vertreter einen Sitz in dem Komitee hat.

Nachdem der vom Deutschen Reich benannte Vertreter Anselmino in das Komitee aufgenommen und das Abkommen 1929 ratifiziert worden war, musste als Folge dieses Abkommens und des Konsumanstiegs in den zwanziger Jahren das Gesetz zur Ausführung des Haager Abkommens (1. Opiumgesetz) überarbeitet werden. Das daraufhin erlassene Opiumgesetz und die aufgrund dieses Gesetzes ergangenen Verordnungen schufen eine noch umfassendere Kontrolle des Betäubungsmittelverkehrs. Allerdings erhöhte das Gesetz nicht die Strafandrohungen, was bei dem rasanten Anstieg des Missbrauchs in den zwanziger Jahren auf den ersten Blick unverständlich war. Zu beachten ist aber, dass die Rauschgiftkriminalität sich statistisch verringerte. Bemerkenswert war, dass der Gesetzgeber bis hin zu diesem Gesetz immer nur auf die internationale Entwicklung reagierte, obwohl der Missbrauch seit der Jahrhundertwende stetig anstieg. Den damaligen Regierungen waren die pharmazeutische Industrie bzw. der Einfluss des Staates wichtiger als die Bekämpfung des Betäubungsmittelmissbrauchs.

Der letzte internationale Schritt vor dem Zweiten Weltkrieg war gleichzeitig derjenige, der als erstes hätte gemacht werden müssen. Mit dem dritten Genfer Abkommen von 1931, welches das zweite Genfer Abkommen änderte und ergänzte, wurde die mengenmäßige Beschränkung der Produktion von Rohopium und Kokablättern sowie der Alkaloidproduktion beschlossen. Schon vor der Konferenz in Schanghai bestand im Fernen Osten das Problem der Überproduktion. Die USA wollten die Produktionsbeschränkung bereits auf der Haager Opiumkonferenz beschließen, was am Widerstand Großbritanniens und des Deutschen Reiches gescheitert war. 19 Jahre später, nachdem sich der Missbrauch und der Schmuggel mit Betäubungsmitteln sehr weit ausgebreitet hatten, ergriff man das Übel bei der Wurzel. Allerdings bestand nun ein anderes Problem: Mittlerweile gab es vier für das Deutsche Reich verbindliche Abkommen (Schanghai, Den Haag, Genf II und III). Diese waren aber nicht von ein- und denselben Staaten unterzeichnet worden, so dass sich einzelne Staaten darauf berufen konnten, nicht Vertragspartei eines Abkommens zu sein. Dies führte zu Schwierigkeiten bei der Durchführung der jeweiligen Abkommen. Dies setzte sich bis zum Protokoll von New York vom 23.6.1953 fort. Mit diesem wurde die Beschränkung der Rohstoffproduktion weiter vorangetrieben. Mit dem Einheitsübereinkommen über Suchtstoffe von 1961 wurde das Problem gelöst. Nun bestand ein einziges Abkommen, welches die zuvor geschlossenen Abkommen zusammenfasste und ergänzte. Neu war in diesem die Verpflichtung, sich um Süchtige und ihre Therapie zu kümmern. Auch bei diesem Abkommen war Deutschland nicht zufrieden zu stellen. Man befürchtete, dass Änderungen innerstaatlicher Gesetze durch einfache Mitteilungen des Generalsekretärs vorgenommen werden könnten. Dies führte dazu, dass die Bundesrepublik das Abkommen nicht vor dem Erlass des Betäubungsmittelgesetzes ratifizierte. Auch dieses Abkommen war jedoch nicht vollständig. 1971 wurde mit dem Übereinkommen über psychotrope Stoffe erneut ein Abkommen geschlossen. Hierdurch wurde eine Ausweitung der staatlichen Kontrolle über den Bereich der klassischen Suchtstoffe hinaus auf Halluzinogene, Stimulantien, Sedativa und Tranquilizer angestrebt. Damit sollten Missbrauch und unerlaubter Verkehr mit psychotropen Stoffen verhindert und bekämpft sowie auf ihre Verwendung auf rechtlich zulässige Zwecke beschränkt werden[916]. Von diesem Abkommen erfasst wurden u. a. LSD, THC, Amphetamin und Methamphetamin. Schon bei den Beratungen bezüglich des Einheitsübereinkommens von 1961 wurde über eine Erweiterung des Abkommens auf die psychotropen Stoffe nachgedacht. Diese Idee wurde aber wieder verworfen, so dass ein neues Abkommen geschlossen werden musste.

In der Bundesrepublik stieg die Rauschgiftkriminalität nach dem Zweiten Weltkrieg in einer Weise an, dass sich das Bundeskriminalamt dazu genötigt sah, seine zweite Tagung überhaupt von 1955 der Bekämpfung der Rauschgiftkriminalität zu widmen. Auf dieser Tagung wurde deutlich, dass der illegale Handel mit Drogen von international organisierten Banden betrieben wurde. Dieser internationale Handel blühte in den fünfziger Jahren erstmals auf, wobei die Bundesrepublik allerdings noch nicht zum Absatzgebiet zählte. Es wurde auch festgestellt, dass eine präventive Suchtbekämpfung stattfinden muss. Dies war eine notwendige Feststellung, die vor dem Zweiten Weltkrieg nicht gemacht wurde. Gesetze, insbesondere Strafgesetze, konnten das Problem nicht allein lösen, es mussten gerade die Ursachen der Drogensucht untersucht werden. Mitte der sechziger Jahre setzte dann eine massive Drogenschwemme in der Bundesrepublik ein. Diese Drogenwelle erfasste vor allem Jugendliche und Heranwachsende. Der illegale internationale Handel entdeckte die Bundesrepublik Deutschland als Absatzmarkt und stieg daraufhin weiter an. Diese Entwicklung zwang den Gesetzgeber dazu, Maßnahmen zu ergreifen. Zunächst sollten nur die Strafvorschriften des Opiumgesetzes geändert werden. Allerdings sah auch der Gesetzgeber die Notwendigkeit, das Problem umfassend zu behandeln. Hierfür reichte die Überarbeitung von Strafvorschriften nicht. Die Bevölkerung sollte über die Gefahren von Betäubungsmitteln aufgeklärt werden. Schlüsselpersonen in der Erziehung der Jugendlichen sollten entsprechend ausgebildet werden, um

[916] BT-Drucks. VII/ 5398, S. 3

einer Drogensucht vorzubeugen. Auch die Polizei sollte besser ausgebildet werden. Kern der Maßnahmen gegen die Drogenwelle der Sechziger Jahre war aber die Anpassung der Strafvorschriften an die bestehende Situation. Deswegen sollte das Opiumgesetz geändert werden. Das Betäubungsmittelgesetz umfasste viele Änderungen aufgrund von rechtspolitischen Erwägungen und einige Änderungen aufgrund des Einheitsübereinkommens von 1961, welches noch gar nicht ratifiziert war. Die Neufassung der Strafvorschriften, insbesondere die Strafandrohung für besonders schwere Fälle war zwischen den Parteien höchst umstritten.

Das Betäubungsmittelgesetz legte mit der Unterscheidung Händler-Konsument, der Privilegierung von Konsumenten etc. Grundsätze fest, welche bis heute bestehen und bis heute weiterentwickelt wurden. Beispiel hierfür ist das schon 1972 vorherrschende Ziel, den Drogenabhängigen zu therapieren. Der Weg dorthin wurde 1972 mit der Normierung der „Eigenverbrauchsklausel" eingeschlagen und wurde durch das Gesetz von 1981 zum gesetzlich verankerten Grundsatz „Therapie statt Strafe" weiterentwickelt. Die Strafvorschriften wurden weiterentwickelt, wobei das Ziel, die Händler zu treffen, weiter verfolgt wurde. Die weiteren Änderungen von 1981 waren bedingt durch die auf das Gesetz über den Verkehr mit Betäubungsmitteln von 1971 folgenden Ratifikationen des Einheitsübereinkommens von 1961 im Jahre 1973[917] und des Übereinkommens über psychotrope Stoffe von 1971 im Jahre 1976[918]. Die in diesen Abkommen aufgeführten und von der Bundesregierung mit dem Gesetz von 1981 umgesetzten Maßnahmen betrafen hauptsächlich den verwaltungsrechtlichen Teil.

Zwar lässt sich sagen, dass Deutschland bei der Betäubungsmittelgesetzgebung zumeist hinter den tatsächlichen Entwicklungen zurückblieb. Vor dem Ersten und dem Zweiten Weltkrieg waren dem Deutschen Reich andere Fragen wichtiger als die Bekämpfung des Missbrauchs von Betäubungsmitteln. So spielte erst die Pharmaindustrie (ein Beispiel für Lobbyismus), dann die Stellung des Reiches innerhalb Europas und der Welt und zuletzt die Angst vor der Durchlöcherung der innerstaatlichen Gesetze durch internationale Maßnahmen eine größere Rolle als die Bekämpfung des Drogenproblems. Dies führte immer wieder dazu, dass die internationalen Abkommen erst einige Zeit nach deren Unterzeichnung ratifiziert wurden. Dementsprechend konnten die in diesen Abkommen vereinbarten Maßnahmen nicht vernünftig greifen, obwohl Deutschland Teile dieser Abkommen trotz fehlender Ratifizierung umsetzte. Bei einer sofortigen Umsetzung der Abkommen hätte sich der Missbrauch vielleicht wesentlich besser und einheitlicher eindämmen lassen können.

Mit dem Betäubungsmittelgesetz von 1972 wurde aber ein entscheidender Schritt zur Lösung des Problems des Drogenmissbrauchs getan. Zum einen wur-

---

[917] BGBl. 1973 II, S. 1353
[918] BGBl. 1976 II, S. 1477

de der strafrechtliche Teil des Gesetzes so geändert, dass der Schwerpunkt nun bei der Bekämpfung des illegalen Handels lag und der Konsument als solcher privilegiert wurde. Zum anderen wurde aber nicht nur mit Mitteln des Strafrechts vorgegangen. So sollte das BtMG nicht mehr hauptsächlich dem Missbrauch entgegen wirken[919]. Die Bundesregierung erkannte, dass der Drogenmissbrauch präventiv durch Aufklärung bekämpft werden muss. Diese beiden Wege setzten sich in der späteren Entwicklung, insbesondere im Gesetz von 1981 fort.

Es gab allerdings einen Reibungspunkt, der bis ins neue Jahrtausend hinein Probleme bereitet: Die Pönalisierung von Cannabis und seinen rauscherzeugenden Produkten. Die Argumente, die gegen eine Aufnahme von Cannabis in das BtMG angeführt wurden, werden auch heute noch genannt. Es wurden auch einige Versuche unternommen, Cannabis zu legalisieren. Jedoch stellte das Bundesverfassungsgericht 1994 die Verfassungskonformität der Strafbarkeit des Verkehrs etc. mit Cannabis fest. Auch ein geplanter Modellversuch in Schleswig-Holstein, Cannabis in Apotheken zu verkaufen, wurde nicht realisiert. Dabei hatte man schon vor Erlass des Gesetzes von 1972 darauf hingewiesen, dass der staatliche Verkauf von Haschisch und Marihuana einige Vorteile in sich berge. So könnten Steuern erhoben werden, und das Umsteigen auf härtere Drogen durch Kontakt mit diesen beim Dealer könnte vermieden werden. Diese Argumente können auch und gerade hinsichtlich einer möglichen Besteuerung Bezug auf die Haushaltslage des Staates heute noch für eine Legalisierung von Cannabis sprechen. Allerdings ist zu beachten, dass das BtMG dem Schutz der Volksgesundheit und insbesondere der Jugend dient. Die Errungenschaften der Gentechnik sind vom illegalen Handel nicht unbeachtet geblieben. So gibt es heute auf dem Markt Haschisch und Marihuana, welche eine wesentlich stärkere (z. T. mit der des Opium vergleichbare) Wirkung haben als noch in den 70er und 80er Jahren, so dass die immer wieder angeführte Gleichheit von Alkohol und Cannabis (z. T. wurde gesagt, der Alkohol sei schädlicher) heute durchaus in Zweifel gezogen werden kann. Aber was von beiden nun schädlicher ist, wird wohl noch Thema vieler Diskussionen sein, zumal sich im neuen Jahrtausend der Alkoholkonsum von Jugendlichen stark gesteigert hat. Der Trend geht hin zum so genannten „Komasaufen". Der massive Konsum von Mixgetränken (sog. „Alcopops") ist nur ein Indiz dafür. Da eine Legalisierung von Cannabis sehr unwahrscheinlich ist, wird eine endgültige Lösung nur in der Richtung möglich sein, dass die Regelung des Verkehrs mit Alkohol verschärft wird, um die Jugend vor dessen Gefahren zu schützen. Ein erster Schritt in diese Richtung ist die 2004 durch Gesetz erhobene Sondersteuer für „Alcopops"[920].

---

919 Sten. Ber., 6. Wahlperiode, S. 8173 (142. Sitzung am 15.10.1971)
920 BGBl. 2004 I, S. 1857

Literaturverzeichnis

Anschütz, Georg, Die Verfassung des Deutschen Reiches vom 11.8.1919, 2.Auflage, Berlin, 1921

Anselmino, Otto/ Hamburger, Adolf, Kommentar zum Gesetz über den Verkehr mit Betäubungsmitteln (Opiumgesetz), Berlin, 1931

Balick, Michael J./ Cox, Paul Allen, Drogen, Kräuter und Kulturen: Pflanzen und die Geschichte der Menschen, Heidelberg, 1997

Becker, Walter, Das neue Betäubungsmittelgesetz, MDR 1972, 656

Beutz, Werner, Untersuchungen über Extractum Cannabis, Cannabin und Cannabinol, Hildesheim, 1911

Bonhoff, Gerhard/ Lewrenz, Herbert, Über Weckamine (Pervitin und Benzedrin), Berlin/ Göttingen/ Heidelberg, 1954

Brockhaus, dtv – Lexikon, München, 1999

Buchheister, Gehard A., Die Verhältnisse im Drogen-Kleinhandel am Beginn des XX. Jahrhunderts, Leipzig, 1900 (BArch., R 101/ 30738)

Bundeskriminalamt Wiesbaden, Rauschgift – Arbeitstagung im BKA Wiesbaden vom 21.11. bis 26.11.1955, Wiesbaden 1955

Burian, Wilhelm/ Eisenbach-Stangl, Irmgard, Haschisch: Prohibition oder Legalisierung, Weinheim/ Basel, 1982

Ellinger, Hans/ Krause, Hans, Zum neuen Betäubungsmittelgesetz, NJW 1972, 1177

Eulenburg, Anton, Ueber subcutane Injectionen von Heroinum muriaticum, Sonderabdruck der Deutschen Medizinischen Wochenschrift Nr. 12/ 1899 (BArch. R 1501/ 110389, S. 3)

Fernandes, Alfredo, Das Pervitin unter dem Opiumgesetz, Halle, 1950

Freie Universität Berlin, Forschungsgruppe S, Jugendliche und Drogenkonsum, FU-Pressedienst Wissenschaft Nr. 5/ 1971

Grafe, Victor, Grafes Handbuch der organischen Warenkunde mit Einschluß der mechanischen Technologie und technischer Warenkunde; Band 4.1: Narkotische Genußmittel: Drogen, Gewürze, Harze, Stuttgart, 1930

Hai, Hainer/ Rippchen, Ronald, Das Hanf-Handbuch, Löhrbach, 1998

Hischmann, Albert, Die Opiumfrage und ihre internationale Regelung, Tübingen, 1912

Joel, Ernst, Wie wirkt der Alkohol auf den Körper, Berlin, 1927

Jenny, Rolf, Drogenkonsum und Drogenhandel in der Sicht des Kriminologen, Zürich, 1973

Knipfer, Eberhard/ Wehr, Klaus, Nochmals: Betäubungsmittelgesetz, NJW 1972, 2210

Kohlhaas, Max, Gerichtliche Zuständigkeit bei Rauschmittelvergehen, NJW 1972, 1931

Körner, Harald Hans, Betäubungsmittelgesetz, Arzneimittelgesetz, 5. Auflage, München, 2001

Kreuzer, Arthur, Aktuelle Fragen des Drogenwesens in der Jugendkriminalrechtspflege, ZRP 1971, 111

Kreuzer, Arthur (Hrsg), Handbuch des Betäubungsmittelstrafrechts, München, 1998

Kröger, Ernst, Weckamine und Epilepsie, Der Nervenarzt 1949, S. 344

Krömeke, Franz, Friedrich Wilhelm Sertürner, der Entdecker des Morphiums: Lebensbild und Neudruck der Original-Morphiumarbeiten, Jena, 1925

Kronecker, Ernst, Der Verkehr mit Arzneimitteln nach der neuen kaiserlichen Verordnung, DJZ 1902, S. 188

Landmann, Julius, Soll die Schweiz die Haager Opiumkonvention ratifizieren? Basel, 1923

Lewin, Louis, Phantastica: Die betäubenden und erregenden Genussmittel, Berlin, 1924

Messmer, Hermann, Haschischverbot und Gleichbehandlung, ZRP 1970, 80

Mortimer, Golden, Peru, History of Coca, "the divine plant" of the Incas, New York, 1901

Noll, Alfons, Drug Control, International, EPIL Vol. 9 (1986), S. 107

Poetzsch-Heffter, Fritz, Handkommentar der Reichsverfassung vom 11.8.1919, 3. Auflage, Berlin, 1928

League of Nations, Report of the international Conferences on Opium and Dangerous drugs, held at Geneva, November 1924 to February, London, 1925

Report of the International Opium Committee, Shanghai, China, February 1st to February 26 1909, Vol. 1 u. 2, Shanghai 1909

Scheerer, Sebastian, Sucht, Reinbek bei Hamburg, 1995

Scheerer, Sebastian/ Voigt, Irmgard/ Hess, Henner, Drogen und Drogenpolitik: Ein Handbuch, Frankfurt a.M., 1989

Seefelder, Matthias, Opium, eine Kulturgeschichte, München, 1990

Schraps, Curt, Der Drogenhandel en gros und en detail in Deutschland, Leipzig, 1924

Sonnenfeld, Hugo, Die reichsrechtlichen Bestimmungen, betreffend den Handel mit Drogen und Giften, 3. Auflage, Berlin, 1926

Stenglein, Melchior, Kommentar zu den strafrechtlichen Nebengesetzen des Deutschen Reiches, 5. Auflage, Berlin, 1928

Waldmann, Helmut/ Boehm, Rüdiger/ Mroczkowski, Manfred, Rückschrittliche Reform – Bemerkungen zum Entwurf der Bundesregierung zur Änderung des Opiumgesetzes, JZ 1971, 612

Weber, Klaus, Betäubungsmittelgesetz, Kommentar, 2. Auflage, München, 2003

Wissler, Albert, Zur Geschichte der Opiumfrage, Jena, 1930

Wright, Hamilton, The International Opium Commission, AJIL Vol. 3 (1909), S. 648 (Teil 1), S. 828 (Teil 2)

Archivalienverzeichnis

Bundesarchiv

- Berlin:

R 86/ 1615 – Arzneimittelverkehr während der Kriegs-
Zeit, 1914 – 1919 (Bände 1, 2, 4, 5)

R 86/ 2561 – Opiumstelle, Bd. 1 (1924 – 1931)

R 101/ 30778 – Apothekergewerbe , 1867 - 1902

R 1401/ 980 – Der Vertrieb von Apothekerwaren 1869 – 1873,
Bd. 1, 1869 - 1873

R 1501/ 110205 – Die Abgabe stark wirkender Arzneimittel
und Bezeichnung der Arzneigläser und
Stangefäße in Apotheken (1879 – 1890)

R 1501/ 110266 – Der Vertrieb von Apothekerwaren (1900 –
1902)

R 1501/ 110313 – Der Erlass von Vorschriften über den Han-
del mit Giften, Bd. 1 (1887 – 1894)

R 1501/ 110380 – Vorschriften über die Abgabe stark wirk-
ender Arzneimittel (1891 – 1895)

R 1501/ 110381 – Vorschriften über die Abgabe stark wirk-
ender Arzneimittel (1895 – 1897)

R 1501/ 110389 – Vertrieb von Heroin (1899 – 1900)

R 1501/ 110393 – Akten betreffend Verkehr mit Opium und
Morphin (1908 – 1917)

R 1501/ 110394 – Akten betreffend Verkehr mit Opium und
Morphin (1917 – 1918)

R 1501/ 110395 – Akten betreffend Verkehr mit Opium und
Morphin (1918 – 1920)

R 1501/ 110396 – Akten betreffend Verkehr mit Opium und
Morphin und Kokain (1921)

R 1501/ 110397 – Akten betreffend Verkehr mit Opium und Morphin und Kokain (1921)

R 1501/ 110401 – Akten betreffend Verkehr mit Opium und Morphin und Kokain (1923)

R 1501/ 110402 – Akten betreffend Verkehr mit Opium und Morphin und Kokain (1924)

R 1501/ 110403 – Akten betreffend Verkehr mit Opium und Morphin und Kokain (1924)

R 1501/ 110404 – Akten betreffend Verkehr mit Opium und Morphin und Kokain (1924)

R 1501/ 110405 – Akten betreffend Verkehr mit Opium und Morphin und Kokain (1924)

R 1501/ 110406 – Akten betreffend Verkehr mit Opium und Morphin und Kokain (1924)

R 1501/ 110407 – Akten betreffend Verkehr mit Opium und Morphin und Kokain (1925)

R 1501/ 110418 – Akten betreffend Verkehr mit Opium und Morphin und Kokain (1927 – 1929)

R 1501/ 110432 – Akten betreffend Verkehr mit Opium und Morphin und Kokain (1925 – 1926)

R 1501/ 126496 – Opiumgesetzgebung in Deutschland (1931 – 1933)

R 1501/ 126497 - Opiumgesetzgebung in Deutschland (1933 - 1934)

R 1501/ 126510 – Genfer Konferenz 1931 zur Beschränkung Der Herstellung von Betäubungsmitteln

- Koblenz:

B 136/ 5275 – Produktion und Verkehr mit Rauschgiften, Bd. 1 (1951 – 1963)

B 136/ 5303 – Internationale Zusammenarbeit auf dem Gebiet des Gesundheitswesens, Bd. 2 (1958 – 1964)

B 141/ 4614 – Unterstellung weiterer Stoffe unter die Vorschriften des Opiumgesetzes (1959 – 1960)

B 142/ 970 – Errichtung einer Bundesopiumstelle (1949 – 1955)

B 142/ 1390 – Rauschgiftkommission des Wirtschafts- und Sozialrates, Bd. 2

B 142/ 1391 - Rauschgiftkommission des Wirtschafts- und Sozialrates, Bd. 3

B 142/ 1392 - Rauschgiftkommission des Wirtschafts- und Sozialrates, Bd. 4

B 142/ 1393 - Rauschgiftkommission des Wirtschafts- und Sozialrates, Bd. 5

B 142/ 1395 - Rauschgiftkommission des Wirtschafts- und Sozialrates, Bd. 7

B 353/ 2178 – Änderungen des Opiumgesetzes, Bd. 1

B 353/ 2179 – Änderungen des Opiumgesetzes, Bd. 2

B 353/ 2180 – Änderungen des Opiumgesetzes, Bd. 3

B 353/ 2181 – Änderungen des Opiumgesetzes, Bd. 4

B 353/ 2193 – Gesetz zur Änderung des Opiumgesetzes, Bd. 2

Politisches Archiv des Auswärtigen Amtes

R 43230 – Akten betreffend Opium, Bd. 8 (1.1.1925 – 31.3.1925)

R 43231 – Akten betreffend Opium, Bd. 9 (1.4.1925 – 30.6.1925)

R 43250 – Akten betreffend Opium, Bd. 28 (16.2.1928 – 30.4.1928)

R 43251 – Akten betreffend Opium, Bd. 29
(1.5.1928 – 15.6.1928)
R 43252 – Akten betreffend Opium, Bd. 30
(16.6.1928 – 15.8.1928)
R 43253 – Akten betreffend Opium, Bd. 31
(16.8.1928 – 12.10.1928)
R 43254 – Akten betreffend Opium, Bd. 32
(13.10.1928 – 30.11.1928)
R 43256 – Akten betreffend Opium, Bd. 34
(1.1.1929 – 4.2.1929)
R 43257 – Akten betreffend Opium, Bd. 35
(5.2.1929 – 28.12.1929)
R 43384 – Handakten Breitfeld, enthaltend: „Material zur Opiumfrage“ 1912 - 1942
R 43384 a – Handakten Breitfeld, betreffend: „Aufzeichnungen zur Opiumfrage“, 1926 - 1931
B 80/ 102 – Internationale Abkommen und Verträge (1951 -31.12.1954)
B 80/ 201 – Multilaterale Verträge (Internationales Rauschgiftabkommen 1932; „Eurofina“)

Geheimes Staatsarchiv preußischer Kulturbesitz

Hauptabteilung I, Rep. 77 Ministerium des Innern, Tit. 2169, Nr. 7 – Der Handel mit Arzneiwaren in und außer den Apotheken, 1802 bis 1849

Hauptabteilung I, Rep. 77 Ministerium des Inneren, Tit. 2169, Nr. 9 – Der Debit von Arzneiwaren seitens dazu nicht befugter Personen und die Bestrafung der dadurch begangenen Contraventionen, 1826 bis 1838

Peter Lang · Europäischer Verlag der Wissenschaften

Gundula Momsen-Pflanz

Die sportethische und strafrechtliche Bedeutung des Dopings

Störung des wirtschaftlichen Wettbewerbs und Vermögensrelevanz

Frankfurt am Main, Berlin, Bern, Bruxelles, New York, Oxford, Wien, 2005. 292 S.
Schriften zum Strafrecht und Strafprozeßrecht.
Herausgegeben von Manfred Maiwald. Bd. 88
ISBN 3-631-53938-X · br. € 51.50*

Der Umgang mit Doping ist heute eine der großen Herausforderungen für den Leistungssport. Im Mittelpunkt der Untersuchung steht zunächst die Frage, ob das von der Sportethik verurteilte Doping zugleich ein strafrechtlich relevantes Verhalten darstellt. Ausgehend von der fortschreitenden Kommerzialisierung des Leistungssports liegt das Forschungsinteresse insbesondere bei den Schutzgütern des wirtschaftlichen Wettbewerbs und des Vermögens; der Aspekt des Gesundheitsschutzes bleibt dabei weitgehend ausgeblendet. Die gegenwärtig weitgehend auf den Schultern der Sportverbände ruhende Verfolgung von Doping kann den Schutz dieser Rechtsgüter nur unzureichend gewährleisten. Da die Vereinsfreiheit (Art. 9 I GG) einem staatlichen Eingriff insoweit nicht entgegensteht, ist ein strafrechtlicher Schutz von Vermögen und Wettbewerb bereits gegenüber abstrakten Gefährdungen durch Doping möglich und sinnvoll. Auf dieser Grundlage werden abschließend Leitlinien eines Dopingtatbestandes entwickelt.

Aus dem Inhalt: Dopingdefinitionen und sportrechtliche Hintergründe · Von der Sportethik zum strafrechtlich geschützten Rechtsgut · Die strafrechtlich relevante Sportausübung · Strafwürdigkeit von Doping · Strafbedürftigkeit von Doping · Leitlinien eines Dopingtatbestandes

Kolibri 360 GmbH
Ferdinand-Jühlke-Straße 7
99095 Erfurt, Deutschland
produktsicherheit@kolibri360.de

Druck:
CPI Druckdienstleistungen GmbH
im Auftrag der
Kolibri 360 GmbH
Ferdinand-Jühlke-Str. 7
99095 Erfurt